U0555177

在这里，与最好的自己相遇

一所普通初级中学
的课程建设之路

朱海兰 编著

文汇出版社

图书在版编目（CIP）数据

在这里，与最好的自己相遇 / 朱海兰编著. -- 上海：文汇出版社，2021.4
ISBN 978 - 7 -5496 -3490-3

Ⅰ. ①在… Ⅱ. ①朱… Ⅲ. ①初中—课程建设—教学研究
Ⅳ. ①G632.3

中国版本图书馆CIP数据核字（2021）第053659号

在这里，与最好的自己相遇

著　　者 / 朱海兰
责任编辑 / 甘　棠
装帧设计 / 薛　冰

出版发行 / **文匯**出版社
　　　　　上海市威海路755号
　　　　　（邮政编码200041）
经　　销 / 全国新华书店
照　　排 / 上海歆乐文化传播有限公司
印刷装订 / 上海颛辉印刷厂有限公司
版　　次 / 2021年4月第1版
印　　次 / 2021年4月第1次印刷
开　　本 / 720×1000　1/16
字　　数 / 475千字
印　　张 / 24.5

ISBN 978 - 7 - 5496 -3490-3
定　　价 / 65.00元

百年大变局背景下看学校课程建设

——《在这里，与最好的自己相遇》一书读后

学校课程是学校教育的内核，但这两者的逻辑起点应该是社会需要什么样的人。对基础教育的学校而言，应该是未来社会需要什么样的人。社会需要——学校教育——学校课程，其中学校教育包含国家政策对办学的制约。这一个逻辑链，就是学校课程建设的道理。由此可以判断，一所学校的课程品质、教育格局，一定受制于对当下社会和未来社会的认知水平，而其中校长最关键。北蔡中学朱海兰校长在本书所撰写的洋洋洒洒二万多言的绪言中，围绕课程的原理、演化、改革和校本化实施的系统设计到实践成效等有系统论述，她的专业认知和情怀倾注都达到相当高水平，很感人，同时也更加深了我对这一逻辑链的认识与信念。

被称为世界"现代课程论之父"的泰勒，于20世纪40年代提出"课程编制的原理"，明确课程的四个基本要素：确定教育目标，选择学习经验，组织学习经验，评价结果。简言之，即目标、内容、实施、评价[①]。这被称为课程的"泰勒原理"。泰勒的认知来源，用其本人的话说是当时席卷美国、波及全球的经济大萧条对教育空前的冲击。从社会需求出发，逆向解码教育本质，看透课程本质，表现的是当年泰勒的逻辑思维。虽然时过境迁，这个逻辑今天看来，依然还是具有科学价值的；学校教育和课程都要面对和回应全部的社会实际。当然仅此还不够，因为教育更是为未来做准备的。

于漪老师有一句教育名言："教育，一个肩膀挑着学生的今天，一个肩膀挑着祖国的未来。"这里，把"教育"换成"课程"，当然也相通。对于学生的今天，也就是学生的现状，应该是课程建设的起点；对于祖国的未来，可以联系和预期的就是国家的发展规划，应该是课程建设的导向目标。我们以前说当下是处于"转型时代"，而党中央对国家发展规划的建议文件中，界定为是"两个大局"即"中华民族伟大复兴战略全局和世界百年未有之大变局"时代[②]。其中"百年大变局"的判断是具有世界视野和未来眼光的。不少著名学者对这个"大变局"内涵都有深度解读。北京理工大学马克思主义学院陈宗海教授在"人民论坛网"上解读时提出包括"世界格局变化、科学技术革命、人类发展出路"等内涵，指出要"从世界格局变

---

① 施良方."泰勒的《课程与教学基本原理》"转引自《华东师范大学学报（教育科学版）》1992年第4期。
② 《中共中央关于制定国民经济和社会发展第十四个五年规划和二〇三五年远景目标的建议》

化角度探究世界发展的新趋势，从科学技术革命角度把握中国发展的新机遇，从人类发展出路的角度评估人类社会发展的新去向"①。在此，我尝试借这三句话来与学校课程建设做点联系，结合北蔡中学的课程建设谈些粗浅认识。

其一，如何从探究世界发展新趋势来看今天学校课程的建设。小平同志提出的教育"三面向"理论对学校课程的引导，就是必须站在因应世界与发展层面，从预测世界格局的变化角度，来建设学校的课程。当然，学校课程的结构主体一定是国家课程，但实施的行为主体还是学校；另外学校课程结构中还有一定比例的校本课程，两者都是学校课程的组成部分。那么，影响学校课程的世界发展新趋势有什么特点？一个是全球国际格局正从一强独霸走向平等共存，无论从体制和文化视角，都将不存在一国制约另一国或多国的情况；另一个是全球治理格局正从发达国家主宰走向包含"G20""金砖国家"等多元或多级化，中国提出的"一带一路"等合作共赢理念将日趋成为更多国家地区的共识。这样，国际理解主题在各类课程中的意涵有了新的变化，民族自信和"美美与共"等理念需要植入育人内容与要求。可喜的是，北蔡中学开设的《国际理解教育》和"国际研学"，以及开发在地文化的"非遗"等课程，正是回应了这一世界发展新趋势。

其二，如何从把握中国发展新机遇来看今天学校课程的建设。这主要是指当代科学技术革命所带给中国的挑战与机遇，而这个当代和影响未来的科技革命，全球信息化无异是最大的"变局"因子，科技创新是最大的推动力。用一些科技战略学者的观点，包括教育在内的中国发展新机遇就是"互联网＋"和"信息化 2.0"技术带动的"数字化转型"②。"互联网＋零售"＝阿里巴巴、"互联网＋图书馆"＝百度，都是成功案例；"互联网＋工业"的"工业 4.0"和"互联网＋医疗"也正在飞速前行。而"互联网＋教育"的迷茫与落后，却成为著名的"乔布斯之问"。今天的信息时代主要特征"大"（数据）、"快"（5G）、"云"（备份）、"移"（动态）对教育、教学的影响，必将成为未来学习的"能源"，而且能彰显支持"有教无类""因材施教""个别化教学"理念落实的机能与情怀。学校课程的设计与实施都将无法背离这个趋势。中国的学校教育发展，在课程建设上需要有这种抓机遇、促转型的智慧。而以此为准观察北蔡中学的课程建设，尤其书名"与最好的自己相遇"，就体现了尊重个性、顺应学生发展规律的理念驱动，具有一定的高远特质。

其三，如何从评估人类社会发展新去向来看今天学校课程的建设。当今世界面临百年未有之大变局，各国间联系和依存日益加深的同时，也面临诸多共同挑战。粮食安全、资源短缺、气候变化、网络攻击、人口爆炸、环境污染、疾病流行、跨

① 陈宗海："世界处于百年未有之大变局的丰富内涵" http://www.rmlt.com.cn/2021/0125/606214.shtml
② 周傲英"互联网＋"是教育变革的机遇《2020 上海基础教育信息化发展蓝皮书》教育发布会演讲

国犯罪等全球问题层出不穷，对国际秩序和人类生存都构成了严峻挑战。以"人类命运共同体"为标志的和谐社会建设和以"巴黎气候协定"等为标志的人地协调发展局面正在成为人类社会发展新去向。2020年初开始全球各地"新冠肺炎疫情"大爆发，加快了这种新去向的步伐，一种以应对人类共同挑战为目的的全球价值观开始逐步变成人类共识。在实践中，中国倡导"一带一路"国际合作，积极推动构建人类命运共同体，希望世界更美好。那么，这种新去向对学校教育和课程建设的启示或要求是什么？即全球合作教育、生态文明教育的主题将不得不引入学校的课程内容中。北蔡中学在学校课程建设中，重视"科学与生命"等接近生活化的课程开设，重视基于"至善教育"引领的课程建设，都可以看到对这种去向的回应。

当然，无论是国际理解教育、尊重个性发展教育、全球合作和生态文明教育等相关主题的课程建设，对一所学校而言没有完成时，只有进行时。北蔡中学也如此。

除了上述比较宏观层面上的课程，北蔡中学的课程建设实践亮点还有不少，如：

注重课程建设以理论体系筑基。学校对课程的理解基于古今中外相关理论的研究借鉴，包括对我国唐宋时期古代教育家的课程观，对国外如泰勒、杜威等大师的课程原理或流派的深度解读，对现代教育家陶行知"生活教育"等相关理论的应用等，说明学校的课程是建立在教育理论视野的基础上，具有一定厚实性。

注重课程结构以国家意志引领。学校课程建设注意从国家的"宏观"层面入手，尤其以育人目标"五育并举"出发，以课程计划和常规要求为前提，再结合校情通过"重构与优化"，在校本实施的"微观"层面加以落地。无论国家课程和校本课程，都展现有这样的思路要求，说明学校对课程是代表国家意志的理解比较到位。

注重课程供给从学生需求出发。这可以说是北蔡中学课程建设的情怀体现，尤其在朱校长的主旨文章中，很大篇幅都是在分析学情，介绍基于问卷调查、评价改进等的举措，使学校的课程供给侧与需求侧不断接近，课程的效益得到放大。其中难能可贵的是，学校还注意学生的差异，增强了个性的成分，体现了先进课程理念。

注重课程编制以要素规范提质。这个特点在本书中彰显得较为充分。借鉴课程理论指引的课程顶层设计，在十多门科目的"课程方案"中，体现出所有课程要素都比较齐全，其中课程目标、课程内容、课程实施和课程评价等都能按规范要求呈现，引领教学的有效设计和落实。有了这样的基础，课程品质当然能得到保证。

当然，对北蔡中学近年课程建设价值、亮点的解读，我的这点文字是难以涵盖的，面对这一"课程宝库"进行开发分享，需要更宽视野和更高境界。希望这篇文章不影响各位对北蔡中学课程建设的欣赏。谢谢！

赵才欣
庚子岁末于清风白水楼

Contents 目录

【我们的探索】

走向新时代：优化普通初中微观课程结构

【课程建设成果】

上海市北蔡中学学校课程方案

学校主要的课程管理文件

学校课程方案集锦

课程教学案例精选

【教学改进成果集】

绪言

在这里，与最好的自己相遇
——一所普通初级中学的课程建设之路

朱海兰

创始于 1937 年的上海市北蔡中学，原来是一所完全中学。2011 年，根据浦东教育发展需要，北蔡中学实现初、高中分离，原北蔡中学初中部正式独立建校，以"上海市北蔡中学"——这一已经沿用了几十年的校名——为之命名。2015 年，根据区教育局的安排，北蔡中学校区扩建，使服务居民的能力大大提升。

2011 年初中独立办学后，如何继承办学传统，创造新的辉煌，一直是我们每一位"北中人"思考的问题。

经过一段时间的思考、研讨，我们形成了"秉持'明德至善，切问近思'的校训，全面提升学校教育教学品质，为每一位学生提供适合的优质教育"的共识，立下"不辜负北蔡居民对这所有 80 多年办学历史学校的期望，办一所老百姓家门口的好学校"的决心。

那么从何处着手呢？——课程！

因为，我们认识到：在以校舍、经费等为主体的学校"硬件"基本得到保障，以生源、师资等为主体的"软件"基本稳定的前提下，"课程"作为学校"传达信息、表达意义、说明价值"的媒介，就成为提升办学质量、创建学校特色、促进教师发展的关键所在。作为一所承担义务教育责任的普通初级中学，在认识到课程建设在学校内涵发展中的地位和作用之后，我们就开启了"课程建设之路"。

2011 年 8 月，学校以舞蹈、浦东说书和乒乓等本校传统项目为"拳头产品"，采取"课程化"的方法，遵循"课程教学与社团活动相结合、培优与普及相结合"等路径，开始课程建设的探索。

在大家努力下，浦东说书项目，成为浦东新区非物质文化遗产传习基地，被评为上海市校园文化建设十大优秀项目之一。这一成效鼓舞了大家。随后，学校又以这些成果，成功申报并实现创建"新优质学校"的目标。借助"课程"与"课程化"成功创建"新优质学校"的经验，启发我们将"学校课程建设"做为大家追求的新目标。

2016 年，学校申报并实施《面向生活构建普通初中微观课程结构的探索》项目，从"国家课程校本化实施"和"面向生活的拓展／探究课程开发"两个方面着手，开展"初级中学微观课程结构"的开发、实施实验，形成案例，积累经验。

2018 年，学校又以"关注学生，聚焦资源，优化普通初中微观课程结构的实践研究"为题，与"中考改革"的要求实现有效链接，深化、拓展和完善"面向生活构建普通初中微观课程结构"的成果，实现"满足学生需求"与"完善学校课程体系"整合。

在上述过程中，我们初步完成了"北蔡中学 S-H-A-N 课程体系"设计，初步形成以"国家课程校本化有效实施方案""学校校本课程设计方案"为主体的成果，同时积累了学校开发、实施课程的案例和经验。

一、思考的起点：生活、课程结构、学情

我们知道，"课程"源出于拉丁语"跑道"，后转义为教育术语，意为"学生的学习路线、学习进程"。在我国，"课程"始见于唐宋之间。宋代朱熹《朱子全书·论学》中的"宽着期限，紧着课程""小立课程，大作功夫"等句所涉及的"课程"指的是"学习的范围、期限、进程"等意思，已经接近现代课程概念。

随着研究的深入，对什么是"课程"的理解也逐渐增多。有人梳理过有关"课程"的定义，达数十个之多。[①] 我国学者施良方在对各种"课程"进行梳理的基础上，归纳出 6 种有代表性的"课程概念"：课程即教学科目、课程即有计划的教学活动、课程即预期的学习结果、课程即学习经验、课程即社会文化的再生产、课程即社会改造。[②] 王建军先生认为，"一部课程概念的演变史，也正是一部课程发展与课程思想的历史。"由此，他对"课程"概念的历史发展进行了梳理，概括为五个阶段，即：关注静态的教学内容的设计的"课"，逐步发展为关注教与学内容程序设计的"程"，再发展到关注"教师的教""学生的学"，最后关注的重心移向"社会现实、问题、意义、目的"等更深层次的问题，据此，他提出了自己的课程隐喻：筏，度人过河的竹筏[③]。总之，"从广义说，课程是指学生在学校获得的全部经验。其中包括有目的、有计划的学科设置，教学活动、教学进程、课外活动以及学校环境和氛围的影响。"[④]

一般认为，"课程"是在学校一定培养目标的指引下，由具体的育人目标、学习内容及学习活动方式构成的，具有多层组织结构和育人计划、信息载体的，用以指导学校教育、教学活动的育人方案。作为一所成熟的学校，认识"课程"在学校

① 参见陈玉琨等著《课程改革与课程评价》，教育科学出版社 2001 年 6 月版，第 3~5 页；瞿葆奎主编《教育学文库·课程与教材》，人民教育出版社 1988 年 11 月版，第 245~282 页。
② 《课程理论》，施良方著，教育科学出版社 1996 年 8 月版，第 3~7 页。
③ 《筏喻课程观：课程概念的演变与趋向》，王建军著，《华东师范大学学报（教育科学版）》2009 年第一期，第 33 页。
④ 《课程改革与课程评价》，陈玉琨等著，教育科学出版社 2001 年 6 月版，第 4 页。

内涵发展中的地位和作用，注意在认真学习、领会国家颁布的"课程方案和课程标准"的基础上，结合本校学校文化、把握本校学生的"发展需求"、充分挖掘现有的各种资源，在一定的"课程理论"指导下，按照课程建设的规范要求，形成富有学校特色的"学校课程体系"，不仅是学校发展的应有之义，更是一所学校的基本职能。

我们的思考和探索，就是从这里开始的。

学校课程建设的方向——面向生活

我们对于学校课程的思考，是从"课程"与"生活"关系开始的。

大家知道：以杜威、陶行知的教育理论为基础的"生活教育"，从 20 世纪中叶开始就已经影响中国教育，在推进过程中，积累了不少经验，形成了相对完整的理论体系。尽管由于各种原因，他们的实践存在一定的不足，受到各种外来因素的影响，有过中断和曲折，但随着人们对"与生活割裂的教育"危害性的认识日益深入，他们的理论已经越来越为人们所重视。他们的探索、实践和形成的成果，是我们开展研究的重要思想资源。

那么，什么是"生活"呢？

人们习惯于把"人的各种活动"称之为"生活"。狭义的生活，是指人在生存期间为了维持生存和繁衍所必需从事的不可或缺的生计活动，它的基本内容即为衣、食、住、行；广义的生活，则是指人的各种活动，包括日常生活行动、工作、休闲、社交等职业生活、个人生活、家庭生活和社会生活。人生活在世界中，交往、劳作、意义、价值、理想、历史、语言等构成人类生活的基本要素。

回顾人类教育发展的历史，教育与生活最初是紧密连接在一起的。随着社会的发展、文化的演进，教育成为一项专门的事业或职业。教育与生活的关系，也逐渐出现了分离。

20 世纪初，美国教育家杜威针对教育与生活的分离的现实，从"教育能传递人类积累的经验，丰富人类经验的内容，增强经验指导生活和适应社会的能力，从而把社会生活维系起来和发展起来"，"个人在社会生活中与人接触、相互影响、逐步扩大和改进经验，养成道德品质和习得知识技能，就是教育"等认识出发，提出了"教育即生活""教育即生长"等一系列著名的命题，引领着整个 20 世纪教育改革和发展的方向。

他的学生陶行知先生，根据中国国情，在杜威理论的基础上，进一步提出了以"生活即教育""社会即学校""教学做合一"等命题为核心的"生活教育理论"，成为 20 世纪中国教育改革发展中独树一帜的理论，即使在 21 世纪的今天，这一理论依旧闪耀着智慧的光芒，引领着教育改革的方向。

学校课程建设的路径与模式——构建"微观课程结构"

我们认为，"课程"是学校在一定的培养目标指引下，由具体的育人目标、学习内容及学习活动方式构成的，具有多层组织结构和育人计划、信息载体的，用以指导学校教育、教学活动的育人方案。

那么，这个"育人方案"的特点和它的结构形式又是怎样的呢？

在文献检索过程中，我们注意到了"课程结构"的概念。

"课程结构"的概念来源于《基础教育课程改革纲要（试行）》。钟启泉等主编的"纲要解读"对"课程结构"作了如下诠释："课程结构是指在学校课程的设计与开发过程中，将所有课程类型或具体科目组织在一起所形成的课程体系的结构形态。""重建我国基础教育的课程结构"是课改的"关键性任务"。①

当今教育，特别是义务教育的改革，方向之一，就是要实现由"寻找适合教育的学生"向"寻找适合学生的教育"的转变。"课程社会学"等文献中在"教材选择与组织的原则"主题下，曾经有过这样的讨论：课程论研究，一般关注的是"整体的学生"和"个体发展着的学生"两个层面，却很少注意到"处于两者之间的、具有不同社会背景与文化特征的学生群落"，关注由于"不同社会背景和文化特征"差异带来的对这些学生的"学业失败"问题。②——这一讨论给我们以启发：当我们转向"寻找适合学生的教育"时，我们不仅要关注作为一个"整体"的学生需要（它们一般反映在宏观课程结构中），也不仅要关注作为"这一个"具体的学生的需要（这一般通过教师的实际教学过程实现），而且要关心处于这两者之间的"这一群"学生的需要，而"这一群"，往往是体现在具体的社区、人群等身上。由于义务教育阶段采取的"就近免试入学"的政策，因而，"这一群"的需要以及据此所形成的"学校微观课程结构"的研究就成为必然的要求。

进一步的研究，使我们认识到：

有关"课程结构"的分类，不同的学者有不同的看法。从解决我们面临的实际问题出发，我们采取"二分法"，即把由"国家课程计划及课程标准"构成的"课程结构"定义为"宏观课程结构"，而将与之相对应的，学校依据"宏观课程结构"的要求，在对本校实际情况进行"校本化"处理后形成的"课程结构"定义为"学校微观课程结构"。

"宏观"的"课程结构"，由国家专业部门制订，并以"课程计划""课程标准""教材"等形式发布，体现了国家的意志。学校，特别是义务教育学校，自然应该尽力地、不折不扣地执行。

---

① 《为了中华民族的复兴为了每位学生的发展：基础教育课程改革纲要（试行）解读》，钟启泉、崔允漷、张华著，华东师范大学出版社。
② 《课程社会学》，吴永军著，南京师范大学出版社。

但是怎样有效地执行，就需要我们从实际出发进行必要的选择和建构。

作为"过程"，"学校微观课程结构"，从"构建者"及其"构建路径"分析，大致有这么几个部分：

（1）经过"校本化"重构的"国家/地方课程"，与之相适应的方法和路径是"重构与优化"。

（2）学校有需求，从资源、环境、师资等要素看，有能力开发的课程，与之相适应的方法和路径是"开发与完善"。

（3）学校有需要但受制种种条件制约无法开发的课程，与之相适应的方法和路径是"引进与调整"。

作为"结果"，"学校微观课程结构"的表达形式，主要是"学校课程计划""××课程方案"等。构建并执行"学校微观课程结构"，正是学校课程领导力和执行力的具体表现。

至于上述三种类型"微观课程结构"的构建，我们的认识是①：

"构建"，可以理解为"结构的建立"，这是一个过程，也是一种结果。"构建"的过程有同有异，但基本的特征和做法有：

（1）"重构与优化"的路径和模式

这一模式，主要适用于"国家课程的校本化有效实施"（或者说："宏观课程结构的落实"）。这方面主要有两条路径。

一是从"有效教学"切入的两个方面。

——变"单一备课"为"单元综合备课"，初步体验"课程"甜头。以语文为例，过去我们以"单篇课文"为备课、教学的对象，但在教学中往往感到捉襟见肘。若打破这一模式，以"单元"为单位重新整合，则效果明显。

——变"吃透教材"为"整合多元素"，体验"资源"作用。人们的学习"资源"，不仅是"校内的课程资源"（即传统意义上的教材、"教参"等以及实验室、学校图书馆和各类教学设施和实践基地），而且包括"校外的课程资源"（社区图书馆、博物馆、展览馆、科技馆等广泛的社会资源和丰富的自然资源）和"网络化课程资源"等。备课需要"吃透教材"，但更需要研究学生，注意挖掘和利用他们的生活经验，注意挖掘和调用"网络资源"。相比较而言，"教材"已经被从学生学习的唯一依据这一至高无上的宝座上拉了下来，仅仅成为众多提供给学生学习的"资源"的一部分。如果我们遵循这一特点，学会"整合"，那么必将大大提升课程设计的能力。

---

① 参见《区域推进学校课程体系建设的实践和思考》一文。原载于《关注课程、聚焦课堂系列丛书》第一卷，上海科学普及出版社，2006年。

二是以"点、线、面"为路径的三步走。

从"专题突破"上起步，在"系列整合"中深化，到"形成体系"时成功。

——在"起步"时，可以"专题突破"为策略，形成一个又一个闪光点。在闪光点积累到一定数量，就应该"由点到线"，形成"系列"，随着"系列"的成熟化，逐渐实现"形成体系"。

在这个过程中，把握"由点到线"的时机是关键：这个"时机"，可以是"预设"，先定一个"聚焦点"，通过"专题突破"，逐步补充、完善，最终形成系列；也可以是"生成"的，一开始没有明确的"聚焦点"，随着"专题"的积累，从中发现并提炼出共性的东西，成为"聚焦点"，反过来进行调整、补充，最终形成系列。

——在"系列整合"时，要选好"系列构成方法"，就是用什么将"珍珠"串起来。可以学生成长的某一要求为"聚焦点"，"以人为线"；也可以特定主题为"聚焦点"，"以题为线"；更可以学校或周边特定的资源为"聚焦点"，"以境为线"。总之，应该让学生通过多样化的活动，从不同的方面获得丰富的体验为目标选择。当然，所有的方法各有所长也各有所短。从学校实际出发进行选择，自然就会产生好的效果。

——在"形成体系"时，要注意"整体感"。一旦形成系列以后，还应该注意对已经成熟的系列给予深度加工，如：加上恰当的总标题，添置必须的"目标序列"，明确各专题之间的相互关联等等。总之，形成一个有机的整体。

当然，还可能有其他更好的模式，这需要我们破除在课程问题上的神秘感，解放思想，从学校实际出发，开展课程建设的实践，在实践中学习、摸索、理解、成长。

（2）"开发与完善"的路径和模式

如果说"重构与优化"是更适合于"国家课程的校本化有效实施"的话，那么"开发与完善"和"引进与调整"主要适合于"学校课程"的开发[①]。

按照著名的"泰勒原理"，课程的基本要素是：目标、经验、组织、评估。在"泰勒原理"提出后的 60 年的历史进程中，关于"课程要素"的研究层出不穷，但这四个要素，依然牢牢地成为研究课程问题不能绕过去的"坎"。

根据经验，任何一项有可能纳入学校课程的内容，要从"非课程"转化为"课程"，需要实现五大转变，即：目标，从模糊到能清晰表述；资源，从分散到汇聚并产生作用；情境，从抽象、混沌到具体、明确；程序，从随意多变到相对稳定；效果，从模糊到清晰可测。

---

① 参见《区域推进学校德育课程化探索》，上海社会科学院出版社，2009 年。

这一过程，其实就是一个"课程化"的过程。这里，"化"，指的是程度、特征、过程。"程度"，是指广度、深度；"特征"，是指是否具有特殊的表征、征候；而"过程"，是指按照某一流程设计、组织、实事、检测等。因此"化"是一个具有复合意味的词缀，附加或解读时就要考虑其复合性本初意义。"课程化"，就是课程的程度、特征、过程等。

从"课程化"走向"课程"的路径和方法是多元多样的。变"活动设计"为"课程设计"，积"小课程"为"大课程"，是比较成熟的一种。

组织学生参与各种活动，是学校开展教育教学的重要途径。对这些活动提出"课程化"要求，就在于"用程序和规范来提高活动实施的有效性"。我们对"活动"作广义的理解，不仅仅是学生的专题活动，而且包括某些学科学习进程中阶段性的活动，那么，随着一个个"小课程"的积累，随着时间的推移，在一定的时间内进行整理，"课程体系"自然会逐步形成。

关于这一方面，还有许多值得探索和尝试的领域。

（3）"引进与调整"的路径和模式

生活是丰富多彩的，"面向生活"构建学校的"微观课程结构"会遇到两种情况：其一是"心有余而力不足"（即学生有需求，但学校无能力开发），其二是"养在深闺人未识"（即学校已经开发，但本校需求有限），事实证明，这是制约"学校课程建设"的两大难题。

解决这一难题的关键在于：以区域为单位形成课程的"共享机制"，通过"引进"实现"共享"。目前推出的以"学区化""集团化"办学为特色的"集群发展"，正在为解决这一难题提供了机会。

学校课程建设的出发点和终极目标：基于学情

义务教育的改革，明确由"寻找适合教育的学生"向"寻找适合学生的教育"的转变之后，"学情"正成为一个热词。在实践中，我们也深深认识到：学校"微观课程结构"的设计、开发，离开了对"学情"的把握，其意义和价值是有限的。

如何研究"学情"？

一项研究指出："对学情概念的理解，要关注以下四个问题：第一，现有研究对'学情'概念的界定，可以总结为'对学习效果有影响的学生信息'，这是学情研究首先要解决的问题；第二，教学实践需要的，不是一个抽象定义，而是确定学情究竟特指哪些方面的学生信息；第三，面对现有文献提出的各种学情，迫切需要的是科学地、严谨地论证好究竟有哪些会导致学习效果的差异；第四，对那些被甄别出的学情，必须在获得科学、有效的解决办法之后，才可以推广为学情分析的对象。"[1]

我们知道："学校的一切为学生发展而存在"，学校要有效地实现其功能，不能不关注它所面对的学生，"生源"和"学情"是分析研究的基本内容[2]。

所谓"生源"，最简单的解释就是：学生的来源，即"按照有关规定进入学校学习的学生来源"。根据人口、经济等多方面的信息，对未来若干年可能进入学校的人口进行测算分析，从而制订教育事业规划，是教育规划的重要工作之一，其重要性毋庸赘言。但这不是本研究的重点。这里所说的"生源"，指的是进入本校就读的学生的来源；"生源分析"则是指由此变化可能对学校有效实施教育教学工作产生的影响。

不难理解，在进入本校之前，不同的个体，带有不同的遗传基因，又生活在不同的家庭，接受着不同的"启蒙教育"；他们在不同文化环境中耳濡目染，养成了不一样的生活习惯、认知风格等。不能说"人之初""性本善"或"性本恶"，但这些来自"前期教育"的烙印并不是可以轻易改变的。研究"生源"，无非就是关注并对这些"前期教育"的大致情况进行分析，从而认清具有不同背景因而分成不同类型的个体的基本特征，提出"因人而异"（不仅是个体也是群体）的对策，并付诸有效实施，这是任何学段的教育在其起点上都不应回避的。

或许有人会提出：这一分析，不就是"学情分析"么？有必要再"叠床架屋"么？我们以为，"生源结构"与"学情分析"有一致的地方，但也有区别。

"学情"，简单地说就是"学生的实际情况"，它有比"生源"更为宽泛的含义。在教育教学实践中，所谓"学情"，不仅是指人们通过学生在校的表现的观察所得到的学生情况，而且包括由学生的生物特性、社会影响、情感特征、学业表现、学习偏好等等多重多元要素构成的基本情况的认识和理解。教育教学，要提高效能，强化"学情意识"，自觉地从"学情视角"开始教育教学活动，是成功教师最主要的经验之一。

从某种意义上说，"生源结构"确实是"学情"的组成部分，它所反映的是较大尺度上（一般是以学校、年级为单位）"学生群体"的基本情况，是研究学生的出发点，是开展"学情分析"的前提和基础。只有把握学生进入本学段前的最基本信息，才有可能把握学生开始某一段学习经历之前、学习进程中、学习之后的变化，才有可能综合对其学习准备、学业基础等多方面因素的判断，采取不同的有效教育教学措施。

或许，我们将"生源结构"和"学情分析"视作"从整体到个体研究学生"的

[1] 谢晨、胡惠闵学情分析中"学情"的理解，全球教育展望，2015年第2期，第20~27页。
[2] 参见《提升学校管理有效性的实践研究》，浦东新区教育局第三教育署，内部文献，2014年。

过程。把以学校甚至于更大单位的学生群体分析为对象的"生源结构"称为"宏观学情"的话，那么具体到教育教学进程中、以明确特定的学生群体或个体为对象的"学情分析"可以称为"微观学情"。

经验告诉我们：对于一所学校而言，不做"宏观学情"分析，"微观学情"就如同无本之木；"宏观学情"不落实到"微观学情"分析，就如同无的之矢。两者的结合，对于"学校教育教学的有效性"意义重大。现实生活中，在提及"生源"（即宏观学情），"没有好生源哪来好成绩"的抱怨声不绝于耳，不少人坚持"以不变应万变"，不愿意从"微观学情"把握着手，调整自己以适应学生发展的需要，就是证明。

教育的发展，已经开始从"寻找适合教育的学生"转向"寻找适合学生的教育"，揭示"生源结构、学情分析与有效教学管理"的内在联系，为提升学校教学管理有效性提供思路，是我们考虑的初衷。

二、实践：尝试、架构、开发

我们的实践，是在我们获得认识基础上的；我们的认识，是随着探索的过程而逐步完善的。在这个互动循环、螺旋上升的过程中，才形成今天的成果。

从2011年北蔡中学初中独立开始算起，我们的探索和实践大致经历了三个阶段。

初步尝试：开发《浦东说书》《生活中的××（学科）》校本课程

1.《浦东说书》从社团活动起步，成为创区新优质学校的"名片"

起源于黄浦江以东，包括川沙、南汇、奉贤在内的"浦东说书"，在上海它是仅次于"滑稽"的大曲种，是极具乡土特色的地方曲艺。在北蔡地区，有较好的群众基础，是本地颇有代表性的艺术形式。由于"城镇化"进程，北蔡地区外来人口的增多，不仅"新北蔡人"，而且有相当一部分本地学生，也已经很少能做到讲"纯正的浦东话"。本地学生家庭中的长辈，对"浦东说书"有着浓郁的乡土情结，"新北蔡人"为了能融入本地文化，也都有学说浦东话的意愿，而具有浓烈地方色彩的"浦东说书"，对"学说浦东话"帮助十分明显。学校抓住这个契机，与北蔡镇文广中心合作，建成了"浦东说书传承保护基地"，并联合编撰了《浦东说书教程》，填补了这一"非物质文化遗产"的空白，也为学校以"浦东说书"为载体开展传统文化和艺术教育奠定了基础。

一开始，我们只是把"浦东说书"作为一项活动，但在推进的过程中，我们意识到仅仅作为"兴趣活动"，并不能真正履行好作为"非物质文化遗产"基地的责任。只有实现"课程化"，将其纳入学校课程体系，才有可能确保其长盛不衰，履行好"基地"的责任。

为此，我们按照从"非课程"转化为"课程"需要实现五大转变——即：目标，从模糊到能清晰表述；资源，从分散到汇聚并产生作用；情境，从抽象、混沌到具体、明确；程序，从随意多变到相对稳定；效果，从模糊到清晰可测——的要求，对"浦东说书"进行了课程化的建设。

我们确定了该课程的目标：提炼和完善多年来的经验，把特长培养转化为普及项目。让更多的学生了解浦东说书，学唱浦东说书，通过实践真正成为非物质文化遗产的推广者和传承人。根据这一要求，我们系统地设计了"课程方案"等文件，推进了非遗项目"浦东说书"在学校的普及型传播，让学生从欣赏者转化为参与者。这一课程的探索与开设，丰富了学生的音乐课堂知识体系，让孩子们了解到"浦东说书"的艺术形态与特征，也为后期的课程开发积累了经验。

2.《生活中的××（物理、化学）》成为先行先试的"领头羊"

如果说"浦东说书"的课程开发，还属于从活动转化为课程的话，那么对于习称为"考试科目"的课程，有没有可能也进行类似开发呢？

我们的物理化学教师，在他们的教学实践中发现：对于初中低年级学生，由于缺乏必要的生活经验积累，因而在开始学习物理化学等科目时，似乎很难理解和接受，也很难激发起兴趣。即使老师引进"生活现象"，效果也很有限。

老师们意识到：教学内容与生活的脱节，是造成这一现象的关键。能否借"学校课程开发"的契机有所动作？——于是，"生活中的物理""生活中的化学"两门校本课程的开发被提上了日程——成为先试先行的"领头羊"。

老师们以学科课程标准为基础，围绕科学思维、科学探究、科学态度与责任意识等核心素养，遵循"关注生活、理解生活、走进生活"的原则，在学生的学习兴趣、生活实践、科学创新等三个方面进行课程建构。

在六年级《理科实验》的基础上，七年级开设《生活中的物理》，通过观察生活中的现象，用物理学知识来解答，并尝试改变，更好地为生活服务，从而激发学习物理的兴趣；八年级开设《生活中的化学》，以六、七年级《科学》课上涉及的化学内容为基本知识结构框架，开阔学生的视野，激发学生学习化学的兴趣，丰富学生的科学知识。

两门课程推出后，深受学生的欢迎，对后续的物理化学的学习，起到了积极的作用。他们的成功，引起了老师们关注。为此，学校专门申报了《面向生活构建普通初中微观课程结构的探索》区级课题，由此将学校课程的建设，推向了一个新的阶段。

初步架构：开发"面向生活"的微观课程，构建各学科课程群

历史学科首先起步。教师们围绕时空观念、史料实证、历史理解、历史解释、历史价值观等核心素养，依据学科课程标准，从孩子们生于斯、长于斯的家乡的文化历史、乡土历史入手构建课程。六年级的《趣味历史》，通过学生熟悉的成语与文学名篇来解读历史，激发学生对历史的兴趣的基础上，进一步开发贯穿于初中四年的《北蔡的昨天与今天》科目。这个课程，以学生们脚下这方土地为内容，要求学生从家庭或周围人群的衣食住行入手，调查改革开放或新中国成立以来的社会变迁，深受欢迎。

语文课程紧紧跟上，教师们围绕语言掌握与运用、思维拓展与延伸、审美形成与提高、文化理解与传承等核心素养，以语文学科标准为基础，构建了贴近生活化的语文课程群。例如：六年级的《生活中的"国学"》，以"汉字的秘密（造字法、字形的演变）""活字印刷术""中国瓷器""十二生肖""二十四节气"为线索使学生了解日常生活中涉及到的国学、国粹以及相关常识，在传播中国文化的同时激发学生的爱国热情。另外，每个年级开设的《经典诵读》课程，在传授朗读技巧的同时，通过诵读中华传统名篇，让每一位学生自觉成为中华优秀文化的传承者。《模块化写作教程》根据学情，按模块系列进行写作训练，六年级"能将一个故事叙述完整，且故事有一个明确的主题，叙述故事时能有情感渗透"、七年级在选材方面"把握生活细节和自然界中细小的现象"、在立意方面则是赋予描述对象"比较深刻的主题"；八年级学习"对所写的故事和任务进行改造，使其具备一定的文学特征""表达自己对生活、自然、生命等现象的深层次思考"。

数学课程则围绕数学运算、逻辑推理、数学建模、等核心素养，在知识技能、生活运用、数学思维等三个方面进行课程构建。六年级的《生活中的数学》提出"生活中的计算""数学魔术"；七年级的《几何画板》在掌握几何画板软件的基础上，知道三视图，掌握简单的三视图画法，掌握三维工具绘制简单三维图形的方法。八、九年级的《数学思维拓展》则是在解决生活中常见的数学问题中，促进学生数学思维品格的形成。

英语课程，围绕语言听说能力、思维品质、文化品格等核心素养，从语言交流、阅读分享、文化体验等方面进行构建。例如：四个年级都开设的《英语听说》拓展课程，依据学科课程标准，从"生活应用"出发，由易到难：六年级听录音跟读句子和段落，模仿语音语调；七年级掌握语音语调，能流畅朗读句子和段落；八年级能根据语音语调的变化理解说话人的意图和态度，区分交际场合，初步可以进行角色对话；九年级可以在能正确使用语音语调的变化表达自己的意图和态度同时学会恰当的应对。另外，在七年级开设了《国际理解教育》课程，以英语为媒，介绍世界上不同文化，使学生能够学会观察世界，了解世界，走进世界。

"道德与法治"课程，特别注意构建贴近生活、走进社会，关注时政热点的拓展课程。强调以社会实践为主，通过观察社会现象，参与社会调查等形式，以生活化的学习环境，关注学生学习的体验，以要求学生完成一份社会实践报告的"长作业"引领学生走进生活。

地理课程，围绕着"趣味"做文章，强调综合思维、区域认知、地理实践力等核心素养，选择在地理技能、地理文化、跨学科实践等方面构建拓展课程。六年级的《趣味地理》，在阅读文化名篇中考察地理。七年级的《手绘地理》，尝试画出一幅自己生活区域的地图。《地理科学跨学科课程》让学生设计一份合理的人居环境规划图。

"科学与生命"课程从知识拓展、能力培养、实践活动和兴趣养成等四个方面进行规划。《昆虫研究》通过探究昆虫的生活习性、身体构造，环境适应等知识，培养学生热爱自然以及严谨的科学探究精神；《工作吧，人体细胞！》通过探究学习人体擦伤、感冒、癌症等状态下的细胞工作状况，帮助学生树立坚持锻炼、合理饮食等健康观念；《北蔡中学校园植物细胞形态异同研究》通过对校区植物（绿化）种类的现场调查，借助显微镜等仪器，进行研究型学习；《阳光屋》通过指导学生进行无土栽培生菜实验，培养学生的动手操作能力，引导学生了解无土栽培对农业生产的积极意义，激发学生创新意识，培养学生的责任心和使命感。

艺体课程，包含体育、美术、音乐三门。作为多年来浦东新区艺术特色学校、体教结合学校，积极创建"一切活动皆课程，每门课程皆育人"的学校教育生态，推进学校艺体特色课程的建设。学校构建了学校艺体教育课程库，除了《浦东说书》，还开设有《舞蹈》《合唱》《校园音乐剧》《动漫》《素描》《艺术剪纸》《乒乓球》《花样跳绳》《健美操》《羽毛球》《足球》《田径》等一系列的艺体拓展课程供学生自主选课。其中《浦东说书》《乒乓球》《花样跳绳》等课程作为传统特色课程，贯穿于学生整个初中学习生活。

劳技课程围绕学科核心素养，在运用知识的动手能力、生活中的劳动技能及职业体验等方面进行拓展，构建旨在培养学生实践能力、创新精神，有益于学生全面发展的课程群。六年级的《布艺制作》《创意木工》，注重培养学生的动手能力、劳动技能及创新精神。贯穿于初中四年的《劳动教育课程》《职业体验课程》，让学生体会劳动过程的艰辛与快乐的同时，增加学生的学习经历和体验，形成良好的劳动品质和价值观。

毋庸讳言，所有这些探索和实践，并不是完美无缺的，但是，不管怎么样，我们走出坚实的一大步。

更值得一提的是：在探索和实践的过程中，我们初步形成了学校的办学哲学、课程理念。

从实践到理论的一次飞跃:"至善"哲学和课程理念的成型

在实践中,我们总结提炼了办学所遵循的教育哲学:"至善教育"。

"至善教育"的出典,是我们全校师生已经十分熟悉的"明德至善"一词。

"明德至善",语出儒家经典《大学》:大学之道,在明明德,在亲民,在止于至善。它的本义是要人能彰明自身天赋中的完美德行,然后使他人能除去后天的心灵污染而自我更新,从而达到最完美的境地。这里的"至"既可以作为副词解释为"极""最",表示所能达到的最高境界;也可作为动词解释为"到""到达",即向着"善"的目标努力。

从办学的角度来理解,就是要办好一所学校,首先要以高尚的师德为立校之本,以此来引领学生形成良好的品德,进而形成和谐、美好的校园氛围,真正让学校成为师生共同幸福成长的心灵家园。再从回归教育的本身理解,教育就像是一艘渡船,把一个个纯洁的婴儿送到一定历史条件下他所能到达和所应该到达的人生境界层次,从而让他能做最好的自己,实现生命的价值。

可见,我们所从事的教育工作,无论是教育者还是被教育者,都是一个追求"至善"的过程。教育首先要关注学生的发展,给予学生适合的教育,有温度的教育,从而让学校的每一位学生都得到自主、和谐的发展,做最好的自己。

"至善教育"的提出,源于学校的办学经验的总结和现实需要。

学校位于人口导入的北蔡镇中心地区,人口量大,居民对优质教育的需求也高。要实现时代赋予我们这样一所学校的使命与任务,"至善教育"应该成为灵魂和指导原则。

北蔡中学是一所拥有八十多年办学历史的学校。八十多年来,为北蔡、为浦东、为上海培养了一批又一批的合格建设者,在这个过程中,学校既有厚重的文化积淀,又不断彰显印有时代烙印的办学特色。"至善教育",自然传承了这些办学的积淀。

从二期课改开始,学校按照"课改"对课程的诠释,我们以"至善"为标准,形成了一批具有本校特色课程,其中的艺体课程、生活化课程、禁毒课程等等,成为学校的名片。

"至善教育"的哲学,体现在课程领域,就是"在这里,与最好的自己相遇"!

我们知道:"课程是学生在学校经历的总和"——无论从"副词"还是从"动词"的角度理解"至善"的含义,其核心就是要为学生提供"最好的经历",让他们"做最好的自己,实现生命的价值"!

可见,"至善教育"哲学引领下的学校课程建设,就是要满足学生的成长需求,激发和培养学生积极的兴趣爱好,开发学生的潜能,促进学生个性、特长的发展,让每一位学生成为最好的自己。这意味着:

——课程是以德养德，给孩子有温度的教育。课程是一种内在的召唤、是心灵的启迪。教育过程使心灵变得纯净、充实、澄明。课程学习应顺应学生天性，尊重个体差异，珍视学习的整体性与多样性。教师用教育的初心唤醒学生的内心，激发学生潜在的生命活力，让课程为每位学生书写出大写的"人"。

——课程是以智启智，给孩子有生命的教学。教育的智慧在于用智慧启迪智慧，用生命呵护生命，用创造支撑创造。智慧属于教师，需要教师在课程实施中随时关注生活、关注学生的兴趣，根据学生的兴趣和生活中濡染发生的、有教育意义的事件来调整教学计划。智慧属于学生，需要学生在课程学习中随时在课堂中发现问题、思考问题、探究问题、解决问题，从而实现创造性地学习。

——课程是以艺化人，给孩子有文化的经历。课程的价值在于对生活的体验，在于满足生命生长的需求。通过课程实施，给孩子丰富的文化体验，以此培养他们对自己、对他人，对生命、对生活、对社会积极的情感，树立起正确人生观与世界观。

总之，通过在北蔡中学短短四年到学习，孩子们应该也必须"在这里，与最好的自己相遇"——从而满怀信心去迎接未来的挑战。

深度开发：营造"至善校园"，优化隐性课程实施

"至善教育"的提出，"在这里，与最好的自己相遇"的课程理念的确立，推动了学校课程建设的新发展。

1. 推行"至善礼仪"，规范仪式教育课程的实施

学校推行"至善礼仪"，就是要让学生懂礼仪，守礼法，行礼节，讲礼信。通过规范的仪式教育，规范学生的行规，让他们产生崇高的精神归属感。

学校的仪式课程围绕学生的日常成长历程，主要实施了以下五大课程：升旗仪式课程、推优入团仪式课程、换戴大号红领巾仪式课程、十四岁生日仪式课程、毕业离队仪式课程。

2. 组建"至善社团"，推进学生兴趣类课程的实施

组建"至善社团"，一方面是为了满足学生课程学习的需求，另一方面是为了激发他们参与课程学习的兴趣。"至善社团"的组建充分考虑到社团课程学习的自主性、知识性、艺术性、趣味性、生活化、多样化等特点，以此来吸引学生广泛、积极地参与。

"至善社团"的组建，根据学校的课程总体设置设立四个板块的社团类型："社会生活类"包含了晨曦文学社、英语听说社、编织社、布艺制作社、心理社、学生自主管理社等社团；"历史传承类"包含了浦东说书社、北蔡乡土历史社、经典诵读社、书法社等社团；"艺体修养类"包含了舞蹈社、民乐社、管乐社、合唱团、

乒乓社、足球社、篮球社、田径社等社团；"科学探索类"包含了理科实验社、昆虫研究社、创意模型社、昆虫研究社等社团。

"至善社团"的实施考虑到学生参与社团课程学习的自主性，它采用网上挂课，学生根据个人兴趣，进行报名申请，自主选择社团，社团辅导老师、教学部门根据考查、协调，通过申请，组织学生参与社团活动，完成社团课程，记录学生课程学习情况。

3. 创设"至善节日"，推进节日课程的持续设施

学校根据学生的身心成长的阶段性需求，整合了学校丰富的教育教学活动，创设"至善节日"课程平台，使学生丰富学习生活，收获学习体验，提升综合素质，满足多元化的成长的需求。

学校在不同的时间节点创设了"至善节日"课程。每年围绕"元旦"开展系列活动，设置了"迎新活动节"；每年3月开展一个月的科技节活动，定为"科技节"；每年4月开展一个月的体育节系列活动，定为"体育节"；每年5月开展心理月系列活动，定为"心理节"；每年围绕"六一"开展系列活动，定为"成长节"；每年9月，围绕某一学科开展系列活动，定为"学科节"；每年秋季开展一个月的艺术节系列活动，定为"艺术节"；每年11、12月开展法制安全系列活动，定为"法制安全节"。

4. 探索"至善之旅"，推进研学旅行课程实施

研学旅行课程是通过旅行来拓展学生学习视野，实现跨学科综合学习的融合课程。它的形式有社会调查、参观访问、亲身体验等等。我校"至善之旅"研学课程，从有价值的目标、有体验的旅程、有引导的学习等三个方面来构建课程，使学生能在游中有学，游中有思，游中有得。

"至善之旅"研学课程的实施主要有三项内容：即文化研学、红色研学与国际研学。

文化研学是体验中华文化博大精深的文化之旅。学校选用了具有江南特色的古徽州之旅：学生探访了明清徽式建筑"呈坎双贤里、江南第一村"、历史文化遗产宏村的"中华一绝"——古水系牛形村落和人工水系、具有"流动着的清明上河图"之称的屯溪宋代老街，并通过野外活动体验了徽州大峡谷的壮美。

红色研学是爱国主义教育之旅。学校选用了南方的三地之旅：在湛江，登上南海舰队现役军舰，参观军事博物馆、水生生物博物馆、广州湾法国公使署旧址，乘坐红嘴鸥游船；在海口，参观了军史馆红色娘子军纪念园、玉带滩、博鳌亚洲论坛会址、多河文化谷；在三亚，探访亚龙湾沙滩，椰田古寨。

国际研学是培养学生国际视野的学习交流之旅。它以主题的方式进行研学，引导学生了解世界历史、文化、环保等方面的内容。走进新西兰——新西兰基督城圣

约瑟夫学校学习考察，走进世界名校——英伦经典夏令营等。

"至善之旅"研学课程的实施有三个步骤：研学前，做好研学规划，设计活动方案和评价方式。学生查阅相关资料，做好研学前功课，分组交流展示。研学中，根据研学课程，精心组织好学生活动，指导学生在研学过程中边走边学，学会观察和思考，勤于记录和整理，积极探索，在体验中感悟和内化。研学后，教师指导学生根据研学评价标准，进行成果收集、整理，教师撰写研学心得，学生撰写研学报告，举办研学成果展示报告会。

三、成效：文化浸润、开发有序、管理有度

"至善教育"作为学校的教育哲学，呈现在学校工作的各个层面，同时，"在这里，与最好的自己相遇"的课程理念，也扎实地落实于学校的教育教学工作中，以此引领了学校文化的形成，课程建设的完善，教师的专业发展，学生的全面成长。

文化浸润让学校课程有魂

课程建设离不开文化的滋养。北蔡中学课程理念立足于中国优秀传统文化观念"明德至善"和学校八十多年人文、历史、资源积淀，兼容哲学与理性的思考，使学校的课程建设体系具有目标性、系统性，更使学校师生具有强烈认同感与凝聚力。

同时，学校以"至善教育"教育哲学为引领，从学生需求出发，统筹规划社会生活（society）、历史传承（history）、艺体修养（art）、科学探索（nature science），简称为"至善（S-H-A-N）"的四大领域、四个年级递进式学习的课程结构。四大领域的划分全方位营造了学生进行"至善教育"的良好氛围，通过参与式学习感悟学校教育理念，将"至善教育"理念落地。学生通过四个阶段的课程学习逐步形成"人格完善，热爱生活""勤学善思，学业优良""身心健康，崇尚艺术""公民意识，社会责任"的全面素质发展。

这一认识，已经深入北蔡中学师生的心灵，成为北蔡的教育之魂。在一次调研访谈中，多数学生表示在北蔡中学培养了学习的兴趣，感受到有温度的教育。多数家长表示认同学校理念，感受到学生逐渐独立思考，具有责任感。课程设计中所蕴含的"至善教育"已潜移默化成为文化观念陶冶学生心智，发挥育人功能。

当然，进一步深入推进北蔡中学的文化传承，更持久深远地发挥文化价值，在今后的课程建设过程中需要关注时代性、灵活性、选择性。为了实现学生多样性及创造性发展，课程设计要适应时代发展的需求，将"至善教育"与现代校园文化、时代价值相结合；充分利用校园、课堂，开发多样化体验平台，可创建跨学科文化

课程体系，并注重课程实施的体验性；鼓励学生自主选择，为个性发展拓宽空间，满足学生发展的需求，让学校课程成为"至善教育"文化自觉传承的途径。

课程制度确保学校课程开发有序

为保证课程建设工作顺利开展，学校在规范落实国家课程的同时，根据学校的办学优势与学生学习的需求，积极开发、实施各类教育教学类校本课程，为了有效管理课程，促进学校师生的共同成长，结合学校实际情况，出台了《上海市北蔡中学学校课程建设管理方案》（试行），对学校课程的执行进行了全方位的管理。

课程管理建设坚持以"明德至善，切问近思"为思路，保证课程制度的人性化供给。首先，在课程规划环节建立清晰职责权限的"课程建设领导小组"，各业务部门负责人员，倾听多方需求，不断实现学校课程的优化。其次，在课程开发和实施环节，以国家政策和学校历年积累的经验为依据，以"关注生活、理解生活、走进生活"为指针，满足学生有效学习、多样发展的需求和教师专业成长的需要，建立"申报、审核、开发、试点、评价"五大程序，实现课程有序合理开发。最后，通过课程调研报告规范课程设置质量。

这一举措，对学校课程建设的影响很大。在一次问卷调研中发现，在校师生对于学校课程的有较高的满意度。

这一问卷总共向 2019 级、2018 级、2017 级、2016 级四个学段的学生发放1000 份，共回收问卷 978 份，有效回收率为 94.7%。根据学生问卷调查结果显示，学生对校本课程的总体满意度达 86.35%，83.68% 的学生认为授课形式较为多样，84.59% 的学生认为课程资源丰富，专题教育内容和国家课程开设情况都落实较好，79.53% 的学生对于学校课程期望值较高，81.46% 的学生对教师教学方式感到满意。

这一问卷向教师团队发放 100 份，回收问卷 98 份，有效回收率为 97%。根据教师问卷调查结果显示，教师对校本课程的认可度为 81.82%，对校本课程的参与度为 84.68%，具有较高认可度和满意度。83.29% 的教师认可学校对校本课程的支持力度，82.37% 的教师认可学校校本课程的开发与管理制度。

根据师生问卷调查结果，学校师生对校本课程总体认可度和满意度良好，说明校本课程的制度实施具有科学性、规范化和可操作性，便于指导，利于实践操作，有助于全面促进提升教学质量。

当然，制度可分为正式制度和非正式制度，非正式课程制度又称为微观制度，凸显制度的内隐功能，体现于课堂伦理秩序，教师自我监督和约束。除了现有的正式制度，在今后可通过微观课程制度进一步激发教师认同感，促进课程生命力。在调查中部分学生期望值较高，但课程实施模式较单一，部分教师认为需要协同式研究来进行课程开发。学校可通过激励教师自行选择独立研究或协同式研究等研究模式，自觉调整课程构成，提升课程内容实效性，发挥微观制度的积极作用。

课程评价让学校课程实施有度

北蔡中学课程评价以开发与实施过程为主线，以学生发展为目的，既关注共性发展，又关注个性兴趣特长；既关注学习结果，又要关注学习过程；既关注学生学业水平，又关注学生的品德发展和身心健康。课程评价以核心素养理念和学校课程理念为内核，进行多种评价方式，保证课程评价的全面性，明确有度落实课程内容。

学校的课程评价包括对课程评价、学生评价、教师评价三个方面。课程评价从"需求－满足""规范－科学""可行－绩效""反馈－改进"四个维度作出评价。学生评价根据多元的课程目标，包括基础类课程和探究、拓展类课程所要求的不同素质、能力的培养要求，进行多元化的评价方式。基础类课程评价注重通过学校、年级、班级、学科、教师、学生等各个层面对考核成绩进行质量分析。探究、拓展型课程注重过程性评价，突出学生自评的地位，学生作为学习活动的主体，积极主动客观评价学习活动有助于激发其学习需求，改善学习策略，通过综合学生参加学习的态度和表现及考核，确保客观科学的反映学生学习水平，及时调控学生学习过程。教师评价逐步建立以教师自评为主，学校、同事、家长、学生共同参与的多主体评价制度。通过多主体视角对学校的课程实施作出评价，以此来进一步完善学校的课程建设。

北蔡中学通过问卷调研的形式调查在校师生对于课程评价制度的满意度。

本次问卷总共向 2019 级、2018 级、2017 级、2016 级四个学段的学生发放 1000 份，共回收问卷 982 份，有效回收率为 95.9%。根据学生问卷调查结果显示，学生对课程评价考核形式满意度达 83.97%，82.59% 的学生认为考核形式多样，有利于激发其自主学习动力，86.92% 的学生认为课程考核形式能反映课程所学知识、素养、技能，有助于能力和素质培养与提升。根据教师问卷调查结果显示，教师对课程评价认可度为 85.23%，80.93% 的教师认为课程多主体评价制度有助于教学模式、教学内容的优化，87.72% 的教师认为评价制度能较准确体现学生知识理解掌握水平和运用能力。

本次问卷向教师团队发放 100 份，回收问卷 98 份，有效回收率为 98%。根据师生问卷调查结果，学校师生对课程评价制度满意度良好，说明课程评价保证学生及时了解评价结果，进行学习方式方法的调控。同时对于教师而言及时获取教学反馈信息，能够以专业引领加强针对性教学研究，渐次落实教学目标，调动学生积极性，规范教学管理，全面提升教学质量。

调查中部分学生认为课程评价主要关注在知识技能方面，评价全面性有待增强。北蔡中学校本课程设计体现实践性、多样性等特色，但部分教师主要关注学生对于知识、方法、活动过程等基础评价，忽略了情感、态度等质性评价。今后北蔡中学校本课程评价将更加关注学生核心素养、学习需求，研究课程评价的过程性、开放性等特点，关注课程评价的育人价值，提升评价针对性与全面性。

另外，学校在课程顶层设计、课程建设、教育教学、师生发展等方面积累了符合自身特点的比较成熟的经验和运行机制。

课程建设日臻完善，特色课程崭露头角，办学理念在课程领域得以彰显、教师团队积极进取，课程领导力和执行力大大提升。

四、总结与反思

几年来的实践和探索，对于在一所普通的初级中学，如何走好课程建设之路，我们有四点体会：

以"学情分析"与"社会需要"为基础的方向把控

作为一所承担义务教育责任的普通初级中学，首先固然是要确保"国家课程"的实施，这是学校的法定义务。但是，"国家课程"，毕竟要照顾到的是全国的情况、普遍的情况，而不同地区、不同学校，必定存在着差异。历史和经验都证明：采用"一刀切"、以"不变应万变"的方式实施国家课程，效果不会好。我们也知道，义务教育阶段的学生处在"生长期"，他们的未来还存在着无限的可能。"寻找适合教育的学生"转向"寻找适合学生的教育"，就是要求学校能在全力以赴落实好"国家课程"的同时，开发多种多样的"学校特色课程"，为学生提供丰富多样的选择。

我们提出"至善教育"的哲学，我们确立"在这里，与最好的自己相遇"的课程建设理念，从根本上说，就是为了让北蔡中学的"课程"真正成为"传达信息、表达意义、说明价值"的有效媒介，成为提升办学质量、创建学校特色、促进教师发展的关键所在。

要做到这一切，"学情"和"社会需求"的把握是基础和前提——这是我们在实践中得出的经验。几年来，北蔡中学的课程建设之路，正是以"学情分析"和"社会需求把握"为基础和前提的。

"关注学情""把握社会需求"，我们就有底气。我们就有可能从社会需要出发，用专业的眼光设计课程，引导初中学生为适应未来社会发展需要而学习和锻炼，从而克服当今教育脱离社会造成的，提升教育教学质量。

以"面向生活"与"减负增效"为导向的国家课程有效实施

我们知道，开始于上一世纪90年代的"课程改革"，已经历时30年。经过30年的探索、实践，"国家课程"日益丰富完善。然而，与之同时，"减负增效"的呼声却不绝于耳。

平心而论，新课改、新教材，不能说十全十美，但是在精选教育内容、优化教与学的方法等方面的推进，可以说是很有建树的。但为什么"学业负担"问题涛声依旧？

我们注意到了一个现象：学生的学习与现实生活若即若离甚至于隔绝。不难理解，当学生缺少必要的生活积累，再加上教学过程中有意无意的"书本上来来往往"，学生不知道所学的除了考试还有其他什么用处，自然提不起兴趣，学习效能打折扣，为了保证质量，不得不用"死记硬背"等传统方式应对——结果可想而知。

发现这些问题后，我们以《生活中的物理》《生活中的化学》等课程，探索使教育教学贴近学生生活，全面优化学校课程结构和课程内容满足学生学习需求，提升教师的课程意识和教学素养。这一探索取得圆满成功。

在这个基础上，2015年起，学校进一步明确以"关注生活、理解生活、走进生活"为指针，通过课题研究，以"学校课程体系"建设为目标，为构建全员、全程、全方位的"立德树人"的课程体系奠定了基础。随后，我们要求在日常课堂教学中，注意引进"生活活水"，设计"生活情境"，尝试让学生处于"发现——探索——成功——再发现"的状态中，体验到成功的乐趣——这一尝试，尽管还有许多值得完善的地方，但毕竟初显成效。

实践告诉我们：减负增效，不能仅仅在"内容多寡""作业时长和难度"等方面"打转转"，更要注意让学生们真正体验到"所学有所用"，从而激发起学习的热情，提升效能。

而"面向生活"，则是实现这一目标的一条捷径。

以"丰富经历"与"满足需要"为指引的学校校本课程建设

推进"德育课程化"的经验告诉我们：只有把教育的对象变成自己教育自己的主体，我们的教育才会有效。因此，让学生主动参与活动，精心设计、组织开展主题明确、内容丰富、形式多样、吸引力强的教育活动，用"规范和程序"确保活动开展有效，实现"德育活动生活化"，给我们启示。

我们提出了"基于生活设计活动，在活动中培养学生生活能力""在仪式教育中引进生活元素增强学生责任感""按贴近生活、师生互动原则选择主题活动""充分用好校友资源"等，多方面挖掘"生活"资源：架设育人立交桥。这些活动，为学生们提供了丰富多彩的选择以满足他们多样化需要，很受欢迎。我们在推进中采取的"课程化"的操作模式，也为"面向生活"的校本课程开发提供了经验。增势在这个基础上，

以"能者为师"与"规范有效"为支撑的课程开发、实施

我们知道：无论是"国家课程校本化有效实施"还是"学校本课程的开发"，要真正落实"面向生活"的要求，对教师有着较高的要求。

北蔡中学一向本着"能者为师"的原则，采取多种路径和方式，从"调动本校教师积极性"与"开发引进校外资源"相结合两方面着手，初步解决了"面向生活"课程建设所需要的师资问题。

与此相关的还是要处理好评价问题，以评价促进"规范化"。在实践中，逐步形成了课程评价的三个方面、四个维度，完成了相应的制度建设。

进一步努力的思考

在充分肯定成绩的基础上，我们也意识到存在不少问题。主要有：

1. 学校课程架构仍需完善

尽管学校在课程建设上倾注了大量的精力，也取得了较大的成绩，但从中考改革的要求、学校的可持续发展层面上，课程建设也面临着不断完善的问题。从学生需求的调研，教师专业成长的需求等层面来看，学校的课程建设也需要不断地完善；在当下中考新政背景下，在引入学生综合性评价的框架下，在实施统编教材教学的过程中，我们的课程建设也面临新的挑战。特别是课程建设的规划管理需要加强。

2. 教师课程理念需要转变

有的教师对学科拓展课程和研究课程的开发与实施不够重视。有的学科即使有相应的课程，但是由于来自社会、家长、考试评价等各方面因素影响，不少课程被忽视，学校课程的丰富性打了折扣。转变教师课程理念，使教师成为课程建设的主人，是学校课程建设中需要解决的问题。

3. 教师开发、实施、评价课程的能力需要提升

受传统学业评价和课程观念的影响，有的教师对课程规划、课程建设、课程开发、课程实施缺乏必要的认识，更缺乏实践的操作。不少教师认为只要把教材教好即可。课程建设的推进要求教师具有一定的课程规划能力、研发能力、实施评价能力。学校需要继续深入开展一些课程专题培训，通过案例剖析、行动研究、示范引领等提升教师课程能力。

4. 学校课程管理与评价机制需要进一步完善

从学校课程管理与评价看，侧重点一直放在对学科基础课程的管理与评价，而

对学科拓展课程和研究课程的管理和评价相对比较松散，还没有形成科学有效的管理评价体系。

在对学科拓展课程的评价管理中，虽然注重并跟进了课程评价，重视过程性评价，重视定量评价与定性评价相结合，但是在实际操作过程中，存在评价方式单一、简单，定量评价多、定性评价少的情况。评价方式主要采用课程的开设数量、教师和学生的考勤、提交的教案等定量评价数据，而定性评价的应用，如：对课程开发、课程教学管理的专业性、系统性评价，对课程实施教师、学生的深入评价等，则比较缺乏。因此，对学校拓展课程的研发、实施、评价的制度也有待于进一步建立与完善。

我们的
探索

初步尝试：创建新优质学校

打造"育德树人"的有效载体
——上海市北蔡中学创建新优质学校的实践

上海市北蔡中学是一家公办四年义务制阶段的初中学校。学校创建于 1937 年，七十多年的办学历史积淀了深厚的历史文化底蕴，所形成的"明德至善、切问近思"的传统深入人心。

北蔡中学地处浦东新区北蔡镇，伴随浦东新区的发展，迅速迈向城市化。随着生活条件的改善，人民群众让自己子女接受优质教育的愿望日益强烈。提供优质的公共教育服务，满足本地居民对义务教育的要求，成为北蔡中学义不容辞的责任。

2011 年 8 月，新校舍落成，北蔡中学迎来了新的发展机遇。继承传统、面向未来，把学校办成一所"老百姓家门口的优质学校"成为全校教职员工共识。从那一年起，学校以舞蹈、浦东说书和乒乓等本校传统项目为"拳头产品"，采取课程化的路径和方法，从课程教学与社团活动相结合、培优与普及相结合等路径入手，成效显著。尤其是浦东说书项目，已成为浦东新区非物质文化遗产传习基地，被评为上海市校园文化建设十大优秀项目之一。

为了巩固和进一步拓展已经取得的成绩，真正将北蔡中学办成"老百姓家门口的好学校"，从 2015 年起，学校正式开始了以创建"新优质学校"为主导的新的发展。在全校师生的共同努力下，创建工作有了进展，取得了阶段性成果。

学校的主要工作和成果有：

一、统一思想，明确目标

在确定"创建新优质学校"的办学方向之后，学校行政班子多次学习、讨论，明确"新优质学校"的本质、要求，深入总结梳理多年办学积累的经验，分析存在的问题和不足，明确具体的目标和步骤。在这个基础上，学校通过多种途径，在全校师生内进行宣传动员，召开各个不同层面的座谈、交流，征求对"创建"工作的意见和建议。

经过多轮交流和讨论，在听取专家及有关领导意见后，学校确定了"秉承'明德至善，切问近思'的校训，以'浦东说书'的普及和提高为抓手，带动艺术体育教育的发展，并进一步带动学校全面发展，进而努力使每一位学生都能够学有所乐、学有所得、学有所长"的创建目标，并制订了相应的推进方案，组建了相应的工作班子，明确了责任人。

二、总结经验，形成思路

目标明确后，如何实现这个目标，成为我们思考的重点。"从总结传统经验出发"是我们策略。这一步是从回顾总结"浦东说书"这个成功案例开始的。

我们知道：起源于黄浦江以东包括川沙、南汇、奉贤在内的"大浦东"地区"浦东说书"，在上海，它是仅次于"滑稽"的大曲种，是极具乡土特色的地方曲艺。在北蔡地区，有较好的群众基础，是本地颇有代表性的艺术形式。由于"城镇化"进程，北蔡地区外来人口的增多，不仅"新北蔡人"，而且有相当一部分本地学生，也已经很少能做到"讲纯正的浦东话"。本地学生的家庭中的长辈，对"浦东说书"有着浓郁的乡土情结，"新北蔡人"为了能融入本地文化，也都有学说浦东话的意愿，而具有浓烈地方色彩的"浦东说书"，对"学说浦东话"帮助十分明显。抓住这个契机，学校从2010年开始，与北蔡镇文广中心合作，建成了"浦东说书传承保护基地"，并联合编撰了《浦东说书教材》，填补了这一"非物质文化遗产"的空白，也为学校以"浦东说书"为载体开展传统文化和艺术教育奠定了基础。

"浦东说书"在我校的推广是从"社团活动"开始的。最初参加这个社团的孩子，大多数从未参加过表演，有的原本性格内向。浦东说书课程的开设不仅丰富了学校的艺术教育，我们还看到了社团学员参加课程后的变化，自信、阳光、朝气、锲而不舍的精神伴随着孩子们的成长。学员们通过节目排练，了解了很多历史故事，在故事中学到了做人、为学的道理，学会了感恩，懂得了对师长的尊重。在表演和比赛中，孩子们的责任心、进取心、合作意识更强了，同时也学会了尊重历史，尊重传统文化。浦东说书课程为进一步弘扬和培育青少年学生的民族精神，深化以"树魂立根"为核心的青少年思想道德建设，作出了努力与贡献。经过几年的努力，"浦东说书"已经在北蔡中学扎下了根，成为北蔡中学的一张"名片"。但是，如何更进一步，充分利用这一优势和特色，从深度和广度两个方面着手，使其成为学校课程开发的载体、引领学校走向"新优质"，是在启动时必须给出的回答。

反思几年来"浦东说书"项目走过的路，在充分肯定成绩的同时，我们觉得还存在以下一些问题需要得到解决：

——在"提高"上下功夫的同时，在"普及"方面工作还做得不够，我们还没有找到有效普及的路径和方法，作为"非物质文化遗产基地"，我们希望将来从北蔡毕业的学生，能够成为宣传和传承"浦东说书"的使者，这一目标，还需要进一步思考、探索和奋斗。

——将"浦东说书"这一人们喜闻乐见的传统艺术形式，作为一种有效的载体，与学校的教育教学实践实现无缝链接，成为激发学生学习兴趣和情趣、提升教育教学效能的重要工具，而不是仅仅拿去炫耀的"表演"。这不仅关系到"浦东说书"能否在北蔡中学扎根，而且关系到"非物质文化遗产"与现代生活结合的大事，对此，我们也需要进行探索。

——"浦东说书"这一有着浓厚地方色彩曲种，不仅保留有丰富的民族传统文化的元素，也与学校所处的社区有着密不可分的联系。这一特征，对于对学生开展传统教育，推进学生走进社区、走进生活、走进社会，促进"学校、家庭、社区三位一体育人网络"的构建，也有着得天独厚的价值，需要进一步深化和提升。

根据以上认识，我们找到了与"新优质学校"要求的差距，明确了工作方案，并努力组织实施。

三、实践探索，成效显著

学校积极投身教育前沿改革，目前是北蔡学区化办学项目领衔学校，进才教育集团成员校和新优质学校集群化试点学校。学校主动对接进才中学办学特色，开设了民乐课程，充分利用集团优势，拓展教师、学生学习、培训资源；学习积极参加新优质学校集群化试点工作，配合牵头学校申报相关项目，继续深入开展本校新优质项目的研究。尤其在北蔡学区化办学试点实践中，通过制定议事规则等相关文件，积极尝试学区内校际联动，开展跨学段、同学段的联合教研、走校制和培训活动，以"孙丽萍班主任工作室"成立仪式为标志启动学区内德育工作联动，开通学区微信网络平台，编撰了学区化首本校本读本，积极开展项目展示活动。

学校重视德育工作，在教师中树立"让学校的每一个人都得到自主、和谐的发展"的理念，通过各种校园文化建设，如升旗仪式、红领巾广播、臻美讲座、艺术节、体育节、六一义卖、红歌会、法制教育活动，积极开展"社会主义核心价值观"和"两纲教育"，完成了《北蔡中学禁毒教育读本》的编写和课程设置。完善了"上海市北蔡中学行为规范示范班评比方案""上海市北蔡中学行为规范星级示范班评比方案""上海市北蔡中学学生考勤制度"等规章制度。注重师生规范教育与培训，形成良好的师德规范与培训。在校园内坚持正确的舆论导向，建立和谐的人际关系，营造积极健康的文化氛围。

学校始终把教学工作作为学校的重点工作。完善了《生活中的物理》、《生活中的化学》两门课程的校本教材，并配套修订了实验手册与作业手册；自主开发修订了《数学校本作业》《语文校本手册》；开设了"浦东说书""舞蹈""乒乓"等二十多门拓展课和三门探究型课程，充分利用国家三级课程管理体系所释放的课程空间，构建体现我校艺体特色又充满活力的学校校本课程体系，提升学校办学质量。

学校强化教学管理，规范教学常规，努力抓好教学中的各个环节，对教师的备课、上课、作业布置和批改、培优补差等工作采取跟踪检查制度，找出薄弱环节，及时反馈，及时督促改进，促进课堂教学质量的整体提高；学校强化质量意识，做好教学三级质量监控，建立适合本校实际并可操作的教学质量评价方式。教师形成了较浓厚的教研氛围，学生形成了良好的学习气氛，教学与学习成绩突出。我校教师、学生在市、区各类竞赛中成绩斐然。

学校积极落实分层培养，抓好培育新教师的"青蓝带教工程"、见习教师规范化培训和青年教师校本培训。多位见习教师获区级课堂教学考评优秀、教学基本功考评奖项。学校适时开展了"至善论坛"和"明德讲堂"活动，定期为青年教师开展校本培训。区骨干教师积极发挥示范引领作用；积极推选教师参加区学科带头人和骨干后备教师研修班学习，目前学校有区学科带头人 2 名，区骨干 11 名。有 4 位教师参加了新区名师工作室或基地培训，6 位教师被新区教研室聘为学科中心组成员，5 位教师被聘为教育署学科中心组成员。

作为区艺术特色学校和体教结合学校，学校开展各类有利于学生身心发展的艺体活动，彰显艺体特色。每学年举办的体育节和艺术节，学生参与率为 100%；学校的校本研修工作不断推进，教育质量不断提升，2016 年，我校中考取得优良成绩，学校的办学质量得到了周围百姓的进一步认可。

四、全员动员，特色推进

根据我们对"新优质学校"创建工作的理解，我们工作的设想是：

在继续巩固、深化以社团为载体的"浦东说书"及其他艺体特色项目，积极组织参与校内外活动，扩大影响、提升自信的同时，从以下几个方面着手，完成"创建新优质学校"的顶层设计与逐步推进：

1. 结合本校三年发展规划执行情况的总结，梳理和总结 2010 年以来在以"浦东说书"等为主体的学校"艺体特色"方面的成功经验和不足，明确可能的"突破点"。

2. 结合新一轮"三年规划"的编制，发动师生重温"明德至善、切问近思"的校训，学习国家教育改革的精神，结合学校实际，提出新的发展目标和方向。在讨论中，引导师生关注"浦东说书"等艺体特色对学校建设的价值，在营造氛围、达成共识的基础上，群策群力，形成有效的实施方案。

3. 与学校承担的区级课题《面向生活构建初中微观课程结构的探索》实现无缝

链接，借助课题研究的专家力量，对多年来推进以"浦东说书"为重点的"艺体特色校"过程中"课程化实施""活动化拓展""项目化提升"等做法，进行理论总结，提炼"模型"，完善"课程化"。

4.将充分利用"浦东说书"等载体推进学校工作要求，纳入学校课程教学、学生德育、师资培训等各部门的工作目标和考核要求。

5.深化与北蔡文广中心等社会力量的合作和联系，强化"社团建设"，注意社团师资和学生的传承，组织好展演、比赛等事项，建成"浦东说书展览馆"，扩大影响。

到目前为止，以上目标，基本达成。

——以"浦东说书"为代表、包括乒乓等多项借助"社团"等载体实施的艺体项目，不仅正常进行，而且在规范化、精致化上有了新的进展。两年来，在参加各级各类展示、表演、比赛中取得较好成绩，例如：浦东说书《夸夸伲个好老师》、舞蹈《缅桂花开朵朵香》、课本剧《"诺曼底号"遇难记》、朗诵《记得吗，你的祖先名叫炎黄》在举行的浦东新区学生艺术节上荣获一等奖、二等奖等多个奖项。学校乒乓社团在参加浦东新区学生阳光大联赛、第四教育署乒乓球邀请赛、"东方日报杯"上海市中小学生暑期乒乓球比赛总决赛等比赛中获得较好的名次。此外，学校在"建平集团""北蔡镇暑期学生艺术展演"等活动中，也表现突出，受到各方面的关注和表彰，也为后续的推进打好了基础。

——《面向生活构建初中微观课程结构的探索》课题已经通过区教研室审核，正式立项并着手研究，成为"创建新优质学校"的核心项目。一年多来，在专家指导下，形成了"研究目标""研究内容""研究过程"等基本设计。明确将"深化以'浦东说书'为代表的校本化课程开发实践，在完善中总结并形成校本课程构建模型""深化'生活中的某某'（学科课程）系列研究，探讨与学生生活无缝链接的'国家课程校本化有效实施'的规律和做法"以及"开展以学生面向社会、面向生活自主选题，在教师指导下自主探究为主要载体的综合性、探究性课程的开发和实施，形成相应的制度，完善课程结构"作为主要的研究方向和内容。

——"十二五规划"的总结及"十三五规划"编制已经完成，作为"十三五规划"的重要目标，"创办新优质"已经成为共识，与之配套的"纳入学校课程教学、学生德育、师资培训工作目标"的工作也初具规模，做好准备。

"良好的开端是成功的一半"，两年来，北蔡中学"创建新优质学校"的工作进展顺利。我们有理由相信：我们的目标一定能实现。

在新的一年里，学校将根据创建新优质学校的要求，致力于统筹好本社区基础教育的各类有效资源，结合办学实际，全面推进素质教育，将学校办成北蔡社区居民"家门口的好学校"，努力将学校办成一个有利于学生身心健康和谐发展的幸福成长的家园，办成一个有利于促进教师专业发展的良好平台，办成浦东新区的文明单位，办成社区居民首选的学校之一。

2016 年 12 月

初步研究：构建普通初中微观课程

面向生活 构建普通初中
微观课程结构的探索

朱海兰

一、课题背景

北蔡中学是一所有着八十多年悠久历史的学校。在长期的办学历程中，秉承"明德至善、切问近思"的办学思想，注重培养学生既能"明德至善"，具有美好品德、崇高理想，又能"切问近思"，具有自觉关注生活的责任意识和行动能力。八十多年的办学，形成的"北蔡中学情结"令人感慨，当地不少居民祖孙三代皆求学于此。八十多年来，学校为社会发展输送了一批又一批合格人才。

2011年8月，新校舍落成，实现了初高中脱钩，学校成为公办初级中学。学校性质的变化，给北蔡中学带来了"涅槃"后新的发展机遇。面对着新的发展机遇，继承传统、面向未来，把我们的学校办成一所家门口的优质学校，已经成为全校教职员工的共识。

从2011年8月起，学校以舞蹈、浦东说书和乒乓等本校传统项目为"拳头产品"，采取"课程化"的方法，遵循"课程教学与社团活动相结合、培优与普及相结合"等路径开始探索。经过努力，学校先后成为浦东新区非物质文化遗产传习基地、上海市优秀非遗传习所，浦东说书项目被评为上海市校园文化建设十大优秀项目之一。为了巩固和进一步拓展已经取得的成绩，学校在这些成果的基础上，成功申报创建"浦东新区新优质学校"。

借助于"课程"与"课程化"成功创建"新优质学校"的经验，启发了我们，从"学校课程建设"着手，成为大家追求的新目标。

国际课程论专家菲利浦·泰勒指出："课程是教育事业的核心，是教育运行的手段。没有课程，教育就没有了用以传达信息、表达意义、说明价值的媒介。"一部教育发展的历史告诉我们：在以校舍、经费等为主体的学校"硬件"基本得到保障，以生源、师资等为主体的"软件"基本稳定的前提下，"课程"作为学校"传达信息、表达意义、说明价值"的媒介，必定成为提升办学质量、创建学校特色、促进教师发展的关键所在。

据了解，随着上海市二期课改的逐渐深入，在浦东不少学校里，"关注课程、聚焦课堂"已经成为常态。从"国家课程校本化有效实施"和"学校特色课程开发与完善"切入，建构并完善"学校微观课程结构"，已经成为不少学校得以可持续、高质量发展的重要经验。

那么，北蔡中学作为承担义务教育责任的普通初级中学，应该从何着手呢？

在对本校课程建设等多方面的分析基础上，我们认为：在"应试唯一"倾向的"压迫"下，学校的课程与现实生活"渐行渐远"是当前初中教育的一个"短板"。正是因为这一"短板"的存在，不仅影响了学生学习的积极性、主动性，而且直接影响了办学质量。

针对这种情况，从2014年开始，我校物理、化学两个教研组，就曾以编写《生活中的物理》《生活中的化学》为抓手，开展引进"生活"，提升"国家课程校本化有效实施"的尝试。这一尝试，尽管还存在一些不足，但一经推出，对学生学习相关学科的促进作用已经显现。

为此，当我们确定从建构并完善"学校微观课程结构"作为下一步推进学校发展的抓手时，"面向生活"，构建并完善"面向生活的初中微观课程结构"，成为我们多次研讨形成的设想。

——本课题的申报与开展，就是基于这一思考。

二、课题设计

方向确定后，我们对本课题的实施进行设计。

（一）课题研究目标

在本校"明德至善、切问近思"的办学理念引导下，在总结几年来学校开展课程建设的实践经验教训的基础上，以"关注生活、理解生活、走进生活"为指针，构建具有北蔡中学特点的"学校微观课程结构"，以此为依据，开展课程开发和实践探索，力争通过两年左右的努力，在初步形成学校课程体系的同时，总结提炼普通初中构建面向生活的课程结构的规律、特点、操作及评估等方面的有效做法，为学校有关课程建设的探索提供理论依据和实践经验。

（二）课题研究的重点

1.检索、梳理与"学校微观课程结构""面向生活"等核心概念相关的理论和实践的文献，通过整理、介绍、论证、培训等多种途径普及，形成共识，为本课题提供坚实的理论基础，带动教师基本理论素养的提升。

2.从"师生感受"与"社区家长需求"两个层面开展"需求调查"，并与对本校近年来课程建设现状、经验与问题的总结梳理相结合，明确我们的基础和起点，提高本课题研究成果的效能。

3.从"国家课程校本化实施"和"面向生活的拓展/探究课程开发"等两个方面着手，从全面开展"北蔡中学微观课程结构"建设的开发、实施的实验中，形成案例，从中寻找规律，形成可操作、可推广的模式。

4.从课程管理、师资培训、绩效评估等方面着手，探索一所普通初中在课程体系建设中实现有效管理的机制与模式。

（三）课题推进的组织安排

1.组建由校长担任组长的领导小组，承担"课题组织、推进与实施的动员和保障"的责任，领导小组设学术秘书，负责处理日常事务。领导小组每月开一次会议，讨论及解决课题推进中的各种问题。

2.确立四个子课题，从不同的角度具体实施研究和实践：

（1）综合研究小组，负责"文献研究、课题管理；人员培训、调查研究"。

（2）"国家课程校本化实施研究"小组，以"生活中的××"为目标，探索"国家课程"与"生活"的联系，开展研发工作。

（3）"面向生活的拓展/探究课程开发研究"小组，以"拓展/探究"的形式开发和完善的课程。

（4）"北蔡中学学校课程建设制度研究"小组，根据课题进展及经验，将经验和成果制度化，完成相关制度编制。

根据学校工作实际和双向选择的原则，我们组成了相应的子项目组，要求根据进度，完成相应的任务和子课题报告。

（四）课题推进的总体安排

根据课题整体设计，我们分为四个阶段：

2015年9月—2016年2月为第一阶段，完成课题立项，完成实施方案的制订，完成人员组织和分工。

2016年2月—2016年6月为第二阶段，这是探索性研究阶段。主要任务有："综合研究"小组，完成文献研究、全员培训以及基线调研等工作；"国家课程校本化实施研究"小组，总结"生活中的物理""生活中的化学"等经验，启动校本课程的开发与修订，组织扩大开发试点。"面向生活的拓展/探究课程开发研究"小组，完成"浦东说书"课程化建设，并组织构建"文博课程"、学生自主选题自主探究等试点；"北蔡中学学校课程建设制度研究"小组，主要是整理、收集制度文本，作比较研究，完成相关制度编制。

2016 年 9 月—2017 年 4 月为第三阶段，是全面推进阶段。主要任务有："综合研究"小组，完成文献检索等"预研究"，组织专题研讨或专家报告，建立课题档案。"国家课程校本化实施研究"与"面向生活的拓展 / 探究课程开发研究"两个小组，按照各自的计划，在原来完成若干"生活中的 × ×"和"拓展 / 探索课程"的基础上，形成方案和文本，完成子课题研究报告初稿。"北蔡中学学校课程建设制度研究"小组则应形成若干制度文本。

2017 年 5 月—2017 年 11 月为第四阶段，是总结发布阶段。在前两个阶段的基础上，组织不同层次、类型的交流会、论证会，完成本课题研究报告（或专题论文），编辑印制相关文集，接受有关部门的验收，并召开成果发布会。

三、研究过程

从 2015 年 4 月起，我们开始课题设计、准备工作。在区教科研室的指导下，《面向生活构建普通初中微观课程结构的探索》课题于 2016 年 1 月 15 日正式开题。

课题研究，基本按照上述计划，从以下几个方面展开：

（一）文献研究、人员培训同步，让课题融进学校工作，促进教师专业发展

与一般课题类似，我们的研究也是从"文献研究""基线调查"起步。

在文献研究中，我们注意到：俯瞰人类教育发展的历史，教育与生活最初是紧密连接在一起的。随着社会的发展、文化的演进，教育成为一项专门的事业或职业，教育与生活的关系，也逐渐出现了分离。20 世纪初，美国教育家杜威针对教育与生活的分离的现实，提出了"教育即生活""教育即生长"等一系列著名的命题，引领着整个 20 世纪教育改革和发展的方向。他的学生陶行知先生，根据中国国情，在杜威理论的基础上，进一步提出了以"生活即教育""社会即学校""教学做合一"等命题为核心的"生活教育理论"，成为 20 世纪中国教育改革发展中独树一帜的理论。即使在 21 世纪的今天，这一理论依旧闪耀着智慧的光芒，引领着教育改革的方向。尽管由于各种原因，他们的实践存在时代的局限，在各种外来因素的干扰下，有过中断和曲折，但随着人们对"与生活割裂的教育"危害性的认识日益深入，他们的理论已经越来越为人们所重视。他们的探索、实践和形成的成果，正是我们开展研究重要的思想资源。

我们也注意到：随着课改的逐渐深入，对于"学校课程"的认识也在加深。吴刚平在《校本课程开发》一书中将"校本课程开发"界定为："学校根据国家课程

计划预留给学校自主开发的时间和空间，进行学校自己的课程开发"即"校本课程的开发"；"学校根据自己的具体实际情况对国家课程计划进行校本化的适应性改造"即"校本的课程开发"。这种分类方法，对于试图全面梳理、构建"学校微观课程体系"具有启发性，提供了开展探索和研究的思路和方法。

浦东新区兄弟学校总结的"学校课程建设推进模式"为我们破除在课程问题上的神秘感，解放思想，从学校实际出发，开展课程建设提供了经验。一些学校推进的"生活探究课程"的实践经验，也是我们宝贵的借鉴。

为此，我们通过"预研究"的方式，对本课题的核心概念、理论依据、内在逻辑、基本思路等进行了梳理，形成了"预研究报告"。

随着研究的深入，我们意识到：要把"学校课程建设"这件在学校自主范畴内具有很强专业性的事情做好，"校长的课程意识""足够的课程资源"和"一支骨干队伍"是必不可少的三大基本要素。为此，我们深深感到：要把这一课题做好，需要全体动员，必须是全体教职工，特别是一线教师真正发动起来，才能做好，这也有助于实现以"课程意识和课程能力"为核心的课目发展。

根据这一认识，我们不仅在第一阶段，专门安排了以教师为对象的"问卷调查"，了解教师对学校过去课程建设的看法、对开发课程的看法和建议，而且在课题进展的各个阶段，通过组织专题讲座、读书活动、通报课题进展情况等多种形式，开展教师培训。在每学期的工作安排中，列入相应的要求，对教研组、年级组等机构如何结合日常工作做好课题研究，提供必要的导向，在绩效考核中，也适当增加了对参与课题研究、参与课程建设等方面的奖励办法，为课题的开展营造了良好的氛围。

（二）以促进教学质量提升为目标，推进国家课程校本化有效实施

通过"预研究"，我们认识到，"学校微观课程结构"大致有这么几部分构成：其一，"国家／地方课程"；其二，学校根据学生需求有能力开发的课程；其三，学生有需求但受制种种条件制约无法开发的课程。

当今教育，特别是义务教育的改革的方向之一，就是要实现从"寻找适合教育的学生"向"寻找适合学生的教育"的转变。我们在阅读"课程社会学"等文献时注意到，在谈到"教材选择与组织的原则"时：课程论研究，一般关注的是"整体的学生"和"个体发展着的学生"两个层面，却很少注意到"处于两者之间的、具有不同社会背景与文化特征的学生群落"，关注由于"不同社会背景和文化特征"差异带来的对这些学生的"学业失败"问题。这一论述，给我们的启发是：当教育转向"寻找适合学生的教育"时，我们不仅要关注作为一个整体的学生需要（它们一般反映在"宏观课程结构"中），也不仅要关注作为"这一个"具体的学生的需

要（这一般通过教师的实际教学过程实现），而且要关心处于这两者之间的"这一群"学生的需要，而"这一群"往往是体现在具体的社区、人群等身上。由于义务教育阶段采取的就近免试入学的原则，因而，"这一群"的需要以及据此所形成的"学校微观课程结构"的研究就成为必然的要求。

国家课程校本化有效实施，理应放在重要位置上。义务教育的性质决定了国家及地方课程具有类似"法定"的效能，不折不扣地落实好这些课程是学校义不容辞的责任。但如何有效实施，则是摆在我们面前的重大课题。因此，"学校微观课程结构"的建设，首要的就是要做好"国家课程的校本化有效实施"。

为了做好这一子项目的研究，学校成立兼具行政指导和学术研究双重功能的工作小组，即子项目组。小组成员包括副校长、教导主任、政教主任、教科研室主任及学科教研组长。参加子项目组的各个部门，围绕着共同的目标，根据各自的业务范围开展工作。

整个研究分三步，有序推进：

——先行先试：为积累经验，基于学校以前的积淀，我们以物理、化学、科学三门学科为"先试先行"的学科课程，从总结已经比较成熟的《生活中的物理》《生活中的化学》为抓手，总结得失，推广经验，辐射其他学科。

——延续跟进：从语文、数学、历史切入，要求通过形成《面向生活的语文》《生活中的数学》《北蔡的乡土历史》等系列方案或课程，为其他学科积累经验。

——在以上两项取得初步成效基础上，全面铺开。

整体工作按照计划推进，取得了一批成果。如形成了《面向生活构建普通初中微观课程结构的探索》之调查报告；课程方案包括《几何画板课程方案》《最美不过诗三百》《生活中的国学》《上海市北蔡中学禁毒教育方案》《"生活中的物理"实施方案》《谈古论今话北蔡——生活中的历史校本实施计划》《生活中的化学校本实施计划》《浦东说书课程方案》等。课例包括《几何画板探究课课例》《探索博物馆学海任遨游——博物馆课程融入寒暑假活动》《物理源于生活——面向生活的物理案例》《对北蔡地区"古桥"的调查研究》《生活中的数学课堂教学案例》《吃出来的〈诗经〉》等。

以上的探索实践使我们深深体会到：面向生活，探索国家课程的校本化有效实施，有助于形成我校的课程特色；有助于激发学生的学习兴趣、满足学习需求；有助于教师积极开展教学尝试，提高教师的专业素养；有助于教研组有效开展教学研究；提高了学校教学管理部门管理水平。

（三）实践"面向生活的拓展／探究课程开发"，丰富学校课程

"学校微观课程结构"的建设，在做好国家课程的校本化有效实施的同时，必

须把满足学生多方面需求的"校本课程"的开发提到重要位置。这就好比人的两条腿，只有两条腿都硬起来，学生才能跑得快、跑得稳、跑得远。因此，根据初中生认知需求和学校课程架构的需要，试点"校本课程"的开发，也是本课题关注的重心。

为了稳妥起见，本课题以《浦东乡韵——浦东说书》《珍爱生命，远离毒品》《北蔡中学博物馆校本课程》《Auto Cad 制图软件的使用》《七年级学生自主选题、自主探究的语文课》等五门课程的开发为试点。

我们主要做了这么一些探索和研究：

——以给课程命名的形式，确定课程方向。

——制定实施方案，规范《课程方案》的撰写。

——从"课程内容是否适合学生的需要""课程本身是否具有开发价值""课程方案是否可行"等方面论证"课程方案"。

——积极开展试点，在行动中修订完善《课程方案》。

主要收获有：形成了一批课程文本，丰富了学校课程，积累了"如何规范编制学校课程"的经验。教师们在实践中学会了如何从学生需求、个人特长、资源挖掘、条件创设等多方面着手开发课程。学生们在接受这些课程的过程中，历练了自主学习能力，积累了经验。

（四）提炼实践经验，逐渐形成学校课程建设的制度文本

本课题目标之一是"从课程管理、师资培训、绩效评估等方面着手，探索一所普通初中在课程体系建设中实现有效管理的机制与模式"。为此，我们专门成立了"北蔡中学学校课程建设制度研究"小组。

项目启动以来，该子项目组主要做了三件事：

其一，梳理本校原有有关课程建设规章制度、总结经验、发现问题。

其二，收集同类学校关于课程建设的文件、制度，作为参考。

其三，尝试编制《上海市北蔡中学学校课程建设管理方案》等制度文本。

项目组成员紧随整个课题进展，关注本课题推进过程中所开展的实验和研究，尽可能将比较成功的做法和经验规范化、程序化，努力使"微观课程体系建设"能够成为学校课程建设新的生长点。

到目前为止，《上海市北蔡中学学校课程建设管理方案》初步拟就，正在征求各方面的意见和建议，之后，将做进一步的修改、完善，并按照学校规章制度的制订程序，经学校教代会通过后，作为学校的基本制度之一。

四、主要收获

课题开题至今，得到了学校师生的认同和参与。到目前为止，据不完全统计，共有600多人次的教师参与了本课题的相关活动，平均每位教师15次；在本项目第四阶段征集"课程方案""课例""体会"等过程中，我们共收到相关文章30多篇；四个"子项目组"形成的四份"报告"总字数在2万以上。

除了这些，我们更重要的收获有：

1. 遵循"在实践中学习，在学习中研究，在研究中实践"原则，从理论和实践有机结合的层面，对一所普通初中，如何根据学校发展需求，构建并完善具有学校特点的"课程结构"的路径和方法，有了比较明确的认识，所形成的经验、模式，以及由此给出的理论阐述，为北蔡中学进一步开展课程建设奠定了基础。

2. 探索"面向生活构建并完善微观课程结构"的实践，积累普通初级中学依据学校所处地区、学生的实际需要进行学校课程建设的经验，强化了以"面向生活的课程"为路径，培养学生的核心素养，关注学生个体发展差异、增强学生的创新意识和实践能力。

3. 提升教师的课程意识和课程开发能力。针对学校教师中实际存在的把"课程＝学科＝教材"的片面认识，以及由此把"学校课程"理解为"校本课程""把校本课程等同于校本教材编写""校本课程变成艺体兴趣班"等现象，打破课程神秘感，倡导课程自觉意识，以"面向生活"为导向，引导教师在构建微观课程结构的过程中，学会考虑学校自身的传统、所处的环境、学生的需求以及教师的特长等要素，在实践中学习开发课程，在形成具有学校特色的课程体系的同时，提高教师的课程意识，掌握开发和实施课程的能力，提高改变教学方式的自觉性，使教学效能的提升有一个新的起点。

4. 从提升学生对现实生活的关注出发，落实"以学生发展为本"的理念。通过"面向生活"的课程开发和实施，改变学生缺乏主动学习习惯、学习方法相对落后、缺乏学习热情等问题，引导学生从现实生活中汲取营养。在满足学生不同的学习需求，丰富学生学习的内容，改善学生的学习方式，激发学生的学习兴趣等方面，走出一条适应学生现实发展需求的新路，为从根本上解决学生学习的积极性和主动性奠定基础。

5. 促使管理体制不断完善。"课程结构"的构建和完善，必定牵一发而动全身。"面向生活构建学校课程结构"的推进，作为学校课程建设的重要内容，可以成为完善学校教学管理体制和运行机制的重要方面，带动优化教学内容，改进教学方式、完善教学评价等多方面制度的建设。

6. 为学校教育教学质量的稳步提升创造了条件。随着课题研究的深入，越来越多的教师接受了"关注生活、理解生活、走进生活"的思想，能自觉地直面生源不断变化的实际情况，从提升基本学习能力、激发学习积极性等方面着手，以积极的态度开展教育教学工作，促进了学校教育教学质量的稳步提升。

2017 年 12 月

"面向生活构建普通初中微观课程结构的探索"的调查报告

执笔 杨旭华

一、调查目的

根据课题研究方案，调查本校师生及相关人员对北蔡中学现行"课程结构"的了解、基本态度以及需求，为实施本课题研究提供"基线"信息，从而更好地实现研究的目标。

二、调查设计

（一）调查主题

从"师生感受"与"社区家长需求"两个层面开展调查，与对本校近年来课程建设现状、经验与问题的总结梳理相结合，明确我们的基础和起点，提高本课题研究成果的效能。

（二）对象界定

1.学生问卷：鉴于学校微观课程的开设是面向全体学生，因此，我们在四个年级较均衡地随机抽取了部分学生开展问卷调查。

2.教师问卷：由于是对学校开设微观课程熟悉度及对已经开设课程的看法调查，所以我们的调查对象面向全体任课教师。

3.家长问卷：根据学生问卷界定的对象情况，同样，我们在各个年级中均衡地随机抽取了部分学生家长进行问卷调查。

4.社区访谈对象：与学校对口的北蔡镇居委主要是莲溪九居委、鹏海七居委、鹏海八居委和虹桥居委，其中虹桥居委由于当天有其他事务，没能参加访谈。

（三）调查重点

1.学生问卷，主要了解学生对学校近年来开设的一系列校本课程的熟悉度，了解他们最希望学习的内容、对设置课程等的看法和建议。

2. 教师问卷，主要了解教师对学校开设的微观课程的熟悉度，对学校已经开设的校本课程的看法，对教师所教科目学生学习状态的"归因"情况，对学校开发课程的看法和建议。

3. 家长问卷，了解家长对学校在正课之外开设"校本课程"的看法，对学校"课程"的期待，以及家长参与课程开发和建设的可能性。

4. 对社区人员访谈，了解对校本课程生活化的知晓度、满意度；对校本课程组织形式、授课模式的看法及评价；对学校《面向生活构建普通初中微观课程结构的探索》课题的看法和建议；对增设校本课程《生活中的 ×× 》的意见和建议。

三、调查过程

（一）调查问卷发放和回收

1. 学生问卷：共发放 200 份，回收有效问卷 200 份。各年级所占人数均衡，六年级 48 人，七年级 52 人，八年级 45 人，九年级 45 人。

2. 教师问卷：共发放 118 份，回收 86 份，回收份数占 72.9%，结果有效。就教龄看，5 年以下的教师占 8.14%，6—10 年占 4.65%，11—20 年占 37.21%，20 年及以上占 50%。可见，20 年及以上教龄的占一半。从学科来看，语数外科目占 60.5%，史地政物化生占 25.58%，音体美劳占 9.30%，其他占 4.65%。语数外教师占一半以上。从职称来看，高级占 16.28%，中级占 58.14%，初级占 22.09%，尚未评定占 3.49%。

3. 家长问卷：我们随机调查了从预备至初三四个年级的家长各 25 名，共 100 名，收回问卷 96 份，整体比例均衡。

4. 专题访谈：学校邀请了北蔡镇人民政府两位领导、莲溪九居委书记、鹏海七居委主任、鹏海八居委主任来校参加了课题访谈。

四、数据解读

通过以上一系列的问卷调查和访谈，我们了解到：我校自主开发开设的面向生活的微观课程基本上受到家长、教师、学生和社区青睐，但在课程数量和内容与当今生活更贴近方面还需要提升。这为我们进一步开发微观课程找到了着力点和方向。

1. 学生问卷

共收回有效学生问卷 200 份，预备到初三各年级所占人数均衡。

问卷显示：

对于学校已经开设的校本课程，学生最为熟悉的是《生活中的物理》《生活中的化学》，究其原因，这两门课程在每学期的期中期末设置考查，所以学生比较熟悉不足为奇。其次是《禁毒教育》《浦东说书》《经典诵读》等，绝大多数学生对学校开设的校本课程感兴趣并积极参与。

学生最希望学习的内容是与生活相关的实用手艺和与人相处的常识方法，反映出学生迫切希望走进生活、人际交往的意愿。

同时，与主课相关的竞赛课程学生积极性不高，可以窥见学生希望校本课程不同于学科学习的诉求。

在对自己学习状况进行"归因"时，学生能清醒地认识到学习和生活之间的密切联系，即学习需要必要的生活经验作支撑，同时学习应该对生活产生积极意义，这样才能激发学习兴趣；绝大部分学生表示愿意积极参与由自己选择的"探究性课程"。

2. 教师问卷

共收回有效问卷 86 份，涵盖各学科。

问卷显示：

教师对学校已经开设的校本课程认可度很高，尤其对《生活中的物理》《生活中的化学》和《浦东说书》熟悉度最高。

教师对自己所教的科目，学生学习不良时的"归因"，认可度最高的是学生习惯不好、基础弱，建议进一步加强学生学习习惯培养，任课老师需要加强基础教学，说明老师们都很爱生、敬业。

部分承担过"校本课程"的教师认为，参加过校本课程学习的学生，与一般学生在学习品质上有点差异但不明显，可见目前校本课程开设有作用但还不明显。

问卷还显示：

在过去三年里，32.93% 教师没有参与指导过学生校本课程学习，说明学校需要扩大校本课程的开发和实施范围。

多数教师认为学校在整体构思"校本课程"开发时，应该优先考虑的问题是跟着学生兴趣，丰富学生的生活。因此，若要有效地开发好校本课程，必须先对学生的兴趣进行调查，在此基础上再开发课程。

关于课程选择，被问卷教师认为最不接受给出一个模板，让他们"依样画葫芦"的做法，希望得到一定的自主空间。

另外，如何让学生参与，教师提出了建立考核、奖励等评价体系，打消学生认为"不过是玩一玩"的错误观念。

3. 家长问卷

共收回从预备至初三四个年级的家长有效问卷 96 份，整体比例均衡。

我们发现：父母一起做问卷的占全体调查人数的 96.86%，说明父母整体在学生的学习中没有缺位，非常关心子女的学习。答卷家长中，本地区居住六年以上或者说拥有本市户籍的家长占 83.33%，94.75% 的家长学历都集中在高中以上，51% 以上的家长具有大专或本科学历。

调查显示：

除了主课之外，《生活中的物理》《生活中的化学》《禁毒教育》《浦东说书》和《民乐》等是家长们从孩子们口中听说较多的课程，不过也有 3.13% 的家长表示从来没有听孩子说起过的相关课程。46.88% 的家长认为校本课程很不错，可以弥补许多正课学不到的内容，61.46% 的家长认为校本课程内容丰富，开拓了视野，满足了孩子兴趣。可见，大多数家长对学校在正课之外开设"校本课程"的做法表示认可和赞同。家长们期待能够开设一些课程来增加孩子阅读兴趣，丰富人文知识，提高生活技能。因此，他们表示会根据学校要求，支持孩子积极参加相关课程。令人欣喜的是，有 22.92% 的家长愿意尽其所能，一起参与编制校本手册，并愿意亲自来上课，数位家长针对学校课程建设提出了宝贵的建议。

4. 专题访谈

学校课题组提前两天给访谈对象发放了访谈提纲。

访谈结果显示：受访谈的镇领导和社区干部对北蔡中学开设的禁毒教育、浦东说书、经典诵读、民乐、足球等校本课程比较了解和熟悉，尤其是禁毒教育和浦东说书在北蔡镇乃至浦东新区有一定的知名度和影响力，其中禁毒教育基地创建于 2011 年，由北蔡镇党委和政府与学校共同创建，北蔡镇政府出资金并负责建设，学校出场地，共同管理。其他的校本课程只是听家里的孩子提起。受访者希望学校开设的校本课程能更符合学生实际，如现在孩子学习压力都比较大，所以希望学校开设针对学生心理健康教育的校本课程；也有认为要培养学生学习兴趣、增强生活技能为目的，因此希望学校开设让学生动手和亲身体验的课程，从而做到学习与生活相结合、体现学以致用。

五、基本结论

1. 大部分学生对学校开设微观课程有兴趣，并希望开设的课程与生活相关，学习实用手艺和与人相处的常识方法，反映出学生迫切希望走进生活、人际交往的意愿。

2. 教师对已经开发的微观课程认可度较高，同时愿意依据自己的特长开发校本课程，希望学校多维度鼓励教师扩大校本课程的开发和实施范围，以激发学生的学习兴趣。

    3.家长和社区对学校开发的微观课程有一定的了解，但了解的还不全面。因此，学校不但要加大宣传力度，同时要搭建各种平台，让学生家长和社区人员参与到学校的校本课程开发中来，并使学校的微观课程更加贴近生活、贴近学生实际。

2015 年 12 月

面向生活　探索国家课程的
校本化有效实施

执笔　文剑峰

"国家课程校本化有效实施"，指的是：学校和教师在忠实执行国家课程的各项要求的同时，通过筛选、改编、整合、补充、拓展等方式，根据学校办学所能整合的各项教育教学资源，对国家课程进行再加工、再创造，从而形成能满足学生学习需求的，具有学校办学特色的"校本的课程"，从而更好地实现"国家课程"设定的目标。

我校推进"国家课程校本化有效实施"，就是要在认真实施国家课程的基础上，利用了学校和周边的教育教学资源，以"面向生活"为突破口，试图做到：向生活要素材、教学示例生活化、教学内容联系学生的"生活经验"，从而通过"前期孕伏""用活身边资源"等多种方式，对国家课程进行了再加工、再创造，从而由国家课程衍生出一系列面向生活的特色课程。

一、认识和依据

1. "国家课程校本化有效实施"是对国家课程的一种必要补充

国家课程是一种统一的标准，它是具有权威性的，对义务教育具有"法律的意义"，必须要认真执行好。但执行它的时候，我们也会发现它有与地方社会生活和社会发展需求有不匹配的地方。作为"国家课程"，它不可能充分兼顾到各地方、各学校的实际情况，更不可能照顾到众多学习者的背景及特点。因而为了能有效实施，根据学校所在区域和学生的特征"校本化"，是必须必要的。

2. 面向生活的国家课程校本化建设有利于学生主体性发展

国家课程"校本化实施"不是另搞一套，而是要使"国家课标"的内容，更容易吸收。要实现这一点，路径和方法是多样的。我们认为："面向生活"是核心和关键。以"面向生活"为抓手的国家课程校本化建设，能让学生的学习更密切地联系社会、家庭、学习生活，能使他们面对的学习变得生动而具体，这既考虑到学生生活背景与实际需求，也有利于激发他们的学习兴趣，培养他们学习的研究、创新能力，充分发挥其主体地位和主观能动作用，能更好地发展学生特长和个性。

3. 面向生活的国家课程校本化开发有利于教师的专业成长

国家课程校本化开发需要教师对国家课程与自己的专业知识以及所知的生活经验作一个系统的整合。这个过程中教师既是开发者，又是学习者；教师既拥有了课程开发的自主权，又承担了一份责任。而教师通过参与课程开发这个平台，最终也会促进专业上的成长。

4. 面向生活的国家课程校本化建设有利于学校办学特色的形成。

国家课程校本化建设能加强学校与周边社区、学生家庭的联系，能整合到更都多的教育及教学资源，从而形成我校的特色课程，并以此产生正面影响，推动我们办好"家门口的优质学校"。

二、目标的厘定

1. 面向生活的国家课程校本化建设，旨在培养学生学习的兴趣，发展个性特长，提升学生规范学习、自主学习、研究学习等学习素养；拓展学生的知识领域，培养创新精神和实践能力。

2. 面向生活的国家课程校本化建设，旨在培养学生的团队合作意识，提高学生的思想品德修养和审美能力，陶冶情操、增进身心健康，使学生爱国家、爱学校、爱生活，适应社会。

3. 面向生活的国家课程校本化建设，旨在提高教师的教育教学的主动性，提升教师的专业素养。

4. 面向生活的国家课程校本化建设，旨在通过课程建设充分用好学校的优质教育教学资源，形成系列的特色课程，以此把学校创办成"家门口的优质学校"。

三、操作的要点和流程

1. 学校管理层面

（1）学校成立国家课程校本化实施工作小组。工作小组由校长领衔担任组长，由分管教学的副校长担任副组长，组员包括教导主任、教科研室主任以及各学科教研组长。

（2）工作小组的责任是：在校长室领导下制订和完善国家课程校本化相关制度。

（3）教科研室组织教师进行国家课程校本化建设的理论学习，结合各学科的教育教学优势，引导教师进行对面向生活的国家课程校本化建设中的课程开发的研究。

（4）教导处实施面向生活的国家课程校本化的学科推进，安排好课程实施的课务与课时，负责协调安排课程教学的执行。积累起校本课程的编写与课程教学的经验。

（5）工作小组做好课程审核、过程管理、课程评价以及实施的经验或成果的应用和推广工作。

2. 以学科课程为单位，有序推进

（1）先行先试：为积累经验，考虑到学校的过去研究的积淀，我们以物理、化学、科学三门学科为"先试先行"的学科课程，从总结已经比较成熟的《生活中的物理》《生活中的化学》为抓手，总结得失，推广经验，辐射其他学科。

（2）延续跟进：涉及语文、数学、历史，要求通过形成《面向生活的语文》《生活中的数学》《北蔡的乡土历史》等系列课程或方案，为其他学科积累经验。

（3）在以上两项取得初步成效基础上，全面铺开。

四、实施后的收获

在生活中探索国家课程的校本化丰富了校本课程的有效途径，平衡了国家课程与地方课程之间存在的差异，有助于形成我校的课程特色。它对学生而言，培养了学生的学习兴趣，满足了学生的学习需求；对教师而言，是有益的学习与教学尝试，从而提高了教师的专业素养；对学科组而言，让教研组的教研活动有了有效的抓手；对学校而言，提升了学校教学管理部门的教学管理水平，提高了学校的教学质量。

以下是我校的几个实施学科中所取得一些收获：

1. 语文学科：引进生活源头活水，提升学习效能

课程实施收获：

（1）形成了"基于生活的模块化写作教程"体系

根据初中各阶段学生的特点，构建"基于生活的模块化写作教程"体系，分阶段计划学生的训练要点，提出各年级的写作"总体要求"和"具体要求"，使教师的作文教学、学生的写作训练都形成系统，提高了观察和思考生活的能力。

以"模块化写作教程"为抓手，以教师为主导，按模块系列进行训练，学生通过阅读解析、学习作家例文、平时进行练笔等，最后拓展成文。

纵观三个年级的写作校本教程，六年级的要求是"能将一个故事叙述完整，且故事有一个明确的主题，叙述故事时能有情感渗透"；七年级是在原有的基础上，在选材方面提出高一级的要求，"把握生活细节和自然界中细小的现象"，在立意方面则是赋予描述对象"比较深刻的主题"，并且在写作的技巧上学习"插入与这个故事叙述有关内容""适当运用虚构来增加故事的文学性"；八年级的要求则更高，需要学习"对所写的故事和任务进行改造，使其具备一定的文学特征""表达自己对生活、自然、生命等现象的深层次思考"。

在实际运用中，学生对于作文的要求必然会非常明确，随着年龄的增长，认识和思考也会提升到更深层次。这样螺旋形的教学，虽然是同样的写作，也许材料是相同的甚至是三年前的一篇文章，由于要求的不同，可以呈现出不同的构思，表达更深的思考。

（2）形成有益于学生成长的拓展课程

结合"生活中的语文"这个子课题，在拓展型课程方面我们开设了多种形式的拓展课堂。如《生活中的"国学"》，涉及的内容包括"汉字的秘密——造字法""汉字的秘密——字形的演变""活字印刷术""中国瓷器""十二生肖""二十四节气"等等，使学生了解日常生活中涉及到的国学、国粹以及相关常识，传播中国文化的同时激发了爱国热情。

又如：中国人由于姻亲而产生的亲戚关系相当庞杂，其派生出的各种称谓也是中华文化的一大特征。拓展课程《人物关系及称呼》，结合学生兄弟姊妹少、称呼单一混乱的现象，要求学生绘制家庭人物关系图表，不要"叔叔""阿姨"一统天下，同时又学习研究了称谓的文化含义。

2. 数学学科：汲取生活资源，活化应用技巧

具体成果：初步完成了"数学校本作业"的编写。

课程实施收获：构建了生活化课堂教学模式。

构建了创设生活化的问题情境——提出数学问题（数学来源于生活，把生活问题提炼为数学问题）——探究问题的解决方法——运用所学知识解决生活中的实际问题（数学应用于生活）。这种生活——数学——生活的回归，把学生生活和数学教学有机地结合起来，激发学生学习数学的兴趣，培养学生用数学的眼光思考周边事物和生活问题的能力，运筹优化意识和创新精神。在这样的情境中，学生处于"发现——探索——成功——再发现"的积极状态中，增强了学生探索的意识，让学生体验到成功的乐趣，激发了学生解决问题的热情，提高了解决数学问题的能力。

（1）学生提高了学习兴趣，增强了学习数学的自信心

在课堂上注意创设生活化情景，给枯燥的数学问题注入生动的生活气息，极大地调动了学生的学习积极性。课后，学生也能主动去探索一些数学现象、数学问题，学生学习的自信心有了明显的增强。

（2）营造了和谐的课堂氛围，建立了新型的师生关系

在以前的课堂上，看到的只是学生们疑惑的目光，虽然，也有气氛活跃的场

面，但那是学生对老师的人格魅力的敬佩，而非对知识的向往。而今，看到的不再是以前那个显得沉闷的课堂了，而是一个师生和谐、相互成长的课堂。学生也变了，他们对数学有了一种新的体验，不再感觉数学单调枯燥了，不再认为学数学只是为了完成作业，只是为了应付考试。如今他们的感受是，数学就在我们的身边，就在我们的生活中，我们的生活常常要依靠数学知识来解决生活中的许多问题。

（3）改变了学生的学习方式，提升了学生的数学素养

a.增强了学生收集、处理信息的能力

在教学中挖掘生活中的数学，使学生把生活中的信息与数学问题紧密联系在一起，通过对生活中信息的收集与处理，把信息转化成数学问题，用已经掌握的数学知识解决生活中的实际问题，在整个过程中，数学问题也随着提供信息的不同而灵活变化，正是这一循环、滚动的方式使学生信息量大增，处理能力不断增强。

b.提升了学生解决问题的能力

数学生活化教学中，教师为学生创设了适宜的问题情境，引导学生积极参与，主动探索，鼓励学生成为发现者、探索者、创造者。学生就是在教师的引导辅助下，通过操作实验、大胆猜测、合作交流等活动方式去发现问题、分析问题、解决问题，使他们的创新意识得到了培养，观察、分析、判断等思维品质得到了发展，同时提升了数学的应用意识和解决问题的能力。

c.提高了学生数学学习的效率

把书本上抽象的数学知识与日常生活中的问题巧妙结合起来，让学生在不知不觉中学会并掌握知识，减轻了学生的死记硬背和大量单一的练习，提高了学生学习的效率，减少了学生学习中的困难，为学生学习数学打开了一条探索知识奥秘的途径，使他们感到数学是真真切切存在于生活中。初二（5）班吴宇鹏在2016年浦东新区初二学生数学竞赛获二等奖，就是一个证明。

（4）教师对教材的使用更加合理，提升了教学能力

在实验过程中，教师对教材中的教学内容进行适当的调整，把生活中的鲜活题材引入数学课堂。通过改编教学内容、提炼生活素材、引入生活话题、置身生活环境等方式使教学内容紧密结合学生身边的事物。

数学组每学期围绕课题开展主题研讨活动，组内成员积极参加开课、评课活动。多层次的实践活动提升了教师的教学能力。王晓丽老师、钱杰老师分别在"区新苗杯"和"区青年教师教学选拔赛"中都取得了好成绩。

3.物理学科：注重实际应用，激发学习兴趣

具体成果：修订了《生活中的物理》教本手册（含实验手册及校本作业），并在初一年级进行了三轮课程实施。

课程实施收获：

《生活中的物理》是以生活为对象，以物理探究为方法，积极组织引导学生亲近生活、了解生活、探究生活，让学生感到物理离我们很近，并学会从日常生活中发现知识、发掘知识。

物理组积极挖掘课程资源，出发点就是对学生实施素质教育，为顺利实施课程改革做好充分准备，打下良好基础，改变初中物理教学中传统的讲授式、传输式的教学方法和学生被动接受知识的学习方式，建立一种学生主动获取知识和应用知识解决实际问题的学习方法，从而培养学生的科学素养、创新精神和实践能力，为学生全面发展和终身发展奠定基础。经过一段时间的探索，已取得一定的成绩，如吴宇鹏同学在全国应用物理竞赛中获得一等奖。

课题实施对学生产生的影响：

（1）学生能带着物理的眼光走进生活，认真研究生活，并在研究过程中积累知识，拓展视野，形成务实的探索精神。

（2）学生能了解一般探究问题的方法，初步学会收集整理素材，初步学会原理分析，提高了处理信息、解决问题和交流与合作的能力。

课题实施对教师产生的影响：

（1）进行课题研究转变教师的教学方式和教学观念。以往在课堂上教师教学方法的主流还是以传授知识为主，通过课题研究，现在逐步改变物理组内教师的教学观念，并解决当前物理课堂教学中存在的一些弊端。

（2）课题研究的过程对研究者来讲是学习、认识和提高的过程。通过课题研究，提高教师的理论修养，锻炼教师队伍，提高业务素质，组内的青年教师迅速成长，成为教学的中坚力量，他们正在向研究型教师转化。

4. 化学学科：做好前期孕伏，搭好学习台阶

具体成果：修订了《生活中的化学》校本手册（含实验手册及校本作业），并在初二年级进行了三轮课程实施。

课程实施收获：

（1）对学科价值有了更深的认识

初中化学学科长期以来受到应试教育的影响。通常在课程的选择方面，仍然存在着以考试为主的价值取向，把考试需要看得很重。把化学的教学目标定位在短期的可测量的考核目标的追求和满足上，将化学学科的育人价值也捆绑在考试成绩的提高上。对于教师的专业成长而言，若过于关注中考的热点、变化，就会阻碍教师的全面发展。

（2）能更清晰地把握学科特点

常有人把化学看成是理科中的文科，误认为学好化学只要死记硬背就可以了。

有些学生一开始上化学课就问老师，哪些是需要我们背的，我们就开始背吧。甚至于有些教师在化学启蒙阶段也是发各种记忆材料，背默成了教学常规。这样的学习和教学已经严重偏离化学学科本源了。化学是科学，不是菜谱和验方。化学知识体系有其固有的逻辑结构。

（3）懂得学生才能教好学生

学生具有学习化学的内在禀赋和认识化学事物本质的能力，可以称之为"化学本能"。教师的责任不是在白纸上画自己想画的画，而是唤醒学生的本能、启迪学生的先天智慧、激励学生去自我行动，成为让化学本能自然生长的绝好条件，最终结果表现为学生成为化学学习的主人。

制定课程内容时，教师注意内容对学生影响的发展性、连续性。不是想教什么就教什么，也不能拔苗助长地将初三内容过早让学生接触，而是根据学生身心发展的顺序和规律来安排。在校本课程的评价上，重视多元评价相结合，用发展的眼光来评价学生。在评价、实施过程中，以学生的发展为核心，不以成绩定成败，尊重学生的兴趣爱好，发展多元有共同开发需求的课程。

（4）教师在课程实施中获得成长。

化学组教师合作分工、优势互补。校本课程的开发是一个开放的、合作的过程，让更多教师也能参与课程开发中来，将校本课程开发的过程与教师专业发展整合为一个有效的统一体，是提高校本课程开发质量的重要手段。

在校本手册编写过程中，化学组开展了多次探讨。组内教师也从中更新知识，拓宽视野，丰富教育素材。潜移默化地，教师们逐渐能理解、认同并转化外部理论。这一过程中使教师提升了自己的专业技能，也能主动地、内在地形成了具有个人特点的实践性的课程。

5.历史学科：用足身边资源，教会学习方法

具体成果：初步完成校本手册《北蔡的昨天和今天》的修订，并形成系列拓展课程与微型讲座。

课程实施收获：

历史教研组在全员参与学校的区级课题《面向生活构建普通初中微观课程结构的探索》中，发挥教研组的团队作用，尝试开发与历史学科相关的、适合初中学生的拓展型课程。

教研组先组织全体教师学习新课程标准，开展有计划的学习交流活动，提高教师课程开发的意识与能力。课程开发以教研组为单位，采取"分工协作、集体编写"的原则进行。"分工协作"，主要面向教师开发课程资源的过程，其基本模式为"分工开发——协作确定——成果共享"。分工开发，就是结合单元或章节内容，为每一名教师分配资源收集任务，以避免教师间的重复收集；协作确定，就是由教研组集体研讨每一名教师所开发的资源，提出意见，由责任教师补充完善，确立为学科资源；成果共享，就是集中对每一名教师所开发的课程资源全组共享使用。

在内容的选择上，组内教师之间也有过争论、分歧，经过多次的交流、沟通后，本着遵循"兴趣性"的原则去开发。兴趣是学习的开始，在课程设计前教师有意识地去关注什么是学生感兴趣的内容，学生的兴趣点、关注点是拓展型课程开设的重要依据。在课程实施过程中，课程内容的呈现、教学手段方法的运用都要满足学生的兴趣需要。最终我们确定了以北蔡地区乡土历史为题材的校本手册《北蔡的昨天和今天》。

我们还在初一、初二年级尝试开设了《北蔡的昨天与今天——有趣地名、旧时民居、便捷交通》等微型讲座，得到了师生们的普遍好评。

拓展型课程的开发，发挥了教研组的集体力量，促进了校本教研活动，更新了教学观念，促进教师的专业发展。拓展型课程的开设增强了教师的课程意识，提高了教师开发和建设校本课程的能力，有助于实现教师的专业发展。

2017 年 9 月

拓展领域　丰富经历
打造学校课程的立体架构

执笔　李祎祎

拓展课程和探究课程是学校课程的重要组成部分，这两类课程的开发不仅是对国家课程的补充与完善，更是丰富了学生发展的空间和纬度，让更多的学生可以找到适合自己的生长点，获得兴趣培养、特色培育。

《面向生活构建普通初中微观课程结构的探索》第三课题小组结合学校多年课程实施的情况，在充分研究我校学生现状的基础上，结合教师的专业特长，小组的五位教师从五个不同的角度，设定了我们的探索方向。

一、我们的选题

第三课题组成员分别在自己擅长的研究领域，根据初中生认知需求和学校课程架构的需要，选择了以下课程。

1. 音乐课程单元设计《浦东乡韵——浦东说书》（主持人：李祎祎）

课程理念：本单元模块设计是对学校多年开设的拓展课程《浦东说书》的提炼和完善，是把特长培养转化为项目普及。让更多的学生了解浦东说书，学唱浦东说书，通过实践真正成为非物质文化遗产的推广者和传承人。

本课程推进了非遗项目"浦东说书"在学校的普及型传播，让学生从欣赏者转化为参与者。这一课程的探索与开设，丰富了学生的音乐课堂知识体系，让孩子们通过课程学习更直接地了解到"浦东说书"的艺术形态与特征。

2. 禁毒课程《珍爱生命，远离毒品》（主持人：杜昌奉）

课程理念：通过普及禁毒教育知识，让学生认识毒品及其危害。当身边出现毒情时知道如何应对，如何自我保护，从而"识毒、拒毒、防毒"。

北蔡是人口导入区，人员闲杂，禁毒一直是北蔡镇综治办的重要工作之一，甚至于我们学校也有吸毒家庭，孩子们深受其害的例子不少。因此，研究《禁毒课程》对于学校、家庭、社会来说有着极其重大的意义。在课程学习上我们不仅有传统的教师授课环节，还突破常规，采用学生自培的方式，强调学生的自主学习，学会讲解，做到不仅自己明白毒品的危害，还能够向家庭向社会进行宣传辐射。

3. 德育实践课程《北蔡中学博物馆校本课程》（主持人：陈莉）

课程理念：引导孩子们到博物馆开展有目标、有组织、有计划、有方法的学习，计划每位学生在初中四年中至少完成 8 次博物馆主题学习活动，以培养学生乐于在博物馆中学习的习惯，掌握在博物馆学习的方法，学会从众多的展品中汲取营养，提高综合素质。

博物馆课程的开设，提高了学生的学习力和探究力，培养了学生树立终身学习的意识。我们通过学校组织以及假期小队活动等形式推进课程的深入开展。

4. 数学课程《Auto Cad 制图软件的使用》（主持人：钱杰）

课程理念：开发并向学生提供丰富的学习资源，把现代信息技术作为学生学习数学和解决问题的有力工具，有效地改进教与学的方式，使学生乐意并投入到探索性的数学活动中去。通过该课程学习帮助学生理解基础的几何原理，培养学生几何素养，增强学生对数学学习的兴趣。

初中预备年级学生空间想象能力较弱，因此几何问题一直是个困扰，往往较难突破。该课程的开设，通过软件制作、游戏导图等方式，帮助学生在玩中学，提升学生的几何素养和学习兴趣。

5. 语文课程《七年级学生自主选题、自主探究课程》（主持人：范丽）

课程理念：以全体学生为主体，引导学生"我要探究"，指导他们发现生活中感兴趣的人文知识，结合语文学科的知识，逐步学会自主选题、自主探索。教师尽可能让学生主动探索，开动脑筋；尽可能让学生大胆实践，发现问题，解决问题；尽可能让学生表达归纳，评价思辨；尽可能让学生在活动中增长见识，深化体验。

探究精神是最宝贵的精神，通过课题实施，培养学生在语文学习中发现问题、发现自己感兴趣的学习内容，以及自己解决问题、自主学习的能力，能自主选择、阅读，拓展自己的语文知识，自由写作，能清晰地表达自己的观点和情感。从而培养学生阅读能力、写作能力和语言表达能力，为学生的终身学习打下良好的基础。

二、我们的研究

（一）确定课程的研究方向，并给课程命名

如：音乐课程单元设计《浦东乡韵——浦东说书》，是学校在推进了近八年的"浦东说书"社团的基础上，在原有特色团队建设的基础上，拓宽教育的受众。编写适合每一位学生学习和掌握的单元设计，与国家课程相融合，让每一位北蔡中学的学生知道国家级非遗文化浦东说书的渊源与发展，了解其艺术形态与特征，能学会 1—2 个唱腔，做一名真正的传承者。

（二）制定课题研究的实施方案和计划

从课程目标、课程实施、课程评价、成果形式等方面制定课题研究的实施方案和计划。

以《"几何画板"探究课课程方案》为例：

课程目标

1. 掌握几何画板软件的安装、卸载

2. 掌握几何画板软件中基本工具的使用

3. 掌握简单的三视图画法，掌握通过几何画板三维工具绘制简单三维图形的方法

课程实施

1. 主要形式：

课型：探究课

学生人数：预计不超过 20 人

授课形式：集体授课、自主探究、个别辅导

2. 实施流程：

前 22 课时，主要完成目标 1 与 2。每课时前 10 分钟，教师统一讲解、演示基本工具的使用；每课时后 30 分钟学生自主探究、教师个别辅导。

后 8 课时主要完成目标 3，每课时主要学生自主探究、教师个别指导。

3. 标准课时：

每周 1 课时，共计 30 课时。其中包括基本课程介绍及引入 2 课时；目标 1 的完成需要 10 课时，主要涉及几何画板软件的基本工具的使用；目标 2 的完成需要 10 课时，主要涉及指定三维图形的绘制；目标 3 需要 8 课时，主要要求学生从生活中找到自己想要绘制的三维图形，如垃圾桶、锤子、钉子、水杯、礼品盒、简易汽车等等。

课程评价

通过对学生的出勤情况、上课参与情况、作品考核三方面对学生进行综合评价，其中评价的具体分值设置为：出勤情况 0.1；上课参与情况 0.4；作品考核 0.5。

通过对学生的出勤情况、上课参与情况，对教师进行综合评价，其中评价的具体分值设置为：出勤情况 0.5；上课参与情况 0.5。

通过对学生的出勤情况、上课参与情况、作品考核对本课程的实施效果进行综合评价，其中评价的具体分值设置为出勤 0.4、上课参与情况 0.4、作品考核 0.2。

成果形式：

1. 课程计划、教学安排、阶段成果

2. 课程试运行小结、阶段成果

3. 课程方案、阶段成果

4. 作品展示，以电子小报或其他形式进行作品展示、阶段成果

5. 总结

（三）做好课程方案的论证与完善

适切的课题才能符合学生的发展需求，因此，我们要求每一位课题成员在确定课题研究之前必须经过专家的论证，主要从以下三方面探讨课题的价值与可行性。（1）研究方向是否符合学生的认知规律；（2）课程的开发是否有研究价值；（3）课题实施计划是否有可行性。

（四）在实践探索中完善

根据与专家的探讨和论证结论，在课程实施的过程中不断地进行完善。如下：

（1）音乐课程单元设计《浦东乡韵——浦东说书》

一是整理浦东说书作品，包括曲谱和音频、视频资料；二是搭建单元设计框架；三是收集相关文献资料作为课程理论依据；四是邀请浦东说书传人就单元设计给予专业指导建议；五是课堂实践；六是形成文本，并刊印。

（2）禁毒课程《珍爱生命，远离毒品》

一是进行问卷调查；二是编写《北蔡学区禁毒教育读本》；三是为了扩大禁毒教育受益面，实现规模效应，向北蔡学区所有学校捐赠《北蔡学区禁毒教育读本》；四是培养禁毒志愿者；五是利用校班会、十分钟队会及其他点滴时间学习《北蔡学区禁毒教育读本》；六是禁毒教育微课题探究。

（3）德育实践课程《北蔡中学博物馆校本课程》

一是讨论搜集有关文献，确定研究内容，制定研究目标、途径、方法，撰写实验研究方案；二是按规范程序构建"文博课程"，形成经验和模式；三是整理初中阶段必去场馆与选择性场馆的特色亮点与介绍；四是形成《北蔡中学博物馆校本课程》初稿，并形成相应的管理方案和文本；五是各年级开展《北蔡中学博物馆校本课程》的实施方案，通过专家论证；六是总结发布。

（4）数学课程《Auto Cad 制图软件的使用》

一是确定授课内容及校本材料开发；二是确定授课教师及授课教师培训；三是明确课程基本要求的制定，包括教学目标、教学重难点；四是完成教学方法、授课形式、课时安排、评价标准等的制定；五是试运行，形成课程方案；六是按照计划进行课程教学；七是进行教学评价；形成课程方案。

（5）语文课程《七年级学生自主选题、自主探究课程》

一是在明确本组研究目标的基础上，小组讨论需要收集的资料。如果对所需资

料有疑问可以咨询我或者其他学科老师；二是小组成员分别收集资料并阅读，之后小组成员之间口头交流研究成果，组长做记录；三是根据记录，整合成论文初稿；四是对照研究目标再进行完善，完成定稿。

三、我们的收获

（一）收获了一批课程文本，完善了学校课程体系

通过实践，形成了一批质量较高的课程文本，有课程方案，还有学生的探究小论文。

1.课程文本：《浦东乡韵——浦东说书》单元模块文本、《"珍爱生命 远离毒品"北蔡学区禁毒教育读本》《上海市北蔡中学博物馆校本课程》

2.数学课程《Auto Cad制图软件的使用》课程方案

3.语文课程《七年级学生自主选题、自主探究课程》学生探究小论文

（二）教师们在实践中学会了"开发课程"

一是发展了教师的专业素养，指导学生探究的过程，就是对教师素养的考验，必须在已具有的专业知识的基础上再拓展、再延伸，提高对学生出现的问题的解决能力。在指导过程中，提升了教学能力，发展了专业素养。二是提高了教师的科研素养，从制定课题计划到实施、实践研究过程，从点滴想法到设计方案，从设想到实施到不断调整、修正，整个过程，提高了教师的科研素养。三是提升了教师的探究能力，任课教师在教学过程中也能够认真备课，与学生一起学习、配合学生进行一定的探究活动，养成了"为什么、做什么、怎么做"的探究态度。

（三）学生们在接受这些课程的过程中，历练了"自主学习"

一是使学生在课程学习过程中能够充分发挥主观能动性，积极地参与到自主学习、自主探究的过程中去；二是给师生创设了更好的社会实践教和学环境，宽松和谐的研究氛围，更为学生搭建了展示自我的平台；三是培养学生养成了良好的探究与反思的习惯；四是通过生活中的课程，拓宽了学生的知识架构与知识面，为学生综合素养的培养和提升作出贡献。

四、我们的体会

1.改变教师的传统思维方式，变"我教"为"我启"。每一个环节都要充分了解学生的需求和能力水平，以"学生的课程习得"为出发点，启发学生自主学习与

探究，这样设计出来的课程才是适切有效的。

2. 充分信任孩子的自主学习能力。在新课程中确立教师为课程"引导者"的地位，更多的课程实施和探究由学生自主学习探索为主，强调课程实施的过程性，培养学生的探索精神、开拓学习思维。

3. 通过课题研究和专家团队的指导，老师们渐渐理清了校本教材编写的要素，在动手做的过程中学会了搭框架、扣要点和寻途径，树立了教师对实施校本课程的信心。

2015 年 9 月

走向新时代：优化普通初中微观课程结构

《关注学生，聚焦资源，优化普通初中微观课程结构的实践研究》课题方案

上海市北蔡中学

一、研究目标

在"明德至善、切问近思"的办学理念引导下，在前两个课题所取得成绩的基础上，以"中考背景下的初中教育教学改革"为依托，深化、完善"关注生活、理解生活、走进生活"为特色的北蔡中学微观课程结构为取向，从"研究学生""引进资源"等方面着手，力争通过两年左右的努力，形成比较完善的学校课程体系，形成"初中建设微观课程结构"的经验和模式，为学校课程建设理论做出贡献。

二、研究内容

1. 总结梳理学校两轮调整"学校微观课程结构"的经验，通过文献研究、专家指导、论证培训等多种途径，进一步明晰本课题"核心概念"的内涵和外延，搭好"理论认识到实践应用"的桥梁，带动教师基本理论素养和实践能力的提升。

2. 以"中考改革，我们怎么办"为主线，通过多种渠道和方式，采集由此对学生、家长、社区、教师及相关各方所产生的影响，所形成的新需求的信息，明确我们的基础和起点，提高本课题研究成果的效能。

3. 以"全员育德树人"为目标，开展"生源研究"，通过组织专家报告、开展读书活动、组织案例征集与评选等多种手段和路径，引导教师"关注学生"，积累从"宏观""中观""微观"三个层面研究学生的案例和经验，形成可操作、可模仿的模型，提升教师的专业水准。

4. 从分析"国家课程校本化实施"和"面向生活的拓展 / 探究课程开发"等方面存在的短板和问题着手，开展"北蔡中学微观课程结构"开发、实施中如何有效用好"资源"的探索，形成案例，寻找规律，形成可操作、可模仿的模型和制度。

5. 从课程管理、师资培训、绩效评估等方面着手，探索一所普通初中在课程体系建设中实现有效管理的机制与模式。

三、研究方法

1. 经验总结法。一是对上一课题中的课程从学生欢迎程度、实施课程中的阻力、如何改进以及如何与"中考新政"挂钩进行总结；二是从开展根据"中考新政"调整"学校课程"试点进行总结。

2. 案例研究法。组织开展"课程开发""课堂教学"的实验案例研究。

3. 文献梳理法。在本课题的准备阶段，通过查阅文献来收集相关的情报资料，完成本课题的概念界定和初步设计。在课题研究过程中，进行资料的查询，运用相关的理论指导课题的内涵研究。研究过程中用到的主要文献检索方法是图书馆、网络以及自购图书。

4. 行动研究法。组织相关人员集思广益，探索"生源分析"与"课程建设"的结合点，从一个新的角度，对提升学校课程建设和实施的有效性进行探索。制定切实可行的操作方案，开展扎实的实践研究，灵活地根据研究活动的开展情况和教师发展情况，循环、动态地调整研究方案，促使研究不断深化。

四、研究过程

根据上述目标与具体研究内容，我们组建了由校长主持的"领导小组"，承担"课题组织、推进与实施的动员和保障"的责任，领导小组设学术秘书，负责处理日常事务。领导小组每月开一次会议，协商解决课题推进中的各种问题。

在具体实施上，我们组建了三个子项目组，他们分别是：

1. 综合研究小组，以"文献研究、课题管理；人员培训、调查研究"为基本责任。

2. 生源研究小组，从"宏观""中观""微观"三个层面研究学生的案例和经验，形成可操作、可模仿的模型为目标，开展工作。

3. 课程完善小组，注意分析目前"国家课程校本化实施""面向生活的拓展/探究课程开发"存在的问题和短板，提出完善和优化的建议，并组织实施"课程资源开发"的实践，形成制度。

五、研究分工

（一）领导小组

责任：课题组织、推进与实施的动员和保障，是本课题的最高决策机构。

组成：校领导、项目组主要成员、各子课题组的组长。

校长担任组长，并指定一位秘书长，负责处理日常事务。

运作：每月开一次会议：确定计划和方案，交流情况，协商解决相关问题。

（二）子课题小组

A.综合小组（组长：范斌；成员：杨旭华）

任务：

1.文献研究、人员培训。

2.课题管理、内部协调。

3.对外联络、成果发布。

B."学情研究"小组（组长：陈莉；成员：李祎祎、诸雨岚、何桂黎、卫骏超、赵方红）

任务：

1.设计"学生研究"的工具、基本研究方法。

2.组织"生源调研"，完成"生源特征及需求分析"。

3.组织开展针对学生新需求的"课程"试点，形成案例。

C."中考新政"与"学校课程"小组（组长：文剑峰；成员：葛筱宁、奚文华、康伟、潘向群）

任务：

1.基于前两个课题，对学校课程"执行"进行分析寻觅"生长点"。

2.研究"中考新政"的基本要点，追踪推进过程。

3.开展顺应"中考新政"、满足"学生需求"的"课程"调整试点。

六、研究进度

第一阶段（2018年3月—2018年10月）：准备工作

1.要完成的任务：课题正式立项，完成实施方案；组织培训、统一思想；人员组织、落实分工。

2.达成的标志：区正式批准立题；完成子课题组组建，形成工作计划；举行"正式开题仪式"。

第二阶段（2018年11月—2019年6月）：探索性研究

1.研究小组的任务

A.综合研究小组

——完成本课题总的"预研究报告"。

——形成课题日常管理机制。

——组织 1—2 次专题讲座，向教师介绍课题，做好动员及培训。

B."学情研究"小组

——文献检索，设计"学情"研究工具，形成调研与观察方案。

——设计并实施"学情"调研，形成初步报告，完成"论证"程序。

——提出"课程结构"开发与调整的试点方案。

C."中考新政"与"学校课程"小组

——研究"中考新政"文件，追踪"推进信息"，及时通报情况。

——对本校"微课程结构体系"实施情况做评估，形成初步的改进意见。

2. 重要时间节点

2018 年 11 月中旬：各小组报出整体推进计划，经领导小组审议后实施。

2018 年 12 月 10 日前：各子课题组提供一批初步成果，组织专家论证。

2019 年 5 月 20 日前：完成上述第一阶段规定任务，学校组织答辩验收。

2019 年 6 月 30 日前：召开"第一阶段成果发布暨第二阶段工作布置会"

第三阶段（2019 年 7 月—2020 年 10 月）全面推进

1. 研究小组的任务：

A."综合研究"小组：

——完成本课题第一、二阶段各项成果的整理、编印、发布。

——根据课题进度组织 1—2 次专题研讨会、1—2 次专家报告、1—2 次论证会。

——继续做好"档案"文本、信息发布。

B."学情研究"小组：

——组织对"学情"的追踪研究（个案、群体；访谈、观察记录）。

——组织"课程开发""课堂教学"的实验，形成案例。

——完成本子课题组研究报告的大纲或草稿，组织论证。

C."中考新政"与"学校课程"小组：

——追踪首届"中考新政毕业生"（2020 届）的情况，形成初步报告。

——继续开展根据"中考新政"调整"学校课程"试点，形成报告。

——完成本子课题组研究报告的大纲或草稿，组织论证。

2. 重要时间节点

2019 年 9 月：各小组报出本阶段具体计划，经领导小组审议后实施。

2019 年 12 月 31 日前：各子课题组按上述要求提供初步成果。

2020 年 9 月底前：召开各子课题组中期检查"答辩验收"。

2020 年 10 月 31 日前：完成各子课题相关档案的初步整理。

第四阶段（2020年11月—2021年10月），总结发布阶段

在前两个阶段的基础上，组织不同层次、类型的交流会、论证会，完成本课题研究报告（或专题论文），编辑印制相关文集，接受有关部门的验收，并召开成果发布会。

七、预期成果

——阶段性、实践性成果：阶段报告（生源调研报告、微观课程结构体系评估报告）

——总结性、理论性成果：各子项目的研究报告、《关注学生，聚焦资源，优化普通初中微观课程结构的实践研究》（暂名）论文。

——文本型成果：报告集（包含上述论文、报告、案例、制度等）

2018年3月

上海市北蔡中学基于学情的拓展课程调查报告

诸雨岚　蒋偲佳

一、调研背景

拓展课程是基于义务课程教育改革要求，充分考虑学生差异化与个性化需求，最终致力于开发和培育学生潜能和特长所开设的课程。上海市北蔡中学以"让每一个学生都得到发展"为初衷，秉持"明德至善、切问近思"的办学理念，立足于学生的个性化发展与师资优势，经过多年的实践积累，近年来开设浦东说书、朗诵、国画、书法、篮球、趣味地理、阳光屋探究课等四十多门拓展课程，并具有配套的课程开发制度、校本课程审议制度、定期的专题培训和激励政策。通过实施，拓展课程已取得一定成效，形成了一定的示范效应。但随着课程改革的推进，在学校可持续发展层面上、学生需求层面上，学校的拓展课程建设仍需不断优化。拓展课程着重关注学生兴趣与潜能发展，提升学生综合素养。只有重视学生学情，才能建设好有效、有用、有价值、培养学生核心素养的课程。本文在调查研究上海市北蔡中学拓展课程的学生学情的基础上，分析了学生需求与反馈，提出了对应策略，以求优化拓展课程。

二、调研对象与方法

本次调研采用问卷形式与访谈法结合。我校拓展课程主要面向人群为六年级及部分七、八年级学生，六年级学生正在参与拓展课，七年级学生已经参加一学年的拓展课程。因此选取的调研对象为北蔡中学六、七年级在校学生，并覆盖了各类拓展课程。六、七年级学生共 844 人，问卷共发放 239 份，由学生统一在校完成，回收 235 份，回收率为 98.7%，有效问卷数为 223 份，有效率为 94.6%。鉴于调研中学生来自不同年级，并覆盖了各类拓展课程，调研结果能够满足研究需求，得出较为有效的调研分析。

三、调研内容

　　调研内容结合学情分析内涵与拓展课程特征进行设计。目前学界普遍将学情定义为影响学生教与学过程中的学生信息。学情分析的方式主要由课前确定学习起点、课中观察学习状态、课后分析学习结果构成学情分析系统。基于拓展课程形式的多样化、具有"选择性""层次性""实践性"的课程特点，且相比较基础课程，拓展课程更关注学生特长与兴趣培养，满足学生多样化发展需求。因此在对学生进行的拓展课程的学情分析调研，重点关注课前不同年级学生多样化的需求，及课后学生对拓展课程形式的满意度反馈。问卷开头设置了一些学生基本信息，包括学生年级、性别、所选课程、学习期望等。

四、调研结果

1.学生对拓展课程的学习期望

　　学生的学习期望由学生经历、家庭背景等多方面因素影响形成。调查发现，78.4%的学生的学习期望是能在课程中提升特长与技能。46.3%的学生希望能够参加相关比赛，获得名次。54.2%的学生希望能在拓展课程进行实践活动，培养动手与创新能力。36.2%的学生期望在课程中能交到新的朋友。总体来看，学生对于拓展课程具有较高期望，明确自己学习兴趣，具有较高认知能力，能体会拓展课程的学习价值与意义。六、七年级学生对于拓展课程的学习期望没有较大差异，都有较明确的学习目标，希望在拓展课程中提升技能。

2.学生对拓展课程设置的需求

　　学生对拓展课程设置总体表现出多元化趋势。其中，学生对于艺术类拓展课程的需求最高，35.1%的学生希望能够开设艺术类拓展课程。生活、体育、文科和理科这4类课程选项呈现分散态势，分别为15.6%、24.3%、11.7%、12.3%。学生对于体育类课程需求略高于生活类和知识性课程。其中，七年级学生选择文科和理科类的比例大于六年级学生，希望开设拓展课程与基础课程相结合的课程，这也与七年级学生更加重视学习相关。

3.学生对拓展课程教学内容的需求

　　对于课程教学内容，55.3%的学生希望进行探究型拓展课程教学内容，在课程中能够动手实践。35.8%的学生希望教师授课结合实践活动。只有8.9%的学生希望教学内容以教师授课为主。说明学生希望参与实践性活动，其中六年级学生相比较七年级学生更期待教学内容中的实践活动，这也与其年龄特点相关。

调查同时发现 36.9% 的学生在拓展课程中的实践活动参与度较低。学生希望实践，参与度却较低，其原因一方面为学生个性，另一方面是教学内容设置与学生需求不匹配。为了深入了解学生对各类课程教学内容的需求，从选择每类课程的学生中选取 2 位学生进行深入访谈。

对于艺术类拓展课程，在目标需求方面学生主要想学习技法，包括漫画、手工、唱歌、朗诵、弹琴、方言等，满足兴趣爱好，提升实用技能。对于课程学习模式希望能够多元化，提供探究式、互动式、外出体验式等方式，并通过演出、展览等形式进行交流。

对于生活类拓展课程，在目标需求方面学生主要想发现生活中没有见过的事物，同时也想探索生活中的事物原理，尝试新奇、有趣的活动。对于课堂学习模式，学生希望能够具有灵活性，能够到室外进行观察与探索，也希望能够观看主题影片进行学习。

对于体育类拓展课程，在目标需求方面学生主要想提升体育技能，比如球类运动、田径运动的技巧等。同时，学生还想通过体育活动认识更多朋友，与同学进行合作活动，进行友谊比赛。

对于文科类和理科类的知识性拓展课程，在目标需求方面学生想要与基础课程知识相结合，并想要解决具有挑战性的知识问题。

4. 学生对教师能力的需求

65.4% 的学生希望在教师的教学方法更加灵活有趣，48.6% 的学生希望教师具有丰富的知识，45.3% 的学生希望教师能够有效进行教学。拓展课程的教师角色更多是作为促进者、鼓励者、引导者。学生希望教师能采用丰富的教学手段激发学生学习兴趣，并通过丰富的知识影响学生，促进学生掌握新的知识。

5. 学生对拓展课程满意度调查

75.4% 的学生认为学校拓展课程种类充足，26.6% 的学生认为学校拓展课程种类较少，其中七年级对于拓展课程种类设置满意度低于六年级。由于多种原因，25.2% 的学生没有选到理想课程。但经过一学期深入学习，学生对于拓展课程整体满意度较高。57.2% 的学生对参加的拓展课程表示满意，35.4% 的学生表示非常满意，4.3% 的学生表示一般，3.1% 的学生表示有待改进，没有学生不满意拓展课程。

对课程满意度较高的学生表示在课程中具有成就感、提升了动手实践能力、学习到技能与知识、努力练习得到了收获、认识了朋友等。对课程满意度表示一般和有待改进的学生认为课程有趣性不足、实践活动较少、课程时间较短、课程缺乏分层设置、课程难度较低等。

五、结论与建议

综合调研结果，学生对于拓展课程有较高学习期待，这与我校生源背景相关。我校生源主要来自周边地区，学生背景差异不大，部分学生来自同一小学，家庭环境和谐，关怀学生的日常与学习生活，学生认知水平较高，对于拓展课程有较明确目标。

学生对于拓展课程的学习需求表现出多样化的倾向，体现出学生的个体差异性，六、七年级学生也存在着学习能力、学习经历等方面的不同。调研中的学生需求也具有共性，他们希望在拓展课程中进行实践活动、提升技能与特长。

最后从学生的反馈中可以看出学生对我校拓展课程整体满意度较高，其中六年级满意度高于七年级。从学生提出的建议结合学生需求来看，课程设置、课程活动、课程建设方面需要优化。

在课程设置方面，可以通过积极培养、多种形式培训完善拓展课程师资队伍结构，制订实施明确的课程方案，满足学生对于不同类型的多样性学习需求。同时通过根据不同年级需求开设不同的拓展课程供学生选择。根据课程属性不同优化课程开设周期，并根据课程内容安排课程时间。

在课程活动方面，在艺术、体育、生活类课程中可以充分利用学校及周边资源，寻找多元化美育、体育活动形式，如举办展览会、音乐会等，丰富学生体验，增强课程中的实践特征，培养学生核心素养。在文科、理科等知识性课程中，可采取主题式学习或项目化学习方式，以问题为导向，将课程要求分成基础、较难、困难三个层次，增强课程的开放性、趣味性与挑战性，满足不同基础的学生的学习需求，提高课程效率。同时可以开设知识竞赛、汇报会等活动提高学生实际应用能力。

在课程管理制度方面，保证学生自主选择课程的权利。并且制定学情记录档案，通过课前发放问卷收集学生学习需求，课中收集学生表现来归纳学情反馈，课后进行反馈调查与个别访谈，总结学情动态，更新迭代课程。

满足学生需求　关注中考改革
完善学校课程体系

——《关注学生，聚焦资源，优化普通初中微观课程结构的实践研究》
阶段总结

文剑峰　葛筱宁

从二期课改推广开始，我校依据要向学生提供"五种学习经历"的课程建设新要求，即通过提供品德形成和人格发展、潜能开发和认知发展、体育与健身、艺术修养和发展、社会实践等五大方面的经历，注重学生的全面发展，真正实现学生由学校人向社会人的转化，着手致力于基础型课程、拓展型课程和探究型课程三类课程的建设，逐渐形成了数十门适合我校学生成长的拓展型和探究型课程。

从2016年开始，学校的课程建设借助于课题研究有了进一步的提升。当年，申报了区级课题《面向生活构建普通初中微观课程结构的探索》，从"国家课程校本化实施"和"面向生活的拓展、探究课程开发"等两个方面着手，全面开展"北蔡中学微观课程结构"建设的开发、实施的实验，形成案例，逐步构建完善了包含基础课程、拓展课程、探究型课程的"面向生活化"的校本化课程系列。

从2018年至今，学校进行了区级课题《关注学生，聚焦资源，优化普通初中微观课程结构的实践研究》的探索实施，旨在严格执行国家课程实施要求的同时，在北蔡中学现有课程的基础上，思考学校课程设计实施如何贴合中考新政，如何更加满足学生需求，构建、完善学校课程建设体系。

一、依据

1. 悠久的历史积淀

始建于抗日烽火中的1937年，扎根于白莲泾畔，我们北蔡中学是一所拥有八十多年办学历史的学校，秉持以德树人，文化育人，"明德至善""切问近思"的办学理念。它既有厚重的文化积淀，又在不同的历史时期彰显着自己的办学特色。区域内的"浦东说书"等非遗文化、北蔡的乡土历史等等，也为学校的课程建设积累了丰富、优质的课程资源。我们的课程建设得益于我们这所学校丰富而厚重的办学传承与文化积淀。

2. 课程改革的需要

我们的课程建设得益于国家纲领文件的指引。2014 年 3 月，教育部以教基二〔2014〕4 号印发《关于全面深化课程改革落实立德树人根本任务的意见》，强调发挥课程在人才培养中的核心作用，进一步提升综合育人水平，更好地促进各级各类学校学生全面发展、健康成长。2019 年 6 月，中共中央、国务院印发《关于深化教育教学改革全面提高义务教育质量的意见》，提出了全面提高义务教育质量的主要任务。强调了坚持"五育"并举，全面发展素质教育；强化课堂主阵地作用，切实提高课堂教学质量等内容。这些纲领性文件与目前正在实施的"中考新政"相互作用，使学校的课程建设任重而道远。

3. 学校课程的可持续发展的需要

从二期课改开始，学校致力于三类课程的建设，十多年课程实践，形成一批具有本校特色，适合本校师生共同发展成长的课程系列，如艺体课程、生活化课程、禁毒课程等等。从 2016 年开始，学校通过课题研究来推动学校课程建设，2016—2017 年实施课题《面向生活构建普通初中微观课程结构的探索》，重点研究建设实施"面向生活化"的校本课程；2018 年至今实施课题《关注学生，聚焦资源，优化普通初中微观课程结构的实践研究》，开展顺应"中考新政"、满足"学生需求"的"课程"调整试点，规范课程实施，完善课程建设，形成学校课程体系。

4. 优质教育资源的需求

学校位于人口导入的北蔡镇中心地区，人口量大，居民对优质教育的需求量也大，对学校提供的教育资源的要求也高，所以，把学校建成老百姓家门口的优质学校，充分满足当地百姓对优质教育的需求，是这个时代赋予我们这样一所学校的使命与任务。

优质的学校，何谓优质？肯定离不开学校课程的优质。我们的课程建设就是一个不断优化学校办学的不可或缺的途径。

二、目标任务

1. 基于前两个课题，对学校课程"执行"进行分析，寻觅"生长点"。

2. 研究"中考新政"的基本要点，追踪推进过程；开展顺应"中考新政"、满足"学生需求"的"课程"调整试点。

3. 分析学校的办学内涵，构建完善以"至善教育"为核心的学校课程体系。

三、实施

（一）梳理课程，寻找课程建设增长点

本轮研究实施的课题为《关注学生，聚焦资源，优化普通初中微观课程结构的实践研究》。我们首先对前一轮课题《面向生活构建普通初中微观课程结构的探索》在课程建设方面取得的成效进行了梳理：从 2016 学年开始，我校通过区级课题《面向生活构建普通初中微观课程结构的探索》的研究与实施，积极投入校本课程的建设，积累了约 82 门校本课程的开发与实施经验，在课题实施中期之前，我们对其中的 14 门、拓展型课程从"需求 – 满足""规范 – 科学""可行 – 绩效""反馈 – 改进"四个维度作出了细致的诊断。"需求 – 满足"方面的诊断我们考虑到的是学校期待、课改要求、学生态度等因素；"规范 – 科学"方面的诊断我们考虑到的是文本完整、方法适用、内容正确等因素；"可行 – 绩效"方面的诊断我们考虑到的是投入产出、受欢迎程度、达标率等因素；"反馈 – 改进"方面的诊断我们考虑到的是反馈及时有效，有改进的安排等因素。通过诊断我们总结经验，发现问题，并通过以下几个方面的实践研究寻找课程建设的增长点。

1. 规范课程实施方案。我们设计实施了《上海市北蔡中学拓展课、探究课课程方案》，以教研组为单位，在原有课程的基础上，要求明确课程目标，了解学生学习基础，保障实施课程需要的条件和资源，清晰课程实施的流程或计划；从课程管理角度，责任到人，完善了从教学研究中心到学校课程领导小组的课程开设审核标准与程序。

2. 规范课程实施过程。我们配套实施了《上海市北蔡中学拓展课、探究课课程执行情况记录》，要求执行课程的教师对报名情况及学生作简要分析，对备课情况、现场执行过程、目标达成情况、学生出席情况与考核等方面进行记录，教师对自己的教学作出反思与评价。

3. 形成科学合理的评价。我们尝试着实施了《上海市北蔡中学拓展课、探究课课程执行情况评价》，它以执行过程的原始记录为主要依据，结合学生作品或典型案例以及学习反馈，再由教师自评、教学研究中心建议、学校课程领导小组评价构成多元课程实施综合评价。

4. 形成课程实施的长效机制。我们设计并准备实施《上海市北蔡中学拓展型课程、探究型课程申报流程》《上海市北蔡中学拓展型课程、探究型课程选报流程》（见附件四）。在后面时间里我们将通过现代信息技术，致力于学校课程资源库的建设，真正实现学生自主选课与课程优化。

除此之外，我们还积极挖掘课程资源。随着我校加入了学区化、集团化办学，

我们在课程资源藉以丰富的同时，通过课程共享共建，从同伴学校那里学到了一些有益的经验，启发我们充分挖掘学校之外可用的课程资源，从而优化课程的实施。例如，我们邀请进才中学老师作系列微型讲座，我们在北蔡学区共建了《经典诵读》《我是北蔡小导游》等课程。

近年来，我们在一些艺术拓展课程的实施上，通过引进专家课程来丰富学校课程资源，提升课程质量，从而达到优化课程实施，提高学校的教育教学品质，办好家门口的学校的目的。比如，在文化传承课程——浦东说书的教学上，我们聘请了浦东说书传人进入课堂传艺教学。在实施过程中，我们逐渐加大引进力度，为了加强师资辅导的力量我们还外聘了十多位专业老师担任辅导员，对舞蹈、浦东说书、音乐剧、民乐、管乐、书法、乒乓等社团进行优育。

经过近些年的学校课程建设，我校形成了"面向生活化"的校本化课程系列，以及旨在让学生学会健身、学会审美，为促进学生的身心健康，促进学生的个性发展，促进学生的全面成长的艺体课程系列，满足学生学习成长的需求。

（二）关注中考，配套实施相关课程

在梳理学校已有的课程资源的同时，根据学生、教师与学校发展的需求，结合中考新政的要求，对学校的课程建设做整体的设计，制订拓展课和探究课建设纲要，规范课程实施过程，不断完善学校课程系列。我们的具体做法是：

1. 学习政策、完善制度

2019年4月2日，上海市教育委员根据《国务院关于深化考试招生制度改革的实施意见》（国发〔2014〕35号）、教育部《关于进一步推进高中阶段学校考试招生制度改革的指导意见》（教基二〔2016〕4号）、上海市教育综合改革的相关要求和精神，在出台《上海市进一步推进高中阶段学校考试招生制度改革实施意见》（沪教委规〔2018〕3号）的基础上，向各基层教育单位印发了《上海市初中学业水平考试实施办法》（沪教委规〔2019〕2号），从而明确了新中考改革的具体落实办法。在此背景下，学校通过专家讲座、教研组学习交流等形式组织教师积极学习领会各项中考新政，并相继修订、实施、完善了《上海市北蔡中学初中学业水平考试实施办法》《上海市北蔡中学综合素质评价修习课程与学业成绩录入细则》《上海市北蔡中学历史学科日常考核细则》《上海市北蔡中学道德与法治日常考核细则》《上海市北蔡中学国家学生体质健康标准测试成绩上报方案》《上海市北蔡中学体育与健身课程考试成绩上报方案》等制度，为相关配套课程的实施提供了有力的制度保障。

2. 强化教研、配套课程

学校在课题的引领下，学科教研加强了对中考的研究，设计、完善与学科教学

配套的校本练习与课程，同时，也加强了对学科课程标准要求与中考新政的学习，教学上以学科单元教学设计为抓手，在教研组、备课组层面开展主题教研活动；课程建设上则以配套实施与中考新政相关的课程为重点。从 2019 学年开始，我们逐步配套实施了以下相关课程：九年级开设了理化实验课程，各年级开设英语听说课程，相关年级历史、道德与法治的社会实践实现了课程化操作。学校成立了跨学科教研组，把对跨学科案例的教学研究落到了实处。目前，已逐步完善了已有的理化校本练习，初步实施数学校本练习，修订英语学科校本练习；语文、历史、政治等学科根据教材改动，强化培训学习，整理、设计配套学科练习。

通过本课题的实践研究，我们课题组的老师们也收获颇丰。例如，卫骏超老师进行了"基于中考新政下中学体育教材内容标准化体系的构建研究"，顾丽琴老师进行了"初中物理串联电路实验教学的实践研究"，康伟老师从事了"中考新政下的物理实验教学的实践研究"，方颖老师进行了"道德与法治社会实践课程的实践研究"，孙俊杰老师进行了"英语听说课程实践研究"，钱杰老师提出了"中考新政背景下北蔡中学数学学科优化教学的几个思考"，储昕颖老师对《测定空气中氧气的含量》作了案例分析……他们或论文或案例，成了我们课题有力的执行者与推动者。

（三）制订方案，完善学校课程体系

随着课题的深入推进，学校的课程建设也进入了深水区，即我们开始思考学校的课程未来走向。我们课题组团队根据校长室对学校课程的顶层设计，结合学校新规划的制订，通过修订新的学校课程方案，以课题研究的形式推动学校的课程实践，完善学校课程体系。

1. 形成学校的教育哲学

学校的课程建设需要理论的指引，学校对以往的办学内涵进行了分析与提炼，从办学实际出发，从已有的哲学理念中汲取营养，吸取关键要素，结合以下实际情况加以转化，形成我们学校自己独特的教育哲学理念。我校的教育哲学是"至善教育"。即教育首先要关注学生的发展，给予学生适合的教育，有温度的教育，把教育的重点落在"立德树人""开发学生潜在的能力"上，从而让学校的每一位学生都得到自主、和谐的发展，做最好的自己。这是至善教育的重要理念。

2. 明确学校的课程理念

在"明德至善，切问近思"的办学理念引领下，我们提出的课程理念是：在这里，与最好的自己相遇。我们把"至善"一词引入学校的课程建设，既是对学校办学理念的呼应，也是反映了我们学校在课程建设中学生、教师、学校不断追求实践"至善"的过程与目标。学校课程在学生层面的意义是：满足学生的成长需求，激

发和培养学生积极的兴趣爱好，开发学生的潜能，促进学生个性、特长的发展，让每一位学生成为最好的自己。这意味着：

——课程是以德养德，给孩子有温度的教育。课程是一种内在的召唤、是心灵的启迪。教育过程使心灵变得纯净、充实、澄明。课程学习应顺应学生天性，尊重个体差异，珍视学习的整体性与多样性。教师用教育的初心唤醒学生的内心，激发学生潜在的生命活力，让课程为每位学生书写出大写的"人"。

——课程是以智启智，给孩子有生命的教学。教育的智慧在于用智慧启迪智慧，用生命呵护生命，用创造支撑创造。智慧属于教师，需要教师在课程实施中随时关注生活、关注学生的兴趣，根据学生的兴趣和生活中濡染发生的、有教育意义的事件来调整教学计划。智慧属于学生，需要学生在课程学习中随时在课堂中发现问题、思考问题、探究问题、解决问题，从而实现创造性的学习。

——课程是以艺化人，给孩子有文化的经历。课程的价值在于对生活的体验，在于满足生命生长的需求。通过课程实施，给孩子丰富的文化体验，以此培养他们对自己、对他人，对生命、对生活、对社会积极的情感，树立起正确人生观与世界观。

3. 完善学校课程体系

在学校"至善教育"的哲学和"明德至善，切问近思"的办学理念框架之下，依据"在这里，与最好的自己相遇"的课程理念和相应的课程目标，我校构建自身的课程体系，满足学生的成长需求，实现学校的育人目标。

完善的课程体系是促进学生成长的重要载体。学校依据加德纳的多元智能理论，围绕课程目标，注重学生核心素养的培养，将"S-H-A-N"课程体系设置为四大课程领域（见图1）。

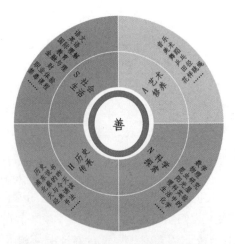

图1 "S-H-A-N"课程结构图

在上图中呈现了"S-H-A-N"课程体系的四大课程领域。

1. S：社会生活课程。S 取自于"Society"一词，翻译成中文有"社会"之义，本课程主要体现社会和生活，语言与人文。

2. H：历史传承课程。H 取自于"History"一词，翻译成中文有"历史"之义，本课程主要体现对历史文化的传承。

3. A：艺体修养课程。A 取自于"Art"一词，翻译成中文有"艺术"之义，本课程主要体现艺术与审美，运动与健康。

4. N：科学探索课程。N 取自于"Natural science"一词，翻译成中文有"自然科学"之义，本课程主要体现对科学的实践与探索。

学校设置的每个课程领域都包含基础课程、拓展课程、探究课程等丰富的课程种类，满足学生课程需求，为学生发展提供适切的课程选择。

四、成效与反思

在本轮课题的实践研究中，我们通过对课程实施情况的自我评估，对学生、教师调查问卷的分析，形成了我们对学校的课程建设的反思：

1. 文化认同与课程实践形成张力

北蔡中学八十多年的办学历史成就了以德树人，文化育人的教育传承。科学的办学理念，浓厚的学术研究氛围以及端正的教风学风，使我校成为区域内具有较大影响力的学校。学校秉承"仁德至上、教学相长、尊重个性"的校风，"勤学善问、慎思笃行"的学风，"诚正谨严、为人师表"的师风，用科学的办学理念为学校课程建设指明了方向。根据教师有关学校课程建设态度的调查发现，我校课程在研发与实施过程中基本得到了教师们的认可，80% 以上的教师认为学校在对校本课程的审议、专题培训等方面十分重视并且制定了有效的制度和政策，90% 以上的教师认为自身在教学过程中形成了独特的风格且能够灵活调整教学情况。但调查结果还表明，教师对校本课程的认可程度和参与程度仍有较大的上升空间。92.86% 的教师认为校本课程没有涉及学科前沿，75.51% 的教师自认为参与课程建设的自觉性还不够高，针对"教师应该成为课程领导者"的教师认同度的数据显示，我校教师对课程领导者的身份认同度较低。许多教师对课程规划、课程建设、课程开发、课程实施缺乏必要的认识，更缺乏实践的操作。不少教师认为只要把教材教好即可。由此可见，转变教师课程理念，使教师成为课程建设的主人，提升教师对于本校课程建设理念的认同感和参与课程建设的使命感是我校课程建设中需要解决的关键问题。

2. 学生需求与低自主产生抗力

经过前两轮办学规划的实施，学校的课程建设得到了稳固发展，规划方案日趋完善：三类课程已基本成型，符合学校实际的课程框架已基本形成。在国家课程校本化、拓展课、探究课的开设形式方面都取得了突破，"微型讲座"在质量、数量上已能基本满足学生需求，许多特色课程也取得了良好的教学效果，在全校、全区具有示范效应。在此基础上，学校以课程建设为抓手，致力于办学的优质化与可持续发展，结合学生的需要构建科学的学校课程体系，推进基础课程、拓展课程、探究课程的有序开发和有效实施。在对学生的调查研究中发现，学生对校本课程的期望值高。在学习动机上，更多的学生希望通过校本课程拓展知识，增长能力，甚至提高学习成绩；在授课方式上，学生更倾向于自己动手实践、练习；相较于传统的评分制，学生更希望展示自己的作品或者通过组织活动进行评价。结合学校相关制度和调查结果可知，学校十分重视课程建设工作，在校本课程开发上投入力度大，激励政策全，培训和审议制度日渐科学规范。但是在此同时我们也发现，在校本课程学习方式的选择上，我校学生的自主程度较低；在课程参与程度上，我校学生每周参与校本课程的频率较低。尽管学校在课程建设上倾注了大量的精力，也取得了较大的成绩，但在学校可持续发展层面上、学生需求层面上，学校的课程建设仍需不断完善，只有重视学生的需要，才能建设好有效、有用、有价值的课程。

3. 特色课程与学生发展形成推力

"让每一个学生都得到发展"是我校开设特色课程的初衷。从 2011 年 8 月起，学校以舞蹈、浦东说书和乒乓等传统项目为"拳头产品"，采取"课程化"的方法，遵循"课程教学与社团活动相结合、培优与普及相结合"等路径，开始探索建设具有"北中"特色的校园课程文化。在师生的共同努力下，参与评选的浦东说书荣获上海市校园文化建设十大优秀项目之一，学校更成为浦东新区非物质文化遗产传习基地。学校的特色课程不仅仅是教会学生知识，更是关注了学生的全面发展，通过课程实践，也让教师明白要学会发掘学生的优势，借助课程特色激起学生自主发展的欲望，培养和树立学生持续发展的希望感。但通过深入调查发现，我校教师的课程理念和实际行为仍需做出转变。受中招考试的评价导向影响，部分教师认为只有参加中招考试的基础课程才应该认真研究和实施，忽视了学生对课程的需求，有的学科即使有相应的课程，但是由于来自家长、考试评价等因素影响，导致少数课程被占用的情况。教育不仅仅是教会学生知识，更要关注人，教师要学会发掘学生的优势，借助课程特色激起学生自主发展的欲望，培养和树立学生持续发展的希望感。因此，在开设特色课程的道路上，不仅学校层面的整体推进力度至关重要，教师对课程建设的认知和配合度也不容忽视。

4. 团队实力与青年教师的成长形成合力

优秀的教师团队是学校发展的核心竞争力，也是学校可持续发展的内在动力。一直以来我校十分重视师资队伍建设，经过几年的努力，我校师资队伍建设取得了一定的成效。学校领导班子积极进取、团结协作、求实创新；教师工作认真负责，勤恳踏实，对自己的教育、教学工作肯下功夫钻研，能主动思考改进课堂教学。尤其是班主任队伍和考试学科教师，都能不计时间、精力，为学生奔忙。但是，应该看到，一大批有丰富经验的优秀的老教师将要退休，学校需要有效的路径将他们宝贵的教学经验物化为成果，传递给年轻力量；一些年轻教师工作经验不足，科研能力较弱，缺少专业成长的自主性和能动性，学校也需要尽快促进他们的成长，切实提高他们的教学水平和科研能力，使之早日成为课程建设的中坚。

5. 课题研究与课程建设形成共力

近年来，学校的课题研究以"课程"为抓手，积极探索实施课程建设的有效途径。2016 年，学校申报的区级课题《面向生活构建普通初中微观课程结构的探索》，从"国家课程校本化实施"和"面向生活的拓展 / 探究课程开发"两个方面着手，全面开展"北蔡中学微观课程结构"建设的开发、实施实验，形成案例，逐步构建完善了包含基础课程、拓展课程、探究性课程在内的"面向生活化"的校本化课程系列。从 2018 年至今，学校进行了区级课题《关注学生，聚焦资源，优化普通初中微观课程结构的实践研究》的探索，在严格执行国家课程实施要求的同时，在北蔡中学现有课程的基础上，研究了学校课程设计实施如何贴合中考新政，如何更加满足学生需求，构建、完善学校课程建设体系等问题。学校在一些校本课程的研发上有一定的优势，积累了一些校本课程研发实施的经验。但是这些课程研发多属个别教师自主进行，处于点状分布，碎片化实施，缺乏科学的顶层设计和总体规划，没有纳入学校课程体系。从学校课程管理与评价看，侧重点一直放在对学科基础课程的管理与评价，而对学科拓展课程和研究课程的管理和评价相对比较松散，还没有形成科学有效的管理评价体系，对学校课程的研发、实施、评价的制度也有待于建立与完善。随着学科课程建设的推进，结合学生的课程需求，重新梳理学校课程哲学，构建科学的学校课程体系，建立学科课程群，推进基础课程、拓展课程、探究课程的有序开发和有效实施，已成为学校发展的当务之急。

《关注学生，聚焦资源，优化普通初中微观课程结构的实践研究》中期报告

我校课题《关注学生，聚焦资源，优化普通初中微观课程结构的实践研究》，于 2018 年 10 月经浦东新区教育科学研究室批准立项。此后，我们随即着手组织实施研究。一年来，在各方面的关心支持下，在本校教师的努力下，本课题的研究，正按原定计划稳步推进。

一、课题推进概述

本课题的研究目标是：在"明德至善、切问近思"的办学理念引导下，在前两个课题所取得成绩的基础上，以"中考背景下的初中教育教学改革"为依托，深化、完善"关注生活、理解生活、走进生活"为特色的北蔡中学微观课程结构为取向，从"研究学生""引进资源"等方面着手，力争通过两年左右的努力，形成比较完善的学校课程体系，形成"初中建设微观课程结构"的经验和模式，为学校课程建设理论做出贡献。

这个目标是根据本校实际，充分做到"继承和发展"的基础上提出的。从 2011 年 8 月，北蔡中学迁址到新校舍，实现"初高中脱钩"、迎来"涅槃"后新的发展机遇之时起，我们以"课程"为主题，展开了前后连贯、逐步提升的三个教育科研课题。它们是：

——2011 年 8 月起，学校以舞蹈、浦东说书和乒乓等本校传统项目为"拳头产品"，采取"课程化"的方法，遵循"课程教学与社团活动相结合、培优与普及相结合"等路径，开始学校课程建设的探索。在大家的努力下，浦东说书项目成为浦东新区非物质文化遗产传习基地，并被评为上海市校园文化建设十大优秀项目之一。学校也因此成为"新优质学校"，向办成"老百姓家门口的好学校"的目标前进了一大步。

——2015 年起，学校在总结几年来开展课程建设经验基础上，以"关注生活、理解生活、走进生活"为指针，提出并实施"面向生活构建普通初中微观课程结构的探索"的课题。我们坚守"以促进教学质量提升为目标，推进国家课程校本化有效实施"，推进"面向生活的拓展 / 探究课程开发"的实践，不仅丰富了学校课程，

而且对于教师"课程意识"的形成，促进教师搭好"教学与生活"之间的桥梁，起到了积极的作用，为一所普通初中学校如何通过构建适合师生发展需要的、面向生活的课程体系，奠定了基础。2017年12月结题时，受到了有关方面的充分肯定。

连续两个科研课题的成功，不仅全方位提升了学校的办学水平，提升了北蔡中学在区域的知名度和影响力，而且形成一批教育科研的骨干，他们注重学习、研究，带动其他老师们在平时的教学中，对教育生活化校本课程等问题探索和研究，提高了课程意识，积累了开展教育科研的经验和实力。

现在正在进行的这个课题，就是以"中考新政"为背景，在前两个课题基础上推进学校课程建设深化和发展的必然。

我们认为：这个课题与前两个课题相比，在"面向生活，引进生活活水，提升效能、培养全面＋特长的学生"方面，是一脉相承的，体现了继承的意思；在直面"中考新政"带来的机遇和问题，寻找新的生长点方面，又具有与时俱进、促进发展的意义，体现了发展的意思。——我们的目标和研究设计，就是基于这种"变与不变的考量"所形成并组织实施的。

在"开题报告"中，我们提出了五项"研究内容"。这"五项内容"，大致可以分为"横向"与"纵向"两个维度：

"横向"维度的研究，以"中考改革，我们怎么办"为主线，通过对"中考新政"的深度解读，通过对目前的"宏观、中观、微观"等不同层面的"学情"研究，通过对家长、社区各方资源的深度调查，寻找两者之间的差异及可能匹配度，探寻可能的路径和方法，形成解决方案。

"纵向"维度的研究，则是基于对学校多年来，特别是在前两个课题研究过程中逐步形成的，以"国家课程校本化实施"和"面向生活的拓展／探究课程开发"为基础的"北蔡中学微观课程结构"的实施情况，进行深度梳理和评估，在肯定成绩的同时发现存在的短板和问题，从"关注学生、聚焦资源"的视角，积累案例，寻找规律，形成可操作、可模仿的模型和制度。

以上两个维度，"综合交错"，构成整个课题研究的"交响曲"，并与课程管理、师资培训、绩效评估等方面有机整合，为的是：探索一所普通初中在课程体系建设中实现有效管理的机制与模式。

根据以上认识和研究工作的需要，我们对课题的研究力量进行了重组。

我们组建了由校长主持的"领导小组"，承担"课题组织、推进与实施的动员和保障"的责任，领导小组每月开一次会议，协商解决课题推进中的各种问题。根据需要，我们聘请了若干专家作为顾问，参与"领导小组"的活动。到目前为止，共召开会议10次。

在具体实施上，我们组建了三个子课题组，分别是：

（1）综合小组，以"文献研究、课题管理；人员培训、调查研究"为基本责任，这个小组，带有"秘书组"的性质，根据"领导小组"的委托，负责课题研究的日常组织管理、对外联络等事务。这个小组的负责人是教科研室主任。

（2）学情小组，这个小组的主题是"学情研究"，针对前两个课题在这方面的"短板"，从"宏观""中观""微观"三个层面研究学生的现状、发展变化，试图通过"专题调查""案例积累"和"经验总结"等多种途径，形成"生源分析"可操作、可模仿的模型，在完成本课题预设目标的同时，探索"精准分析学情，重视差异化教学和个别化指导"的思路的方法。这个小组由本校负责德育方面的人员组成，负责人是学生发展中心主任；到目前为止，已经组织了 13 次活动，有一定的积累。

（3）课程小组，这个小组的主题是"课程研究"，具体包括两个方面的任务：其一是研究"中考新政"的有关精神、关注"中考新政"的进程、来自各方面的经验；其二是分析目前本校"国家课程校本化实施""面向生活的拓展／探究课程开发"等方面的实际情况，发现存在的问题和短板。在以上两项基础上，提出完善和优化的建议，组织实施，形成制度。这个小组由本校 教学方面的人员组成，负责人是教学研究中心主任，到目前为止，已经组织了 15 次活动，形成了本校显性课程评估的初步报告。

根据上述设计，我们这个课题推进的进度为：

第一阶段（2018 年 3 月—2018 年 12 月）：准备工作阶段。

本阶段任务是：课题立项，完成实施方案；组织培训、统一思想；人员组织、落实分工。这一阶段以 2018 年 10 月的"开题仪式"为标志，已经顺利完成。

第二阶段（2019 年 1 月—2019 年 12 月）：探索性研究阶段。

本阶段以上述研究小组为单位，展开工作。各小组的任务和进度情况见附表，主要是：

——综合研究小组：完成本课题总的"预研究报告"；形成课题日常管理机制；组织专题讲座，向教师介绍课题，做好动员及培训。

——"学情研究"小组：在文献检索基础上，设计"学情"研究工具，形成调研与观察方案；设计并实施对若干课程和学生态度的试探性"学情"调研，形成初步报告，提出"基于学情的课程结构调整建议"。

——"课程研究"小组：对本校"微课程结构体系"基本情况进行了梳理，开展各门课程实施情况的实验性评估，形成大致的评估和改进的意见。

一年来，我们共组织课题研讨会十多次，讨论主题围绕"学情研究方向"和"课程评估方向"等。

一年来，我们形成的研究成果共 十多份，其中仅文字性的材料大致达 2 万字；

另有许多为文字性的资料二十几份。

在本阶段即将结束的 2019 年 12 月份，我们准备在本次"中期评估"基础上，要求各小组对本阶段的研究成果进行梳理和总结，找出差距，提出下一阶段的具体计划，经审定后实施。

本课题研究的第三阶段（2020 年 1 月—2020 年 2 月）、第四阶段（2020 年 3 月—2020 年 9 月），将在"中期评估"基础上，明确并落实，详情将另行报告。

二、课题推进成果

到目前为止，我们研究的内容和初步成果有：

1. 基于文献研究，做好培训和普及，为研究提供新的动力源

课题组的成员们通过网络、书本以及专家引领，收集国内外在"生活中的教育""校本课程的开发""生活探究课程"等资料。我们在资料的收集中提出了：从学校和地区特点、学生和教师实际情况和需求出发，整合教学资源，调整国家课程内容等路径，形成"学校微观课程结构"的认识，为形成具有学校特色课程结构奠定基础。我们学习了《杜威教育论著选》《陶行知教育文选》《生活教育理论》等理论知识。在了解家长、学生、社区对学校校本课程设置需求的基础上，对相关文献资料做出了理性的分析和思考。

今年七月，中共中央、国务院《关于深化教育教学改革全面提高义务教育质量的意见》正式发布后，我们要求课题组成员认真学习，从中了解"义务教育改革"发展的趋势和动向，并且把文件的学习与上海市连续出台的"中考新政"系列文件结合起来，从而提高站位，确保本课题的研究具有一定的超前性。

2. 以"学生与课程"为内容，尝试组织"学情调查"，试用有关工具

我们知道：注重"学情分析"已经提出多年，但是如何分析学情，历来是一个"哥德巴赫猜想"式的难题。为此，我们在研究各种文献的基础上，以"学生对目前实施的课程的态度"为内容，从"明确对象""设计指标""尝试评估"等方面着手，设计了"学情"研究工具，形成调研与观察方案；设计并实施"学情"调研，形成了初步报告。

我们对"学情研究"的对象，做了区分。

我们认为：学情分析，可以有以"生源变化趋势"为主线的"这一批"学生的分析研究，此类分析是"宏观的、大尺度的、长时段的"，侧重于共性的讨论分析；也可以有以"某个学生的综合情况分析"为主线的"这一个"的分析研究，此类分析是"微观的、具体的、细微的"，侧重于个性的分析。这两类学情研究开展较快，也积累了不少资料。但是，处于这两者之间的以"这一群"为对象的"中观学情分析"虽然也有，但并不像前两项那么成熟。因此，从本课题的研究目标、实现任务需要出发，我们以为"中观"的学情分析，发现并利用对"这一群"的特质认识解决若干个问题，或许是本课题"学情研究"的一个"突破口"。

初步研究使我们认识到："群"标志物，是多元多样：班级、居住地、某一学习内容、某一社团等，都可以成为"标志物"。

以"这一群"作为突破口，从"课题需要"而言，从"聚焦""优化"视角看，需要"学情"的支持，因为学生的欢迎和收益是关键；从"推进中考新政"而言，"新政"的定位和适应性，需要"学情"的支持，以实现"未雨绸缪""扬长补短"；从"发展需要"看，教师的专业发展；学生的学业成绩及综合素养发展，也需要有这一方面的支持。

根据这些认识，根据本课题研究的需要，我们确定以学生对"现有课程"的态度作为"实验"开展。我们希望从"学生对已有课程态度、是否意识到潜在需求、家长的期待、个别学生的特殊需求的满足"等几个方面着手，收集信息和数据，为进一步探索和研究积累资料和经验。

到目前为止，我们以"北蔡中学校园植物细胞形态一同研究"课程调查、"语文学科学情测试分析"两个"实验性、探索性"课题开展调查，取得了一些数据。

仅以"这一群"学生参与拓展型、探究型课程的学习的情况看，学生学习的团队合作能力提高；学生学习的主体地位凸显；学生对开设的探究型课程欢迎程度较高，且学生的达标率基本为100%。有以下几个转变：一是同学之间由不认识到成为合作伙伴好朋友；二是从被动听课到主动探究；三是不断发现自己的优势和弱点，在研究中修订自己，找到成功的感觉。调查显示：由于参加探究型课程学习的学生基础有差异，迫使整个探究进度较计划慢；对课程评价方面还需细化；课程方案还需进一步调整与完善。

下一阶段，我们将在这个基础上，进一步完善工具，积累案例，形成"基于中观的学情分析方案"。

3. 适应"中考新政"的学校课程结构的现状研究

鉴于本课题研究基础和研究目标的考量，对本校现行课程结构的基本状况以及与"中考新政"的匹配度，是本课题研究的基础和关键，所以，在第二阶段，这个子课题的研究推进比较快。

由于这一研究方向涉及"课程评估"的内容，对此，我们的研究是从是学习和梳理"课程评估"的相关理论着手的。

在学习和专家指导下，我们对"课程评估"的分析思路和方法，做了梳理，大致形成以下共识：

其一，关于研究思路，我们认为大致可以有四个维度：A."需求–满足"维度：

要考虑"学校期待、课改要求、学生态度"等三个元素；B."规范 – 科学"维度：要关注"文本完整、方法适用、内容正确"；C."可行 – 绩效"维度：要注意"投入产出、受欢迎程度、达标率"等元素；D."反馈 – 改进"维度：要落实"反馈及时有效，有改进的安排"等要素。——我们以为：基于这四个维度，就可以对学校课程做出恰当的"评估"。

其二，关于操作方法，我们以为主要应从三个方面获取信息：A.专家评估：学校提供课程材料，邀请若干教研员或教师等给出评价意见；B.学生调查：参与课程学生：成绩与态度；全体学生：选择理由 + 期望；C.同行评议：任课教师调查、同类学科打分。——从三个不同视角获得信息的综合分析，有助于全面认识和评估课程。

这个"课程评估方案"还有许多操作细节需要完善，但使我们对如何进行学校课程分析，提供了思路和方法。由于受到各种因素的制约，目前还不可能完全按照这个"方案"实施，但从某一视角切入，还是可能的。

为了验证并找到实施这一方案的路径，我们主要从以下几个方面展开工作：

（1）梳理学校以往的课程建设，"面向生活化"的校本课程初成系列

我们对从 2016 学年至今六、七年级开设的拓展、探究型课程进行了梳理，三年多来共开设了共计 37 门拓展型、探究型课程。目前有 24 门正在实施，其中拓展型有 21 门，探究型课程有 3 门。

"面向生活化"的校本化课程，它对学生而言，培养了学生的学习兴趣，满足了学生的学习需求；对教师而言，也是一次有益的学习与教学尝试，从而提高了教师的专业素养；对学科组而言，也让教研组的教研活动有了有效的抓手；对学校而言，也提升了学校教学管理部门的教学管理水平，提高了学校的办学质量。

（2）深入学情分析，关注中考新政，完善课程系列

我们发现，课题在取得成果的同时也逐渐进入了学校课程建设的"深水区"，我们在前一轮课程建设的基础上，在当下中考新政背景下，在引入学生综合性评价的框架下，在实施统编教材教学的过程中，我们的课程建设也面临新的挑战：学校面向生活化的课程系列需要进一步的完善。

首先我们进行了一系列的学生学情的调查分析，让我们从学生"学"的角度来考虑"教"的问题，从学生"学"的角度来完善我们的课程建设，让我们的课程建设也实施"供给侧"改革，即让我们在课程建设中更关注学生的学习动机、学习的策略与方法。为此，我们小组以语文学科为样本，从"现有文章判断""现场写作观察""现场作品分析观察"三个方面对学生的学情状况作了调查分析，掌握了第一手的学生学情，并结合学情组提供的学情调查，为完善学校的课程建设做好前期的准备。

其次，我们认真学习相关的中考新政，满足对学生学业评价改革的需要，及时配套设计了理化实验课程、英语口语对话等课程。目前，这些课程都已进入实践研究阶段。

再次，对于语文、历史、道德与法治等教材改用国家统编教材的课程以及数学与体育课程，继续实施"国家课程校本化有效实施"，通过多方面的教学培训，让教师进行单元教学的再设计，完善学校"面向生活化"校本课程的实施。目前，历史学科的《谈古论今话北蔡》已作为北蔡学区共建课程实施。数学学科则着手校本练习的修订。

（3）挖掘资源，优化课程实施

我们在课程建设初始阶段采用的手段主要是自主开发实施，往往会出现课程资源不足、课程质量不高等问题。近年来，随着我校加入了学区化办学，我们在课程资源得以丰富的同时，也从同伴学校那里学到了一些有益的经验，启发我们充分挖掘学校之外可用的课程资源，从而优化课程的实施。

近年来，我们主要在一些艺术拓展课程的实施上，通过引进专家课程来丰富学校课程资源，提升课程质量，从而达到优化课程实施，提高学校的教育教学品质，办好家门口的学校的目的。比如，在文化传承课程——浦东说书的教学上，我们聘请了浦东说书传人进入课堂传艺教学。在实施过程中，我们逐渐加大引进力度，2018学年还引进了创新实验室课程——创意木工，还有北蔡镇社区提供的编织课程。

学校开设的微型讲座具有周期短、内容更新快的特点，这就需要不断挖掘微型讲座的资源来充实到讲座资源库，从2017学年开始，我们通过挖掘学生的家长资源，让他们从自己的专长入手，为学生作讲座。从目前学生的反馈来看，这部分的讲座是最受学生欢迎的。

三、问题及打算

随着课题研究的不断深入，我们总结了前一阶段研究成果的同时，深刻地认识到研究工作才刚刚开始，还有许多不足有待思考和改进：

1. 理论素养不够。课题组成员在专家的指导下，阅读了一些与课题研究有关的书籍，丰富了自身的理论素养，但随着课题研究的不断深入，越来越感觉到理论知识的缺乏。

2. 本课题阶段目标与不同子课题之间的协同共振问题；核心概念的梳理和本土化；参与课题教师面以及如何进一步提高教师研究的积极性等问题。

3. 联系"中考新政"不够，课程梳理还不够全面。

针对这些问题，我们的设想是：

1.继续开展课题理论学习、典型案例学习与分析、研究，根据中考新政，跨学科课程的建设进入规划阶段。

2.开展课题的交流研讨会，发挥教师群体自主教研作用，做到以教师的个人发展促进学校课题研究的发展。

3.结合课题研究，请专家讲座，组织研讨交流活动。课题组将分教研组进行分别研讨，开展以学校教师与专家共同参与课题研究的活动，促进课题组成员与课题研究共同成长。

4.对学生进行新课程学习的评价细则需要出台；课程教学中积累的案例与教学设计要归档整理结集；进行课题的开发和评估，认真总结课题中出现的问题和经验。

尽管近年来，北蔡中学一直致力于学校课程的建设，也取得一定进展和成果，积累了一些经验，但是，我们知道：我们认识还比较肤浅，我们的实践还刚刚开始，我们迫切需要得到各位专家的指点。

我们一定认真工作、积极探索，把这个课题做得更好。

2019 年 11 月

课程建设

成果

上海市北蔡中学学校课程方案

至善教育：在这里，与最好的自己相遇

——北蔡中学"S-H-A-N"课程方案

（2020 年版）

一、学校课程建设现状分析

（一）课程发展优势

1. 传承和发展中形成了自己的教育哲学

回顾八十多年的办学历史，我的既有厚重的文化积淀，又在不同的历史时期彰显着自己的特色。长期以来，秉承"仁德至上、教学相长、尊重个性"的校风，"勤学善问、慎思笃行"的学风，"诚正谨严、为人师表"的师风，养成"明德至善、切问近思"传统，逐渐形成了以"至善教育"为核心的哲学理念。

2. 课题研究为课程体系建设奠定了基础

2016 年以来，学校成功申报区级课题《面向生活构建普通初中微观课程结构的探索》，从"国家课程校本化实施"和"面向生活的拓展／探究课程开发"两个方面着手，推进校本化课程建设。从 2018 年至今，学校进行区级课题《关注学生，聚焦资源，优化普通初中微观课程结构的实践研究》的探索实施，建立学科课程群，努力构建科学的学校课程体系。

3. 特色课程初展风采，积累了经验

学校逐渐形成浦东说书、舞蹈、乒乓等特色课程，并采取"课程化"的方法，遵循"课程教学与社团活动相结合、培优与普及相结合"等路径，探索建设具有北中特色的校园课程文化。"浦东说书"荣获上海市校园文化建设十大优秀项目之一，学校成为上海市非物质文化遗产传习基地，学校成功创建"区新优质学校"。目前《生活中的××（学科名）》已形成微型特色课程，并且在不断丰富完善之中。学校在开设特色课程的道路上，正努力推进特色课程师资队伍建设。

（二）不足及思考

1. 学校课程架构还需要完善

尽管学校在课程建设上积累了一定的经验基础，但从可持续发展层面上，课程

建设也面临着不断完善的问题。从学生需求的调研、教师专业成长的需求等层面来看，学校的课程建设需要不断完善；在当下中考新政背景下，在引入学生综合性评价的框架下，在实施统编教材教学的过程中，学校课程建设面临新的挑战。同时，课程建设还存在着碎片化实施，缺乏学校层面的总体规划。

2. 教师课程意识还需要加强

部分教师对学科拓展课程和研究课程的开发与实施不够重视。有的学科即使有相应的课程，但是由于来自社会、家长、考试评价等各方面因素影响，不少课程被忽视，影响了学校课程的丰富性。转变教师课程理念，使教师成为课程建设的主人，是学校课程建设中需要进一步解决的问题。

3. 教师课程执行能力还需要提升

受传统学业评价和课程观念的影响，有的教师对课程规划、课程建设、课程开发、课程实施缺乏必要的认识，更缺乏实践的操作。课程建设的推进要求教师具有一定的课程规划能力、研发能力、实施评价能力。学校需要进一步开展课程专题培训，通过案例剖析、行动研究、示范引领等提升教师课程能力。

4. 学校课程管理与评价机制还需要完善

从学校课程管理与评价看，侧重点一直放在对学科基础课程的管理与评价，而对学科拓展课程和研究课程的管理和评价相对比较松散，还没有形成科学有效的管理评价体系。对学校课程的研发、实施、评价的制度也有待于建立与完善。

二、学校课程理念

学校课程理念是：在这里，与最好的自己相遇。

这一理念，是学校"至善教育"哲学在课程领域里的体现。"课程是学生在学校经历的总和"，"至善"的核心含义，就是为学生提供"最好的经历"，让他们做最好的自己，实现生命的价值——能"在这里，与最好的自己相遇"！

"至善教育"哲学引领下的学校课程建设，就是要做到"以德养德，给孩子有温度的教育；以智启智，给孩子有生命的教学；以艺化人，给孩子有文化的经历"，从而满足学生的成长需求，激发和培养学生积极的兴趣爱好，开发学生的潜能，促进学生个性、特长的发展，让每一位学生成为最好的自己。

三、课程目标

学校在"明德至善，切问近思"的办学理念引领下，以课程为载体，以文化融合为方式，以促进学生全面发展为核心，努力实现学校"立德树人"，培育"人格完善，热爱生活；勤学善思，学业优良；身心健康，崇尚艺术；公民意识，社会责任"的育人目标，从而做到"在这里，与最好的自己相遇"。

这一目标，在四个年级的相应目标是：

表1　各年级课程目标设置表

课程目标	人格完善，热爱生活	勤学善思，学业优良	身心健康，崇尚艺术	公民意识，社会责任
六年级	学会与自己、同伴、老师、家人的交往。培养善于合作，乐于分享的品质，了解我与他人、我与社会、我与自然的道德规范。	养成良好的学习习惯与学习态度；具备学科学习的兴趣。积极参与各项课程学习活动，拓展知识领域，体验和感受知识与生活的连接，增长生活经验，初步具有创新精神和实践能力。	初步认识艺术的特征、表现形式及对社会生活的独特贡献，丰富视觉、触觉和审美经验，形成基本的艺术素养。	热爱中国共产党、热爱祖国、热爱人民，认同中华文化，继承革命传统，弘扬民族精神，理解基本的社会规范和道德规范。形成劳动意识与初步的劳动能力。
七年级	养成关注现实、热爱生活、积极向上的生活情趣。强调青春生命的自我意识，学会过集体生活，在参与更多关系的互动中获得健康发展。	初步形成良好的学习习惯和学习态度，学会汲取广博的人文知识。具备良好的观察和思考能力，善于发现，乐于探究，拥有探究周围事物的基本能力。在实践活动中善于观察和思考，勤于动手，勇于实践，增强探究和创新意识，发展综合运用知识的能力。	学会欣赏艺术作品，形成健康的审美情趣，增强对自然和生命的热爱。	能积极参加各类志愿者公益活动。树立规则意识、劳动观念，形成公民意识。
八年级	拥有自信心，养成对自己、对班级及社会的责任感。掌握与个体成长和社会生活紧密联系的基础法律知识，做到正确行使权利，自觉履行义务。	强化科学意识，掌握一定量的科学知识，具备一定的发散思维能力和辨别真伪的能力。具备刻苦钻研精神和较强的思辨能力。	拥有自信心，养成对自己、对班级及社会的责任感。掌握与个体成长和社会生活紧密联系的基础法律知识，做到正确行使权利，自觉履行义务。	能积极参加各类职业体验，养成热爱劳动、自主自立、意志坚强的生活态度。

（续表）

课程目标	人格完善，热爱生活	勤学善思，学业优良	身心健康，崇尚艺术	公民意识，社会责任
九年级	树立正确的人生观、价值观，关心集体，乐于奉献，增强民族自豪感，具有强烈的爱家乡、爱社会、爱国家的情感。成为有理想、有道德、有文化、有纪律的合格公民。	形成科学精神、态度与价值观。能独立思考，学会克服困难，养成科学的思维习惯与行为方式。	树立正确的人生观、价值观，关心集体，乐于奉献，增强民族自豪感，具有强烈的爱家乡、爱社会、爱国家的情感。成为有理想、有道德、有文化、有纪律的合格公民。	能积极参加各类社会实践活动，形成尊重他人劳动成果、乐于奉献的品质。

四、学校课程设置

（一）课程结构

依据加德纳的多元智能理论，围绕课程目标，注重学生核心素养的培养，将"S-H-A-N"课程体系设置为四大课程领域，见下图。

在下图中呈现了"S-H-A-N"课程体系的四大课程领域。

1. S：社会生活课程。S取自于"Society"一词，翻译成中文有"社会"之义，本课程主要体现社会和生活，语言与人文。

2. H：历史传承课程。H取自于"History"一词，翻译成中文有"历史"之义，本课程主要体现对历史文化的传承。

3. A：艺体修养课程。A取自于"Art"一词，翻译成中文有"艺术"之义，本课程主要体现艺术与审美，运动与健康。

4. N：科学探索课程。N取自于"Natural science"一词，翻译成中文有"自然科学"之义，本课程主要体现对科学的实践与探索。

学校设置的每个课程领域都包含基础课程、拓展课程、探究课程等丰富的课程种类，满足学生课程需求，为学生发展提供适切的课程选择。

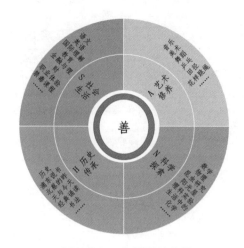

"S-H-A-N" 课程结构图

（二）课程设置

1. 国家基础课程的执行

具体安排如下：

		六年级	七年级	八年级	九年级
基础型课程	语文	4	4	4	4
	数学	4	4	4	5
	外语	4	4	4	4
	道德与法治	1	1	2	2
	科学	2	3		
	物理			2	2
	化学				2
	生命科学			2	1
	地理	2	2		
	历史		3	3	
	社会				2
	音乐	1	1		
	美术	1	1		
	艺术			2	2
	体育与健身	3	3	3	3
	劳动技术	2	1	2	
	信息科技	2			
	周课时数	26	27	28	27

2. 学校课程的安排

学校在严格执行国家基础课程安排的同时，结合学校课程资源、课程门类，培养学生的学习兴趣，满足学生的发展需求，我们按照年级水平对拓展课程、探究课程内容进行系统建构，形成"S-H-A-N 课程"四大领域课程设置的具体框架。

1. S：社会生活课程

社会生活课程以"语言与人文"以及"适应现代社会生活常识"为主线，力图增强学生生活中的主体意识，形成积极的生活态度，提高社会适应能力，形成珍惜个体生命的意识并学会保护自己，提高素养，挖掘潜能，提升生命发展的质量。其具体课程内容，除了"国家课程"已罗列的之外，主要有以下内容（见表2）：

表2　S：社会生活课程设置表

学　期	课程名称	内容要点
六年级第一学期	金融与理财	通过"梦想可以成真""圆梦需要帮手""学会与银行打交道"三个板块的学习，树立必要的金融意识，掌握一定的理财知识。
	英语听说	根据基本读音规则和国际音标认读单词，可以听录音跟读句子和段落，模仿语音语调。
	布艺制作	了解手缝的常用针法，了解制作的一般过程，学习设计、制作简单的布艺品，通过评价体验成功的喜悦。培养兴趣，让学生能根据自己的喜好设计、缝制一些简单的日常小用品。在学习中发扬合作探究精神，运用缝制的基本技法，创作出自己独特的作品。
	创意木工	通过生活、劳动、学习中许多木工作品的欣赏、应用以及制作，拓宽学生的基础知识，提高他们的基本技能，让学生初步学会简单木工制品制作，体会劳动过程的艰辛与快乐，增加学生的学习经历和体验，形成良好的劳动品质和价值观。
	心理社	帮助学生适应初中的新环境，关注学生生活、学习、交往、环境等各方面的困惑与心声，设计针对性的教学内容，通过体验式游戏，引发学生个体自我探索的心路历程，强调学生参与的主动性，重视团体中学生个体间及时地相互交流、启发。将人生哲学的理论学习和游戏活动的情绪体验相联结，以增强学习的真实性和实效性。
	生活中的国学	了解日常生活中涉及到的国学、国粹以及相关常识，传播中国文化的同时激发学生的爱国热情。
	生活中的数学	围绕国家课程进度，提出"生活中的计算"。关注学生计算能力培养。
	博物馆课程	每学期通过春秋季社会实践活动和雏鹰假日小队活动等形式，让学生对各类博物馆进行参观学习，从而获得各类知识。（在初中学习的四年中都开设了此课程，下略）
	禁毒课程	以我校的禁毒教育示范作为引领，通过参观学校禁毒馆让学生初步了解禁毒教育知识。

（续表）

学　期	课程名称	内容要点
六年级第一学期	安全体验课程	每学期通过学校安全体验教室参观、紧急疏散演练、家庭消防逃生图的绘制、家庭安全隐患排查等开展安全体验课程。（在初中学习的四年中都开设了此课程，下略）
	职业体验课程	通过对各类职业的初步了解，开始对自己的职业生涯进行规划。
	劳动教育课程	每学期通过班级学校的各类大扫除、暑寒假手册里的家务劳动以及公益劳动等形式进行劳动教育。（在初中学习的四年中都开设了此课程，下略）
六年级第二学期	金融与理财	通过"走进证券市场""选好自己的保护伞""学做理财小达人"三个板块的学习，树立必要额金融意识，掌握一定的理财知识。
	英语听说	根据基本读音规则和国际音标认读单词，可以听录音跟读句子和段落，模仿语音语调。
	布艺制作	了解手缝的常用针法，了解制作的一般过程，学习设计、制作简单的布艺品，通过评价体验成功的喜悦。培养兴趣，让学生能根据自己的喜好设计、缝制一些简单的日常小用品。在学习中发扬合作探究精神，运用缝制的基本技法，创作出自己独特的作品。
	创意木工	通过生活、劳动、学习中许多木工作品的欣赏、应用以及制作，拓宽学生的基础知识，提高他们的基本技能，让学生初步学会简单木工制品制作，体会劳动过程的艰辛与快乐，增加学生的学习经历和体验，形成良好的劳动品质和价值观。
	心理社	帮助学生适应初中的新环境，关注学生生活、学习、交往、环境等各方面的困惑与心声，设计针对性的教学内容，通过体验式游戏，引发学生个体自我探索的心路历程，强调学生参与的主动性，重视团体中学生个体间及时地相互交流、启发。将人生哲学的理论学习和游戏活动的情绪体验相联结，以增强学习的真实性和实效性。
	生活中的国学	了解日常生活中涉及到的国学、国粹以及相关常识，传播中国文化的同时激发学生的爱国热情。
	博物馆课程	每学期通过春秋季社会实践活动和雏鹰假日小队活动等形式，让学生对各类博物馆进行参观学习，从而获得各类知识。
	禁毒课程	利用学校编制的《北蔡学区禁毒教育读本》的学习，每班选出禁毒志愿者，让学生禁毒教育有进一步了解，并开始尝试开展活动。
	职业体验课程	通过对父母等身边人职业的了解开始体验各类职业。
	生活中的数学	围绕国家课程进度，提出"数学魔术"，关注学生的代数方程思想培养。
七年级第一学期	英语听说	熟练掌握读音规则和音标，进一步掌握语音语调，能流畅朗读句子和段落。
	国际理解教育	通过《国际理解教育》教学，介绍世界上不同文化精髓和差异，使学生了解世界的基本情况，能够自己开发思路，去观察世界，了解世界，走进世界。

（续表）

学　期	课程名称	内容要点
七年级 第一学期	禁毒课程	通过禁毒教育的普及，禁毒志愿者队伍的建设，让孩子大手牵小手，发挥学校禁毒教育的辐射作用。
	职业体验课程	通过对父母等身边人职业的调查与熟悉，更进一步了解各类职业，从而对以后自己职业生涯的规划做参考。
七年级 第二学期	英语听说	熟练掌握读音规则和音标，进一步掌握语音语调，能流畅朗读句子和段落。
	国际理解教育	通过《国际理解教育》教学，介绍世界上不同文化精髓和差异，使学生了解世界的基本情况，能够自己开发思路，去观察世界，了解世界，走进世界。
	禁毒课程	通过校内外的禁毒教育，进一步加强禁毒志愿者的禁毒知识，通过禁毒志愿者带动整个班级开展各类禁毒活动。
	职业体验课程	通过对父母等身边人职业的调查，并用 PPT 形式汇报，更进一步了解各类职业，对自己以后的职业生涯规划做铺垫。
八年级 第一学期	英语听说	能根据语音语调的变化理解说话人的意图和态度，区分交际场合，初步可以使用正确的语音和恰当的语调表情达意。
	禁毒课程	加强禁毒志愿者队伍的进一步培养，让志愿者尝试对禁毒馆进行讲解，让外来参观人员更好地了解学校禁毒馆，也更好地发挥禁毒志愿者禁毒教育的辐射作用。
	职业体验课程	通过对某些职业的实际体验更进一步了解这些职业。
八年级 第二学期	英语听说	能根据语音语调的变化理解说话人的意图和态度，区分交际场合，初步可以使用正确的语音和恰当的语调表情达意。
	禁毒课程	在学校禁毒教育活动的基础上让每个学生积极参与禁毒学习和其他禁毒类活动及竞赛任务，发挥禁毒教育的校外辐射作用。
	职业体验课程	通过对某些职业的实际体验，更进一步了解这些职业，从而可以开始规划自己将来的职业生涯。
九年级 第一学期	英语听说	可以初步正确使用语音语调的变化表达自己的意图和态度，做出恰当的应对，完成交际任务。
	道德与法治社会实践	以时政热点为切入，观察社会现象，参与社会调查活动，了解国情并完成一份社会实践观察记录表。
	禁毒课程	让每个学生跟家人一起完成第二学堂的禁毒学习和其他禁毒类活动及竞赛任务，发挥禁毒教育的校外辐射作用。
	职业体验课程	通过对某一自己喜欢向往的职业的重点体验，更进一步了解这一职业，从而可以进一步规划自己将来的职业生涯。
九年级 第二学期	英语听说	可以初步正确使用语音语调的变化表达自己的意图和态度，做出恰当的应对，完成交际任务。
	道德与法治社会实践	以时政热点为切入，观察社会现象，参与社会调查活动，了解国情并完成一份社会实践观察记录表。
	禁毒课程	在已有禁毒活动的基础上，继续完善禁毒志愿者队伍，更好地完成禁毒馆接待任务，形成规范的接待流程，更好地发挥禁毒特色学校的辐射作用。
	职业体验课程	通过前期对职业体验的感想开始规划自己将来的职业生涯。

2. H：历史传承课程

历史传承课程养成学生对历史文化的认识，具备一定文化积累和人文底蕴为主线，培养具有文化自信的学生，传播弘扬中华优秀传统文化和社会主义先进文化的目的。在这一过程中养成有效学习方法、浓厚学习兴趣，为创新发展奠定思想基础。此类课程除已列入"国家课程"的之外，主要包括以下内容（见表3）：

表 3　H：历史传承课程设置表

学　期	课程名称	内容要点
六年级 第一学期	北蔡的昨天与今天	有趣的地名由来
	浦东说书	让每一位师生都了解浦东说书的艺术形态，了解浦东说书的表演形式，学会哼唱一到两首简单的浦东说书作品。
	趣味历史	成语中的历史故事
	经典诵读	诵读中华古今名篇，培养爱国情怀。
	书法社	硬笔书法与软笔书法
六年级 第二学期	北蔡的昨天与今天	方便快捷的交通
	浦东说书	让每一位师生都了解浦东说书的艺术形态，了解浦东说书的表演形式，学会哼唱一到两首简单的浦东说书作品。
	趣味历史	文学作品中的历史
	经典诵读	诵读中华古今名篇，培养爱国情怀。
	书法社	硬笔书法与软笔书法
七年级 第一学期	北蔡的昨天与今天	经济格局的嬗变
	浦东说书	选拔出一批有此表演潜能的学生，加强浦东说书课程学习，形成浦东说书的传承梯队。理论上知道浦东说书的起源和发展，以及浦东说书的名家、名段；表演上学会基本语言的咬字吐音，掌握基本唱腔和念白（说），掌握钹子的演奏方法和技巧，学会初步的形体动作的配合；审美上培养学生具备一定的作品鉴赏能力。
	经典诵读	诵读中华古今名篇，培养爱国情怀。
七年级 第二学期	北蔡的昨天与今天	昔日的生活设施
	浦东说书	选拔出一批有此表演潜能的学生，加强浦东说书课程学习，形成浦东说书的传承梯队。理论上知道浦东说书的起源和发展，以及浦东说书的名家、名段；表演上学会基本语言的咬字吐音，掌握基本唱腔和念白（说），掌握钹子的演奏方法和技巧，学会初步的形体动作的配合；审美上培养学生具备一定的作品鉴赏能力。
	经典诵读	诵读中华古今名篇，培养爱国情怀。
八年级 第一学期	北蔡的昨天与今天	旧时的民居建筑
	历史实践探究	从家庭或周围人群的衣食住行入手，调查改革开放以来的社会变迁。
	经典诵读	诵读中华古今名篇，培养爱国情怀。

（续表）

学　期	课程名称	内容要点
八年级 第二学期	北蔡的昨天与今天	淳厚的方言习俗
	历史实践探究	从家庭或周围人群的衣食住行入手，调查新中国成立以来的社会变迁。
	经典诵读	诵读中华古今名篇，培养爱国情怀。
九年级 第一学期	北蔡的昨天与今天	今天北蔡的交通
	经典诵读	诵读中华古今名篇，培养爱国情怀。
九年级 第二学期	北蔡的昨天与今天	今天我们吃在北蔡
	经典诵读	诵读中华古今名篇，培养爱国情怀。

3. A：艺体修养课程

艺术修养课程以"艺术与审美、运动与健康"为主题，培养学生积极向上、情调高雅的爱好和特长，熟悉或掌握一定数量的艺术体育技能，以积极的生活态度、丰富的生活情趣，促进身心健康发展。此类课程除列入国家课程之外，主要有以下内容（见表4）。

表4　A：艺体修养课程设置表

学　期	课程名称	内容要点
六年级 第一学期	舞蹈	软开度练习基本功和组合。
	民乐	学习器乐基本知识、技能，培养对民乐的兴趣，乐于参与到民乐学习活动中去，培养动手能力、合作意识。
	音乐剧	学习音乐剧基本知识、技能，培养对音乐剧的兴趣，乐于参与到学习活动中去，有表演欲望。培养舞台意识、合作意识。
	彩铅画	通过基本训练，学会如何构图、打基本型，并认识彩铅的基本表现手法。通过临摹不同种类的物体，如花卉、鸟类等，激发学生的绘画兴趣的同时，掌握处理不同图形的画面效果处理方法。完成一幅花鸟画的配色，体现彩铅带来的色彩与质感双重魅力。
	国画	了解我国历史悠久的传统绘画，引导学生欣赏中国山水画的表现特点，初步了解山水画几种常见的表现方法，激发学生对中国传统民族文化的热爱。通过欣赏中国画的各种皴法，指导学生在表现过程中运用相关技法及笔墨要求，表现简单的山水景色，并根据自己的想象表现自己家乡的各种自然景色。
	乒乓	学会乒乓球的基本姿势和握拍方法。
	花样跳绳	花样跳绳的基础训练
	篮球	学生能学会原地运球、行进间运球、双手胸前传接球、单手肩上投篮。
	田径	使学生学会短跑、长跑的动作技术。通过锻炼短跑训练，发展学生下肢力量、爆发力以及灵敏性；通过锻炼长跑，发展学生耐力以及掌握呼吸节奏的能力。通过短跑、长跑的锻炼，培养学生克服困难，超越自我，吃苦耐劳精神。

（续表）

学　期	课程名称	内容要点
六年级第二学期	舞蹈	进行提升舞感的小舞蹈作品排练。
	民乐	通过民乐训练，进行简单作品排练，在节奏、音准、音色等方面进行提升练习。
	音乐剧	通过基础训练，进行简单作品排练，在歌唱、形体、表演等方面进行提升练习。
	彩铅画	通过基本训练，学会如何构图、打基本型，并认识彩铅的基本表现手法。通过临摹不同种类的物体，如花卉、鸟类等，激发学生的绘画兴趣的同时，掌握处理不同图形的画面效果处理方法。完成一幅花鸟画的配色，体现彩铅带来的色彩与质感双重魅力。
	国画	了解我国历史悠久的传统绘画，引导学生欣赏中国山水画的表现特点，初步了解山水画几种常见的表现方法，激发学生对中国传统民族文化的热爱。通过欣赏中国画的各种皴法，指导学生在表现过程中运用相关技法及笔墨要求，表现简单的山水景色，并根据自己的想象表现自己家乡的各种自然景色。
	乒乓	学生掌握乒乓球的基本姿势和握拍方法。
	花样跳绳	花样跳绳的技术训练
	篮球	学生学会双手头上传球、原地双手胸前投篮。
	田径	使学生学会短跑、长跑的动作技术。通过锻炼短跑训练，发展学生下肢力量、爆发力以及灵敏力；通过锻炼长跑，发展学生耐力以及掌握呼吸节奏的能力。通过短跑、长跑的锻炼，培养学生克服困难，超越自我，吃苦耐劳精神。
七年级第一学期	舞蹈	有针对性的分段排练质量较高舞蹈组品。
	民乐	重视基础的积累，联系学生实际进行教学，注重选取一定富有少儿特点的学习素材和活动内容，激发学生学习兴趣，注重学习过程中愉快的体验。
	音乐剧	重视基础的积累，联系学生实际进行教学，注重选取一定富有少儿特点的学习素材和活动内容，激发学生学习兴趣，注重学习过程中愉快的体验。
	管乐队	学习器乐基本知识、技能，培养对管乐的兴趣，乐于参与到管乐学习活动中去，培养动手能力、合作意识。
	合唱团	学习合唱基本知识、技能，培养对合唱的兴趣，乐于参与到合唱学习活动中去，培养合作意识。
	乒乓	学生能学会 1—2 种发球和接发球
	花样跳绳	花样跳绳的比赛训练
	篮球	学生能学会变速运球、行进间双手胸前传接球、单手胸前传球。
七年级第二学期	舞蹈	有针对性地进行舞蹈作品排练。
	民乐	通过训练，积累较优秀作品，在演出、比赛活动中进一步锻炼自己，用情感体验、气质修炼、活动历练等促进学生的全面发展。

（续表）

学　期	课程名称	内容要点
七年级 第二学期	音乐剧	通过训练，积累较优秀作品，在演出、比赛活动中进一步锻炼自己，用情感体验、气质修炼、活动历练等促进学生的全面发展
	管乐队	通过管乐训练，进行简单作品排练，在节奏、音准、音色等方面进行提升练习。
	合唱团	通过合唱训练，进行简单作品排练，在节奏、音准、音色等方面进行提升练习。
	乒乓	学生继续学会 1—2 种发球和接发球
	花样跳绳	花样跳绳的比赛训练
	篮球	学生学会单手肩上传球、行进间单手高手投篮。
八年级 第一学期	艺术欣赏	培养对一些名画的审美与鉴赏能力。善于发现美、学会欣赏美，具有一定的鉴赏力，达到课程标准要求。
	乒乓	学生能熟练掌握 1—2 种发球和接发球
	篮球	学生学会变向换手运球、行进间低手投篮。
	花样跳绳	花样跳绳的比赛训练
八年级 第二学期	艺术欣赏	培养对一些名画的审美与鉴赏能力。积极参与各类健康的文化艺术活动，并在参与中积极的追求美和表现美。
	乒乓	学生能学会 3—4 种发球和接发球和基本组合球战术。
	篮球	学生学会跳投、防守。
	花样跳绳	花样跳绳的比赛训练
九年级 第一学期	浦东说书	通过孩子们的表演和对浦东说书的认知，慢慢辐射到家庭，到社区，提高浦东说书的知晓率，为非遗传承作出努力。
	艺术欣赏	培养对一些名曲的审美与鉴赏能力。理解音乐作品是人类文化的重要形态和载体。不同国家、地区、民族的音乐具有各自的文化内涵和历史成因。理解不同文化语境中的音乐蕴含其特有的文化意识、情感和行为。
	乒乓	学生能熟练掌握 3—4 种发球和接发球和基本组合球战术。
	花样跳绳	花样跳绳的健身训练
	篮球	学生学会持球突破、传切配合。
九年级 第二学期	浦东说书	通过孩子们的表演和对浦东说书的认知，慢慢辐射到家庭，到社区，提高浦东说书的知晓率，为非遗传承作出努力。
	艺术欣赏	培养对一些名曲的审美与鉴赏能力。理解音乐作品是人类文化的重要形态和载体。不同国家、地区、民族的音乐具有各自的文化内涵和历史成因。理解不同文化语境中的音乐蕴含其特有的文化意识、情感和行为。
	乒乓	学生能把乒乓球基本技能和战术运用在比赛之中。
	花样跳绳	花样跳绳的健身训练
	篮球	学生学会突分配合、掩护配合。

4. N：科学探索课程

科学探索课程以"科学的实践与探索"为主题，以拓展学生科学知识视野、提高科学探究能力，了解科学研究方法、体验科学探究过程、形成科学的态度、情感和价值观，运用科学知识解决实际问题为主线，全面提升学生的能力。此类课程出列入国家课程之外，主要有以下内容（见表5）。

表5 N：科学探索课程设置表

学 期	课程名称	内容要点
六年级 第一学期	理科实验	为学生展示科学在生活中的魅力，让他们通过实践领会数理化知识的趣味性，提高孩子们对科学技术的理解能力。
	工作吧，人体细胞！	通过探究学习人体擦伤、感冒、癌症等状态下的细胞工作状况，树立坚持锻炼、合理饮食等健康观念。
	北蔡中学校园植物细胞形态异同研究	通过对校区植物（绿化）种类的现场调查，借助显微镜等仪器，进行研究性学习。
	昆虫研究	探究昆虫的生活习性、身体构造，环境适应等知识，培养学生热爱自然以及严谨的科学探究精神。
	阳光屋	引导学生通过多媒体初步掌握无土栽培的概念，认识其优点，了解无土栽培的各种方法。指导学生进行无土栽培生菜实验，培养学生的动手操作能力。引导学生了解无土栽培对农业生产的积极意义，激发学生的创新意识，培养学生的责任心和使命感。
六年级 第二学期	理科实验	为学生展示科学在生活中的魅力，让他们通过实践领会数理化知识的趣味性，提高孩子们对科学技术的理解能力。
	工作吧，人体细胞！	通过探究学习人体擦伤、感冒、癌症等状态下的细胞工作状况，树立坚持锻炼、合理饮食等健康观念。
	北蔡中学校园植物细胞形态异同研究	通过对校区植物（绿化）种类的现场调查，借助显微镜等仪器，进行研究性学习。
	昆虫研究	探究昆虫的生活习性、身体构造，环境适应等知识，培养学生热爱自然以及严谨的科学探究精神。
	阳光屋	引导学生通过多媒体初步掌握无土栽培的概念，认识其优点，了解无土栽培的各种方法。指导学生进行无土栽培生菜实验，培养学生的动手操作能力。引导学生了解无土栽培对农业生产的积极意义，激发学生的创新意识，培养学生的责任心和使命感。
七年级 第一学期	生活中的物理	通过观察生活中的现象，用物理学知识来解答，并尝试改变更好地为生活服务，从而激发学习物理的兴趣。学习内容包括生活中声和光的现象研究。
	几何画板	掌握几何画板软件的安装、卸载。掌握几何画板软件中基本工具的使用。知道三视图。掌握简单的三视图画法。掌握通过几何画板三维工具绘制简单三维图形的方法。

（续表）

学　　期	课程名称	内容要点
七年级第二学期	生活中的物理	通过观察生活中的现象，用物理学知识来解答，并尝试改变更好地为生活服务，从而激发学习物理的兴趣。学习内容包括生活中力和电的现象研究。
	几何画板	掌握几何画板软件的安装、卸载。掌握几何画板软件中基本工具的使用。知道三视图。掌握简单的三视图画法。掌握通过几何画板三维工具绘制简单三维图形的方法。
八年级第一学期	物理实验	学习内容包括"探究平面镜成像的特点""探究凸透镜成像的规律""用弹簧测力计测力""用DIS探究二力平衡的条件"。
	生活中的化学	以《课程标准》为指导，结合我校实际，以六年级、七年级《科学》涉及的化学内容为基本知识结构框架，开阔学生的视野，激发学生学习化学的兴趣，丰富学生的科学知识。
八年级第二学期	物理实验	学习内容包括"探究杠杆平衡的条件"。
	生活中的化学	以《课程标准》为指导，结合我校实际，以六年级、七年级《科学》涉及的化学内容为基本知识结构框架，开阔学生的视野，激发学生学习化学的兴趣，丰富学生的科学知识，同时配套了7个板块实验教程。
九年级第一学期	物理实验	学习内容包括"探究物质质量和体积的关系""测定物质的密度""探究液体内部的压强与哪些因素有关""验证阿基米德原理""用电流表测电流用电压表测电压""探究导体中电流与它两端电压的关系""用滑动变阻器改变电路中的电流""用电流表、电压表测电阻"。
	化学实验	实验内容包括酸的性质探究，碱的性质探究，盐的性质探究，金属的活动性，常见有机物。
九年级第二学期	物理实验	学习内容包括"测定小灯泡的电功率"。
	化学实验	实验内容包括实验基本操作，粗盐提纯，实验室制氧气，物质溶解性的探究，实验室制二氧化碳。

五、课程实施与管理

从七个路径实施"至善教育"：

构建"至善课堂"，提升课程实施品质；

建设生活化"至善学科"，推进拓展型探究型课程全面落实；

组建"至善社团"，推进学生兴趣类课程的实施；

推行"至善礼仪"，规范仪式教育课程的实施；

创设"至善节日"，推进主题活动课程的持续实施；

探索"至善之旅"，推进研学旅行课程实施；

营造"至善校园"，优化隐形课程的实施。

结合七大实施途径的特点，构建立体化、多元化的评价体系，贯穿于学校课程实施的全过程，使学校课程评价成为连续的动态的过程。

六、课程评价

课程评价以核心素养理念和学校课程理念为内核，进行多种评价方式，保证课程评价的全面性，明确有度落实课程内容。

学校的课程评价包括对课程评价、学生评价、教师评价三个方面。课程评价从"需求－满足""规范－科学""可行－绩效""反馈－改进"四个维度作出评价。学生评价根据多元的课程目标，包括针对基础类课程和探究、拓展类课程所要求的不同素质、能力的培养要求，进行多元化的评价方式。基础类课程评价注重通过学校、年级、班级、学科、教师、学生等各个层面对考核成绩进行质量分析。探究、拓展型课程注重过程性评价，突出学生自评的地位，学生作为学习活动的主体，积极主动客观评价学习活动有助于激发其学习需求，改善学习策略，通过综合学生参加学习的态度和表现及考核，确保客观科学的反映学生学习水平，及时调控学生学习过程。教师评价逐步建立以教师自评为主，学校、同事、家长、学生共同参与的多主体评价制度。通过多主体视角对学校的课程实施作出评价，以此来进一步完善学校的课程建设。

七、课程支持与保障

（一）组织保障

1.学校成立课程管理领导工作小组

领导小组由校长担任组长，分管副校长担任副组长。教导主任、政教主任、教科研室主任、服务中心主任为基本成员。

领导小组的任务是：设计学校校本课程的总体规划、管理制度，协调各部门工作，推进"课程方案"的实施。

2.学校各业务部门明确职责

各业务部门根据工作职责，明确本部门在课程管理中的作用，确定专人负责此项工作，并定期向领导工作小组报告。

（二）资源保障

教师应在申报时提出包括所需经费、保障条件、学生基础等方面的基本要求，一经审核批准，学校相关部门应给予保障。

教师课程开发过程中凡涉及经费使用，应符合上级有关规定。

（三）绩效保障

学校绩效考核中，因纳入相应的内容，具体为：

1.课程申请绩效：未通过：1（工分）；通过：2（工分）

2.讲义、习题集等编写绩效：通过的讲义：20（工分），未通过的给 5（工分），修改审核通过后补 15（工分）。通过的讲义：10（工分），未通过的给 2（工分），修改审核通过后补 8（工分）。

3.课程实施绩效：对于完成工作任务的任课教师给予课时量或工作量工分。对于未完成工作任务的任课教师根据教导处的课务统计，由校本课程领导工作小组评定教师该得的绩效。

4.课程奖励绩效：校本课程领导工作小组对能连续两年开设且学生满意度高的校本课程评定为学校的特色课程。一次性奖励任课教师 10（工分）；一次性奖励讲义、习题集等编写者 10（工分）。

学校主要的课程管理文件

上海市北蔡中学学校课程建设管理方案
（试行稿）

　　上海市北蔡中学在规范落实国家课程的同时，根据学校的办学优势与学生学习的需求，积极开发、实施各类教育教学类校本课程，为了有效管理和评价课程，促进师生共同成长，结合本校实际情况，制定本方案。

一、制定依据

　　1.《上海市普通中小学课程方案》规定："实行国家、地方和学校三级课程管理，赋予学校合理的课程自主权，鼓励学校在遵循课程基本设计思想的前提下，结合实际，设计有特色的学校课程计划。"这是本方案制订的政策依据。

　　2.北蔡中学"明德至善、切问近思"的办学理念，需要有相应的课程设计、开发、实施、管理、评价等事宜给予保障，这是本方案制订的现实依据。

　　3.面向生活，以"关注生活、理解生活、走进生活"为指针，为学生提供课程，满足学生对优质的教育与教学的需求，是本方案制定的目标依据。

二、指导原则

　　1.满足学生有效学习的需求。培养学生学习的兴趣，发展个性特长，提升学生规范学习、自主学习、研究学习等学习素养；拓展学生的知识领域，培养创新精神和实践能力。

　　2.满足学生多样发展的需求。培养学生的团队合作意识，提高学生的思想品德修养和审美能力，陶冶情操、增进身心健康，使学生爱国家、爱学校、爱生活，适应社会。

　　3.满足教师专业成长的需求。提高教师的教育教学的主动性，提升教师的专业素养。

三、适用范围

1. 以"国家课程校本化有效实施"为目标的课程建设

本校在严格执行"国家课程方案"规定"基础型课程"课程标准的前提下，鼓励教师根据本校学生实际，遵循"关注生活、理解生活、走进生活"的原则，进行"课程重构和优化"，提出相应的方案，经学科教研组研究并报学校批准后执行。

2. 学校自主开发的课程

本校教师应主动关心学生生活中出现的种种元素，经常思考如何激发、满足学生全面发展的各种因素，对可以转化为"课程"的内容，要及时捕捉，并向有关方面报告，并根据自己的特长，积极参与课程开发。

学校教科研室、教导处等管理部门，要经常开展"学生需求"调查，对符合本校办学理念和办学目标，符合本校资源、环境、师资等要素，有能力开发的课程，要及时组织开发，并通过试点完善纳入"学校课程体系"。

3. 引进或与校外联合开发的课程

对本校学生有需求，但受制种种条件制约暂时无法开发的课程，学校教科研室、教导处等应说明情况，并通过"学区化""集团化"办学乃至于社会各方力量，积极创造条件，设法引进。

对于引进的课程，学校应组织专人，在学习、理解和基本掌握要点的情况下，进行必要的调整，以适应本校实际。

四、操作流程

1. 申报

学校鼓励符合条件的教师，申报参与"学校课程"开发。

教师有意参与课程开发者，需填报《上海市北蔡中学课程开发申报表》（附表一），并提供相应的"设想概要"与"初步计划"，按程序向学校有关部门申报，经学校审核批准后下达。

在"课程开发"同时，需要编制讲义、习题集等的，还需同时填写《上海市北蔡中学学校课程讲义、习题集等申报表》（附表二），并提供相关"内容大纲"或"目录"。

2. 审核

学校教科研室是"学校课程建设"的受理部门。

学校教科研室在收到教师申报后，应在三个工作日内，进行审议，在报经校长室同意后，做出"受理""修改后受理"或"暂不受理"的决定。

教师的申报被受理之后，由校长室组织"学校课程领导小组"人员及有关专家进行综合审核，并在30个工作日内做出"通过""基本通过"或"不通过"的决定，通知教师本人。

3. 开发

凡"基本通过"或"通过"的教师，应按照"申报"时确认的目标、计划等着手进行开发，按预定的时间节点，形成初步方案文本，报教导处。经教导处审议，并报校长室批准之后，进入"试点"阶段。

4. 试点

"课程"的试点工作，由教导处根据教育教学的实际情况组织落实，并负责追踪考核。

试点期一般为一个学期。在试点期结束时，由教导处组织对本课程的实施情况进行考核，形成包括"学生反映""教师反思""同行评议"等内容的综合报告。

5. 评价

试点工作结束后，由教科研室收集各方资料，根据实际情况召集"课程论证会"，形成专项文档，报校长室审定，最终决定是否纳入学校课程体系。

五、保障措施

（一）组织保障

1. 学校成立课程管理领导工作小组

领导小组由校长担任组长，分管副校长担任副组长。教导主任、政教主任、教科研室主任、服务中心主任为基本成员。

领导小组的任务是：设计学校校本课程的总体规划、管理制度，协调各部门工作，推进"课程方案"的实施。

2. 学校各业务部门明确职责

各业务部门根据工作职责，明确本部门在课程管理中的作用，确定专人负责此项工作，并定期向领导工作小组报告。

（二）资源保障

教师应在申报时提出包括所需经费、保障条件、学生基础等方面的基本要求，一经审核批准，学校相关部门应给予保障。

教师课程开发过程中凡涉及经费使用，应符合上级有关规定。

（三）绩效保障

学校绩效考核中，因纳入相应的内容，具体为：

（1）课程申请绩效：未通过：1（工分）；通过：2（工分）

（2）讲义、习题集等编写绩效：通过的讲义：20（工分），未通过的给5（工分），修改审核通过后补15(工分)。通过的讲义：10(工分)，未通过的给2(工分)，修改审核通过后补8（工分）。

（3）课程实施绩效：对于完成工作任务的任课教师给予课时量或工作量工分。对于未完成工作任务的任课教师根据教导处的课务统计，由校本课程领导工作小组评定教师该得的绩效。

（4）课程奖励绩效：校本课程领导工作小组对能连续两年开设且学生满意度高的校本课程评定为学校的特色课程。一次性奖励任课教师10（工分）；一次性奖励讲义、习题集编写者10（工分）

附表一

上海市北蔡中学课程开发申报表

申报人姓名	学科	申报课程的名称
课程所需课时	讲义选用	讲义名称
	a. 选用已有讲义 b. 自编讲义	
课程实施方案：(可设附页)		
学校课程管理部门审核意见： 上海市北蔡中学（章） 日期：		

附表二

上海市北蔡中学学校课程讲义、习题集等编写申报表

申报人姓名	课程名称	申报编写讲义名称
编写周期	编写参与人员	

讲义、习题集编写方案:(可设附页)

学校课程管理部门审核意见:

上海市北蔡中学(章)

日期:

上海市北蔡中学拓展课、探究课课程计划

学年　　　第　　学期

课程名称：_____　课程类型：_____（拓展型 / 探究型）

授课老师：_____　拟安排年级：_____　最高接纳学生人数：_____

课程目标：

_____

_____

学生学习基础：

_____

_____

实施本课程需要的条件和资源：

_____

_____

课程实施的流程或计划：

周次	教学内容

判断课程效果的标准和程序：

_____

审核程序：

_____

_____

_____

学校教导处审核意见：

_____

学校课程领导小组意见：

_____

_____

备注：

1. 课程目标一项，拓展型课程侧重于主题和核心内容；探究型课程侧重于拟解决什么问题。

2. 学生学习基础指参与本课程学习的学生须必备的知识或能力。

3. 实施本课程需要的条件和资源指实施本课程对教室、设施设备的要求。

4. 判断课程效果的标准和程序指如何对学生学习本课程成效进行评价。

5. 审核程序侧重于两方面：A."需求 – 满足"维度：学校期待、课改要求、学生态度；B."规范 – 科学"维度：文本完整、方法适用、内容正确。审核结论：该课程方案能否执行。

上海市北蔡中学拓展课、探究课
课程执行情况记录表

1.报名情况及学生构成的简要分析	
2.现场教学过程记录（按每一课时一页设计）	
备课情况	
现场执行过程	
目标达成情况	

简要反思	

3. 执教教师自评

4. 学生出席情况与考核记录

周次 姓名																	考核 记录

上海市北蔡中学拓展课、探究课
课程执行情况评价表

审核评价依据：
1. 执行过程的原始记录
2. 学生作品或典型案例
3. 学生反馈情况
4. 教学研究中心建议
学校课程领导小组评价

备注：审核评价从四个方面展开：

A. "需求 – 满足"维度：学校期待、课改要求、学生态度

B. "规范 – 科学"维度：文本完整、方法适用、内容正确

C. "可行 – 绩效"维度：投入产出、受欢迎程度、达标率

D. "反馈 – 改进"维度：反馈及时有效，有改进的安排

上海市北蔡中学建立课程资源库
试点方案

为了学校课程建设的有效推进，满足学生对课程学习的需求，促进教师的专业成长，形成长效的学校课程管理与评价机制，故制订本试点方案。

一、课程资源库的内容范围

学校开设的国家课程校本化课程，拓展类课程以及研究型课程。

二、课程资源库的形式

运用信息技术构建学校课程资源库教师申报与学生选报平台。

三、教师开发的课程进入课程资源库的申报

1. 申报流程

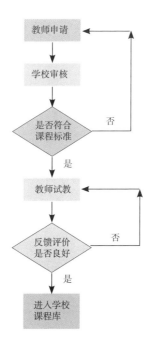

2. 申报说明

（1）教师本人撰写课程方案，向学校课程管理工作组提出开设拓展型或研究型课程的申请。

（2）学校课程管理工作组审核教师所提交的申请报告，主要审核课程方案是否符合相关的课程标准，其中课程方案应包括课程目标、课程实施、课程评价等部分，学校的审核可参照"四个维度"展开，分别是：

A. "需求 – 满足"维度：学校期待、课改要求、学生态度

B. "规范 – 科学"维度：文本完整、方法适用、内容正确

C. "可行 – 绩效"维度：投入产出、受欢迎程度、达标率

D. "反馈 – 改进"维度：反馈及时有效，有改进的安排

（3）学校审核通过后，教师开始试教，学校对试教的效果进行反馈评价，主要是检测"四个维度"是否能够落实或达标。如果能达到预期目标，该课程可获准进入学校课程库，以备学生选课之用。

四、学生在课程资源库的课程选报

1. 选报流程

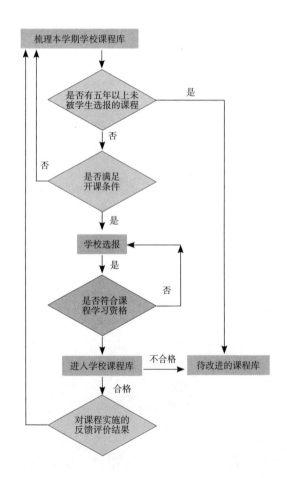

2.选报说明

（1）每个学期开始，学校教学部门梳理本学期的课程库存，检测是否有五年以上未被学生选报的课程，如果有，课程则进入待改进的课程库中，反馈给相关执教教师，以作进一步改进。如果没有，则检核该课程是否满足开课条件，比如师资配置的情况、学习资源的配置情况等，如果满足开课条件，学生则开始选报课程。

（2）学生选报课程，需要检核是否符合该课程的学习资格，比如该课程需要学生具备的起点。

上海市北蔡中学学生综合素质
评价实施方案

一、指导思想

全面贯彻党的教育方针，落实立德树人根本任务，培养德智体美劳全面发展的社会主义建设者和接班人，整体反映德智体美劳全面发展情况和个性特长，引导践行社会主义核心价值观，弘扬中华优秀传统文化、革命文化和社会主义先进文化，增强社会责任感，培养创新精神和实践能力。

二、基本原则

1.客观记录，重在过程：以事实为依据，对学生成长过程中的主要经历和典型事例做客观记录和写实性描述。

2.公平公正，强化监督：建立综合素质评价的信息确认制度、信誉等级制度、公示和举报投诉制度，确保公开公平公正。

3.科学评价，有效激励：引导每个学生积极主动参与评价活动，激发学生发展的主动性，鼓励学生勇于进取、不断完善自我。

4.尊重差异，促进成长：关注学生在不同学段的发展现状和优势特长，让学生逐渐明确发展方向，进行积极努力的自我提升。

三、记录和评价内容

（一）品德发展与公民素养

1.社会实践活动：完成每学年2周的社区服务社会实践课程，可分散可集中。以下每项累计课时都达标才能算总体达标，活动记录及获奖情况从"电子平台"导入。

（1）社会考察，136课时，平均每学期17课时（2天半），全部由学校落实。

（2）公益劳动，以校内和学校周边为主，四学年共80课时，平均每学期10课时（1天半），全部由学校落实。

（3）职业体验，32课时，平均每学期半天，学校落实16课时。

（4）安全实训，24课时，初中阶段共3天，学校落实16课时。

2. 雏鹰争章情况

3. 团队等德育活动、先进个人荣誉称号

4. 参加国防民防活动奖励

（二）修习课程与学业成绩

1. 基础型课程成绩：每学期期末考试成绩或学期总评成绩，具体由学校确定并在初中段保持一致，由学校统一录入.

2. 拓展型和探究型课程：学校开设、学校与社会机构合作开设的课程以及专题教育，记录在拓展型课程。区级以上比赛与活动由市、区两级教育部门统一录入，校级比赛和活动项目由学校统一录入。

3. 学业水平考试成绩：由考试院等相关机构录入后统一导入。

（三）身心健康与艺术素养

1.《国家学生体质健康标准》测试综合得分：市教育部门统一录入。

2. 运动和健康经历与水平、艺术实践经历与水平：区级以上比赛与活动由市、区两级教育部门统一录入，校级比赛和活动项目由学校统一录入。区级和校级项目均为选填项，不是必填项。

（四）创新精神与实践能力

1. 探究性学习（科学实验、社会考察）报告或创新作品说明

（1）主要由学生填写、学校审核。

（2）初中阶段只需填写一项代表作，探究性学习报告、科学实验报告、社会考察报告、创新作品说明四选一。

2. 科技活动、参加青少年科学研究院或青少年科学创新实践工作站的情况由各级录入员统一录入。

四、组织管理

1. 成立综合素质评价工作领导小组，落实部门或专人负责学生综合素质评价信息的录入、审核、公示、维护和管理等相关工作：

（1）组长：校长

（2）副组长：分管德育副校长

（3）组员：教导处、德育处、团委、少先队、年级组长、班主任、录入员、审核员等相关部门和人员

2.成立综合素质评价工作仲裁小组

（1）组长：校长

（2）副组长：分管德育副校长

（3）组员：教导处、德育处、团委、少先队、年级组长、班主任、家委会

3.成立学校"探究性学习专家委员会"

（1）制定学生探究性学习报告审核办法

（2）认定学生探究性学习报告及其佐证材料的真实性

（3）建立指导学生参加探究学习的导师队伍

4.组织落实

（1）制定本校学生参加社会考察、公益劳动、职业体验和安全实训等社会实践活动的计划。

（2）分年级分班级落实活动内容和活动时间，可安排在每学年2周的社区服务社会实践课程中，做到社会实践活动进课程进课表。

（3）通过团组织、少先队、班主任等落实活动组织实施工作。

（4）确定校级项目：根据本校的实际需要，确定校级奖励、校级团队活动、体育艺术科技活动项目，包括：校级团队等德育活动、校级国防民防活动奖项、校级体育比赛名称、拓展型、探究型课程名称、校级健康教育活动项目、校级艺术活动名称、校级学生艺术团队名称、校级科技活动名称。所有校级项目均为选填项。

五、记录方法与程序

1.写实记录、整理遴选、公示确认、导入系统、形成报告

（1）以记录客观事实和客观数据为主，大多数信息为统一录入和导入。

（2）需要学生填写的必填项只有3项，自我介绍（典型事例）、团队等德育活动（从下拉菜单中选择）、探究性学习报告，比高中减少1项。

（3）探究性学习报告比高中研究性学习报告字数要求减少了一半。

2.指导学生

（1）每学期指导学生填写典型事例，九年级第一学期撰写自我介绍

（2）指导学生开展探究性学习，撰写探究性学习报告（或者科学实验报告、社会调查报告、创新作品说明）

3.组织录入

由录入员录入校级统一录入的字段。需要学校管理目录的字段共9项；需要学

校录入的字段共 13 项。

指　标	管　理	录　入
团、队等德育活动	√	
雏鹰争章情况		√
国防民防活动奖项	√	√
先进个人荣誉		√
基础型课程成绩		√
学业水平考试		√
拓展型课程	√	√
探究型课程	√	√
体育比赛	√	√
健康教育活动	√	√
艺术活动	√	√
艺术团队	√	√
探究学习报告		√
科技活动	√	√

4. 组织确认和公示

（1）每学期组织学生确认非学生自己录入的信息（特殊信息除外）：除了自我介绍、团队等德育活动、探究性学习报告、学业水平考试成绩外，都需要学生每学期进行确认。

（2）健全校内公示制度，进行公示。公示本校综合素质评价的具体实施办法；学校举办的比赛和活动的评价办法；学校统一录入信息管理系统的学生信息（除涉及个人隐私的信息外）。

（3）公示后的内容每学年短信通知家长或监护人线上确认（告知）。

（4）公示后由仲裁小组及时处理学生的举报、投诉、申诉等信息。

六、评价结果应用

1. 综合素质评价结果整体达标将作为初中学生毕业的必要条件，学业水平考试成绩不合格、社会实践活动课时未达标者不能毕业。

2. 在高中阶段学校自主招生、高中名额分配综合评价录取过程中，综合素质评价将与高中阶段学校综合考察结果相结合，具体办法由高中学校确定并提前公布

七、保障制度

1. 信息确认制度

每学期组织学生确认非学生自己录入的信息（特殊信息除外）除了自我介绍、团队等德育活动、探究性学习报告、学业水平考试成绩外，都需要学生每学期进行确认。

2. 公示与举报投诉制度

（1）健全校内公示制度，以下信息都必须公示：

① 本校综合素质评价的具体实施办法。

② 学校举办的比赛和活动的评价办法。

③ 学校统一录入信息管理系统的学生信息（除涉及个人隐私的信息外）。

（2）公示后的内容每学年短信通知家长或监护人线上确认（告知）。

（3）公示后及时处理学生的举报、投诉、申诉信息。

2019 年 4 月

上海市北蔡中学初中学业
水平考试实施办法

（试行稿）

为适应本市深化初中课程改革和进一步推进高中阶段学校考试招生改革的需要，根据《国务院关于深化考试招生制度改革的实施意见》（国发〔2014〕35号）《教育部关于进一步推进高中阶段学校考试招生制度改革的指导意见》（教基二〔2016〕4号）《上海市进一步推进高中阶段学校考试招生制度改革实施意见》（沪教委规〔2018〕3号）与《上海市初中学业水平考试实施办法》，制定《上海市北蔡中学初中学业水平考试实施办法》。

一、指导思想

全面贯彻党的教育方针，落实立德树人根本任务，从培养德智体美劳全面发展的社会主义建设者和接班人的高度，积极推进本市初中学业水平考试改革；进一步发挥考试评价改革对初中教育教学工作的正面导向作用，积极推进本市初中课程教学改革，促进素质教育的全面实施，促进中小学生的全面发展和健康成长，促进义务教育优质均衡发展。

二、基本原则

1. 坚持育人为本，遵循教育规律和学生成长规律，促进初中学生全面发展。
2. 坚持科学评价，深化初中课程教学改革，提高教育质量，为学生终身发展奠定基础。
3. 坚持统筹兼顾，结合高中阶段学校招生、初中学生综合素质评价等改革整体设计，提高人才培养水平。

三、性质与功能

初中学业水平考试主要衡量初中学生达到国家规定学习要求的程度，考试成绩是学生毕业和升学的基本依据。

初中学业水平考试既是初中阶段教育教学质量监测的一项重要工作，也是各级教育行政部门管理和引导中小学执行国家课程方案和课程标准，进一步规范学校教育教学行为，科学评价学校教育教学质量的重要手段，对学校教育教学工作具有科学的引领作用。

四、考试安排

（一）考试对象

本校六、七、八、九年级修完以下学业的在籍学生均需参加初中学生学业水平考试。

（二）科目设置与内容

（1）初中学业水平考试的考试科目：

语文、数学、外语、道德与法治（思想品德）、历史、地理、物理、化学、生命科学、信息科技、体育与健身、科学、社会、艺术（包括音乐和美术）和劳动技术共 15 门学科。

（2）考试内容：

限定在普通中小学各学科课程标准规定的范围内。

（三）考试方式和时长

语文、数学：闭卷笔试，完卷时间 100 分钟

英语：包含闭卷笔试和听说测试，闭卷笔试完卷时间 90 分钟（含听力），听说测试时间 10 分钟（人机对话方式）。

道德与法治和历史：日常考核和统一考试相结合，统一考试部分开卷笔试，完卷时间 40 分钟。

综合测试（物理和化学）：采用闭卷笔试和实验操作考试相结合。闭卷笔试，完卷时间 120 分钟（包括物理试题、化学试题及跨学科案例分析题）；实验操作考试：物理、化学分科分场考试，考试时间各 15 分钟。

地理、生命科学、科学、社会：采用开卷笔试，考试时间 60 分钟，信息科技考试采用开卷上机考试，考试时间 40 分钟。

体育与健身：采用日常考核和统一测试相结合的方式，具体要求另行公布。

劳动技术和艺术：由学校依据相关学科课程标准要求，以学生平时表现为依据，综合评定考试成绩。

（四）考试分值

总分	语文	数学	外语		道德与法治		历史	
			笔试总分140（含听力25）	听说10	日常考核30	统一考试30	日常考核30	统一考试30
750	150	150	150		60		60	

体育与健康		综合测试				
		物理	化学	跨学科案例分析	物理和化学实验操作	
日常考核15	统一考试15	试题总分70	试题总分50	试题总分15	物理10	化学5
30		150				

地理、生命科学、科学、信息科技和社会5门科目考试满分均为100分

（五）考试报名

学校根据本市基础教育学生信息系统提供学生基本信息给予集体报名。

（六）考试费用

考生参加初中学业水平考试的费用根据教育经费安排。

（七）考试组织方式

语文、数学、外语（含听说测试）、综合测试（物理和化学）（实验操作、跨学科案例分析）、道德与法治（统一考试）、历史（统一考试）：由市教育考试院统一命题、统一组织考试、统一评卷（学生在同一科目同一场次时间段内可参加两组实验考试，在两组实验考试成绩中择优计入总分）。

地理、生命科学、信息科技、科学、社会：由市教委教研室统一命题、统一制定评分标准，由区统一时间组织考试和评卷。

（八）考试时间安排

六年级 第二学期期末	七年级 第二学期期末		八年级 第二学期期末	九年级 第一学期期末	九年级 第二学期期末	九年级 第二学期 4—5月	九年级 第二学期5月	
信息科技	科学	地理	历史	生命科学	社会	体育与健身	外语听说测试	物理化学实验操作
九年级第二学期期末								
语文	数学	外语 （不含听说测试）		综合测试 （不含实验操作）		道德与法治		

　　劳动技术和艺术两门科目由学校根据初中课程计划要求，在相应科目结束后综合评定考试成绩。

（九）考试管理要求

　　初中学业水平考试计分科目考试全部安排在标准化考点内进行。按照国家教育考试的标准和要求，规范考场设置和实施程序。加强安全保密，建立健全诚信机制，严肃考风考纪，对考试作弊等违规行为，将严格按照《国家教育考试违规处理办法》（中华人民共和国教育部令第33号）等有关规定进行处理。

五、成绩与应用

1.成绩呈现方式

　　语文、数学、外语、物理、化学、道德与法治、历史、体育健身成绩呈现方式：原始分数＋等第（合格、不合格）；

　　地理、生命科学、信息科技、科学、社会成绩呈现方式：不合格、合格、良好、优秀；

　　各科目考试成绩不合格的学生由学校组织补考，补考成绩仅用于初中毕业。

2.考试成绩应用

（1）初中毕业

　　各科目初中学业水平考试成绩合格，是初中学生毕业的必要条件。

　　学校根据有关学籍管理相关规定，分别准予学生毕业、结业或肄业。

（2）初中课程管理与质量评价

初中学业水平考试成绩将作为学校课程管理和教学质量监测的重要参考依据。学校将积极组织各级各类教学研讨，加强对初中学业水平考试结果的研究与分析，不断提高教育教学质量。

（3）高中阶段学校招生录取

2021年起，本市高中阶段学校招生以语文、数学、外语、道德与法治（思想品德）、历史、体育与健身6门科目初中学业水平考试成绩和综合测试成绩计分，总分750分，作为录取的基本依据。各科目初中学业水平考试，学生只能参加一次（物理化学实验操作考试除外）。

六、本办法实施说明

1. 本实施办法自2017学年的六年级起实行。

2. 初中学业水平考试的具体组织实施以市考试院转发当年度文件为准。

3. 道德与法治（思想品德）和历史科目的日常考核办法另行发布。

2019年4月

上海市北蔡中学道德与法治学科
日常考核细则

一、指导思想

为落实本市初中学业水平考试与初中学生综合素质评价相结合的高中阶段学校考试招生制度改革，根据《上海市进一步推进高中阶段学校考试招生制度改革实施意见》（沪教委规（2018）3号），《上海市初中学业水平考试实施办法》（沪教委规（2019）2号），《上海市教育委员会教学研究室关于本市初中道德与法治、历史学科日常考核的指导意见》等文件精神，作为制订本考核细则的指导思想。

二、日常考核的任务

1. 引导学生完成"义务教育课程标准"规定的学习任务，掌握基础知识与基本技能，激发学习兴趣，提升思维品质，养成良好的学习习惯。

2. 在学生掌握基础知识与基本技能的基础上，积极参与学科实践活动，培养家国情怀、国际视野、创新精神和实践能力。

三、日常考核的原则

1. 日常考核要坚持公开、公正、公平原则，促进学校不断推进该学科的教学改革。

2. 日常考核应体现评价的过程性，关注学生初中学段学科学习的全过程，关注学生的学习体验。

3. 日常考核体现评价的多元性，做到学生自评、互评与教师评定的有机结合。

四、日常考核的内容

道德与法治学科的日常考核以《上海市学生成长记录册》的记录为基础。学科的考核包括学习成绩、学习表现和学习能力、实践能力三项内容，每项内容的分值为 10 分，总分为 30 分。

学习成绩	以六年级到九年级四个学年期末笔试考查为观测点，总评成绩的构成为：六年级学年成绩（20%）+ 七年级学年成绩（20%）+ 八年级学年成绩（30%）+ 九年级学年成绩（30%）。总评成绩为 100 分制，60 及 60 分以上为合格即得 10 分；50—59 分得 9 分，50 分以下得 8 分。
学习表现及学习能力	以六年级到九年级四个学年学生作业按时完成和订正情况、课堂表现等为观测点，结合《上海市学生成长记录册》对"学习表现"和"学习能力"进行自评和互评。九年级第二学期，任课教师根据每个学期的学生评价，依据进步变化和学生自评、互评的结果，用考查方式进行综合评定。考查合格即得 10 分。不合格的酌情依次扣分。
实践能力	以参与社会观察、参观访问等真实性和过程性为观测点，完成《上海市学生成长记录册》"实践活动记录"。实践活动必须在九年级的第二学期结束前完成，合格即得 10 分；实践活动成果非独立完成或内容不符合要求等，视为不合格，得 9 分；没有递交实践成果，得 0 分。

五、日常考核的实施和管理

1. 任课教师是实施日常考核的主要责任人，承担着学科日常考核的教学工作及赋分职责。任课教师按照学期教学计划完成教学任务，除九年级第二学期外，学期成绩须在相应的学期结束前作出评定；九年级第二学期，任课教师应依据学生在该学科初中学习的全过程中取得的成绩在规定时间内完成最后评定并规范记录，作为学科日常考核的最终结果。

2. 教研组长、教学研究中心根据上述要求，对任课教师递交的学生日常考核作审核。

3. 学生的学习成绩、学习表现和学习能力、实践能力的评定，应按时记录在《上海市学生成长记录册》上，并经学生本人确认。学生对日常考核成绩有异议的，应在每学期成绩公布之日起 3 日内向学校教学研究中心提出书面申请，由学校予以复核。

4. 学生日常考核的最终成绩，须校内公示：公示有异议的应在公示之日起 3 日内由学生本人向学校学生综合素质评价领导小组提出书面申诉，学校学生综合素质评价领导小组确认的成绩为最终成绩。公示无异议后，由学校领导确认，在规定时间内由学校报送至上级指定部门。

六、日常考核说明

1. 本考核细则从本市 2019 学年入学的六年级学生开始，日常考核成绩根据该学科涉及的全部学期情况进行评定；

2. 2019 学年第一学期在籍在读的七、八年级学生，日常考核成绩根据在读期间的实际情况进评定。

2020 年 4 月

上海市北蔡中学历史学科日常考核细则

一、指导思想

为落实本市初中学业水平考试与初中学生综合素质评价相结合的高中阶段学校考试招生制度改革，根据《上海市进一步推进高中阶段学校考试招生制度改革实施意见》（沪教委规〔2018〕3号），《上海市初中学业水平考试实施办法》（沪教委规〔2019〕2号），《上海市教育委员会教学研究室关于本市初中道德与法治、历史学科日常考核的指导意见》，制订本考核细则。

二、日常考核的任务

1. 引导学生完成"义务教育课程标准"规定的学习任务，掌握基础知识与基本技能，激发学习兴趣，提升思维品质，养成良好的学习习惯。

2. 在学生掌握基础知识与基本技能的基础上，积极参与学科实践活动，培养家国情怀、国际视野、创新精神和实践能力。

三、日常考核的原则

1. 日常考核要坚持公开、公正、公平原则，促进学校不断推进这门学科的教学改革。

2. 日常考核应体现评价的过程性，关注学生初中学段学科学习的全过程，关注学生的学习体验。

3. 日常考核体现评价的多元性，做到学生自评、互评与教师评定的有机结合。

四、日常考核的内容

历史学科的日常考核以《上海市学生成长记录册》的记录为基础。学科的考核包括学习成绩、学习表现和学习能力、实践能力三项内容，每项内容的分值为10

分，总分为 30 分。

学习成绩	以七年级到八年级三个学期的期末笔试考查为观测点，总评成绩的构成为：七年级学年第一学期成绩（30%）+ 七年级学年第二学期成绩（30%）+ 八年级学年第一学期成绩（40%）。总评成绩为 100 分制，60 及 60 分以上为合格即得 10 分；50—59 分得 9 分，50 分以下得 8 分。
学习表现及学习能力	以七年级到八年级三个学期的学生作业按时完成和订正情况、课堂表现等为观测点，七年级、八年级每个学期，学生应根据《上海市学生成长记录册》，对"学习表现"和"学习能力"进行自评和互评。八年级第二学期，任课教师根据每个学期的学生评价，依据进步变化和学生自评、互评的结果，用考查方式进行综合评定。考查合格即得 10 分，不合格的酌情扣分。
实践能力	以参观访问、社会调查等真实性和过程性为观测点，完成《上海市学生成长记录册》"实践活动记录"。实践活动必须在八年级的第二学期结束前完成，合格即得 10 分；实践活动成果非独立完成或内容不符合要求等，视为不合格，得 9 分；没有递交实践成果，得 0 分。

五、日常考核的实施和管理

1. 任课教师是实施日常考核的主要责任人，承担着学科日常考核的教学工作及赋分职责。任课教师按照学期教学计划完成教学任务，除八年级第二学期外，学期成绩须在相应的学期结束前作出评定；八年级第二学期，任课教师应依据学生在该学科初中学习的全过程中取得的成绩在规定时间内完成最后评定并规范记录，作为学科日常考核的最终结果。

2. 教研组长、教学研究中心根据上述要求，对任课教师递交的学生日常考核作审核。

3. 学生的学习成绩、学习表现和学习能力、实践能力的评定，应按时记录在《上海市学生成长记录册》上，并经学生本人确认。学生对日常考核成绩有异议的，应在每学期成绩公布之日起 3 日内向学校教学研究中心提出书面申请，由学校予以复核。

4. 学生日常考核的最终成绩，须校内公示：公示有异议的应在公示之日起 3 日内由学生本人向学校学生综合素质评价领导小组提出书面申诉，学校学生综合素质评价领导小组确认的成绩为最终成绩。公示无异议后，由学校领导确认，在规定时间内由学校报送至上级指定部门。

六、日常考核说明

1. 本考核细则从本市 2019 学年入学的六年级学生开始，日常考核成绩根据该学科涉及的全部学期情况进行评定；

2. 2019 学年第一学期在籍在读的七、八年级学生，日常考核成绩根据在读期间的实际情况进评定。

2020 年 4 月

学校课程方案集锦

《浦东乡韵》——浦东说书课程方案

李祎祎

一、课程概述

（一）课程名称

本课程以单元模块的形式将学校课程与国家课程进行有机对接，在音乐课程教材中，以补充单元的形式出现，名为"浦东乡韵"。

（二）课程背景

上海市北蔡中学是浦东新区艺术特色学校、浦东新区非遗传习所、浦东新区民族文化基地学校，学校的浦东说书项目是上海市教育系统十大校园文化优秀建设项目，学校的特色项目是国家级非物质文化遗产浦东说书。学校目前在职教职工人数138 人，学生数 1556 人，学校艺术学科团队荣获浦东新区优秀教研组称号，其中一位音乐教师受聘浦东新区中学音乐骨干团队领衔人。学校地处城乡结合地区，有较多的本地生源。学生能讲浦东话，愿意学说浦东话的比较多。尤其是本地的一些家庭中的长辈，其本身对浦东说书是有情感的，因此，学生学习浦东说书能够得到家长的大力支持，提高了学生的学习兴趣。该项目自 2008 年开设以来，采取课程化实施打造项目特色。我们编写了较为完善的校本教材、将课程教学与排练相结合、培优与普及相结合，取得了一定成效。

浦东说书是由北蔡镇人民政府于 2007 年申遗成功，被列入国家级的非物质文化遗产，这加深了北蔡与浦东说书之间的情感，也使得该项濒危的传统文化得以枯木逢春。"浦东说书的传承"是刻不容缓的项目，传统文化的推广必须从源头抓起。

本课程设计是对浦东说书项目全员普及的填补，我们旨在该单元课程出台后，能够结合学校的基础型音乐课程全面铺开，真正做到让每一个北中学都能用艺术的态度欣赏浦东说书，会唱上几句浦东说书，能掌握铍子的基本演奏方法，身体力行地为浦东说书的传承做力所能及的努力。

二、课程方案

（一）课程目标

本单元模块设计是对学校多年开设的拓展课程《浦东说书》的提炼和完善，是把特长培养转化为项目普及。通过音乐课的教授，让每一位北蔡中学的学生都了解浦东说书的渊源，能够激发起更多的学生学唱浦东说书，通过实践真正成为非物质文化遗产的推广者和传承人。

目标一：让每一位师生都了解浦东说书的艺术形态，了解浦东说书的表演形式，学会哼唱一到两首简单的浦东说书作品。

目标二：选拔出一批有此表演潜能的学生，加强浦东说书课程学习，形成浦东说书的传承梯队。理论上知道浦东说书的起源和发展，以及浦东说书的名家、名段；表演上学会基本语言的咬字吐音，掌握基本唱腔和念白（说），掌握钹子的演奏方法和技巧，学会初步的形体动作的配合；审美上培养学生具备一定的作品鉴赏能力。

目标三，通过孩子们的表演和对浦东说书的认知，逐渐辐射到家庭、社区，提高浦东说书的知晓率，为非遗传承做出努力。

（二）课程实施

1. 阶段安排

第一阶段：了解浦东说书的文化起源、艺术特点与历史发展。

第二阶段：选择具有代表性的作品，传统曲目和现代创作，通过学习不同的作品，体会浦东说书的唱腔韵味和发展变化。

第三阶段：实践——通过学习，感受浦东说书又说又唱，用钹子敲打的特点。

第四阶段：自我测评：通过简单的练习与创编，检验学习成果。

第五阶段：通过学习，产生优秀作品，联合团队为学生表演作品搭建展示平台。

2. 单元组成

第一部分：欣赏。选择两个具有代表性的作品，传统曲目和现代创作，通过两个不同的作品，体会浦东说书的唱腔韵味和发展变化。

第二部分：实践。说一说：通过童谣等方式，学说上海方言；唱一唱：通过唱，感受浦东说书的基本曲调；练一练：学习钹子演奏，掌握正确的钹子演奏技巧，学会几个基本的节奏型。

第三部分：理论依据。这一部分主要呈现浦东说书的文化起源、艺术特点与历史发展。

第四部分：自我测评。通过简单的练习与创编，深化浦东说书的教学成果。

3. 呈现方式

单元设计文本，印制成册页，作为音乐课程的补充教材；配套音响资料光盘。

三、课程保障

（一）师资保障

音美教研组研讨教学内容，选拔优秀音乐教师进行课程的材料开发和编写，并担任课程主讲，聘请专家进行内容把关，教导处根据内容安排活动。

（二）资源保障

1. 两个校区都提供专用教室进行拓展课活动，并确保活动所需电脑、音响、乐器、话筒等设备提供。

2. 本课程开发和实施的教师都给予相应的教学绩效奖励。

《禁毒教育》课程方案

杜昌奉

一、课程概述

（一）课程背景

习近平总书记在国际禁毒日讲话中指出，"禁毒工作造福人民，我们共产党人应该有信心、有能力把这项工作做好，并且要把禁毒工作作为象征中华民族伟大复兴的义举善举来做好。要从青少年抓起，从广大人民群众教育和防范抓起，让广大人民群众积极追求健康文明的生活方式。"

改革开放以来，我国与外面世界的交往日益频繁，在带来新生事物的同时，一些丑恶现象，比如吸毒等，也在中国死灰复燃。现在，毒品在中国蔓延愈演愈烈，特别是随着新型合成毒品出现，我国毒情越来越严峻，人们（尤其是未成年人）接触毒品的可能性越来越大。针对青少年好奇心强，辨别是非能力弱，又容易受到环境影响的特点，要预防为主，把禁毒教育关口前移，让他们识毒、防毒、拒毒。

（二）设计思路

根据《上海市普通中小学课程方案》有关"三类课程"的规定，本课程属于"拓展型课程"和"探究型课程"的范畴。

作为"拓展型课程"，它侧重于让学生通过多种形式，了解基本的毒品常识，了解毒品的危害和基本的防毒、拒毒知识。它既是初中"社会科学学习领域"相关课程的延伸和拓展，也是该领域"社会实践"的重要组成部分，主要在六、七年级开设。

作为"探究型课程"，它侧重于让学生以自己感兴趣或自主选择的"课题"或"项目"为载体，在教师指导下，通过发现问题、解决问题的过程体验，认识和了解毒品及其危害性，毒品在社会的蔓延程度，探究减少毒品危害的方法和途径。

二、课程方案

（一）课程目标

了解基本的毒品知识，了解毒品的主要危害和青少年吸毒的主要诱因。参观禁毒教育基地、网上禁毒馆和社区戒毒中心，了解上海，尤其是北蔡地区吸毒人群的主要分布和身边的吸毒案例。尝试利用网络资源和吸毒案例，了解人们染上毒瘾的原因，毒品给中国在历史上带来的深重灾难和社会危害性，通过北蔡学区活动扩大禁毒教育的受益面，形成自觉识毒、防毒和拒毒的社会氛围。

（二）课程实施

编写《北蔡学区禁毒教育读本》，包含"认识毒品、毒品的危害、禁毒历史知识、禁毒教育应知应会、禁毒教育知识问答和有关禁毒的法律法规"等组成部分。同时通过课程化教学，把毒品教育融入到历史、地理、化学、生命科学等课程中，学习禁毒历史、毒品分布、化学结构、毒品对人体造成的损害等。

通过升旗仪式、黑板报、主题班会、"6.26"国际禁毒日专题活动等做好禁毒教育的宣传工作。

希望此门校本化课程能让学生提高识毒、防毒、拒毒能力，自觉拒绝毒品、珍爱生命，为将来建设无毒社会打下坚实的基础。

1.《北蔡学区禁毒教育读本》文本学习

以《北蔡学区禁毒教育读本》为抓手学习禁毒教育知识。该读本包括认识毒品、毒品的危害、禁毒历史知识、禁毒教育应知应会、禁毒教育知识问答和有关禁毒的法律法规等部分组成。它从中小学生的认知能力出发，比较全面地介绍了有关毒品和禁毒教育的知识，既有阅读材料，又有知识互动，具有比较强的可读性和可操作性。学生能随时阅读，教师可以利用多种形式和场合进行教育。

2. 系列主题活动

（1）升旗仪式：每学年 1—2 次，加强禁毒历史知识和吸毒危害性方面的宣传，以普及毒品知识为主。

（2）主题班会：每学年 1—2 次，以案例等形式了解吸毒的危害，努力识毒、防毒、拒毒。

（3）黑板报：通过黑板报普及禁毒知识，更深地认识到禁毒的必要性和紧迫性。

3. 利用"国际禁毒日"开展主题教育活动

每年的"6.26"国际禁毒日，开展专题禁毒教育活动，一是了解其由来，二是学习国际禁毒知识，三是了解国际禁毒的严峻形势以及国际禁毒合作的有关情况。

专题活动的主要形式为升旗仪式、主题班会、黑板报、禁毒知识竞赛、参观网上禁毒馆等。

4. 参观禁毒馆

（1）参观北蔡禁毒教育基地：每年利用预备新生入学教育训练机会组织学生参观，了解禁毒教育基地的布置，直观认识毒品及毒品的危害。

（2）参观网上禁毒馆。组织学生有目的、带任务地参观，通过参观的实践，激发兴趣，开拓眼界，利用网上禁毒馆认识毒品危害。

5. 禁毒教育微课题探究

禁毒教育为课题探究，与兴趣小组活动等整合安排，学生通过自己的调查研究和查阅资料，了解毒品知识、毒品危害、吸毒原因、吸毒案例和预防吸毒的方法等，在探究中加深认识，提高研究兴趣。

6. 开展社会调查

利用寒暑假开展社会实践活动，参观戒毒中心，走访涉毒家庭，了解上海，尤其是北蔡地区吸毒人群的主要分布和身边的吸毒案例。了解人们染上毒瘾的原因，毒品给个人、家庭和社会带来的深重灾难和社会危害性。

（三）效果评估

本课程实施的效果评估，以学生按要求参加升旗仪式、主题班会、黑板报和其他主题活动等有关教育活动，完成北蔡禁毒教育基地和网上禁毒馆的参观考察、完成相关征文和禁毒微课题的探究报告为显性成果，以学生自觉提高"识毒、防毒、拒毒"的意识和能力为隐性成果，实施综合考量。

三、课程保障

（一）师资保障

学校除安排专职老师担任课程实施组织和落实之外，以政教处、团队和班主任和相关科任老师作为课程的主要落实者，同时将安排相关教师通过进修等形式，提升专业能力，逐渐担负起执教责任。学校还根据工作需要聘请专业教师或禁毒义工作专业指导或禁毒教育志愿者。

（二）资源保障

1. 在北蔡镇党委和政府的支持下，通过专家指导，学校将编制《北蔡学区禁毒教育读本》供本校和北蔡学区学校开展禁毒教育，编印相应的专题讲义，作为本课程的主要材料。

2.学校充分利用北蔡禁毒教育基地，作为禁毒教育的场所，并通过在校园网上专设"禁毒馆"网页、定期组织交流展示等形式，供学生发表相关成果。

3.本课程实施所需的经费，根据每学期执教教师设计的具体实施计划核定，专款专用。

附录:"北蔡学区禁毒教育基地"（提纲）

第一部分　认识毒品

第二部分　毒品的危害

第三部分　"禁毒小天使"——晶晶

第四部分　禁毒历史知识

第五部分"国际禁毒日"的由来及主题口号

第六部分　禁毒教育应知应会

第七部分　禁毒教育知识竞答

第八部分　禁毒教育法律法规

《生活中的语文——广告》课程方案

康　樱

一、课程概述

（一）课程背景

在社会日趋功利的形势下，势必把"应试"的需要作为教学内容取舍的重要依据，甚至是唯一依据，"语文教学"变成了纯粹的"应试语文"。当然我们语文教学不应该回避而且还应该教会学生科学地"应试"。但问题是，如果仅仅是"应试语文"，那么语文在学生眼里失去了应有的魅力。我们会发现学生学习语文的兴趣和乐趣会逐渐消退，语文教学实施起来也越发困难。

联系学生的实际和自身的教学实践，我深刻体会到要使学生对学习语文充满兴趣，真正掌握并得心应手地运用语文这一人生的工具，就必须打破语文与生活之间的壁垒。让语文教学与社会生活天地相接壤，使语文教学突破"应试语文"的束缚而上升到"生活语文"的层面。

新课改针对语文的现状，也特别强调语文与生活的联系。建立"生活化的语文课堂教学"就需要让教学回归生活，让生活走进语文。寻找课堂与学生生活的结合点，引导学生加强生活实践、社会实践，广泛汲取生活营养，使他们了解生活、热爱生活、学习生活、学会生活。

社会生活中处处都有语文现象存在。如随着网络、媒体的兴盛，无处不在的广告。那些被引为经典的广告语言，或准确简洁，或生动形象，或琅琅上口。优秀的广告语不仅凝聚了创作者的智慧和想象，也包涵着丰富的语文知识。语文与生活的联系在广告这一领域得到了充分的结合。微型课程《生活中的语文——广告》也应运而生。

（二）设计思路

根据《上海市普通中小学课程方案》有关"三类课程"的规定，本课程属于"拓展型课程"的范畴，但是拓展型课程只能面向部分学生。而我校设立的微型讲座从预备到初三每个年级每周一次的微课程是面向全体学生的。学校鼓励教师将自主开发的面向生活的语文的教学内容与"微型讲座"进行有机整合。

广告语言必须要在很短的时间内吸引人们的关注且能迅速说服他们。为此，广告的语言和内容必须引人注目，通俗易懂，给人留下深刻的印象。将"广告"作为教学内容，选择标准是这样界定的：

1. 为了增强语言的生动性、可读性和吸引力，广告语言必须运用模糊修辞，含蓄有趣。

2. 为了尽可能用简约的语言传递丰富的信息，广告语言必须形式简洁，情调高尚，内涵丰富。

二、课程方案

（一）课程目标

通过微型讲座这一形式，让更多的学生能从广告这一源自生活的语言来取得以下收获：

1. 在课堂教育中注入生活内容，引起学生学习语文的兴趣，调动学生的生活情感体验。

2. 感受押韵、对偶、顶真、回文、比喻、拟人、比较等手法运用增加了语言的魅力。

3. 学习各类修辞，通过组织活动，锻炼学生写作语言的运用能力。

4. 让学生养成事事、时时、处处吸收并运用语文知识的习惯和素养。

（二）课程实施

第一阶段（第一周）：让学生通过各类信息渠道观察收集广告语。

第二阶段（第二周）：根据学生实际及初中阶段语文能力的要求，确定教学内容——修辞。

第三阶段（第三周）：根据修辞这一教学内容，整理归类广告语，筛选符合课程界定的广告语，形成讲稿。

第四阶段（第四周）：通过面向全体学生的"微型讲座"进行课程实施。

第五阶段：联合团队组织学生创作学校艺术节、体育节等各类活动的主题、标语等。

三、课程保障

（一）师资保障

语文教研组研讨教学内容，挑选优秀语文教师进行微型课程的材料开发和编写，并担任课程主讲。教研组长进行内容把关，教导处根据内容安排进行各年级的微型讲座。

（二）资源保障

1.两个校区都提供阶梯教室用作"微型讲座"课程实施场所，并确保电脑、音箱、话筒等硬件提供。

2.本课程开发和实施的教师都给予相应的教学绩效奖励。

《模块化写作教程》课程方案

姚卫红

一、课程概述

（一）课程背景

初中阶段的作文教学几乎可以说没有一定体例，教师的"教"随师所欲，学生的"学"不成系统。学生作文能力的发展在初中阶段显得比较缓慢，学生作文训练积极性受到一定的影响。教材在"综合训练"部分虽有作文训练，但是随单元制定的作文训练主题，并无训练的重点。

联系学生的实际和自身的教学实践，我们深刻体会到：必须要使学生对作文充满兴趣，真正掌握并得心应手地运用语言文字。

（二）设计思路

根据各阶段学生的特点，以"模块化写作教程"为体系，分阶段计划学生的训练要点，提出各年级的写作"总体要求"和"具体要求"，使教师的作文教学和学生的写作都形成系统，进一步提高学生观察生活思考生活的能力。

二、课程方案

（一）课程目标

六年级

1.能写简单的记实作文和想象作文，内容具体，感情真实。能根据习作内容表达的需要，分段表述。

2.学写读书笔记和常见应用文。

3.修改自己的习作，并主动与他人交换修改，做到语句通顺，行款正确，书写规范、整洁。

4.课内习作每学年16次左右。40分钟能完成不少于400字的习作。

七年级—九年级

1.写记叙文，做到内容具体；写简单的说明文，做到明白清楚；写简单的议论文，努力做到有理有据；根据生活需要，写日常应用文。

2. 能从文章中提取主要信息，进行缩写；能根据文章的内在联系和自己的合理想象，进行扩写、续写；能变换文章的文体或表达方式等，进行改写。有独立完成写作的意识，注重写作过程中搜集素材、构思立意、列纲起草、修改加工等环节。

3. 作文每学年一般不少于 14 次，其他练笔不少于 1 万字。45 分钟能完成不少于 500 字的习作。

（二）课程实施

1. 基本构思

以"模块化写作教程"为抓手，以教师为主导，按模块系列进行训练，学生阅读解析、作家例文、学生例文进行练笔，最后拓展成文。

2. 实施计划：

六年级

总体要求：

选 材	写作素材能贴近中学生的生活实际和认知实际，能与中学生的思考和情感认同度吻合，注重写作素材的新鲜度，并能满足在写作中个性表达的需要。
内 容	能将一个故事叙述完整，且故事有一个明确的主题，叙述故事时能有情感渗透。
语 言	语言通顺，无明显病句，表意清楚，并努力做到语言表达的生活化个性化，使语言表达新鲜有活力。
结 构	能合理分段，结构思路清晰，能简单使用时间、空间、事物等线索，串联起写作内容。
书 写	书写工整大方，不涂改。

模块目录：

模块一	生活随笔	能抓住生活中的片段或一瞬间发生的事情记录下来，并能用一两句话，写出自己的感受。
模块二	单个事件描述	能完整叙述一件事情过程和原委。
模块三	观察日记	能在日记中记录对自然现象的观察。
模块四	单个景物描写	能在观察的基础上，抓住景物的形、色、声，进行描写。
模块五	单个人物描写	能在观察的基础上，抓住人物外貌进行描写。
模块六	单个日常具体事物的介绍说明	能清楚地介绍日常生活中的一个事物。
模块七	综合性写作（一）	能根据命题要求，综合使用景物描写、人物描写完整叙述一件事。
模块八	综合性写作（二）	能根据命题要求，综合使用景物描写、人物描写在一件事情叙述上完成人物形象的刻画。

七年级

总体要求：

选　材	写作素材能贴近中学生的生活实际和认知实际，能与中学生的思考和情感认同度吻合，且注重写作素材的新鲜度，并能满足在写作中个性表达的需要。
内　容	能在观察的基础上，把握生活细节和自然界中细小的现象，并赋予这些细节和细小的自然现象以比较深刻的主题。将一个故事叙述完整，且故事有一个明确的主题，叙述故事时能有情感渗透。能在一个故事叙述中运用联想创作思维，插入与这个故事叙述有关内容。适当运用虚构来增加故事的文学性。
语　言	能使用多种描写方法去对故事发生的环境场景、故事中的人物、细节等进行描写。语言通顺，无明显病句，表意清楚，并努力做到语言表达的生活化个性化，使语言表达新鲜有活力。
结　构	能合理分段，结构思路清晰，能简单使用时间、空间、事物等线索，串联起写作内容。
书　写	书写工整大方，不涂改。

模块目录：

模块一	运用对话刻画人物	能创设对话情境，抓住人物的性格特点，运用对话描写，刻画人物形象。
模块二	捕捉和放大生活中的细节	能在细致观察的基础上，捕捉到生活和自然现象中的细节，加以描写，通过细节放大，表现更好的主题和情感。
模块三	能以日记的形式记录复杂事件	能在日记中记录相对复杂的事件，并在日记中表达自己真实的情感和思考。
模块四	景物描写拟人化	能在观察基础上，抓住景物的形、色、声等特征，把景物当作人来写。
模块五	运用他人形象做对比、衬托，刻画主要人物形象	能把握人和人之间的关系，学会运用他人形象做对比、衬托、刻画人物形象。
模块六	书籍介绍与评论	能清楚地介绍日常生活中的一个事物。对阅读过的一本书，能展开评论。
模块七	综合性写作（一）	能根据命题要求，综合使用景物描写、人物描写完整叙述一件事，并在叙事的基础上，展开抒情或议论。
模块八	综合性写作（二）	能根据命题要求，综合使用景物描写、人物描写，抓住生活中两到三个生活细节，展开叙述，能在生活细节叙述中，完成人物形象刻画。

八年级

总体要求：

选 材	写作素材能贴近中学生的生活实际和认知实际，能与中学生的思考和情感认同度吻合，且注重写作素材的新鲜度，并能满足在写作中个性表达的需要。
内 容	能在观察的基础上，把握生活细节和自然界中细小的现象，并赋予这些细节和细小的自然现象以比较深刻的主题。将一个故事叙述完整，且故事有一个明确的主题，叙述故事时能有情感渗透。能在一个故事叙述中运用联想和想象思维对所写的故事和任务进行改造，使其具备一定的文学特征。能通过故事叙述和人物形象刻画，表达自己对生活、自然、生命等现象的深层次思考。
语 言	能使用多种描写方法去对故事发生的环境场景、故事中的人物、细节等进行描写。语言通顺，无明显病句，表意清楚，并努力做到语言表达的生活化个性化，使语言表达新鲜有活力。能在作文语言运用中，体现出一定的语言锤炼能力。能通过自己的语言把要表达的内容生活化和形象化，叙述的语言有一定的画面感和动态感。
结 构	能合理分段，结构思路清晰，能简单使用时间、空间、事物等线索，串联起写作内容。故事情节发展有合理的顺序和波折。
书 写	书写工整大方，不涂改。

模块目录：

模块一	叙事角度与叙事方法	能创设事件发生的情境，注重叙事角度和叙事方法的运用，使叙述的情节有一定的艺术性。
模块二	复杂人物性格刻画	能在叙事中，完成人物复杂性格的刻画，对人物形象有辩证的认识和思考。
模块三	景物描写中词语选用与情感表达	能抓住景物特征进行描写，词语选用能体现作者要表达的情感。
模块四	叙事材料组织中的横式结构和纵式结构	能在叙事过程中，使用横式结构或纵式结构组织安排材料。
模块五	围绕某个观点选择事件并展开叙事	能紧扣作者想表达的思想和观点，选择事件，选择人物，叙事与人物刻画能围绕作者要表达的观点和思想展开。
模块六	影评或电影观后感	能联系生活实际，适当运用审美评价，对观看过的电影做评论，或发表自己观后心得，影评观点明确。
模块七	综合性写作（一）	能根据命题要求，综合使用景物描写、人物描写完整叙述一件事，并在叙事的基础上，展开抒情或议论。
模块八	综合性写作（二）	能根据命题要求，在事件叙述中刻画复杂的人物性格特征，并能写出作者对人物的情感。

三、课程保障

（一）师资保障

根据本方案制订的课程目标和课程实施路径，语文教研组以备课组为单位，进行本课程的教学研讨、组内分工，形成教学讲义。并确保每位语文教师利用语文学科拓展课时间，每周每班进行一次本课程的教学。

（二）资源保障

为教师与学生提供本课程的讲义；为本课程的实施提供必要的场地、多媒体、图书等帮助。

本课程开发和实施的教师都给予相应的教学绩效奖励。

《几何画板》课程方案

钱 杰

一、课程概述

（一）课程背景

《国务院关于基础课程改革与发展的决定》和《基础教育课程改革纲要（试行）》确立了"实行国家、地方和学校三级课程管理"的模式。开发、开展校本课程是教育民主在课程中的体现，也是学校提升办学质量的基本手段。根据学校实际情况开展适合学校发展，符合学生兴趣的校本课程是有实际意义的。

《初中数学课程标准》提到"开发并向学生提供丰富的学习资源，把现代信息技术作为学生学习数学和解决问题的有力工具，有效地改进教与学的方式，使学生乐意并有可能投入到现实的、探索性的数学活动中去。"

几何画板软件在教学中运用广泛，与初中数学有着紧密联系，譬如三视图的学习、空间立体的形象思维、比例尺、相似形、全等形、图形的运动等都在制图过程中有所体现。开设"几何画板"探究课程既能够帮助学生理解基础的几何原理，培养学生几何素养，同时也能够增强学生对数学学习的兴趣。

（二）设计思路

根据《上海市普通中小学课程方案》有关"三类课程"的规定，本课程属于"探究型课程"的范畴。作为一门"探究型课程"，它侧重于让学生以自己感兴趣的内容或者通过学生自主选择的任务为载体，在教师指导下，得到发现问题、经历问题、解决问题的过程体验。本课程主要设置了 3 个任务，包括①探索几何画板 5.0 软件的基本工具使用；②指定三维图形的绘制；③生活中常见物品的简易三维图形绘制。教师在简单介绍几何画板 5.0 的常见工具使用及基本几何知识的前提下，让学生自主选择任务，然后个别辅导解决问题。

二、课程方案

（一）课程目标

1. 掌握几何画板软件的安装、卸载；

2. 掌握几何画板软件中基本工具的使用；

3. 知道三视图；

4. 掌握简单的三视图画法；

5. 掌握通过几何画板 5.0 中的三维工具绘制简单三维图形的方法。

（二）课程实施

1. 主要形式

（1）课型：探究型；（2）学生人数：预计不超过 20 人；（3）授课形式：集体授课、自主探究、个别辅导。

2. 实施流程

本课程中第 1 至 22 课时，主要完成任务 1 与任务 2。每课时前 10 分钟，教师统一讲解、演示基本工具的使用；每课时后 30 分钟主要由学生自主探究、教师个别辅导。

本课程第 23 至 30 课时主要完成任务 3，每课时主要由学生自主探究、教师个别指导。

同时任务 3 的作品作为本课程学生评价中的重要参考依据之一，详见下文"效果评估"。

3. 标准课时

每周 1 课时，共计 30 课时。其中包括基本课程介绍及引入 2 课时；任务 1 的完成需要 10 课时，主要涉及几何画板软件的基本工具的使用；任务 2 的完成需要 10 课时，主要涉及指定三维图形的绘制；任务 3 需要 8 课时，主要要求学生从生活中找到自己想要绘制的三维图形，如垃圾桶、锤子、钉子、水杯、礼品盒、简易汽车等等。

4. 教学建议

关注探究课的课型。强调"思考—操作—观察—概括"的学习过程。同时需要结合六、七年级学生数学课程与信息技术课程的学习内容，既要关注学生信息技术技能的掌握，也要关注学生数学知识的归纳。

关注六、七年级的学生特点。从生活中找问题，观察问题，研究问题，解决问题。尽可能地给学生自主研究的选择权，操作权，增加教学过程中的趣味性、实践性，关注学生积累有关数学实践活动的经验，收获一定的成功体验。

关注课程的科学性。组织学生完成作品展示的同时，应当关注学生实验报告的完整性、科学性。指导学生合理地设计、撰写数学实验报告。帮助学生积累一定的实验报告、探究报告撰写的经验。

5. 阶段成果

（1）课程计划、教学安排；（2）课程试运行小结；（3）课程方案；（4）作品展示，以电子小报或其他形式进行作品展示；（5）总结。

（三）效果评估

通过对学生的出勤情况、上课参与情况、作品考核三方面对学生进行综合评价，其中评价的具体分值设置为：学生的出勤情况占比为 0.1；学生的上课参与情况占比为 0.4；学生的作品考核占比 0.5。关注学生在观察、操作、归纳、概括、交流等活动中地主动思考以及交流合作意识；关注学生在活动中解决问题、感受、体验、理解、应用数学的意识；鼓励学生在解决问题的过程中，方法多样，有所创新。

通过对学生的出勤情况、上课参与情况，对教师进行综合评价，其中评价的具体分值设置为：学生的出勤情况占比为 0.5；学生的上课参与情况占比为 0.5。

通过对学生的出勤情况、上课参与情况、作品考核对本课程的实施效果进行综合评价，其中评价的具体分值设置为学生的出勤情况占比为 0.4、学生的上课参与情况占比为 0.4、学生的作品考核占比为 0.2。

三、课程保障

（一）师资保障

电脑技术方面，学校有共计两位信息科技教师作为技术支持；考虑到几何画板在作图中涉及相关数学理论，故主要选聘我校数学教师中的 1—2 位担任几何画板探究课的教学工作。

（二）资源保障

环境设备保障：电脑专用教室。教师和学生每人一台可使用的电脑；教师电脑应具备广播功能。系统要求：windows xp 及以上；几何画板 5.0 及以上。

经费保障：本课程实施所需的经费，根据每学期执教教师设计的具体实施计划核定，专款专用。

《生活中的数学》课程方案

刘淑霞　张诗逸

一、课程概述

（一）课程背景

《初中数学课程标准（2011 年版）》指出："义务教育的数学课程要能为学生未来生活、工作和学习奠定重要的基础。"随着现代科技的飞速发展，社会生产和日常生活的各个方面无不渗透着数学的智慧，为社会进步创造着源源不断的价值。数学作为一门基础课程，对培养学生抽象思维、推理能力、创新意识、实践能力等方面有着重要意义。

然而长久以来，重视知识与解题技巧的传统教学模式仍然主导着初中数学教学，影响到了学生对数学学习的认知，部分学生学习数学停留在书本、受制于分数，没有体会到学习数学的乐趣；课本上的例题和练习题，尤其是应用题中的"修路"等问题与学生的实际生活联系得少，从而造成了知识与实际生活的脱节，学生学会的也只是课本上的数学，在实际生活中无法使用或不会用来解决问题；再结合我校学生来源来看，学生的层次差异比较大，加之初中数学涉及到大量枯燥的概念，比如有理数、相反数、正数、负数、绝对值等，认知基础弱的学生就产生厌学的心理。这些问题影响数学教学效果，对发展学生的数学核心素养不利。

为了燃起学生的热情，使数学学习不再淹没于"题海大战"，数学教学应该密切联系生活、回归生活，要让学生切实体验到数学是一门看得见、摸得着、用得上的学科，而不是枯燥乏味的。《初中数学课程标准（2011 年版）》也强调"数学来源于生活而最终服务于生活"，"抽象的数学知识只有和现实生活紧密地联系起来，才是活的知识，才有生命力，才能体现知识学习的价值"。根据课程标准中"向学生提供具有现实背景的数学"的总体目标，有必要对课本知识进行拓展和延伸，完善教材资源。因此，将《生活中的数学》这一探究课作为契机，以学生的生活经验和知识背景为桥梁，创设学生熟悉的生活实践活动，提供给学生通过自主探索，合作交流解决生活问题的实践机会。

（二）设计思路

根据《上海市普通中小学课程方案》有关"三类课程"的规定，本课程属于"探究型课程"的范畴。不同于其他两类课程，"探究型课程"需要学生自主、合作、探究某些数学问题，是学生使用已有的数学知识以及探究性学习方式来研究和解决问题的学习活动。在这一过程中，学生相互帮助、实践体验、合作交流，并通过学习和解决数学相关问题，掌握一般科学探究的思想方法，提升自身的学习力。

纵观数学发展历史，众多数学主题与知识的诞生过程并非遥不可及，往往是前人从生活细节中发现问题并探究解决的过程。事实上，数学史中蕴含了许多学生能够探索的数学概念、方法、思想，它在反映数学发展脉络与本质的同时，相较于教材更加贴近生活、具有灵动性。本课程以与初中数学知识点相关的数学史为载体，将"HPM"教学理念作为理论依据，从课本中有关数学史的阅读拓展材料出发开展教学。课程前期教师带领学生共同研究选定数学史内容，让学生领悟到一般科学探究方法。课程中后期学生自行组队，自主选择感兴趣的数学史课题或生活中的数学问题进行探究，教师进行指导后学生汇报展示成果。

二、课程方案

（一）课程目标

通过探究课这一形式，旨在让学生从与生活息息相关的数学史中取得以下收获：

1. 发现生活中数学相关的问题，感受到为生活而学的数学是最有价值的，从而领悟数学的魅力，并能随时把所学的数学知识应用到生活中去。

2. 体验发现问题并探索解决问题的过程，掌握一般科学探究方法，同时将方法延伸到其他学科的学习中。

3. 通过对数学史进行研究，让学生从历史问题中获得一些文化和社会信息，进一步激发对这部分数学知识的热情。

4. 帮助学生形成正确的数学观，揭示数学的发展历程，感悟到缜密的数学知识体系是从生活的点滴中发展而来的。

5. 通过小组课题任务，学会与他人合作沟通，感受共同努力达成目标的喜悦。

（二）课程实施

1. 主要形式

课型：探究型，

学生人数：预计不超过 30 人，

授课形式：集体授课、自主探究、个别辅导。

2. 实施流程

本课程共 30 课时，每周 1 课时。课程分为前、中、后期三部分，前期课程 16 课时，中期课程 7 课时，后期课程 7 课时。

课程前期主要由教师选定数学史的相关主题，在教师带领下学生探索解决问题。每个主题 2 课时，其中前一课时教师引入阐述问题背景，学生独立思考后小组讨论交流，教师进行相应点评与指导，同时引出部分数学史内容并给予一定的提示，学生利用课后时间进行下一步的探索。后一课时学生根据自主查询的资料，在全班范围内交流结果，师生共同梳理相关主题的数学史发展情况，提炼其中蕴含的数学知识和思想方法，对主题进行完整的归纳总结。

课程中期由学生自行组队挑选感兴趣的数学史主题，或者是生活中的数学问题，根据前期掌握的研究方法学生自主探索，教师对每个小组进行有针对性的指导和帮助，学生根据研究内容准备课题报告以及汇报内容。

课程后期主要由小组进行成果展示，各团队结合中期研究的过程与结果交流分享，师生根据汇报作品共同点评总结，升华课程意义。

3. 教学内容

本课程融合了 HPM 教学理念，课本教材中的"阅读材料"与"探究活动"是这一灵感的奠基石，这两个板块包含了大量与数学知识点相关的古往今来，然而在实际教学中由于各方面因素往往被忽视。因此，本课程教学内容以书本中的数学史为伊始，让学生体会到数学课本中还藏着许多奥妙。其中，六年级的"中国古代的分数运算""π 的发展简史"，七年级的"无理数的由来""七巧板问题"，八年级的"勾股定理万花筒"，九年级的"话说'黄金分割'"等主题都将作为课程前期的选定内容深入挖掘。在此基础上，逐步将教学主题向外延伸，选择与生活关联度较高或者学生感兴趣的数学史内容进行下一步的研究探索。

4. 阶段成果

第一阶段，构思并完成课程计划、教学安排；第二阶段，课程试运行小结；第三阶段，撰写并落实课程方案；第四阶段，作品展示与汇报，以课题报告、PPT 汇报或其他形式进行；第五阶段，总结凝练课程精华，反思提升课程质量。

（三）课程评价

本课程的评价注重学习过程与结果评价并重，将单一的定性或是定量评价机制转变为注重发展性评价，评价方式上注重教师评价、学生评价、生生互评相结合，实现评价的多元化。

1.通过对学生的出勤情况、上课参与情况、作品考核、学生互评四方面对学生进行综合评价，其中评价的具体分值设置为：出勤情况占比为0.1；上课参与情况，0.4；作品考核，0.4；学生自评互评，0.1。

2.通过对学生的出勤情况、上课参与情况、对课程喜爱程度调查问卷三方面对教师进行综合评价，其中评价的具体分值设置为：出勤情况占比为0.4；上课参与情况，0.4，调查问卷，0.2。

3.通过对学生的出勤情况、上课参与情况、作品考核三方面对本课程的实施效果进行综合评价，其中评价的具体分值设置为：出勤情况占比为0.3、上课参与情况占比为0.3、作品考核，0.2。

三、课程保障

（一）师资保障

数学教研组各年级教师根据学生不同年龄、不同发展水平的认知特点和生活经验，精心挑选设计相应的主题内容，对课程材料进行研讨和开发。组织开展数学史专题活动与讲座，在教研组范围内进行交流学习，评比出优秀教师担任主讲。

（二）资源保障

1.课程实施的场所需配备电脑及多媒体设备供教师与学生展示交流。

2.提供课程研发与实施经费，对参与教师给予一定激励。

《英语听说》课程方案

孙俊杰

一、课程概述

（一）课程背景

英语教学的实质是交际，口语交际能力的培养是外语教学的核心问题。然而，口语教学一直是英语教学中的一个薄弱环节，学生的口语表达能力没有得到足够的重视，从而导致学生英语口语表达能力差这一普遍的现象。在上海市教委颁布的《2021年上海市初中英语课程终结性评价指南》中，加入了10分对于学生听说能力的考查。结合上海中学英语新课程标准，如何有效培养中学生的英语口语表达能力变得愈发紧迫。

从英语口语教学中的实际问题出发，寻求口语教学活动中存在的突出问题，我们试图通过教学设计和课堂实施的两大环节来找到解决问题的办法，改进教学活动，提高口语教学的质量，充分发挥英语所具有的语言交际作用，真正体现出英语课的价值。

《上海市中小学英语课程标准（实验稿）》中提出："英语教学应体现交际性。要结合学生的年龄特点和生活实际，创设交际情景，通过大量语言实践，使学生获得综合运用语言知识和语言技能进行交际的能力。"中学英语新课程标准的颁布，把英语口语教学提到了一个重要的地位。英语课程的目标是以学生语言的发展为基础，培养学生英语综合语言运用能力。因此，英语教学应以培养学生英语的综合语言运用能力为教学的主攻方向，突出语言知识与语言技能并重，语言技能训练与实际交际能力并重的教学原则；从教学目标上扭转以语法为主的教学模式，确保学生语言能力的协调发展。

《标准》中课程总目标提出，培养学生具有："较为熟练的语言技能，比较丰富的语言知识，学习过程的体验，良好的英语交际能力；科学探究的学习方法和团队合作的意识；乐于接受世界优秀文化的开放意识；持久的学习积极性，良好的学习习惯，学好英语的自信心。"小学、初中和高中三个阶段的阶段目标各分为两个等级，共六级，每个级别都对口语能力提出了要求。对初中阶段英语学生所要达到的语言能力目标做出的分级描述如下表：

目标	初中（六至九年级）	
	三级	四级
语言能力目标	1.初步具备英语语言能力，侧重听说能力 2.能在设定的情景中进行问答 3.能就熟悉的话题同他人（包括英语国家人士）进行简单交流 4.能阅读基本无生词的短文，理解大意，获取关键信息 5.能书写一般文体的短文，进行简单描述和表达个人喜好，拼写和标点正确	1.初步具备英语听、说、读、写的语言能力 2.能在听或阅读中克服生词障碍，理解大意，获取准确信息 3.能就比较广泛的话题同他人（包括英语国家人士）进行初步交流 4.能用英语描述和表达个人意见，同他人交流思想感情 5.能在阅读中运用阅读策略获取所需的信息 6.能写日常生活中常见文体的作文

（二）设计思路

《2021年上海市初中英语课程终结性评价指南》所给出的听说试卷结构：

题　型	测试形式	题量	分值	能力目标	考试时间
朗读（2.5分）	A.朗读词性	3题	1.5分	语言能力	10分钟
	B.朗读句子	2题	1分		
交际应答（2.5分）	根据听到的句子作回应	5题	2.5分		
复述（2.5分）	听后复述	1题	2.5分		
表达（2.5分）	话题表达	1题	2.5分		
总　计		12题	10分		

　　根据《上海市初中英语学科教学基本要求》学科核心能力矩阵，要求6—9年级学生具有正确运用英语的能力：①能基本理解与日常生活相关的交谈内容，并作出正确反应；②能理解与学习水平相当的语言材料的大意，获取主要信息；③能用学到的词汇，短语和语法规则就熟悉的话题准确描述、表达想法与情感。

　　第一、合理设置教学目标。新课程标准的教学目标体系是"知识和技能，过程和方法，情感、态度和价值观"这三个维度组成的，体现了新课标"以学生发展为本"的价值追求。如果正确理解这三者关系，也就成了如何正确把握教学目标的关键。牛津初中英语按照"话题—功能—结构—任务"相结合的思路，以话题为主线，任务为主导，辅以功能和结构项目，有效培养学生综合运用英语的能力。课堂上必须确立正确的课堂教学目标：知识目标和能力目标。结合英语学科特点我们在实际目标教学的过程中，首先是识记层次的目标，第二是理解层次的目标，第三是综合运用的目标。

　　第二、注重教学过程设计。过程设计是教学设计的重要组成部分。过程设计是否科学将直接影响教学目标的达成情况，教学过程设计是指根据教学目标和教学过程的基本要素，通过对教学内容、学生学习情况和教学媒体（含资源）的分析，描述教学过程的各个环节。教师设计教学过程时，应力求使教学策略、教学方法和教学组织形式的选择注重学生学习过程的体验，体现自主、合作、探究学习方式的主要特征。教学中既注重学科基本能力的培养和基础知识的掌握，又注重学科思想的教育。同时，能反映学科前沿与科学、技术、社会的联系。教学过程还应该较好地体现过程性评价对学生发展的作用，体现教师有效的指导；突出教学重点、巧破难点，内容安排合理、有序，容量安排恰当。教学过程的主要环节和重点内容部分要有"学情预设""设计意图"和"知识链接"等内容，以拓展和加深教学设计的内涵。

二、课程方案

（一）课程目标

希望通过这一课程，让学生能从中培养英语学习兴趣，乐于用英语口语表达与对话，提高听说能力：

六年级：根据基本读音规则和国际音标认读单词；可以听录音跟读句子和段落，模仿语音语调。

七年级：熟练掌握读音规则和音标；进一步掌握语音语调，能流畅朗读句子和段落。

八年级：能根据语音语调的变化理解说话人的意图和态度，区分交际场合；初步可以使用正确的语音和恰当的语调表情达意，做出恰当的应对，完成交际任务。

九年级：对于听到的语段，围绕所给出的单词复述该段落；能够对所给出的话题完成 1—2 分钟的观点表达。

（二）课程实施

结合学校课程的安排，每个年级每两周在语音室上一节英语听说课。英语老师可按照自己班级学情与课程进度开展切合自己班级学生有效性的英语听说课。

可结合多种教学方法与教学工具，制定相应的教学计划。

1. 分配话题，情景扮演

如果说英语理论教学是抽象的、难以接受的过程，那么让学生扮演各种情景的教学模式则显得活泼多了。多数从教人员通过调查发现，学生更愿意接受实际操作的口语对话过程，而不是教师所强调的理论技巧。教师为学生分配的话题应结合教学目标，可以由教师设计；如果为了激发学生的兴趣和热情，也可以让学生围绕教学内容来设计。情景扮演是建立在对话题已经讨论过的基础上，这样大家对于话题内容会相对熟悉，能够明白如何围绕话题来展开对话，然后由教师设计情景，让学生用英语表达，从而巩固口语教学效果。

以牛津英语教材七年级上册 Food 这一单元教学为例，这节课的主要教学目标是：要求学生学会用英语表达基本食物类型。教师可以设计"我最喜欢的食物"话题，学生对于这一话题十分熟悉，更易于调动起积极性。学生在教师的引导下能基本上掌握单词并能用英语表达，整个过程不仅锻炼了学生的口语能力，还使课堂氛围更加轻松了。接下来，教师可以再设计一个情景，先展示一些食物图片，图片背后是与之对应的英语单词，由教师发问"What is this?"然后学生回答。学生对英语单词很熟悉，回答时既流利又积极，有效提高学生的英语口语能力。

2. 口语游戏，活泼有趣

学生有一定的学习欲望，更有参与娱乐游戏的天性，如果能将英语口语教学和游戏结合在一起，不但能让学生消除对英语口语的抵触心理，还能使学生在一种轻松有趣的氛围中提升口语表达能力。从目前大多数英语教师的教学过程来看，口语游戏无疑是一种深受欢迎且显著有效的教学方式。

以沪版牛津英语八年级下册"Water"这一单元为例，这一单元的教学目标是：要求学生学会用英语表达水从自然到人们生活中循环的过程。游戏内容的设计应建立在学生已学过的基础上，而游戏的目标则是让学生用英语表达出来。教师可以采用"击鼓传花"的方式，在课堂上播放一段简单的音乐，停止时，道具落在哪位学生手中，这位学生就要站起来说出这个环节关于水的描述，如此循环，由于参与的学生数量较多，学生锻炼口语的次数也较多，避免了聋哑英语的现象。很显然，这样的教学过程有别于传统教学，虽然同样是英语学习，但这种方式不但巩固了之前已学的单词，更让学生开口说单词了，表达更主动了，而且在游戏中也锻炼了学生的反应能力，提升了学生的英语听说能力。

3. 多样的比赛，奖励引导

与其他学科相比，英语是一个相对新颖的内容，尤其是口语。在口语学习氛围不理想的情况下，如果学生的口语能力能得到教师的认可，也就提升了学生学习口语的信心，同时也会对其他学生产生更显著的促进作用。具体来说，教师可以组织朗读比赛，英语歌曲比赛，配音比赛等来培养学生的口语表达能力。不单满足了学生口语表达的愿望，又有助于教师发现学生口语表达中的错误，为日后的口语学习打下坚实基础。

教师对口语表达能力突出的小组或学生给予表扬和奖励。经常举行这样的比赛能够很好地增强学生学习英语的热情。

4. 新媒体、新工具的应用

随着时代和科技的发展，家庭中手机和电脑的普及已经极大地改变着每个人的生活方式，学习英语也可以不拘于课堂和纸质教材的束缚。利用微信每天发送一段课文朗读向老师打卡。或是下载英语配音软件，制作属于自己的影视作品片段，又或是一些背单词软件中，听录音选择所给单词等。科技的进步带来了多种的软件和载体可以进行新型的英语听说教学。

5. **语音 室模拟软件**

结合《2021 年上海市初中英语课程终结性评价指南》中所给出的题型，给相应的年级在语音室所安装的软件中尝试一些基础的模拟练习与测试，加以巩固提高英语听说能力。

三、课程保障

（一）师资保障

在英语教研组研讨教学内容，进行微型课程的材料开发和编写，并组织完成每学期的期末听说能力检测。教研组长进行课程内容把关与考试审卷，教导处根据上级文件要求进行各年级的听说课排课与每学期的统一检测。

（二）资源保障

1. 两个校区都提供语音室进行"英语听说"这一课程实施的场所，并确保电脑、音箱、耳机、麦克风等硬件提供。

2. 本课程开发和实施的教师都给予相应的教学绩效奖励。

《生活中的物理》课程方案

康　伟

一、课程概述

（一）课程背景

2016 年 9 月发布的《中国学生发展核心素养》，以科学性、时代性和民族性为基本原则，以培养"全面发展的人"为核心，将中国学生发展核心素养分为文化基础、自主发展、社会参与三个方面六大素养。一方面通过分科教学来进行学科核心素养的培养，另一方面通过跨学科学习来进行核心素养的培养。

新时期基础教育课程改革经历了"由知识立意到能力立意，再到素养立意"的发展过程，教学也经历了由注重"落实双基"（基础知识、基本技能）到注重"三维目标"（知识与技能、过程与方法、情感态度与价值观）再到注重"核心素养"的三个阶段。

在我国当前的教育体制下由国家统一开发的国家课程无法满足这一需要。其一，在统一的课程要求和评价体系下，教师不可能根据学生的特质针对每一个学生进行因材施教的教学活动。其二，在这一体系下教师无法全面地展现其个人风格，这样与学生在交往主体意义上的互动性影响就会大打折扣，也无法完全实现教育公正。何况，在我国当前的基础教育中，在国家统一的课程标准、统一的评价方式的压力下，学生和老师能不能作为平等的主体进行互动的交流还是一个问题。

北蔡中学的学生来源主要三方面：本地的学生，市区动迁的学生以及外来务工者子女。因为学生的层次差异比较大，在物理教学上带来了很多的困难。不同的学生在学习同一内容时，实际具备的认知基础和情感准备以及学习能力不同，也就决定了不同的学生对同样的内容、任务的学习速度和掌握它所需要的时间及所需要的帮助也不同。

"科学"学科设置的时候，没有专职的科学老师，对于科学学科的师资配置，抽调一些理、化、生老教师过来就可以，但是老师在课堂上有自主权，有较大比例的老师都是运用自己的已有教学理念、策略来进行教学的。若教学理念没有变化，教师会把新课程变成旧方法，而且物理、化学、生物在学科解读上是有一定差异的。

（二）设计思路

校本课程《生活中的物理》在上海市初中物理课程标准的基础上，对上海《科学》课程目标、内容、呈现程序和方式进行补充、调整，挖掘物理学科在学生在生活中的价值，在保留国家课程的基本框架与精髓的同时，开发适合北蔡中学学生需求现状，能有效、科学地对物理学科进行启蒙，在初一年级开设相关课程。我们努力使课堂更具有适切性，使校本课程的功能得以更好发挥，并实现优质的课堂教学。

适当选择现有物理课程之外的内容对现有物理课程进行补充。例如一瓶普通矿泉水的质量估测；在交通法规中规定汽车不允许超载、超速等，用到哪些物理知识。通过补充内容的学习，让学生感觉到生活中随处都有物理，并着重培养学生自主学习的能力，包括信息获取与分析、信息技术在自主学习中的应用、物理学史、物理学科最新发展、物理在日常生活中的应用。

二、课程方案

（一）课程目标

本课程走探究式学习之路，以"关注生活，勇于探究，学以致用，促进发展"为宗旨，全面落实素质教育，让师生与课改共同成长。学生通过校本课程的学习，自主学习意识和自主学习能力有明显的提高。物理组老师通过校本课程的开发，使课程研发能力和教师专业素养有明显的提升。通过自主学习校本课程改变学生以被动学习为主的学习方式，改变教师固有的以传授为主的教学方式，改变师生以分数为主的评价方式，改变作业以机械训练为主的设计方式。通过自主学习校本课程，能够丰富学生的学习经历，能够对现有的初中物理课程形成有效的补充。

具体目标如下：

知识与技能：

1.使学生带着物理的眼光走进生活，激励学生们认真研究生活，并在研究过程中积累知识，拓展视野，形成务实的探索精神。

2.让教师在校本课程开发和实施中，发展教研和科研水平，形成一支良好的校本课程开发和实施的教师队伍。

过程与方法：

1.通过提供信息资源，创设情境，进行课堂教学及课后活动，引导学生认识物理与生活的关系。

2.掌握探究问题的方法，学会收集整理素材，学会原理分析，提高处理信息的能力和解决问题的能力。

情感与价值观：

积极营造探究学习的氛围，培养学习兴趣。

（二）课程实施

1.内容与活动、课堂、课外相结合，与学生的生活相联系，在生活中掌握物理知识。

2.多发展一些课外活动，让学生在活动中得到实践。

3.教学注重与学生的生活物理知识相结合。

4.活动过后进行总结、评价，落到实处。

实施计划：

	内　　容	课　时	备　注
1	生活中的物理 1	5	
2	生活中的物理 2	5	
3	生活中的物理 3	5	
4	教室里的物理知识	5	
5	厨房里的物理知识	5	
6	小区健身器材物理知识	3	
7	磁浮列车	2	

三、课程保障

（一）师资保障

1.本课程在拟在七年级开设。实施过程中要求教师精心备课，认真上课，确保达到预期的课程目标。

2.认真编写《生活与物理》校本课程手册。按照本校实际情况，根据课程实施方案与细则，组织教师认真撰写课程设计课案。

3.在教学实施上，主要体现在：教师首先要为学生创设一个自主学习的环境，然后在教师指导下将启发、阅读、探究、点评、总结有机结合，从而让学生像科学家那样经历一个提出问题——实验探究——总结提高的过程。

通过一学年的学习，学生在"生活中的物理"方面有一定的知识素养。对物理产生兴趣。

（二）资源保障

1.教导处把课程安排在初一课表中，每周一课时。学校保障做实验的必要器材设施。

2.本课程开发和实施的教师都给予相应的教学绩效奖励。

《生活中的化学》课程方案

化 兰

一、课程概述

（一）课程背景

1. 初中化学学科特点

（1）启蒙性、基础性：化学是一门以实验为基础的自然科学，与生活中的知识息息相关。生活中一些常见的现象，都能用化学知识来解释。通过颜色、沉淀、气泡等直观感受，了解现象背后的科学原理，较能引起学生学习的兴趣，学生也愿意在实验中动手动脑。同时新版课程标准对九年级化学教育提出的要求也指出："义务教育阶段化学课程应体现启蒙性、基础性"，"培养学生运用化学知识和科学方法分析和解决简单问题的能力"。

（2）概念多，定理多：虽然化学课程中有很多实验能引发学生的兴趣，但是同样也需要花大量时间背记元素符号、化学方程式、概念、定义等枯燥的知识点。

（3）较强的逻辑思维：有些学生认为化学只是需要背记，但是忽略了化学隐含的逻辑思维。这导致学生在化学学科上出现这样的情况：有些学生聪明，但是对于基础知识和概念的学习不扎实，有些学生较难理解一些晦涩难懂的概念，如物质的量的概念等。所以学习好化学的前提是要有较强的逻辑思维能力。

（4）开设学段的特殊性：初中化学开设在九年级。学生不仅在这一个关键的学段接触化学学科，还需要面临升学考试的压力，这对学生的身心素质就有较高的要求。很多学生认为，化学课要花大量功夫，且分数在中考占比中又是最少的，自然就会把更多的精力花在其他分数较高的学科上，以上这两点，导致很多学生一开始学习化学就有退缩的想法。

2. 化学学科教学面临的问题

教师在教学时也受到了中考的压力，课堂中更多的是灌输知识点，较少结合生活中和化学有关的例子，较少讲述化学史等内容，较难提升学生的科学探究精神和创新精神，使得知识传授与生活脱节的现象严重。

在九年级一学年中，新授课时间教研组一般只会安排5~6个月时间。在这么短时间内要完成两册书本，并用 3 个月时间去整理、巩固知识，提高能力，达到一定的学业水平去参加升学考试。时间紧，任务重，无暇顾及初中化学学科课程设置的本质："启蒙性、基础性"，更别说渗透化学学科思想了。初三的化学教师也经常以时间不够，来回避自己授课过程中忽视的学科思想渗透这一重要环节。过度依赖教材内容，导致课堂内容过于空洞，学生认为这个知识点和他的生活没有关系，自然也没有兴趣，容易对化学学习产生消极情绪。

（二）设计思路

参考九年级化学教材内容，结合新课标中的要求，对上海六、七年级的《科学》课程目标、内容、呈现程序和方式进行补充、调整，挖掘化学学科价值，适当选择现有化学课程之外的内容对现有化学课程进行补充。选择的原则是通过补充内容学习，着重培养学生自主学习的能力，包括信息获取与分析、信息技术在自主学习中的应用、化学学史、化学学科最新发展、化学在日常生活中的应用。

在保留国家课程的基本框架与精髓的同时，从学生的生活出发，开发适合北蔡中学学生学生需求的课程，使其在熟悉的环境中体验化学的重要性，认识和解决与化学相关的实际问题。

在北蔡中学化学组教师的努力下，《生活中的化学》拓展课程在八年级开设，希望学生能有效、科学地对化学学科进行启蒙，提高对化学学科的学习兴趣，为九年级的教学打下基础。

在本课程的实施中，需注意以下几点：

1.注重培养学生阅读能力，突出学科研究方法引导。

2.注重提高学生收集证据，表达与交流的能力。

3.注重学生独立研究能力和思维能力的培养。

4.加强方法引导，切实以科学探究能力培养为目标。

5.内容与生活相关，有趣味性，能激发学生的学习兴趣，在一定程度上培养学生的科学素养。

6.注重实验教学，培养学生动手能力，逻辑思维能力，锻炼学生根据实验得出结论，进而提高科学探究能力。

二、课程方案

（一）课程目标

制定课程内容时，对内容的选择应有一个整体性的原则，根据整个初中化学校本课程的课程框架、课程目标和课时安排，精选相应的内容，不求大而全，力求少而精。要注意内容对学生影响的发展性、连续性。不是想教什么就教什么，也不能拔苗助长地将初三内容过早让学生接触，而是根据学生身心发展的顺序和规律来安排。在校本课程的评价上，要重视多元评价相结合，用发展的眼光来评价学生。在评价、实施过程中，都应该以学生的发展为核心，不要仅仅以成绩定成败。还应该尊重学生的兴趣爱好，发展多元有共同开发需求的课程进行合作开发。

通过学习"生活中的化学"这一课程，学生能够取得以下收获。

1. 知道基础的化学知识：空气的成分、常见金属、物质的分类、人类和化学元素的关系、有机物、溶液及其酸碱性、燃料和化肥等知识点。

2. 认识常见的化学仪器，学会基本的实验操作。

3. 能独立完成实验，并对实验进行反思评价，初步学会科学探究方法，体会科学探究过程，为之后的教学做准备。

4. 通过了解化学史，体会到科学研究的不易，更要有敢于质疑的精神。

（二）课程实施

章节	教学内容	教学目标	课时
第一章 身边的化学	第一节：我们赖以生存的空气	1. 知道空气的组成部分。 2. 了解空气中各成分的用途和性质。初步了解"用途"和"性质"之间的联系：性质决定用途、用途反映性质。 3. 了解氧气的发现历史，培养学生敢于质疑的科学探究精神。 4. 了解大气污染对人类的影响。	2
	实验1：对人体吸入的空气和呼出的气体的探究	1. 初步了解对问题进行一般探究的步骤。 2. 掌握进行科学探究的一个重要方法——对比实验法。 3. 初步了解收集气体的一般方法。	1
	实验2：空气中氧气含量的测定	1. 初步理解空气中氧气含量测定的实验原理。 2. 知道气体体积测定的一般方法。 3. 建构实验误差客观分析的科学观。	
第一章 身边的化学	第二节：宝贵的水资源	1. 知道水在人类活动中的重要性。 2. 知道自然界中水的分布情况。 3. 通过学习水污染，培养节约用水的意识。 4. 了解水的自然净化和人工净化。	1
	第三节：神奇的金属世界	1. 知道金属的分类和特点。 2. 认识常见的金属种类和用途。 3. 了解金属之最。	1

（续表）

章节	教学内容	教学目标	课时
第二章 物质的分类	第一节：纯净物与混合物	1.学会区分纯净物和混合物。 2.初步学会物质提纯方法。	1
	实验1：检验汽水是混合物	1.了解物质的检验的基本思路。 2.提高实验基本技能。	
	实验2：鉴别自来水和蒸馏水	1.知道自来水是氯气消毒，含有含氯的物质。 2.了解物质鉴别的一般思路。	
	第二节：单质与化合物	1.学会区分单质和化合物。 2.知道元素及其分类。 3.了解化学元素和人类的密切关系。	1
	第三节：生活中的有机物	1.了解有机物的概念和特点。 2.知道甲烷和乙醇的性质。 3.了解我国的"西气东输"工程。	1
	第四节：食物中的营养素	1.了解六大营养素，及其主要来源。 2.学会检验葡萄糖和淀粉。	1
第三章 认识身边的溶液	第一节：溶液的组成	1.知道分散体系，能区分悬浊液、乳浊液和溶液。 2.会判别溶液中的溶质和溶剂。 3.了解溶液的性质和用途。	1
	实验1：认识物质在不同溶剂中的溶解性	1.培养学生实验设计能力，以及他们对实验过程和实验结果的表述能力。 2.掌握进行科学探究的一个重要方法——对比实验法。	1
	第二节：溶液的酸碱性	1.学会用酸碱指示剂检验溶液的酸碱性。 2.知道溶液酸碱性的表示方法。 3.学会测物质的PH值，并了解常见溶液的PH值。	1
	实验2：自制酸碱指示剂	1.认识酸碱指示剂的变色原理。 2.能简单设计实验报告的表格并做记录。 3.培养科学实验的质疑素养。	1

（续表）

章节	教学内容	教学目标	课时
第四章 化学与生活	第一节：家用燃料	1.了解家用燃料的演变史。 2.了解燃料的充分燃烧。 3.知道各常见家用燃料的特点。	1
	第二节：化肥	1.知道常见化肥的种类。	1
	实验1：认识化肥	1.初步认识几种化肥 2.知道氯化铵、草木灰的溶解性和酸碱性，知道铵态氮肥容易造成酸性土壤，可用熟石灰来中和。 3.知道碳酸氢铵受热容易分解，知道铵态氮肥要密封保存	
	第三节：焰火	1.知道焰色反应。 2.了解焰火史。	1
	实验二：焰色反应	1.学会用焰色反应鉴别几种金属的盐溶液。 2.提高实验基本技能。	
第五章 走进化学实验室	第一节：认识常见的化学仪器	1.认识常见的实验仪器：烧杯、试管、酒精灯等	1
	第二节：化学实验的基本操作方法和技能	1.学会取用药品的方法及注意事项。 2.学会洗涤仪器。 3.学会加热药品的方法及注意事项。	
	实验1：实验基本操作	1.初步掌握实验基本操作：药品的取用、物质的称量和液体的量取、物质的加热 2.洗涤仪器和桌面清理	1
	第三节：物质的分离与提纯	1.知道常见的物质提纯方法。 2.初步掌握过滤和蒸发操作及注意事项。	1
	实验2：粗盐的提纯	1.掌握溶解、过滤、蒸发等实验的操作技能。 2.理解过滤法分离混合物的化学原理。 3.体会过滤的原理在生活生产等社会实际中的应用。	1

三、课程保障

本课程由上海市北蔡中学化学教研组开展实施，由教学经验丰富、熟悉化学学科知识的教师完成授课。从生活现实出发，实现教学内容生活化，增加生活常识，联系实际。注重对学生的启蒙，引导学生通过学习化学，全面了解社会生活现象，为其人生价值观的形成奠定基础。

在学校的支持下，完善实验设备和实验仪器，能让学生充分发挥动手能力和实验操作能力。

《绿化植物叶细胞异同比较》课程方案

何桂黎

一、课程概述

（一）课程背景

科学教育需要培养学生科学探索的兴趣，以及理解技术发展给环境和其他方面带来的负面影响。学生科学素养的培养需要从知识本位向以学生发展为本位进行改革和发展，从继承性教育向继承与创新相结合的方向发展，学生由被动接受知识向主动的科学探究的方向发展。本课程的开发设计旨在通过研究鹏飞路校园绿化植物的叶细胞，搭建探究型学习的实践平台，提高学生的学习兴趣，让学生在实践中主动学习。本课程能开设的条件是学校六年级每周五下午的两节课为拓展课、探究课的时间。本课程的设计放在六年级，每周周五下午一节开展教学。希望通过本课程的学习，学生能了解探究型学习的主要过程及思维方法，逐步养成探究的意识，找到研究的切入点。在小组合作，资料检索，交流表达，互助方面的能力有所提升。利用本课程，突出科学探究，倡导学习方法的多样化，体现多元评价，评价过程和学习过程的统一。

（二）设计思路

1. 按照《上海市普通中小学课程方案》有关"三类课程"的规定，本课程属于"探究型课程"的范畴。由于受仪器、场地、材料的限制，只能满足部分学生的需求。所以申报时需要每个班学生自愿报名，但限定名额。同时，需要授课教师具有能完成探究型课程的指导能力，具体如：对常见植物能识别分类、能临时装片和切片、能判别显微结构及能指导撰写科学小报告等，教师具有不断学习的能力。

2. 考虑参加探究型学习学生的安全需要和课时的限制，所以场地选在鹏飞路校区。学生只需要在专业老师的指导下把鹏飞路校区的绿化植物进行现场观察、辨识、分类、记录。在此基础上，在科学实验室内教师指导学生学会掌握显微镜低倍镜、高倍镜、测微尺的熟练使用，临时装片、切片的熟练制作、生物绘图等技术。教师示范指导如何研究不同植物种类叶细胞的异同，选取典型代表植物，详细指导学生熟练掌握每个环节的方法，然后放手让学生独立自主进行探究，对探究中出现的问题由学生通过合作交流、查找资料等方式解决，教师始终作为指导者。

为了达到探究型课程的要求，教师要与学生建立平等互动的师生关系，创设有利于学生进行探究活动的平台，引导学生积极参加探究活动，同时关注不同学生的个体差异，使每个学生都能够在活动中有所提高。探究型学习不需要老师从头讲到底，要成为学生学习的促进者、指导者，帮助学生克服和解决在探究过程中遇到的新问题，用简洁明了的方法，有效指导学生。同时，对学生在探究中发现的新问题以及出现的困惑，给予个别指导和集体指导。作为指导者，教师平时也应该关注自身科学探究的素养，通过学习、听讲座、听报告以及其他自我提高等方式，成为探究性课程合格的指导教师。

3.指导学生学习并写出研究科学小报告。

4.评价将采取开放性笔答（研究小报告）及现场实践操作相结合，把过程性评价与终结性评价相结合。

二、课程方案

（一）课程目标

1.通过探究型学习，让学生能亲自体验探究课程；

2.提高小组合作、交流的能力；

3.增强动手能力，学会应用显微镜、学会临时装片制作等；

4.养成严谨、认真的科学态度及环保理念；

5.初步学会撰写科学小报告。

（二）课程实施

1.校园里常见绿化植物的种名的调查和记录，重点是叶片有关的专业术语。

2.显微镜的高倍镜熟练使用（高中水平）。

3.测微尺及指针的熟练掌握。

4.生物绘图（设计美术等）的基本要求。

5.小组合作中的分工。

6.熟练掌握临时装片技术。

7.叶的横切技术（初中教师水平）。

8.按照小组和个人的需求，在学过技能后对认识的鹏飞路校园中的绿化植物的叶进行研究。包括自行采集叶片、制作临时装片、高倍镜下观察、绘图、标识、比较、交流、表达。

9. 研究学习小报告的撰写和交流。

10. 给出自评、小组互评和教师评价，其中日常评价与终结评价相结合。

三、课程保障

（一）师资保障

教师具有一定的探研究型课程理念和实践经验。本人从 1999 年时就开始针对所教的学生开展了以实验为抓手的探研究型课程的原创设计和实施。本人撰写的对应论文在全国核心杂志北师大版《生物学通报》论文评比多次获二等奖，指导学生在生物大赛中多次获奖。2002 年后针对六、七、八年级进行了探究型课程的原创设计和实施，如 2015 年的垃圾分类研究型课程的开设，学生对北中路校区的校园、教师办公室、校工办公室、医务室、食堂的垃圾进行统计，提出分类建议。

（二）资源保障

1. 鹏飞路校区提供科学实验室及基本设备（建议学校购买显微投影显微镜，便于交流、指导、评价）。

2. 鹏飞路的校园绿化植物有三十多种，便于学生自主选择。

3. 学校对课程开发和实施的教师都给予相应的教学绩效奖励。

《生活中的历史》课程方案

潘向群

一、课程概述

（一）课程背景

《国务院关于基础课程改革与发展的决定》和《基础教育课程改革纲要（试行）》确立了"实行国家、地方和学校三级课程管理"的模式。开发、开设校本课程是教育民主在课程中的体现，也是学校提升办学质量的基本手段。根据学校实际情况开展适合学校发展，符合学生兴趣的校本课程是有实际意义的。

《初中历史课程标准》中提到"在教学内容的编排上，各板块的学习内容应适于学校的学年及学期教学计划，并留有适当的余地，以增强历史课程的开放性和弹性，为各地区进行乡土历史的教学提供一定的空间。"

当前经济全球化、文化多元化趋势飞速发展，正处于身心成长发展阶段的初中学生，需要接受理想信念教育，以树立正确的世界观、人生观和价值观，成为既有国际视野、世界眼光，又有强烈民族自信心和爱国主义精神的一代新人。而爱家乡是爱祖国、爱民族的第一块基石。

向学生提供感兴趣的教育是我们教师的重要责任。有着广阔开发空间的乡土历史，内容更加贴近生活、贴近社会、贴近时代，符合初中学生的认知水平，对培养学生的情感、态度、价值观有着不可替代的作用。通过乡土历史教学这一视角，使学生们能更深入了解生活、学习在此的北蔡地区，更热爱自己生息的这块热土，有利于学生积极、主动地学习。

浦东开发开放虽然只有三十年，但取得的丰功伟绩，已经足以振奋世人、彪炳史册；在浦东改革的大潮中，北蔡地区的经济、文化、交通、环境等发生了巨大的飞跃，在我们面前已经铺展了一幅绚丽的发展图卷。通过本课程的教学活动，我们将引导学生们目睹身边的这些变化，与历史上的北蔡进行对照，为同学们传递"经历"和"保留"，在他们身上收获"期待"和"延伸"，希望以见微知著的方式实现深远的教育意义。

（二）设计思路

根据《上海市普通中小学课程方案》有关"三类课程"的规定，本课程属于"拓展型课程"和"探究型课程"的范畴。

作为"拓展型课程"，本课程侧重于让学生通过多种形式，了解北蔡地区乡土历史的基本内容，比如"有趣的地名由来、方便快捷的交通、经济格局的嬗变、旧时的民居特点"等，培养学生对乡土历史的兴趣爱好。它既是初中"人文学科学习领域"相关课程的延伸和拓展，也是该领域"社会实践"的重要组成部分。

作为"探究型课程"，本课程侧重于让学生以自己感兴趣或自主选择的"课题"或"项目"为载体，在教师指导下，通过发现问题、解决问题的过程体验，学会利用各种实物史料资源，通过图书馆、博物馆、网络等途径，运用调查、访问、考察等方式，自主解决现实问题，在这个过程中获得学习的经验和乐趣。

鼓励教师和学生将本课程与"基础型课程"有机整合，能将"基础型课程"学习的内容在本课程学习中得到应用，期望用本课程学到的内容促进"基础型课程"的学习。

根据乡土历史教学的特点，在课程实施上，我们采取"走出去，请进来"并举的策略，将本课程的实施与学校相关课程、相关活动有机整合。

我们将通过专题讲座、现场指导、课题指导等方式，使学生有机会与生活中的历史"零距离"接触，从而激发起学习的欲望和积极性。

我们将本课程与学生的社会实践活动实现整合，通过多种符合初中学生特点的形式的创设，丰富学生的体验，积累相应的经验。

我们将鼓励学生在听讲座、参与实践以及在平时相关课程学习过程中，主动发现问题，并在尝试解决问题的过程中，保持好奇心和主动解决问题的兴趣和能力。

历史与现实是一种传承和发展。校内的学习课堂是"传承和发展"的主阵地，而生活中的各类场馆、乡土历史、社区资源等都可以看作教育的延伸课堂。本课程充分挖掘学生身边的乡土资源，利用学生既有的知识与经验，让学生在身处其境、必感其情的状态中达到核心素养的培养，许多综合化的历史学习活动，如"资料的收集与整理""实物史料的图像化再现""口述史料、新闻史料的获取与研判""遗物遗迹的证史价值""调查访问与展示"等，某种意义上均已成为师生和生生交流、合作、探究的舞台，是观念进一步得到冲击、碰撞、升华的平台，是在教师的指导点拨下，学生从建模、模仿到迁移史学思想方法的思维训练场所。

二、课程方案

（一）课程目标

了解北蔡地区乡土历史的特点，在尝试运用收集、调查、参观、访问等方式，利用生活中的各种社会资源，解决一两个感兴趣的课题等实践活动的基础上，养成对社会、对文化、对历史、对生活积极向上的态度和情感，丰富学生的学习经历，学会主动利用身边的多种社会资源解决现实问题，提升自己的综合素养，从而更好地适应社会发展的需要。

（二）课程实施

本课程通过"系列讲座""实地考察""动手尝试"和"综合实践"等主要途径实施。

1. 系列讲座：通过通俗易懂的讲座形式，为学生"走进北蔡、了解北蔡"打好基础。

2. 实地考察：组织学生有目的、带任务地"走进北蔡、了解北蔡"，通过参观实践，激发兴趣。

3. 动手尝试：与"系列讲座"和"实地考察"相配合，选择感兴趣的课题进行探究。

4. 综合实践：通过独立或合作完成一个与北蔡乡土历史相关的"课题"或"项目"的形式，学会综合利用多种社会资源解决实际问题。

本课程鼓励学生们课堂内外、校园内外相结合，积极参与校本手册的学习活动，以发展自主合作的素养，提高社会活动能力和探究性学习的能力。

（三）效果评估

本课程实施的效果评估，以学生按要求完成讲座、参观、考察、课题质量为成果，实施综合考量。

三、课程保障

（一）师资保障

历史教研组在研讨、商定课程内容的基础上，挑选优秀的教师进行微型课程的材料开发和编写，并担任课程主讲。教研组长进行内容把关，学校教学研究中心根据具体内容安排进行各年级的微型讲座。

　　除安排历史学科专职教师担任课程实施组织和落实外，也可以学校与北蔡地区相关单位签约建立稳定的联系方式，落实各领域专业人员来校执教或专业指导。

（二）资源保障

　　1.编制北蔡中学校本手册——《北蔡的昨天与今天》，编印相应的专题讲义，作为本课程的主要素材。

　　2.安排阶梯教室（或专用教室），作为《北蔡的昨天与今天》的主要活动场所，并通过在校园网上专设本课程网页、定期组织交流展示等形式，供学生发表相关成果。

　　3.对本课程进行开发和实施的教师给予相应的教学绩效奖励。

　　4.本课程实施所需的经费，根据每学期执教教师设计的具体实施计划核定，专款专用。

《旅游地理》课程方案

丁黎凤

一、课程概述

（一）课程背景

当今世界，人口、资源、环境问题日益突出，在我国，坚持实施可持续发展战略，促进人与自然的协调与和谐，改善生态环境，增强区域经济发展活力，建设符合时代要求的地理课程是当前的迫切任务。全面推进素质教育，要求地理课程改革必须着眼于学生的全面发展和终身发展，结合地理学科的特点，创设有助于学生自主学习、主动探究地理问题的学习情境。

目前初中地理课程的学习仅限于六、七两个年级，六年级主要侧重于自然地理与世界地理的学习和了解，七年级地理主要侧重于中国地理要素和区域地理的学习。近年来由于学业考与中考的压力，初中地理课程学习把重点更多地放在了地理知识掌握与读图识图能力的训练与培养，却忽略了学生地理学科素养的培养以及引导学生关注身边的地理，关注区域发展，发现美和以主人公思考解决问题意识。我校位于城乡结合部，具有80多年的历史，作为北蔡地区规模最大的初级中学，一所以艺体为特色的学生家门口的优质学校，关注学生的身心状况，促进学生德智体美劳全面发展，挖掘孩子内在强大的生长力，重要举措就是建设与完善课程体系，这就应运有了初中地理拓展课程的实施。

（二）设计思路

根据《上海市普通中小学课程方案》有关"三类课程"的规定，本课程属于"拓展型课程"的范畴。旨在充分根据学生的兴趣爱好及实际情况，收集整理《航拍中国》等视频资源，借助多媒体信息技术，帮助学生拓宽视野，初步形成对地理的好奇心和学习地理的兴趣，初步养成求真、求实的科学态度和地理审美情趣。关心我国的基本地理国情，尊重不同地区的文化和传统，增强对环境、资源的保护意识和法制意识，初步形成可持续发展的观念，逐步养成关心和爱护环境的行为习惯及热爱祖国的情感。

二、课程方案

（一）课程目标

1. 学习对生活有用的地理。地理课程要提供给学生与其生活和周围世界密切相关的地理知识，侧重基础性的地理知识和技能，增强学生的视野和生存能力。

2. 学习对终身发展有用的地理。使所学内容不仅对学生现在的生活和学习有用，而且对他们的终身学习和发展有用。

3. 改变地理学习方式。要根据学生的心理发展规律，联系实际安排教学内容，引导学生从现实生活的经历与体验出发，激发学生对地理问题的兴趣，培养地理学习能力，鼓励积极探究，使学生了解地理知识的功能与价值，形成主动学习的态度。

4. 构建开放式地理课程。地理课程要充分重视校外课程资源的开发利用，从而拓宽学习空间，满足多样化的学习需求。

5. 构建基于现代信息技术的地理课程。在课程内容选择、教学方式方法改革和教学评价中，要充分考虑现代信息技术的影响，为发展学生自主学习意识和能力创造适宜的环境。

（二）课程实施

第一阶段（第一周）：让学生通过观看各地自然和人文地理景观图片的集锦，感受大中国的魅力，激发学生热爱祖国大好河山的情感并想去看看的想法，确定下周要观看的《航拍中国》的内容。

第二阶段（第二周）：根据学生实际确定的行政区，跟着《航拍中国》的镜头开始遨游，并布置"我想去……看看"，并介绍理由。（每位同学都要轮到）

第三阶段（第三周）：同学们根据自己的爱好，介绍"我想去……看看"，并介绍理由。根据学生实际确定下一个行政区。

第四周开始第二、第三阶段两个阶段轮回。

作业：学期结束，选择一个省，自主或合作设计一条假期旅游的行程及行李箱如何准备作为拓展课程考核作业。

评价：上课 50%，考核作业 50%。

三、课程保障

（一）师资保障

地理教研组研讨教学内容，分年级安排教师进行拓展课程的资料收集与材料整理，并担任课程主讲。教研组长进行内容把关，教导处根据内容进行各年级的拓展课程安排。

（二）资源保障

1. 提供专用的教室进行"拓展课程"这一课程实施的场所，并确保电脑、音箱等硬件提供。

2. 本课程开发和实施的教师都给予相应的教学绩效奖励。

《道德与法治社会实践》课程方案

方　颖

一、课程概述

（一）课程背景

2019 年 3 月 18 日，习总书记专门主持召开了学校思想政治理论课教师座谈会并发表重要讲话，体现出党和国家对学科的高度重视并赋予了学科教师新时代的重任。随着统编教材《道德与法治》全面推进，如何在教学实践中真正抓住学生心理、潜移默化中落实立德树人的根本任务显得日益重要。根据教育部《义务教育思想品德课程标准（2011 版）》课程性质规定："思想品德课程是一门以初中学生生活为基础、以引导和促进初中学生思想品德发展为根本目的的综合性课程。"其中课程的特性明确规定："实践性是从学生实际出发并将初中学生逐渐扩展的生活作为课程建设与实施的基础，注意与社会实践的联系。综合性：与初中学生的家庭生活、学校生活和社会生活紧密联系"。可见，道德与法治学科源于生活，离不开生活。如何真正结合学生生活实际，利用好中考新政、新教材的契机，提高学生理解、应用、分析等一系列综合思维能力，这个问题值得我们教师深入思考并探究可行方案。

（二）设计思路

根据市教委下发的《道德与法治学科日常考核指导意见》，本学科有实践能力考察的项目合格即得 10 分。因此，本课程属于"拓展型课程"的范畴，但是拓展型课程只能面向部分学生。而我校设立的微型讲座从六年级到九年级每周一次的微课程是面向全体学生的。同时，每位学生以一个社会热点为观察点，完成一份社会实践观察记录表。每次社会实践观察作业将作为一份实践活动成果要予以记录，为中考实践能力考察提供依据。

时事教育既可以有助于学生了解国情、增强公民意识、培养世界眼光，又有利于丰富教学素材、走近社会生活。通过平时教学，发现不少学生喜欢关注时事热点，每节课的新闻发布环节总有学生抢着要准备新闻内容甚至个别学生做好的课件质量远超我的预期。我认为时政正是课程合适的切入点，要以兴趣为支点，引导学生不仅仅掌握时政信息的数量，对于时事内容间的相互关联更要能够进行分析处理，达到学习能力的提高，真正实现思维能力的提升。

新中考改革以"一依据、一结合"（依据初中学业水平考试，结合初中学生综合素质评价）为主要制度架构，其中与本学科有关的竞赛活动也可以记录在综合素质评价中。学生丰富多彩的课外学科活动也是课堂教学知识的有力补充，同时也是我们政治优秀教研组重要特色。

综合以上各种因素，社会实践课程以时政内容为切入点，以学科知识竞赛和活动、设计社会实践调查表等为实践途径。

二、课程方案

（一）课程目标

六、七年级：

1.关注时政新闻，了解国内外重大新闻，为课堂时政新闻演讲做好充足的准备。

2.鼓励学生积极参与学科社会实践活动，如时政知识大赛、民防知识竞赛等。

3.以一个社会热点为观察点，完成一份社会实践观察记录表。每次社会实践观察作业将作为一份实践活动成果要予以记录，为中考实践能力考察提供依据。

八、九年级：

1.关注时政新闻，掌握国内外重大新闻，关注全球发展，认同党的方针政策。

2.学会结合时政材料，联系教材学会构建知识逻辑体系，提升图文信息分析能力。运用所学知识，进行分析、归纳，理解我国新时代新发展新变化。

3.指导学生积极参与学科社会实践活动，提升学科素养，掌握各类活动的要求并加以辅助争取竞赛好的名次，如时政知识大赛、宪法知识竞赛、中学生政治小论文等。

4.按照教师要求对相应社会热点进行观察，完成一份社会实践观察记录表。每次社会实践观察作业将作为一份实践活动成果要予以记录，为中考实践能力考察提供依据。

（二）课程实施

1.**课程实施方式**

（1）微型讲座为形式

（2）课程对象：六年级—九年级全体学生

（3）授课形式：集体授课、自主探究、个别辅导。

2.**实施计划**

（1）六、七年级（鹏飞路会议室）

第一阶段（第一周）：简要介绍热点的国内外重大新闻，引导学生了解重大时事动态。布置回家任务：请每位学生每天抽出 20 分钟收听或收看新闻并加以记录，课堂时政演讲进行考核。

第二阶段（第二周）：根据学生新闻演讲的实际情况，谈谈时政收集、整理归纳方面普遍存在的问题，展示比较好的演讲作品。

第三阶段（第三周）：介绍市教委下发的《道德与法治学科日常考核指导意见》，其中有关于本学科有实践能力考察的项目的规定。学生了解各类活动时政大赛、民防知识竞赛等，知道具体要求并指导学生积极参加。

第四阶段（第四周）：布置社会实践观察记录作业，指导如何进行社会现象观察，并要求学生通过用不同的调查方法探究社会热点背后的原因，提高自身的感悟能力。

第五阶段：上交社会实践观察作业作为一份实践活动成果要予以记录，为中考实践能力考察提供依据，教师挑选优秀调查表予以展示。

（2）八、九年级（北中路阶梯教室）

第一阶段（第一周）：评述社会热点新闻。引导学生通过重大时事内容关注全球发展，认同党的方针政策培养爱国情感，联系教材学会构建知识逻辑体系。布置回家任务：请每位学生选择一份时政内容结合教材理论，运用所学知识，进行分析、归纳，具体问题具体分析，提升信息分析能力

第二阶段（第二周）：进行时政解析方面的专题演练。教师根据学生新闻作业完成的实际情况，谈谈时政收集、整理归纳和教材联系方面学生普遍存在的问题，对比较好的演讲作品进行展示。

第三阶段（第三周）：介绍市教委下发的《道德与法治学科日常考核指导意见》，重点是本学科有关实践能力考察项目的规定。指导学生积极参加各类活动，如：时政大赛、宪法知识竞赛、中学生政治小论文等。

第四阶段（第四周）：布置社会实践观察记录作业。要求学生对相应社会热点进行观察，完成一份社会实践观察记录表。在同一命题下对社会热点现象进行观察，并用不同调查方法探究社会热点，学会透过现象发现本质。

第五阶段：上交社会实践观察作业作为一份实践活动成果要予以记录，为中考实践能力考察提供依据，教师挑选优秀调查表予以展示。

3. 实施课程步骤

（1）课程计划、教学内容、地点、人员安排；

（2）课程方案具体运行；

（3）课程过程中新闻作业的收集、反馈、交流；

（4）各类竞赛活动介绍并选拔合适人选参加比赛，进行辅导工作；

（5）通过社会实践调查表落实提升学生实践观察能力、结合自身实际情况分析问题解决问题能力；

（6）记录、总结、评价、反馈。

（三）课程评价

1. 通过对学生的出勤情况、上课参与情况、作品考核、竞赛获奖等方面对学生进行综合评价。

2. 课程成果展示

（1）时政新闻收集及课堂新闻演讲，以 ppt 方式予以呈现。

（2）社会实践观察作业（如 2020 年样张如下）

社会实践观察 题目自拟				
新冠肺炎疫情概述	全国累计确诊	疑似病例	死亡人数	治愈人数
	上海累计确诊	疑似病例	死亡人数	治愈人数
	受影响行业情况调查			
	百姓生活受影响情况调查			
上海在行动	上海抗疫口号、行动			
	我眼中最美的"逆行者"、举例（新闻报导、身边见闻）			
	社区或村委抗疫在行动（社区举措、标语、志愿者等照片呈现）			
我家在行动	采访家庭成员，对本次疫情的看法和做法 父 母			
	我家在行动，说说如何有效防疫（图片、视频皆可）			
你的感悟 （选1—2个角度谈谈新冠肺炎疫情引发你的感悟）				

三、课程保障

（一）师资保障

道德与法治教研组研讨教学内容和考核作业方式，各年级道德与法治教师根据自己学生的情况进行微型课程的材料开发和编写，并担任课程主讲。教研组长进行内容把关，教导处根据内容安排进行各年级的微型讲座。

（二）资源保障

1. 两个校区都提供阶梯教室进行"微型讲座"这一课程实施的场所，并确保电脑、音箱、话筒等硬件提供。

2. 本课程开发和实施的教师都给予相应的教学绩效奖励。

《手工布艺》课程方案

赵方红

一、课程概述

（一）课程背景

劳技、信息学科是面向生活的实践性课程，除了完成课标的教学任务，教师还可以从学习生活中提出学生感兴趣的问题、社会发展的热点，然后围绕问题确定课程主题，制订教学方案，再开展具体的拓展课程教学。布艺是我国民间工艺园中的一朵瑰丽的花朵，随着人们生活水平的提高，布艺品已经成为我们生活中不可缺少的装饰品。六年级的学生思维活跃，兴趣广泛、充满求知欲、好奇心，思想抽象性有一定发展，但他们同时也反对枯燥的、重复的知识，不喜欢程序化的过程。因此，在引导学生了解中国传统工艺的活动中，课程根据学生特点，选择了题材相对新颖的布艺为教学主题，引导学生了解设计与制作布艺品的方法，尝试设计和制作布艺品，通过探究与交流、设计与制作活动，提高学生发现问题、分析问题和解决问题的能力。让学生在感受传统民间工艺的艺术魅力的同时加深对中华传统文化的了解，感受祖国传统文化的博大精深，激发深入探究民间工艺的兴趣和热爱生活的情感。

通过信息学科的课程教学，学生已经掌握 word 小报的制作。在布艺拓展课的第五阶段学生结合自身布艺学习、制作过程，以小报形式对课程进行梳理、评价、展示。培养学生客观分析、评价他人作品的能力；培养学生良好的行为习惯；培养学生的探究能力和信息素养；培养学生的创新精神。通过小组合作感受与他人互帮互助、讨论交流的乐趣，增强集体的意识。

（二）设计思路

根据《上海市普通中小学课程方案》有关"三类课程"的规定，本课程属于"拓展型课程"的范畴。结合教研组劳技、信息学科资源，开展布艺文化的拓展课，引导学生了解中国传统工艺。

在借鉴情报资料和结合自我认识前提下，界定"手工布艺""探究能力"的概念，揭示其中的内涵。开展"初级中学布艺活动"的现状调查，了解当前初级中学布艺活动的"优势和亮点""问题和不足""根源和成因",并提出"对策和措施"。立足现实,面向发展,从目标、内容、形式、方法以及推进、实施策略等几个方面构建初级中学布艺活动中培养学生探究能力的一般模式和运作机制。在实践和探索的过程中,依据学校实际,制定初级中学布艺活动中学生探究能力评价的指标、形式、方法,构建评价的队伍。

二、课程方案

(一)课程目标

希望通过一个学期的拓展课学习,让更多的学生关注传统文化。通过教学,取得以下收获:

1.通过课程,让学生了解布艺的有关知识,学习布艺制作相关技能,认识到布艺是我国传统民间工艺之一,增强学生对祖国传统文化的理解和体验,激发学生对布艺的热爱之情,进一步感受祖国厚实的文化底蕴。

2.指导学生多途径收集信息,通过市场调查、查阅图书、上网查询等方法收集、分析和处理布艺资料,并以不同的形式展示自己的研究成果,在活动中培养学生整理资料、运用资料的能力,从中获得亲身参与实践的体验和丰富情感体验。

3.学生通过亲自参与布艺品的制作,在活动中体验探究带来的乐趣,培养动手能力、自主学习和创新能力及合作精神,养成合作、分享、积极进取等良好的个性品质。

4.通过课程鼓励学生利用废弃的衣物、碎布头进行制作,变废为宝,引导学生关注环保、用实际行动支持环保。

(二)课程实施

第一阶段(第一、二周):确立课题,查找文献资料。收发问卷、访谈学生,收集资料。

第二阶段(第三、四、五、六周):设计布艺作品,完成布艺作品的缝制。

第三阶段(第七、八周):设计评价标准,完成作品的评价、改进。

第四阶段(两次活动,时间不固定):结合节日主题(六一义卖、端午节、重阳节),组织学生用自制作品开展校内推广、义卖、校外慰问特殊人群等。

第五阶段(第九、十周):结合信息科技学科,做好布艺作品的电子小报,涉及布艺作品的制作、展示、推广。

三、课程保障

（一）师资保障

劳技信息教研组研讨教学内容，挑选劳技教师进行布艺拓展课程的开发和编写，并担任课程主讲。精选课程所需教学用材和学生手工材料，做好相关采买工作。教研组长进行教学内容把关，教导处根据课程要求进行学生选拔和教室安排。

（二）资源保障

1. 鹏飞路校区提供劳技教室和信息机房作为课程实施的场所，并确保教具、器材、电脑、网络等硬件提供。

2. 本课程开发和实施的教师都给予相应的教学绩效奖励。

《篮球校本课程》实施方案

卫骏超

一、指导思想

以全面贯彻落实《国家中长期教育改革和发展规划纲要》和《中共中央国务院关于加强青少年体育增强青少年体质的意见》为指导，从我校办学理念、培养目标和办学特色出发，积极实施校本课程开发，体现"一校一品"特色活动项目，扩大篮球活动规模，提高活动水平，培养学生的创新能力、实践能力和自觉锻炼身体的习惯，提高学生的综合素质，促进学生全面发展和健康成长。通过对学生篮球校本课程的实施，促进学校篮球活动的制度化和规范化建设，努力创建和谐校园、平安校园、文明校园。

二、篮球校本课程开发理念

我校把体育工作作为学校发展的特色和实施素质教育的重要内容来抓，抓好这难得的机会，开发好篮球校本这门课程，以牢固树立"健康第一"的指导思想，积极构建和谐的体育环境，促进学生全面健康成长。《中共中央国务院关于深化教育改革全面推进素质教育的决定》明确指出：健康体魄是青少年为祖国和人民服务的基本前提，是中华民族旺盛生命力的体现。因此，为了保证和促进学生的健康，必须对学生进行体育教育和有关教育，树立"健康第一"的思想，以促进学生身体、心理和社会适应能力整体健康水平的提高为目标。篮球课程构建了技能、认知、情感、行为等领域并行推进的课程结构，在体育教学中融合了体育、生理、心理、卫生保健、环境、社会安全、营养等诸多学科领域的有关知识，真正关注学生的健康意识、锻炼习惯和卫生习惯的养成，将增进学生健康贯穿于课程实施的全过程，确保"健康第一"思想落到实处，使学生健康成长。

依据上海市《体育与健身》课程标准，结合学校的实际情况以及学生的心理、生理特点，开展具有学校办学特色的篮球校本课程。为学生创设宽松和谐的学习环境，激发学生主动参与。掌握篮球的基本技术和战术，发展学生的身体素质，增强学生的体质，为篮球实战打下坚实的基础。培养学生终身热爱运动的习惯。

培养学生对篮球运动的爱好，激发学生学习篮球的兴趣。篮球兴趣和习惯是促进学生自主学习和坚持锻炼的前提。兴趣是最好的老师，学生的学习兴趣直接影响着学生的学习行为和效果，而兴趣与习惯的养成又是在篮球运动参与过程中逐渐形成的。只有通过丰富多彩的篮球活动和形式多样的教学手段才能激发学生积极参加体育锻炼的兴趣，并使他们逐渐养成良好的运动习惯。在促使学生积极参与体育活动的基础上，充分调动各感官机能，激发学习情趣，从而发挥学生主体功能，增强在体育教学活动中的运动参与能力，保证每个学生都能感受篮球带来的欢乐。

关注个体差异与不同需求，确保每一位学生受益。《中共中央国务院关于深化教育改革全面推进素质教育的决定》指出："全面推进素质教育，要坚持面向全体学生，为学生的全面发展创造相应的条件，依法保障适龄儿童和青少年学习的基本权利，尊重学生身心发展特点和教育规律，使学生生动活泼、积极主动地得到发展。"让每一位学生都能从学习中受益，不但是基础教育的根本任务，而且是学生的权利，也是贯穿篮球课程的一个基本理念。但是，人的体能和运动技能状况虽然与其后天练习和发展有关，但是与其先天遗传也是有极大关系的。从运动的角度看，每个人的运动需求和运动表现都不尽相同。我们的篮球课程充分注意到学生在身体条件、兴趣爱好和运动技能等方面的个体差异，根据这种差异确定了学习目标和弹性学习内容，提出了有益于学生发展的评价原则；在组织教学和教学方法等方面，也提出了相应的建议，以期每一位学生都能体验到学习和成功的乐趣，促进学习兴趣，满足自我发展需要。

三、篮球校本课程开发的目标

（一）总体目标

根据学校实际情况以及教师、学生自身特点，开发符合本校特色的校本课程，促进学生多元发展。落实课程改革的总体目标，提升学生的篮球人文素养，培养学生学习篮球的兴趣爱好、实践能力和创新精神。

总体目标：提升学生的篮球人文素养，培养学生学习篮球的兴趣爱好、实践能力和创新精神。

（二）具体目标

1.第一阶段：篮球理论介绍及篮球基本技术训练：运球、传接球、定点投篮、体能训练。篮球基本技术学习：运球、传接球、持球、上篮、投篮。在这一阶段的教学中，将运球以游戏的形式放在课的准备部分代替跑步，使学生熟悉球性并增加训练的趣味性。

2.第二阶段：介绍篮球比赛的规则，竞技比赛方法。教授障碍式运球，两人一组全场二攻一练习，全场三对三篮球比赛，进行半场三人制篮球比赛，通过比赛逐步地渗透比赛规则。在这段时间教师将篮球比赛的规则，竞技比赛方法进行系统的传授，这样教学不但使学生们对室内课产生了兴趣，也使他们积累了丰富实用的体育知识。篮球教学比赛，将比赛规则与篮球实践结合起来，同时充分利用每周的课外活动时间，组织学生们之间的篮球对抗赛，让他们学以致用，使教学效果得到了很大的提高。

3.第三阶段：战术配合的训练、战术意识的练习、教学比赛。

四、篮球校本课程的学习内容

学校的办学特色和学生兴趣的需要，是校本课程开发的出发点。我校篮球校本课程内容的确定是以体育与健身教学大纲为依据，国家或地方教育主管部门的文件为指导，从学校的实际出发，依照学校的办学思路和育人目标，以促进学生发展为前提，以学生兴趣为动力，以体现学生的自主性为原则，充分发挥学校的师资、设施、场地、器材等优势，确定以篮球为校本课程开发的内容。

1.学习目标

（1）了解篮球运动的发展趋势和基本规则和裁判法等；懂得篮球运动锻炼与健身价值。学会行进间运、传、投、抢等组合技术技能；学习和掌握基础的攻防配合和进攻配合、联防与盯人防守配合；并能在教学比赛中运用个人技术和配合技能。

（2）提高低重心快速移动、变向水平及平衡能力和弹跳力，发展速度、力量、灵敏、协调等体能。

（3）积极参与学练，善于观察、分析，勇于探索、实践，养成勇敢顽强、不断进取和勇敢顽强的品质。

（4）形成竞争与合作意识、规则意识；培养注重配合、相互协同、团队合作的精神。

2.学习内容

（1）球性练习；行进间运球。

（2）运球急停急起，变向运球。

（3）双手胸前传接球。

（4）双手胸前投篮、单手肩上投篮。

（5）单手肩上传接球。

（6）行进间组合技术技能练习。

（7）双人或多人传球与投篮。

（8）行进间单手肩上投篮。

（9）胯下运球、背后运球、运球转身。

（10）运球、传接球与抢球游戏。

（11）行进间低手投篮。

（12）跳投、个人防守技术

（13）持球突破

（14）单个动作及组合动作。

（15）传切配合。

（16）突分配合。

（17）掩护配合。

（18）篮球教学比赛及比赛的组织与裁判工作。

（19）比赛的组织与裁判工作的研究性学习。

3.学习的重点

（1）运、传、接、抢、投等基本技能。

（2）行进间组合动作的运用。

（3）攻防基础配合。

（4）快攻的发动与推进。

（5）半场盯人防守配合。

（6）让学生探究学习。

（7）技术运用与教学比赛。

4.教学方法

如何正确地选择和运用篮球教学方法是提高教学质量的一个重要问题。教学法是体现某种独特教学思想的教学体系，这意味着它不是一个放之四海而皆有效果的万用妙方，每一种教学法都有其一定的适用范围，教师在选用教学法时，不应该不加分析地全盘照搬，那样，再好的教学法也不会收到良好的教学效果。因此，必须从教学的具体实际情况出发，实现教学方法的多样化。

（1）采用基本技术组合学练法。注重强化移动中控球和支配球能力训练，对较复杂的动作采取由分解到整合、由无球到有球、由原地到行进间的形式进行逐层深入地学练。紧密安排各种围绕基本技能训练和运用的练习，既要注重几个动作的串连学练，又要强调变化环境下的综合练习，让学生在综合练习和近似实战状态下综合运用基本技能，提高学生在较复杂场景下控制、处理和支配球能力的训练。

（2）采用基础配合协同学练法。基础配合内容学练中，采用模仿攻防的形式，首先讲究"协同"地进行同伴间的配合学习，形成一种相互间的默契。攻防练习中，"协同"学练还表现在先做好消极防守或固定防守，在反复配合掌握基础配合，逐步过渡到对抗性攻防练习。

（3）采用竞赛角色演练学练法。学段初期，首先组织泛化篮球竞赛规则的篮球比赛活动，将基本技能、基础配合的学练与比赛相结合，在比赛中演练和尝试运用基本技能、基础配合。随着学生技能水平和竞赛能力的提高，通过教学比赛，让学生体验篮球比赛中集体配合与协同对抗，激发参与热情，提高战术水平、竞赛技巧，以及临场应变能力。

（4）采用研究性学习法。①带着问题学习，领会学练意图。让学生带着问题学习，在学练中通过指导和分析，使学生领会技术结构和战术意图，领悟技战术的实战效用和运用时机。②设置研究课题，形成探究成果。教学过程中可按教学模块设立系列化研究课题，让学生在篮球技能技巧学练、战术演练和竞赛活动的组织参与过程中探究问题，主动研究篮球技术技能的运用及战术配合方案，探索临场应变方法，探讨比赛筹划、实战对策和竞赛思路。

（5）重视战术思维的训练法。激发战术思维是培养篮球战术意识的核心，战术思维的敏捷性和灵活性，是培养战术意识的中心环节。要求学生在训练中学会用脑，在练的过程中要积极思考，这样就会使战术思维与战术训练有机地结合起来，达到培育战术意识的目的。因此，教师要善于引导学生围绕战术目的而练，力求使战术的运用，在时机、方位和配合上取得高度的协调一致。

5. **学习评价**

考核项目：

第一学期　行进间运球往返投篮组合动作技术；

第二学期　传切、掩护配合技术。

评价要点：

技术评定与计时量化同时进行；学期末针对选修学生进行综合成绩评定。

五、篮球校本课程实施保障

无论是校本课程，还是国家课程，亦或是地方课程，教师总是课程实施的主体，是课程实施成败的决定性因素之一。它对课程目标是否实现以及实现的好坏会产生直接影响。具体地说，教师正确的课程价值观，教师与新课程的理念相适合的角色观，钻研的精神，良好的人际关系以及行动研究的自觉性和行动研究的能力等都是校本课程实施过程中必备的素质。

1. 我根据我校班级学生选修篮球项目的情况进行编班定学员。

2. 学校根据报篮球学生的多少确定授课教师；上课的时间安排在每周五下午第五、六节课，上课时间为一节课40分钟。

3.教师要认真备好每一堂课，要编写训练计划等，上好每一节课，确保课堂教学质量。

4.希望学校领导要经常深入课堂听课把握情况，要对教师在实施校本课程中遇到的困难及时帮助解决。

5.教师每学期末或学年末，都要进行教学效果展示与汇报。

6.学校要保证能提供课程开发的场地和器材。

7.对本课程开发和实施的教师都给予相应的教学绩效奖励。

六、篮球校本课程评价

1.对教师的评价：

对教师的评价注重过程性，从教学准备、教学方式、教学态度、教学成果等方面相应对教师的教学计划、课堂教案、课堂教学等进行评价。

2.对学生的评价：

（1）注重三维课程目标的落实，注重发展性评价，除关注学生的学习成果外，更关注学生积极参与活动的全过程，关注学生面对挫折与人际交往方面的表现和行为习惯的养成。

（2）依据学生出勤情况、课堂表现、学习效果（隐性、显性两方面）。

（3）评价采用等级制，评定等级分为：A 为优秀、B 为良好、C 为合格、D 为需努力。获得项目认定后，由篮球考核小组填写《上海市北蔡中学篮球校本课程考核成绩登记表》。

（4）学生评价成绩与学生学年末评优挂钩。

3.对课程的评价：

对课程实施定期评价，并提出改善的建议。

（1）确立"健康第一"的指导思想，全面提高学生身体素质。

（2）以篮球为开端，开展切实有效的体育教学、课外体育活动、校园文化活动，努力提高学生体质健康水平，促进学生身心全面发展。

（3）通过亲身体验，提高学生的篮球基本知识和基本技能，养成终身锻炼的习惯。

（4）通过合作学习交往培养学生良好的思想品德和健全的人格。

（5）发展学生的个性，培养学生的创新意识。

课程教学案例精选

语文阅读教学要教给学生什么

——以《散步》一课为例

葛筱宁

英国哲学家、教育家怀特海曾说："把学校学到的知识全部忘掉，剩下的那一部分才是教育。"也许，剩下的这一部分就被我们称为素养。

在语文阅读教学中，如何构建文本与学生之间关联，决不是教师"横"在文本与学生之间，强势地灌输知识。面对文本，怎样阅读才能明白通晓，摄其精英，必须讲求方法，而且种种方法要化为学生终身的习惯。这些习惯也该称得上素养。

任何一篇课文，阅读者都只能从自身真实的反应走向理解，在接触文字的同时，不断调动自身的经验去破解作者的"语言密码"。在破解的过程中，阅读者也在不断地验证自己的判断正确与否，或查阅工具书、参考资料，或循文脉找依据，或研讨辩论等，这些做法都是阅读的好方法、好习惯。

莫怀戚《散步》一文的主题素来多义，我们依据该课的教学实录片段，具体分析一下语文阅读教学到底要留给学生什么。

生1：这篇课文揭示了尊老爱幼的主旨。

师：请说说原因。

生1：全家人一起散步，"我"为了"母亲"选择平顺的大路，而"母亲"为了满足"孙儿"的愿望而选择了小路。再者文末一段"我"和"妻子"各自背起了"母亲"和"儿子"，是尊老爱幼最有力的写照！

师：挺有道理。"我"侧重于尊老，"母亲""妻子"侧重于爱幼。一家人形成了温馨和谐的家庭伦理氛围。你知道你是站在哪种角度得出这种结论的吗？

生1：我是站在一家人的整体角度的。

倾听学生，是一切教学的出发点，语文教学也不例外。教师必须时刻提醒自己尽可能地去鼓励学生说出他们自身的想法，因为这是我们了解学生最直接的方式，也是估判学情最有效的方法。同时，学生之间的倾听也很重要，这是他们互相学习的一种重要途径，也是人际尊重、人格素养方面的重要指标。

师：哪些同学没有站在一家人的整体角度上？

（有的学生沉思，有的学生看课文，有的学生举手，有的学生看着我好像在等待答案……我建议思考、讨论后发言）

生2：我没有站在一家人的整体角度上，我是站在"我"的角度去看待文章的。

师：为什么你要站在"我"的角度？

生2：因为文中的每一句话都是从"我"的角度作为出发点。

师：每一句话？！怎么验证？

生2：读一遍课文呗。

（生2朗读课文）

师：大家都是同学，都看过课文，理解的差距怎么就这么大呢？你读课文的时候，有什么感觉？

生2：感觉课文中作者几乎无处不在，我好像被作者吸着，不得不跟着一步步向前走，作者叙述的痕迹很重。

师：其他人有没有类似的感觉？如果没有，觉得该如何读书才有感觉？请记下我这句话。（学生记在笔记本上）作者莫怀戚说过，本文要抒发一种"感慨"，所以注定了它的抒情色彩，因为自己不擅长写诗，所以就成了散文。

教师要想方设法使学生扩大对课文文本及学生彼此之间的接触，这样，学生与文本之间的动态关系会引导他们朝着愈加全面解释文本的方向去发展思想，建构他们自身与学习内容之间的联系。

生3：好像…似乎…是以"我"作为主要人物。

师：我需要证据！

生3：全文写"我"或"我的"的地方很多很多。比如一开头："我们在田野上散步：我，我的母亲，我的妻子和儿子。"接下来有："我和母亲走在前面，我的妻子和儿子走在后面。"有时候甚至非要在"母亲""妻子"前面冠上"我的"这一修饰或限制语。

师：有道理，但这证据并不太充分，因为就算整篇文章都出现"我"，也不该轻易地断章取义。

生3：应该这样说，我能从这些句子理解到"我"很重要，然后一个句子接一个句子读下来，更强化了我的这种理解。

师：说得好，请记下来。（学生记）古老的先祖创造了汉字，破译出我们心中的思想与情感。我们应当尊重每一个汉字，准确理解它们的意思。当汉字串起来组成句子的时候，它们有了另一种生命，有了别样的活力，我们更需要理解它们的语境义，以及这些句子所营造出来的氛围与意旨。

生4：文中"一切都取决于我"这一句能够说明"我"很重要，这是一家人产生分歧的时候；而没有分歧的时候，"我"同样很重要，请看全文第一句"我们在田野上散步：我，我的母亲，我的妻子和儿子"将"我"放在首要位置，暗示后文基本是围绕着"我"展开叙述的。

师：有想法！但需要验证，需要全神贯注、聚精会神、专心致志、心无旁骛地沉浸到文本当中去，逐段逐句地，甚至逐字地去验证。

生5：课文最后一段，从表面上看，是在写一家人的散步，但仔细一读，其实在写以"我"为核心的一家人在散步。"我"像是中流砥柱。"这样，我们就在阳光下，向着那菜花、桑树和鱼塘走去。到了一处，我蹲下来，背起了母亲；妻子也蹲下来，背起了儿子。我的母亲虽然高大，然而很瘦，自然不算重；儿子虽然很胖，毕竟幼小，自然也轻；但我和妻子都是慢慢地，稳稳地，走得很仔细，好像我背上的同她背上的加起来，就是整个世界。"

语文教学的过程就是学生在教师和同学的帮助下建构自己语文知识体系的过程，而不是将答案直接告知学生，因为这样并不一定能使他们理解，应当让学生懂得如何通过自己的探究找到答案。

师：一篇文章该怎样读才好？

生7：抓住关键字词或重点词句，比如"我"。

师：这一条不完全正确，因为我们在开始阅读的时候，其实并不知道哪些语句是关键，哪些字词又是重点，而且读过之后，每个读者都会对关键的地方有不同的划分和看法。

生8：一句一句验证，总不会太偏离主题吧。

师：也不能太僵化，句与句、段与段之间的勾连所产生的意义有时会很大。

生9：不能以偏概全，我读到最后一段，就被一家人散步的温馨气氛给感染了。也许还得回过头来，从全局和整体上去看散步这件事。

生2：还有，这篇课文不能以旁观者的口吻去读，否则很容易站在一家人的角度。

师：每个人有各自阅读的方法与技巧，这只是"术"；但阅读之"道"是什么呢？

首先要热爱读、喜欢读，这是态度，是前提和基础。否则再高明的"术"也无济于事。我觉得阅读是超越或大于语文学习的一件事情，因为阅读的乐趣，不在于学习语文，而是认知世界。

知识与意义不会自动给予我们，更不是靠外界来灌输的，而是由自己去获取——每个个体按自身的认知结构，用自己的方法去建构意义。所以我们一定得让学生学到或产生自己的解决（题）方法与意义。

师：如果站在"我"的角度，你认为课文主要表现了什么？
生2：站在"我"的角度，则凸显了"我"的孝顺或"尊老"。
师：具体说说理由。
生2：散步一事主要由"我"提出，并说服了母亲，散步也正出于"我"对母亲的健康所考虑的。其次，在产生分歧的时候，"我"听从母亲的建议决定走大路。从这两件重要的事情上看，"我"的孝顺或"尊老"正是课文的核心所在。而"爱幼"主要是由"我"的母亲和妻子表现的，既然"我"是文章的主体，那么"爱幼"不如"尊老"重要。
生3：虽然如此，但最后一段给我的影响比较深，"我的妻子都是慢慢地，稳稳地，走得很仔细，好像我背上的同她背上的加起来，就是整个世界。"这句话不能只表现"我"的尊老吧。
师：那么，"我"在最后一段的心理活动是什么？
（学生默读最后一段，思考）
师：要体验文中的"我"，要设身处地体验"我"。阅读时，要把你自己当成文中的"我"。作者莫怀戚当时已有34岁左右，是一个上有老、下有小的中年人。
生4：最后一段反复出现一个"背"字。有时读"bèi"，有时读"bēi"。我感觉"我"作为一个上有老、下有小的中年人，肩负着家庭的重担。
师：那请你朗读一下最后一段吧。
（生4读，有意重读了该段中的"背"字）

学生这个年龄，重要的不是在学校里达到了什么高度，写出了什么优秀作品，获得了什么荣誉，而是他在学习过程中曾经"体验"了什么、"感知"到什么、"努力"过什么。体验可以开启理解力，恢复一种具体化的认知感。就《散步》一文而言，难点在于学生对作者莫怀戚（或是文中的"我"）这样一个上有老、下有小的中年人的理解有较大的差距，因而文中的"我"需要学生从字里行间中去代入、去还原和体验。

生5：这样看来，"尊老""爱幼"似乎不必细分得那么清楚。

生6：文中有"尊老爱幼"的情感，但好像不是"我"重点表现的东西。

师：那么，"我"重点表现的东西是什么？

生7：生命？！……

师：谁的生命？

生7：母亲的生命，当然还有……一切事物的生命。

师：怎么验证？

生7：开头写母亲老了，身体不好，"但是春天总算来了。我的母亲又熬过了一个严冬"。接下来写散步时那番春意盎然的绿意，生命在萌发。

师：再接下来，写散步时的分歧。这部分与生命有关吗？

生7：好像……没有关系了……

师："生命"到此戛然而止，待从头，收拾旧山河吧！（笑）

生7：可我总觉得这条线索（生命）是可以一脉相承，一气贯通的。你看，最后一段"我蹲下来，背起了我的母亲，妻子也蹲下来，背起了我们的儿子"，"背"不就是背起了两种不同的生命吗？

师：那么，散步的分歧这部分呢？

生8：这部分没有直接讲生命，主要是写责任。但这一责任其实是对不同生命的态度与抉择而纠结所形成的责任。

生9：生命这个词太大，具体说，应是生命的延续，或是生命的传承。

生7：这样的话，就解释通了。

学习就是不断地"试错"，并且在错误中不断改进。当学生产生观点或方法的时候，可能觉得起初有效，但发现了漏洞，这并不意味着这种努力的尝试徒劳。成功孩子的思维模式大多是"成长型"的，他们坚信通过自身的努力可以改变智商和能力，相信潜力是不断提高发展的。人生充满着挑战，包括老师给予的"挫折"，因此他们对学习更加充满热情和不轻易服输的品质。所以作为教师，能帮助学生启发他们发挥自身能力克服困难的教学才是有意义的教学。

师：请你解释。

生7：开头写母亲老了，身体不好，由"我"提议散步，"她现在很听我的话，就像我小时候很听她的话一样"。这种句子暗示出生命的传承。接下来写散步时那番春意盎然的绿意，新的生命在萌发。"我的母亲走在前面，我的妻子和儿子走在后面"与"前面也是妈妈和儿子，后面也是妈妈和儿子"这些语句也凸显了生命的传承。

生8：发生分歧时主要写出"我"的责任之大：既要照顾老人，又要考虑孩子。但最终由于这句话"我"才坚定了决心——"我决定委屈儿子了，因为我伴同他的时日还长，我伴同母亲的时日已短"。"我"想到生命传承的"传递者"了。

师：生命就像一条长河，逝者如斯，一去不返，然而我们的情感若能溯流而上，尊重生命传承的"传递者"，这才体现出人类文化的精髓，因为"哺育子女是动物也有的本能，赡养父母才是人类的文化之举"。这方面，我们中国人做得最好。

生8：所以"我"的母亲自然是"爱幼"的，这在情理之中。关键是母亲对"我"说的那句话："我走不过去的地方，你就背着我。"这既将"我"的责任形象化，又将生命的传承形象化。

生9：最后一段也是将"我"的责任形象化，将生命的传承形象化。

师：是吗？怎么验证？

生9：读一遍就知道了。（生9读）"我的母亲虽然高大，然而很瘦，自然不算重；儿子虽然很胖，毕竟幼小，自然也轻；但我和妻子都是慢慢地，稳稳地，走得很仔细，好像我背上的同她背上的加起来，就是整个世界。""我"背的是母亲，妻子背的是儿子，"我"这一代中年人背负着承前启后的责任；母亲给了我们生命，我们也给了儿子生命，这种承前启后的责任就是让生命得以美好地传承下去。

师：最后一段这一家人似乎不像在散步？！

生7：不是"散步"而胜似"散步"，可以说，是一场人生的散步，生命的传承就像散步一样。

如果教师"横"在学生与文本之间，将文本解释给学生听，学生便会失去文本。教师解惑应注重建构和强化学生与文本之间的准确联系，比如在倾听学生的基础上，适时地介绍一些写作背景，或建议学生进行"验证"，使他们更多更好地带着自有的问题去接触文本，发现语文对自身的意义，这可能就是我们教师在关注学生自身观念独特性的基础上所创造的条件，这些条件促使学生生成更加精彩的观念与必备品格，创建他们自己的语文世界。精彩观念是智力发展的本质，必备品格则是道德修养的首要因素。

特别是《散步》作为一篇散文，其主体是"我"，那么阅读者更需要静下心来，感受并体验其中的喜怒哀乐。教师当然需要指导，但不应当以自己的分析代替学生的阅读实践，也不应以模式化的解读代替学生的体验与思考。如果我们总寄希望于自身独到的文本解读去引领学生而不从具体的学情入手，那么我们很容易落入孤高

自许的境地，从而忘却了教育教学的旨归其实是在于焕发每位学习者的热情与自身的创造潜能。所以，我们必须找到并建构学习内容与学生的关联，这样学生才能真正理解。其实，阅读的目的也不是为了模仿，而是重新创造意义，教师的作用就在于使阅读者从文本中找到恰当的位置与时机，成为更好的自己。

面向生活　感受语文的魅力

——《生活中的语文——广告》教学案例

康　樱

【案例背景】

六年级学生的写作现状是能叙述一件完整的事情，但缺乏生动的语言，而仅仅依靠平时的课堂教学，学生普遍缺乏主动参与的积极性。

叶圣陶、于漪等语文教育大家都对"语文"与"生活"这两者关系提出了一系列精辟论述。联系学生的实际和自身的教学实践和思考，我深刻体会到要使学生对学习语文充满兴趣，真正掌握并得心应手地运用语文这一人生的工具，就必须打破语文与生活之间的壁垒。让语文教学与学生心灵相沟通，让语文课堂与社会天地相接壤，使语文教学突破"应试语文"的束缚而上升到"生活语文"的层面。

社会生活中处处都有语文现象存在。如：随着网络、媒体的兴盛，广告可谓是无处不在。那些被引为经典的广告语言，或准确简洁，或生动形象，或琅琅上口。优秀的广告语不仅凝聚了创作者的智慧和想象，也包涵着丰富的语文知识。

我决定先从广告入手，依托"微型讲座"这一课程形式，开设一堂面向六年级全体学生的微型课程《生活中的语文——广告》。

教学目标是通过引导学生在广告语中学习鲜活的语言，感受语言的魅力，体会押韵、对偶、顶真、回文、比喻、拟人、比较等语言技巧进而能从中受到启发，丰富和精炼自己的语言。同时能激发学生的学习兴趣，调动学生的生活和情感体验。再者，使学生在学习语文的过程中形成正确的生活经验并产生积极的生活需求，培养学生敏锐观察生活的能力，和事事时时处处吸收并运用语文知识的习惯与素养。

【案例过程】

师：请同学们回顾一下，前段时间收集的广告语，说出一条你印象最深或认为写得最好的广告语。

生1：不是所有牛奶，都叫特仑苏。

生2：美的空调，美的享受。

生3：成功之路，从头开始。

……

师：谁能归纳一下，这些广告语之所以深入人心，魅力究竟在哪？

生1：前后对称，读起来很顺口。

生2：就是觉得很形象。

生3：就是觉得好，具体好在哪我也说不出来。

……

师：高尔基说过，作为一种感人的力量，语言的美产生于言辞的准确，明晰和悦耳。这句话也适用于广告语言。广告学家认为，广告语言是广告的核心内容，是广告生命的支点。在日益激烈的广告竞争中，有的广告默默无闻，而有的广告则深入人心，广为传诵，更被引为经典。那些被引为经典的广告语言，或准确简洁，或生动形象，或琅琅上口，这正是修辞的魅力。接下来我利用大家收集的广告素材，归纳整理了几种广告语中常用的修辞……

师：现在你们能具体说出自己刚才所选广告到底好在哪里了吗？希望大家能将这些手法运用到自己的语言创作中去。其实生活中随处都能感受到汉语的魅力，你们还能给老师提供哪些素材呢？

生1：过年时贴在门上的春联。

生2：平时谜语也很形象。

生3：学校校园里的宣传横幅。

……

【案例反思】

课堂上学生们对广告语言产生了极大的兴趣，他们纷纷列举出熟悉的广告语示例。虽然学生一上来说不出所以然，但是让学生主动参与课堂能更好地激发他们的思维，调动他们的生活经历和情感体验，从而更投入到本堂课的学习中来。从整堂课的氛围来看，这个方法是很有效的。课后，有一群孩子围了上来告诉我，他们还想到了其他的广告语想和我分享，还说他们喜欢这样的语文课。当我告诉他们下次我会结合他们刚才给我的建议准备下一次微型讲座内容时，孩子们竟欢呼起来！孩子的欢呼声告诉我，将学生日常所熟悉的内容与语文学习结合起来，这种尝试是有效的也是学生所喜欢的。

当然，对于这个微型课程我还有些许遗憾以及值得改进的地方。除了课程前学生收集广告的前期参与外，这一节课 40 分钟课堂留给孩子的时间还是太少了。下次可以改成两个课时来进行课堂教学实施，让更多的孩子参与进来。同时再加入两个环节：一是将之前学生列举的广告进行分析；二是加入"学生设计广告"的环节。让学生能当堂进行所学知识的运用，通过"比一比，赛一赛"达到知识的及时巩固。可以将其和学校每年的艺术节、体育节主题征集以及六年级的班级口号征集等活动结合起来。可以将课堂活动和课后活动结合起来，点燃学生创新的思维火花，真正地学以致用，切实提高语文能力。

本堂课对于我自身来说也受到启发，在最后学生为我"生活中的语文"微型课程的内容开发给了好的提议，真正是教学相长，各有收益。

最后，用于漪老师的一句话来共勉："变语文自我封闭性为开放性，开发语文教育空间，面对生活，面向社会，面向活泼的中学生，不用机械训练消磨学生的青春。"

美好生活从《诗经》里吃出来

——《面向生活的语文》教学案例

王嘉雯

【案例背景】

在"中考"指挥棒下，语文诗歌教学往往更注重语言文字背诵积累，不太注重思想文化的深入探究；更注重照本宣科地解读文本，不太注重兴趣的激发与发散性思维的培养；更注重机械训练，不太注重美感和情操的陶冶；更注重课内灌输，不太注重课外的拓展；更注重应付考试，不太注重培养素质。一言以蔽之，其人文被淡化了，其德育被弱化了，其美育被抹杀了，导致现如今的学生面对古代经典诗作的兴趣日益寡淡，唯有应试教育可以让他们提起精神学习诗歌。

因此，当"生活不止眼前的苟且，还有诗和远方的田野"这句歌词在学生间火起来的时候，其实正是暗示着他们对诗歌依旧有着热切的渴盼，但是他们的吟唱仅仅停留在声音层面，并未到心灵，教室里捧着课外书看的学生里几乎鲜有阅读古代诗集的。如何才能让学生明白，只要愿意打开这扇大门，诗和远方其实就在我们身边！

【案例过程】

作为一名语文教师，要探索语文的素质教育，激发学生对古代诗歌的阅读兴趣与探究欲望，就必须勇于打破"一切服从应试"的桎梏，打破语文与生活之间的壁垒，从学生不愿亲近的古代经典中找出生活的影子。

因此，我校语文教研组以课程建设的"国家课程校本化实施"为契机，利用每周一次面向全体学生的微型讲座这一形式，推动以"面向生活的语文"为主题的微型课程尝试，我有幸参与其中。

在漫长的历史中，《诗经》作为我国第一部诗歌总集，始终以一个优雅的姿态呈现，韵律的和谐，意境的悠然，情操的高尚，情绪的婉转，朗朗上口的诗句，不骄不躁的气质蕴养了中华民族骨血里的温婉谦和。因此，我以教材中的《诗经·国风·无衣》为突破口，调查访问了一个年级的学生，结果如我所料，他们中有50%

的学生表示古代诗歌句意晦涩难懂，65%的学生坦言《诗经》里所表达的情感也与现实生活有所脱离，并无共鸣，令人望而却步，还有一小部分学生觉得《诗经》的年代离他们太遥远，并没有阅读的必要。

于是，我开始重新研读《诗经》，去寻找《诗经》中和我们的生活息息相关的元素。通过归类整理，我发现其实《诗经》离我们的生活并不远：《诗经》中的"礼"是我们为人处世的借鉴，《诗经》可以成为我们诗意地栖居的"行动指南"，《诗经》中彬彬有礼的谦谦君子、落落大方的二八佳人都是学生行为礼仪的"楷模"……诗经离我们其实是很近的。在这些方向里，我找了一个最富有生活气息的角度——吃。

"桃之夭夭，灼灼其华"，《诗经》中的一蔬一果、草木芬芳里寄托着的是先民对生活的感恩和热爱，这些带着香气的语句总能让身处都市的我们找到一份对土地的念想，对四时美味的盼望。故而我把课程的主题定为：最美不过诗三百——美好生活从《诗经》里吃出来。

果然，一石激起千层浪，学生对此产生了浓厚的兴趣。我举出示例："参差荇菜，左右流之。窈窕淑女，寤寐求之——君子求淑女，吃货求菜羹"，并结合诗歌图文并茂讲述了"荇菜"的形貌、口感、盛产地域，通过"吃"把蕴藏在荇菜背后的文化——道来，并相关链接了《再别康桥》中的"青荇"，不仅让学生听得"津津有味"，同时也潜移默化地将诗歌融入了他们的生活。一课时结束后，"吃货"们意犹未尽，我便布置了一个探究作业：研究《诗经》中的美食。

过了一周，他们便兴致勃勃地将探究小报交上来了：投我以桃，报之以李——李子；投我以木瓜，报之以琼琚——木瓜；桑之未落，其叶沃若。吁嗟鸠兮，无食桑葚——桑葚；葛生蒙楚，蔹蔓于野——粉葛；湛湛露斯，在彼杞棘。显允君子，莫不令德——枸杞……配图配诗配解读，《诗经》在学生眼里变成了一个绿油油的菜园，总有看不尽、吃不完的新鲜美味。

当然，在这份"馋"之外，更多的是体会着一份先民用质朴的歌谣传达的幸福，感受着先民对自然生活的热爱，从而领悟，世界再嘈杂，我们也要面向阳光认真生活，诗和远方就在身边。在探究吃的过程中，德育、美育、智育，都得到了不同程度的熏陶。

看来，语文中处处有生活，生活中处处有语文，学生们对《诗经》已经兴致益然了，探究还需要也必须继续下去。

【案例反思】

这一门课程开设后，学生对古代诗歌的认识变化，让我不禁反思当前语文教育。课程面向生活，将生活引进课堂，尤其要贴近学生生活，鼓励学生走向生活，让语文回归生活，总而言之，教师要开辟生活化的语文课堂，尝试生活化语文教学。这就要求教师有敏锐的洞察力、感知能力，还要有组织探究的能力，让学生时时在生活中学习语文，在语文中感受生活，从而真正践行陶行知先生所说的"生活教育"的理论。

这样的诗歌课堂也不应仅仅停留在每周一次的微型讲座上，如何真正融入常态化的课堂，是我们继续需要探索的。比如：在教师节的时候，语文教师可以组织学生自制贺卡并摘录古代诗歌中可以赞颂师德的诗句，或是某个可以象征教师精神的意象。在诗歌单元，可以同样围绕一个主题进行专题研究，真正将生活和语文联系起来，提高古诗的学习兴趣。

这便恰如陶行知先生所言：生活即教育，教育不能脱离生活。

《几何画板》探究课课例

钱 杰

"几何画板"课程中主要涉及 3 个任务，其中任务 3 要求学生从生活中选取自己想要绘制的三维图形，进行创作、绘制。

恰逢母亲节，不少同学选择给自己的母亲绘制一份小礼物。有些学生想送母亲一辆车子，有些学生想送母亲一个包包，有些学生想送母亲一颗钻石。最后决定绘制钻石的同学相对较多，共有 12 位，本课例主要叙述绘制钻石的这部分学生在 8 个课时的学习过程中的学习状况。

1. 课时安排：

第一课时：选定绘制的内容，搜集相关资料；

第二课时：分析绘制的图形；

第三、四课时：绘制图形；

第五、六课时：上色；

第七、八课时：录制视频。

2. 课程实录：

第一课时

虽然钻石在生活中并不少见，但要画一颗什么样的钻石送给母亲，孩子们心里还是没有底。因此第一课时的任务主要是收集资料。学生们通过网络搜集了不少钻石的图片，从中进行挑选，选择一个形状、颜色都能符合自己要求的模型。

学生们主要选择了如下两种钻石。

本课时没有什么教学难点，主要发挥孩子们的主观能动性，找到自己想做的事情。

第二课时

本课时主要要求学生们（1）分析所选图形的几何构造，如何将这些复杂图形转化为简单图形，从而在几何画板软件上绘制；（2）简单制定绘制方案，包括长度、高度、颜色等基本要素。

在课程过程中，绝大多数同学能够归纳出，第一类钻石主要由三个六边形构成；第二类钻石主要由两个六边形和一个锥尖构成。

另外在制定绘制方案时，12 位学生大致分为三类，一类学生决定在具体画的时候再定详细数据，第二类学生给自己的钻石随意定了一个数据，第三类学生通过网络搜索了一些相关数据进行参考。

本课时的教学难点在于（1）将复杂图形转化为简单图形；（2）制定绘制方案。

第三、四课时

本课时主要任务就是绘制图形。在前两课时中，学生们有了较为充分的准备后，本课时任务的开头较为顺利。学生们大都能够熟练地建立三维作图的基本框架，也能够顺利地绘制出相应的六边形，但在具体绘制第二类钻石时，有些学生（主要是上一课时未能查阅相关资料的学生）绘制的钻石看起来很别扭。

教师给出了相应的建议：（1）查资料；（2）是否可以利用六年级数学第一学期比和比例一节中提到的"黄金分割"来构造。

本课时学生在具体绘制时碰到的困难主要在于定量实验中的"量"没有控制好，一部分学生在查阅过相关资料后得到的数据还是较为可靠的。

第五、六课时

本课时的任务主要是已基本完成绘图的同学对图形进行上色。上色有两种基本方法，一种是利用多边形直接绘制图形颜色，这个优点是操作非常简单，缺点是颜色调节困难。第二种方法是利用三维上色，这种优点是颜色调节方便多样，但缺点是操作复杂。大多数学生在实际操作过程中都选择了后者，看来都挺重视给老妈的这份母亲节礼物。

本课时的难点在于利用三维上色需要分清正反面，上色时需要统一顺时针或逆时针。

第七、八课时

本课时主要帮助学生们录制小视频，给母亲送上礼物的同时，送上一份祝福或者一段话。

本课时中有些同学略显害羞。

综上，在"几何画板"课程第三个任务的探究学习过程中，我们主要经过了搜集资料、分析资料、操作、修改、和展示共 5 个步骤。从最后的作品来看，学生们还是能够从中学习到几何画板的基本使用方法，也能体验到探究课的一般实施过程。

作品展示

作品展示一：锤子与钉子　　　　　　　作品展示二：梦想中的气垫飞船

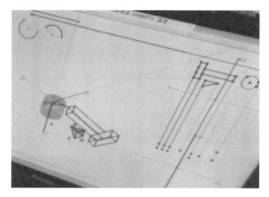 

作者：北蔡中学　预备 7 班　沈　星　　　作者：北蔡中学　预备 3 班　朱宸凌

作品展示三：母亲节的礼物

1. 绿宝石　　　　　　　　　　　　　　2. 彩钻

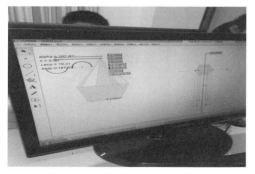 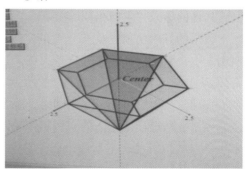

作者：北蔡中学　预备 10 班　聂怡沁　　作者：北蔡中学　预备 10 班　李敏君

《生活中的数学》教学案例

刘淑霞

【案例背景】

生活离不开数学。生活"是人在自然和社会空间中，通过享受、占有、内化并创造人类物质文化、精神文化和制度文化，围绕人的生命存在和发展，实现人生价值和意义的能动活动。"教育即生活，初中数学教育也不例外，数学中，既有"一去二三里，烟村四五家，亭台六七座，八九十枝花"这样优美的田园风光，也有"大漠孤烟直，长河落日圆"那样豪气长存的意境。新课标指出"人人学有价值的数学，人人获得必需的数学，不同的人在数学上得到不同的发展"，新的课程理念下学生学习数学的背景应是生活化的，因为学生最终要走进生活、走向社会。

【案例描述】

在数学教学中如何让生活走进数学课堂呢？我们发现可以扣紧以下三个环节实施：

1. 课的导入"生活化"

教学的导入仿佛是优美乐章的"序曲"。如果设计和安排得富有艺术性，必能吸引学生，引发兴趣，燃起智慧火花，开启思维闸门，收到先声夺人，一举成功的奇效。

在课堂教学中可充分运用网络资源，取材于生活实际，选用富有生活情趣的动画、图景、贴近学生生活的实例制作课件，建构书本知识与现实生活的联系，调动学生学习的积极性、主动性，点亮学生智慧的火光，使学生觉得学数学是有趣的，有用的，并热爱数学。

例如在学习《圆的周长》时，我就从学校的新校标来引入："同学们你想知道这其中的奥妙吗？"问题一提出，马上引起学生的兴趣，标志采用中文字"北"字为创意基点；中间的"五柱"象征着德、智、体、美、劳五育，正迎合学校"五育并重、全面发展"的办学思想；两侧部分形成振翅飞翔之态，意喻学生

及学校同发展的气势。校标的主要图形是圆，使学生学到课本以外的知识，激发了学习兴趣，并对本节课"圆"有了深刻的印象，又使学生能理解应用到实际生活中，真切地感受数学就在身边，生活离不开数学。

引导学生想象上课内容的生活背景也是一种很好的课堂导入方法。即：力求把单调的数字符号变成生动形象的生活画面，在大脑的荧光屏上放映出来。

2. **学习过程"生活化"**

很多学生爱上数学课，是因为他们觉得上数学课好玩有趣，贴近生活且富有挑战性。而讨厌数学的同学一般是因为觉得数学枯燥繁难。为了使每个学生学好数学，学习过程要尽量生活化。数学课堂不应仅仅是学习的地方，更应是学生"生活"的乐园。而课堂教学是学习过程的关键，是优美乐章的"主旋律"，在教学的重点、难点处设计生动形象、深入浅出的生活化语言，降低了难度，擦亮智慧之火，形象化的语言，让学生倍感亲切，加上与生活密切联系，所以学生记忆深刻，学得扎实。他们不再害怕数学，不会觉得数学难学，起到了事半功倍的效果。

例如在学习"直线"这个概念时，学生很难理解直线是无限延伸的。我就问："大家对西游记中孙悟空拿的什么东西最感兴趣，最有印象呢？"同学们大都回答是神奇的"金箍棒"，我就让学生把直线想象成能缩能伸的无限的"金箍棒"，学生一下就豁然开朗了。

3. **知识运用"生活化"**

综合应用知识的能力仿佛是动听的"交响曲"。精心设计题目，提供学生参与实践活动的机会。理解、掌握知识的最终目的在于应用，通过知识的应用，问题的解决，可使学生亲身体验到学习数学的意义和作用，培养学生学习数学的自觉性和应用意识。

例如在《轴对称图形》的教学中，我让学生自己设计有创意的图形或作品，学生们利用自己的巧手设计出了精美的图案，有漂亮的剪纸，有立意新颖的版画，有利用牙签做的手工画，有用水果皮做的人偶。这些作品在学校的学生成长展示会上受到普遍好评，有的学生到初中毕业时还一直珍藏着，因为初中的数学课堂学习让他们懂得珍爱生活。

又如在统计初步的"成功与失败""机会的均等与不均等"教学中，充分利用教材中的游戏，让学生在课堂上做"投硬币""猜红白球"游戏，学生积极性很高，主动参与探究实践学习；通过计算彩票的中奖率，学会用概率解决生活中抽奖问题，学会正确对待各种促销活动。

通过确定学习成绩的平均数、中位数、众数的学习，让学生自己根据每人的成绩从不同角度评价学习成绩的好坏，并学会全面地分析问题。又如教学生如何采用正确的调查方式收集数据来确定家庭的年平均收入，鞋厂该生产哪种鞋盈利较多，学会市场调查。还通过把每学期的课题学习围绕生活主题，让学生结合生活实践进行探究和研讨。

通过这样一次次让生活走进初中数学课堂的实践活动，学生直接把课堂中所学到的知识和方法应用到生活实际中。学生切实感受到数学很有用，生活中处处有数学，数学给我们带来快乐。

【案例反思】

数学课堂通常是被认为比较枯燥、缺乏生动和激情，因此，努力创建既宽松、又便于学生善于思考、乐于探究的教学环境显得尤为重要。让学生在课堂学习活动中形成正确的学习方式和对数学的态度，只有当学生体会到数学的乐趣，学生才会主动感悟数学，数学教学才能为学生的未来发展服务。

《百分比的应用——利税问题》教学案例

刘淑霞

【案例背景】

数学源于生活，植根于生活，利税问题对于学生来说既熟悉又陌生，熟悉是因为他们的生活离不开利税，陌生是因为他们对利税的认识是零碎的、不具体的，这就需要在老师的指导下，正确地理解利税问题中百分比。从生活中发现数学，并且将生活实际问题转化为数学问题，体会、享受学习数学的快乐，增强数学应用意识。

【案例过程】

课题《百分比的应用——利税问题》

一、创设情境

同学们，逢年过节你们总能拿到一笔数目不小的压岁钱，对于压岁钱，你们是如何处置的呢?

二、复习巩固

（一）不计利息税的利息问题

1.观察银行存款单，探讨与银行存款相关的一些名词：本金、利率（月利率、年利率）、利息、本利和等概念。

2.讨论：利息的多少与哪些因素有关? 确定本金、利率、期数是影响利息多少的关键量，复习利息公式。利息 = 本金 × 利息 × 期数。

练习（1）小张将1000元存入银行，定期两年，年利率为3.25%，到期能拿到利息多少元? 一共能拿到多少元?（不计利息税）

［说明］在此类应用题中，首先，通过审题，找出已知量和未知量，分析已知量和未知量的联系；再让学生观察它属于什么类型的题，应该运用什么公式。分析公式中相关量之间的关系，然后在题目中寻找相关量的对应量。（影响利息的关键量是本金、利率、时间）通过本题不仅巩固了存款的一些计算公式，而且更强调了解决应用题要讲究策略，寻找关键量的方法。

练习（2）小张将 1000 元存入银行，按活期存，月利率为 0.02%，如果小张存满两年后去取钱，能拿到利息多少元？本利和是多少元？（不计利息税）

［说明］巩固不计利息税的求利息问题，在公式的运用中，寻找出关键量后提醒学生注意利率和期数保持单位统一。

（二）计利息税的利息问题

1.介绍利息税的历史。根据教材内容，由国家规定，到银行存款储户在获得利息的同时还需向国家缴纳 20% 的利息税。

复习概念：①利息税 = 利息 × 税率。②税后本利和 = 本金 + 利息 – 利息税。或税后本利和 = 本金 + 税后利息 = 本金 + 利息 ×（1–20%）。

［说明］（1）有关一些数值，如各种不同的利率，可利用网络进行即时查找（当前使用的利率是 2004 年 10 月 29 日开始执行的）；（2）对于税后本利和的公式可以有不同的写法，可鼓励学生从不同的角度考虑。

练习（3）小张到银行存入 1000 元钱，存期为两年，年利率为 3.25%，按国家规定的利息税率为 20%，问这笔存款到期后共可得本利和多少元？

［说明］（1）复习税后利息及税后本利和的概念；（2）注意税后本利和公式的变形应用。

小结：是否需要交纳利息税问题的两种题型方法及所对应的公式。

三、拓展和延伸

理财小版块：1000 元怎么存合算？

方法 1：存两年期的，年利率是 3.25%；

方法 2：先存一年期的，年利率是 2.5%，第一年到期时把本利和取出，再一起存入一年。

选择哪种办法得到的利息多一些？

［说明］学生容易由第一反应认为第二种方法获得的利息更多。而教师可以从计算结果告知学生只有经过数学计算才能真实反应结果，并提问究竟是什么因素导致了第一种方法得到的利息多，让学生明白利率在利息问题中产生的影响。

练习（4）李先生以 2.5% 的年利率向银行存款，存期五年，到期时银行支付他 1.5 万元利息。问李先生存款是多少元？

［说明］在利息问题中考察学生对于公式的运用及方程的思想，知道任意三个量可以求出第四个量。

【案例反思】

《义务教育数学课程标准》（2011 年版）强调数学教学要体现数学源于生活，

又应用于生活的特点，应从学生已有的生活经验出发，让学生经历将实际问题抽象成数学模型并进行解释应用的过程。学生学习数学的目的是为了应用，教师在设计练习时有意识地引导学生把所学知识运用到生活实践中去，体现了数学服务于生活的教育理念。

在本节课的练习中，对于利率，首先让学生观察一张存单，了解储蓄单上的本金、利率、时间分别是多少，然后帮助小朋友计算税前利息和税后利息，最后设计了一道挑战题，同样存 1000 元钱，帮助选择合适的存法。这样的设计主要是想为学生创设熟悉的生活情景，提供感兴趣的生活事例，可操作的生活材料。通过参与课堂活动，学生感受到抽象的数学知识生活化，生活中的问题可以用数学知识去解决。学生通过观察分析现实生活问题，解决生活中一些简单问题，体会、享受学习数学的快乐，增强数学应用意识。

对北蔡地区"古桥"的调查研究

——《生活中的历史》教学案例

潘向群

【案例背景】

北蔡地区身处江南水乡，生活中自然离不了大大小小、各式各样的桥，桥是融入江南水乡生活的永远的记忆符号。据 20 世纪 90 年代的统计，北蔡地区遗留下来的明清古桥尚有 28 座之多，它们有的拥有令人神往的民间传说，有的记录着有德之士修桥铺路、积德行善的懿行。这些古桥的存在，大大方便了人们的出行，促进了地方经济的发展。

它们如同古老的文字那样，深深地镌刻在我们的记忆之中，它们犹如大地乐谱上的一个个音符，奏响着社会发展的进行曲。

近年来随着本区域动迁速度的加快，部分北蔡地区的古桥已经或将要被拆除，但无论如何它们记录着本地区发展的轨迹，是北蔡地区历史发展无声的见证。

【案例过程】

根据《上海市普通中小学课程方案》有关"三类课程"的规定，本课程属于"拓展型课程"和"探究型课程"的范畴。

作为"拓展型课程"，它侧重于让学生通过多种形式，了解北蔡地区乡土历史的基本内容，了解北蔡地区比如"有趣的地名由来、水陆交通的变化、旧时的民居特点"等，培养学生对乡土历史的兴趣爱好。它既是初中"人文学科学习领域"相关课程的延伸和拓展，也是该领域"社会实践"的重要组成部分。

作为"探究型课程"，它侧重于让学生以自己感兴趣或自主选择的"课题"或"项目"为载体，在教师指导下，通过发现问题、解决问题的过程体验，学会利用各种实物史料资源，通过图书馆、博物馆、网络等途径，运用调查、访问、考察等方式，自主解决现实问题，在这个过程中获得学习的经验和乐趣。

鼓励教师和学生将本课程与"基础型课程"有机整合，能将"基础型课程"学习的内容在本课程学习中得到应用，期望用本课程学到的内容促进"基础型课程"

的学习。

根据乡土历史教学的特点,在课程实施上,我们采取"走出去,请进来"并举的策略,将本课程的实施与学校相关课程、相关活动有机整合。我们通过专题讲座、现场指导、课题指导等方式,使学生有机会与生活中的历史"零距离"接触,从而激发起学习的欲望和积极性。

了解了北蔡地区的乡土历史后,请同学们尝试撰写一份关于北蔡地区"桥"的调查报告。

建议(一)北蔡古桥现状之调查——可以通过实地走访、访问当地老人、查阅镇志等途径获取充分的历史信息,将实物和文献史料对照研究,去芜存菁、去伪存真。依据尽可能真实的史实和自己的思考研究得出结论。

调查报告可包括(1)北蔡地区曾经存在过的古桥梁——"古桥"的界定、名称、始建年代、位置、数量等;(2)有多少古桥梁已经不复存在;(3)造成这些变化的原因分析;(4)目前尚存古桥的现状;(5)对策与建议。

建议(二)我所知道的 ×× 桥——选择自己住家附近的一座桥作为调查对象。(1)它建造的时间;(2)建造的原因;(3)它所发挥的作用;(4)在它身上发生过的故事;(5)我对它的感情。

将撰写的调查报告与老师、同学分享。注意别人撰写的报告中有哪些比自己高明的地方,取长补短。召开一个专题研讨会,宣读各自的研究成果,展开互动研讨。

在教师的指导下,学生们分组经过一段时间的实地走访、访问当地老人、查阅北蔡镇志等途径,获取充分的历史信息后,进行了认真的筛选,得出了各自的研究结论。其中对虹桥的研究调查是最具代表性的。

● 虹桥

白莲泾是流经北蔡地区重要的河流,白莲泾上原有连接北蔡南北老街的木质拱桥,名万隆桥,因形似长虹贯空,故称虹桥。据说由赵森严于 1783 年(乾隆癸卯年)改建成单孔石拱桥,砖砌石面,两侧设石栏板。1876 年(光绪丙子年)重建,基本维持原貌。

解放后白莲泾水上航运日益繁忙,而虹桥两侧桥基有碍较大型船只通行;桥孔狭窄,大潮涌流时受阻,桥身东西两侧会有两尺高的水位落差,影响船只安全。为提高通行量和航行安全,1959 年有关部门拆除了有一百七十多年历史的石桥,改为钢架木板桥。

为进一步疏通白莲泾水流,以利暴雨泄洪,使白莲泾流域两岸大片农田得以及时排涝,1973 年再次挖深河床,拓宽河面,白莲泾桥改为跨度更大的工字钢架、水泥板桥面。钢架桥模样与留在人们心目中的虹桥倩影大相径庭,一直受到人们的诟病。2002 年，有关部门拆除了钢架桥，改为现存的水泥桥，与原先的石质虹桥模样依稀相近，但全无当年石虹桥的历史文化韵味。

砖础石面虹桥　　　　　　　　　　　　钢架水泥面虹桥

今日虹桥

【案例反思】

由于时空的间隔，不少学生学习历史，没有切身感受，缺乏亲身体验，在他们眼中，历史就是"故纸堆"，历史事件和历史人物都远在时空以外，缺乏学习的热情。

兴趣是最好的老师。乡土史中所涉及到的许多内容，在正统的历史教材中涉及较少。但这些历史事件发生在自己的身边，学生会具有浓厚的兴趣。

加里宁说："关于爱国主义教育，是从深入认识自己故乡开始的。"乡土史可以承载爱国主义教育。

《谈古论今话北蔡》—— 生活中的历史校本课程，通过举办专题讲座、课外延伸等手段，经过不懈努力和尝试，教学实践的效果良好。既能够激发学生学习历史的热情，又能够增强学生对家乡的了解和热爱之情，丰富学生课外知识，陶冶学生情操。

只要我们善于从身边去挖掘乡土历史教学资源，用好它们，用活它们，势必能使乡土历史教学资源与国家统编历史教材相得益彰，促进学生对中国历史、世界历史的学习。同时，在乡土历史教学资源的挖掘、收集、整理的过程中，也能够大大促进学生学习能力和研究能力的提高。

物理源于生活
——《面向生活的物理》拓展课程案例

康　伟

【案例背景】

　　物理来源于生活，物理与生活的关系密不可分，那么如何将物理课中抽象的内容转换为生活中直观的东西，如何将难以理解的物理现象以及概念原理结合日常的生活体验进行讲解，才是物理教学成功与否的关键。物理新课程标准中也同时指出："教师要紧密联系学生的生活环境。从学生的经验和已有的知识出发，创设生动的物理情境……"要激发学生的学习兴趣，我们的物理教学就应该引导学生把物理知识运用到生活实际中去，提高他们分析问题和解决实际生活问题的能力，使他们充分认识到物理既来源于生活同时又是解决生活问题的基本工具。

【案例过程】

　　以《阿基米德原理》一课为例
　　传统的教学：
　　教师让学生先模仿阿基米德做小实验，然后设问"通过刚才的实验你发现了什么？"希望学生能发现浮力有大小，提出浮力大小与排开液体的多少有关的猜测，并进一步提出浮力大小等于排开液体的重力的假设。做完实验后，学生提出了许多看法，如：浮力可能跟泡沫块浸入水的深度有关；可能跟烧杯中的水有关；可能跟泡沫块的面积有关等。还有一些看法并没有结合实验，如：浮力大小可能与液体密度有关等，课堂上的实际情况并没有按老师事先设计的方向发展。

　　虽然有部分学生能够根据情景提出浮力大小与排开液体的多少有关的猜测，但很难进一步作出浮力大小等于排开液体的重力的假设；如果完全放手让学生自己设计实验方案进行实验来验证假设，限于学生的能力，只有极个别小组能顺利完成，而大部分小组连实验方案都未弄清，只是模仿别的小组，动动手而已，这样既浪费了大量的时间，又无法使教学目标得到落实，课堂教学效率低下。

运用校本课程：

尽量以学生亲身经历的生活情境为原型。从而引导学生注意观察生活现象，引导学生产生联想，进而提出问题，分析归纳解决问题。

教师布置了一道回家作业，让学生动手实验：一枚硬币怎么能让它漂浮在水面上？第二天学生就七嘴八舌地把自己动手操作的过程来述说。归纳起来有这么几种情况：有一部分学生说在水中加物质，例如盐、硫酸铜溶液等一些化合物；还有一部分学生说用纸、橡皮泥等物质做一艘船，再把硬币放在上面；一小部分学生说把硬币轻轻地放在水面上，它也不沉下去。说完现象以后，有学生就问了这是什么道理呢。学生的求知欲上来了，此时引导学生自己提出研究的问题，教师尽可能不直接提出。问题是学生学习的起点。学生有了强烈的问题意识，也就有了强烈的求知欲。因此培养学生的问题意识，是有效进行探究式学习的前提。而通过对学生问题的了解，特别是对基于学生经验的真实问题的了解，可以使教师把握正确的探究方向。

其实影响浮力的因素：液体的密度和物体排开液体的体积。前面两种方法就是增大液体的密度和增加物体排开液体的体积来增大对硬币的浮力，最终达到硬币浮在水面上的效果。而最后一种方法是涉及到分子方面的知识，液体的表面好像一张绷紧的橡皮膜，各部分之间存在着相互牵引的拉力，这种力叫作表面张力。如果我们轻轻地把一枚硬币平放在水面上，由于硬币较轻，水的表面张力能承受住它对水面的压力，所以能浮在水面而不下沉。

这样生活化的题目比枯燥的课前预习更容易激发学生的学习兴趣。由于可以解决实际问题，而解决问题带来的自豪感和成功感就会使学生更容易投入，进而获得意想不到的效果。

【案例反思】

物理学存在于物理学家的身边。勤于观察的意大利物理学家伽利略，在比萨大教堂做礼拜时，悬挂在教堂半空中的铜吊灯的摆动引起了他极大的兴趣，后来他反复观察，反复研究，发现了摆的等时性；勇于实践的美国物理学家富兰克林，为认清"天神发怒"的本质，在一个电闪雷鸣、风雨交加的日子，冒着生命危险，利用司空见惯的风筝将"上帝之火"请下凡，由此发明了避雷针；敢于创新的英国科学家亨利阿察尔去邮局办事，当时身旁有位外地人拿出一大版新邮票，准备裁下一枚贴在信封上，苦于没有小刀。找阿察尔借，阿察尔也没有。这位外地人灵机一动，取下西服领带上的别针，在邮票的四周整整齐齐地刺了一圈小孔，然后很利落地撕下邮票。外地人走了，却给阿察尔留下了一串深深的思考，并由此发明了邮票打孔机，有齿纹的邮票也随之诞生了；古希腊阿基米德发现阿基米德原理；德国物理学家伦琴发现 X 射线……研究身边琐事并有大成就的物理学家的事例不胜枚举。

《测定空气中氧气的含量》案例分析

储昕颖

一、教学背景

课型：新授课，一课时

教学方式：观察总结、实验探究、交流合作

1. 学情分析

初三第一学期，学生们刚刚接触到化学学科，只了解了化学学科的基础性知识。如：基本的概念和基本的实验操作等。大部分知识都是通过教师讲述，或者学生模仿教师进行实验的方法获得的。学生在之前的教学中已经能够独立完成实验，并能对现象进行描述，具有一定的基础。这节课是学生们在化学课上完成对空气中氧气含量测定的探究，也是第一次接触到实验探究。对于学生来说，这节课的知识点不难理解，难点是如何通过这个实验理解知识点。

2. 教学内容分析

本节课的内容是《生活中的化学》第一章《身边的化学》第一节《我们赖以生存的空气》第二课时。在第一课时，学生们已经学习了空气的组成和各成分的性质和用途，作为第一课时的延伸，这节课将进一步学习探究空气中氧气的含量。在本节课中，学生们不仅需要学习与化学有关的反应，也需要运用到物理中气压的内容。在教学设计时，教师要从学生熟悉的事物和现象中逐步引出来，由浅入深、循序渐进，符合学生的认知规律。多让学生提出问题、提出实验方案，充分调动学生的积极性，开放思维。

二、教学过程中出现的问题

1. 学生未有效学习过气压基本知识。学生们在九年级的物理学科才会系统学习气压的知识，虽然在之前六年级科学中也涉及到气压的有关内容，但是在教师教学过程中发现，能够理解气压变化的学生很少。而在教学过程中，学生需要根据观察到的实验现象进行分析，若没有气压的知识储备，学生很难分析出液面上升、水倒流入装置等这些现象产生的原因，这对教师的教学有较大的阻碍。

2. 学生参与度和活跃度不高。主要有以下几方面原因：

（1）教师教授的部分内容超出学生认知，只能由教师讲授，讲授法虽然能节约在课上的时间，但是对于学生来说是枯燥的，学生会认为这一知识与他的生活没有较大关系，从而失去学习兴趣。

（2）测定空气中氧气含量的实验是由教师完成演示实验，学生无法直观感受实验，从而主动探究实验背后的原理。这造成在课堂中，以教师作为主体，本应该是学生自己通过分析和思考，得出实验结论，但是教师将这一关键的教学环节忽略，由教师讲述，让学生无法参与到实验探究中，只是一味地记忆学习，学生的动手能力和实验探究能力没有得到提升。

3. 课堂教学中选用的实验装置误差较大。在保证正确操作的前提下，有较大的误差，在水倒流入集气瓶时，由于导管高于集气瓶和烧杯，所以两边压强还未相等，水就不再倒吸，导致结果偏小，又由于导管中可能有水，也会导致结果偏小。通常不能得到正确的结论。

4. 学生的化学实验探究素养和对化学学科的本质没有更深层的认识。学生和教师一样，更多关注知识类的内容。化学反应方程式、误差产生的原因等这些问题都能很快回答，但是在探究过程、探究方法以及对化学实验的思考没有进一步的提升。在课堂教学中，教师除了要教授学生书本知识，也需要培养学生在实验探究中的能力。

在此基础上，修改了之前的教学设计。

三、优化教学设计方案

1. 在教学设计中增加一个演示实验

让学生直观感受由于气压的变化带来的实验现象。让学生直接理解燃烧消耗氧气使液面上升较为困难，可以直接呈现装置内气体变少出现的现象，让学生理解气体的量和液面上升之间的联系。

【教学片段】

师：（演示实验：将集气瓶倒扣在水槽中，导管伸入集气瓶底部，再用吸耳球将空气抽掉一部分。）观察到什么现象？为什么？

生：集气瓶中部分空气被洗耳球抽出，瓶中气体减少，水进入瓶中。

师：每抽一下，大家会发现液面如何变化？说明了什么？

生：每抽走部分的空气，液面就上升一段距离。说明气体减少的体积就是液体进入集气瓶中水的体积。

师：现在大家能否解释这个实验中玻璃钟罩内的汞液面上升？

生：玻璃钟罩内的汞的液面上升是因为装置内气体减少，气压变小，大气压将汞压入玻璃钟罩内。

师：汞液面有没有完全上升至玻璃钟罩顶部？说明什么呢？

生：液面只上升了一部分，大约占玻璃钟罩的1/5，说明空气中氧气约占1/5。

2. 教学过程更着重于学生活动

（1）由学生自己提前收集及分享有关资料，了解科学家是如何探究空气中氧气含量的，由教师讲授式教学转变为学生自主学习，相较于之前的教学模式更能激发学生的积极性。

（2）由学生自己设计实验探究。由教师完成实验准确率固然高，但是也剥夺了学生的创造能力和探究能力。通过小组合作，由学生自己画出实验装置图、选择合适的实验药品，通过小组间的分享交流及教师的反馈，修改自己的方案。根据实验现象和实验结论，对小组设计的实验进行评价和反思，并进行改进。让学生在观察思考、实验操作、交流讨论等学习过程中体会化学实验探究方法。

（3）教师多启发、多激励学生。这个年龄段的学生往往不能踊跃表达自己的观点，课堂氛围比较严肃，教师在课堂上要和学生平等式的交流，从而引导学生勇于表达他们的观点和想法。当学生的想法与教师的预设不一致时，教师不要急于否定或者强制要求学生回答到预设的答案上，而是肯定学生的答案，激励学生表达观点。在学生感到有意义、有兴趣的活动中组织教学活动，培养学习兴趣，有利于发展学生终生学习的习惯。

3. 让学生体验实验探究的不易，从而提升化学学科素养

利用化学史，让学生初步了解实验探究过程。然后自己设计实验、完成实验、对实验进行反思，由学生总结出不同装置产生误差的原因，而不是观察教师的演示实验，只得到教师要求掌握的内容，发散学生思维，并且在原来的设计上进行改进，不断优化，意识到化学知识得来不易，也进一步了解化学是一门基于实验的自然科学学科。

4. 优化教师演示实验，减少系统误差

如右图所示，该装置可以减少导管带来的系统误差，同时装置操作更简便，现象更明显，也能观察到实验刚开始时，由于温度升高，玻璃管内气压升高，导致玻璃管内液面下降。从而更能让学生理解温度和气压之间的联系。

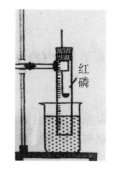

如有条件允许，也可以增加传感器的使用，用直观数据让学生理解温度、压强、气体多少之间的联系。从实验现象和直观数据两方面来探究该装置中的气压变化。

四、教学反思

1. 成效

在进行课堂教学后，在以下方面得到了进步和提升：

（1）在教学时，学生们还未学习过气压的知识，所以在解释"为什么玻璃钟罩内的汞液面会上升"这一问题时，对大部分学生有一定的难度。所以，教师需要完成演示实验，用吸耳球抽掉集气瓶内空气。在这个过程中教师要强调，因为气体在减少，所以液面在上升。每抽一下，水面就上升一段，直至底部，说明减少的气体体积等于进入的水的体积。在此基础上，学生们就能理解拉瓦锡实验中的现象，也为学生们自己设计实验提供基础。看似简单的 flash 动画，却能让学生不再凭空想象，很容易看出反应的本质，从而使所学知识得到归纳和提升。

（2）自主学习和探究式学习相结合。按照课程标准，学生们不需要掌握拉瓦锡实验的知识，但是这个实验中的实验探究方法和学生们需要掌握的测定方法有紧密的联系，是学生完成这个实验的基础，也能培养学生的实验探究能力。通过自主选择实验的仪器和装置，让学生完全沉浸在实验探究中，提高学生的动手能力、观察能力、创新能力，培养学生的科学精神、科学态度和科学素养，引导学生善于观察，积极参与过程体验，倡导学生自主、协作、勇于探究的学习精神和情感体验。

（3）肯定学生的设计方案和思考方式，正面评价学生的答案。在教学过程中，设计了师生之间、学生之间的多向交流活动，多数时候是以对话的形式进行交流，尊重学生的主体发展，学生成为真正意义上学习的主人，并及时恰当地对他们的成功与问题进行评价，缩短了老师和学生之间感情的距离，在这样平等和谐的氛围中，全体学生都没有过重的思想包袱，积极主动地在老师设计的活动中探究学习，从而使他们的参与、协作、创新等能力得到全面主动的发展。

2. 不足

以下几点还需要在之后的教学中改进：

（1）由于实验安全性，药品都用红磷与氧气反应，缺少了比较，是否有更适合的药品用于这个实验的反应物，这是接下去需要思考的。

（2）各小组内学生的探究能力各不相同，有些学生较难参与到小组合作学习，教师需要对班级学生进行分组，做到"组内异质，组间同质"。

（3）由于小组学习，较难把握好时间，在设计实验和选择装置及改进部分花的时间较久。

（4）在保证学生体验实验探究学习的同时，也要要求学生掌握基本知识，真正做到学有所得。

那道光，一直在

——体育课《双杠练习》教学案例

卫骏超

【案例背景】

新体育课程是以"健康第一"，以身体练习为主要手段，以体育与健身知识，技能和方法为主要学习内容，以增进学生的健康为主要目的的。它专门设有"知识与技能"的学习领域，掌握了运动技能，能提高对该项目的运动兴趣，对一个人来说是终身受益的。在中考新政下，双杠作为技能项目，在很多学校占据了中考比较大的选项比例，杠上练习不仅使学生的身体得到发展，而且对学生意志品质的培养有很好的效果。但是由于如今的家庭都比较关注文化学习，忽略体育锻炼的重要性，尤其是对器械类项目接触较少，容易产生恐惧心理，特别是女生本身的力量素质较弱，再加上心理问题，导致对双杠练习项目兴趣不足，既不敢又不愿，这样在授课方面就遇到了比较大的困难。如何让女生克服心理障碍，提高对双杠这个项目的兴趣，掌握较高的运动技能，是每个体育教师需要去探讨的一个问题。

【案例描述】

在新学期把双杠作为技能教授的项目开始，我就做了很多的铺垫工作，在双杠教授之前的两个多月里，穿插了很多的力量练习，比如俯卧撑、仰卧起坐、立卧撑、杠上支撑，杠上支撑行走等等锻炼上肢力量及肩带肌肉群的各项练习，希望在教授之前能让女生打下扎实的基础。

今天是双杠练习的第一节课，学习的内容是"杠端跳起——前摆后摆——接前摆下"的内容，一开始，我利用了视频、图片进行动作要领的讲解和分析，让学生对动作有初始的感觉，再加上我自身的示范，激发学生的学习兴趣。学生对新项目跃跃欲试，配合着保护措施，大家都尝试练习了起来，正当我对营造的氛围沾沾自喜时，我却发现小 A 躲在人群后，低着头，迟迟没有上前尝试的意愿，始终在旁观其他同学的动作，眼神中流露出羡慕的神情。集队讲评时我表扬了全体同学，尤其是胆子小的女生。下课后我把小 A 留了下来，跟她做了一番沟通，了解到小 A

想做又不敢做的心理。我尝试着用言语去鼓励她，可是她还是迟疑，后来我告诉她明天我亲自保护，我们一起努力，勇敢地踏出第一步好吗？她没有吱声，我想她已经开始在慢慢接受了。

第二天的体育课是双杠的复习课，其他同学在上节课的基础上，动作质量已有所提高。而小A躲在同学背后焦虑地来回走动，我知道那是她矛盾心理的表现。我走过去，微笑着伸出手说："小A来，我们也可以的，来试试。"她迟疑了一会，怯怯地伸出了手，同学们也用鼓励的眼光注视着她，小A终于跨出第一步了！跟着我走向双杠，我站在杠边，随着她的跳起，我一手轻贴小A的腰，另一个手抓住她的腕关节，慢慢地她摆动了起来，但是她的眉头一直紧锁着，我喊着口令："前摆，后摆，稳一点，前摆，后摆，出杠。"第一次的出杠，我托着她的腰帮她助力了一把，可是由于自己的害怕与不主动，屁股坐在了杠上滑落了下来，她无声地站在那里，似乎觉得自己好丢脸，动作好丑。这时有个女生带头鼓起了掌，紧接着响起一片掌声，小A感动地环视四周。我跟着说道："第一次，还不错啊！再来一次吧！"在班级女生的注视下，这次她自己主动走到了杠前，跳起成支撑，开始做起了动作，出杠前我托着她腰的手明显感觉到她自己在用力，我喊到"出杠"，这次她没碰杠，尽管动作不是很优美，但是她已能独立完成动作了，体操房里响起热烈而持久的掌声。我看到她的脸上露出了自信的笑容，然后我引导她参与到其他同学当中互帮互助，一起练习了起来。

我在旁悄悄观察小A的练习，看到她已融入到班级集体中，一起练习，一起交流，一起评价，一起帮助其他同学，她已经不惧怕这个项目了，信心也倍增，动作也越来越漂亮。课后讲评我点名表扬了小A，并让她给全班同学做示范，看着她在杠上轻盈地飞舞，同学们的掌声不绝于耳，幸福的成就感写满小A的脸上。

【案例评析】

小A的案例使我感触很深，在我们的课堂教学中，教师既要关注知识与技能，更要关注学生的情感，深挖教学内容这个载体，提高课堂教学有效性。此案例给了我以下启示：

1.营造和谐课堂。以学生为本，尊重学生，营造一个民主、平等、愉悦、和谐的体育课堂氛围，优化师生关系，让课堂始终充满乐趣，有助于提高学生学习的兴趣和积极性，也能培养学生的团队意识，从而提高体育教学效果。

2.关注个体差异。中学体育教学面对的学生是多种多样的，在进行身体练习的过程中会出现很多的个体差异，如：体质强弱的差异、运动基础上的差别、认知方式上的不同等等，这就需要教师在教学过程中根据学生的个体差异，设计不同层次的练习内容、学习方法，试着从语言上或行动上去关心他们、帮助他们，同时同伴之间的鼓励也是非常重要的。学生是学习的主体，让这些同学能及时融入课堂氛围，展示自己，体验成功、享受成功。

3. 合理安排教学进度。教师应结合学生的年龄、心理特点，优化教学内容，满足学生需要，合理安排教学进度，使学生在体育教学中终身受益。随着新课程标准的不断推广和深入，教学过程中要改变过去以教师为中心的课堂教学模式，让学生有自己的选择空间。使学生有更多的机会锻炼，提高学生学习的积极性。

4. 重视保护与帮助。教学内容合理，重视安全教育，对教学中出现的错误动作及时进行指导和纠正，同时，无论是教师还是同学之间的保护与帮助，都给了彼此一种安全感，增强了学生的信心，培养了两者之间的信任感，增强了责任意识。

【案例反思】

教学是教师与学生的互动，是双边的行为。教师作为促进者，要帮助学生树立适当的学习目标，指导学生形成新的学习动机，充分调动他们的学习积极性，建立一个宽容的课堂氛围。

1. 要做积极的旁观者。在学生自主练习讨论中，教师要积极地观察倾听，设身感受学生的所想和所为，考虑好下一步指导学生的方法。

2. 要做耐心的心理支持者。在学练中，学生取得成功时，教师要发自内心地给予他们鼓励，给予他们掌声和表扬，当他们遇到挫折或失败时，教师不能任由其他同学的取笑，要给予他们理解和支持，同时还要为他们营造一个有安全感的学习氛围，鼓励他们再次尝试、思考和实践。

3. 要做真诚的赞赏者。每个学生都有自己的思想、意愿和行为规律，因此，教师应做到真诚地欣赏每一位学生，赞赏每一位学生的独特性、兴趣、爱好、专长，赞赏每一位学生所取得的哪怕是极其微小的成绩，赞赏每一位学生付出的努力。

4. 要做明确的引导者。教师的引导是多方面的，可以是学习的方法、做人的道理、思维的方式；可以是一种启迪，当学生迷路时，教师不是轻易告诉方向，而是引导他们怎样去辨明方向；也可以是一种激励，当学生畏惧时，教师不是拖着或背着走，而是获取他们内在的精神动力，鼓励他们不断克服一个个困难。

总之，在体育教学中，教师应该充分了解学生的各种心理需求，采取有针对的教学措施，让每一位学生都有进步和成功的体验，从而提高每一位学生体育学习和活动的自尊心和自信心，这样我们的学生才能得到发展，他们的人生才会真正"飞舞"起来。

探索博物馆　学海任遨游

——《北蔡中学博物馆校本课程》活动案例

陈　莉

【案例背景】

中学生寒暑假有将近 3 个月的假期，学校把假期和上海得天独厚的各级各类博物馆丰富资源相结合，为本校的博物馆课程的实施开展提供便利、创设条件。同时学生也可以从博物馆中找到感兴趣的实践活动场所和活动信息，把博物馆当成增长知识的大课堂。

那么如何把博物馆课程融入寒暑假活动呢？

【案例过程】

在寒暑假，家长、学校，甚至学生自己都会组织一些旅游、游学、小队活动等，我们要抓住这些契机和学校的博物馆课程结合，让我们的学生立足上海，面向全国，或走出国门，通过参观不同的博物馆获得更多的知识。

我校在每年寒暑假都要求每个学生完成《暑寒假活动手册》中《上海市北蔡中学博物馆课程暑假活动记录表》，让孩子们有的放矢带着问题去参观学习，很多博物馆同时涉及多个学科，在学校学习中学生无法学到的知识，在博物馆课程中可以将传统学科进行知识建构统筹，也可以让学科间既独立又相互联系，为学生的全面发展打下良好的基础。

2017 年暑假，我们给学生布置了参观上海市海事大学附属北蔡高级中学航海博物馆的任务。事先我们就跟北蔡高级中学的老师沟通好开放的时间，然后要求孩子们带好《暑寒假活动手册》，以雏鹰中小队活动的团队形式去。同学们三五结伴一边参观一边听学生志愿者讲解，一边还能亲身体验，真是受益匪浅。有学生在探究报告中写道："各种各样的展品让我们应接不暇：图文结合的介绍和展品，让我知道了中国航海技术的演变过程；各类船模让我在鉴赏的过程中也收获了丰富的知识；最开心的是我们还过了一把当"船长"的瘾，让我不停地发出惊呼，这次的活动也激发了我们学习的志趣和对航海知识的探索。"

【案例成效】

在暑假结束后，我们利用班队会课让学生把假期里的博物馆学习和体检分享给同学，让学生从被动接受式学习到主动学习，更好地激发学生对生命价值的思考与认知，达到博物馆课程教育的初始目的。

1. 丰富了学生学科知识。"纵横八万里、上下五千年"，博物馆拥有无限的资源，是学生获取知识最好的宝库，使学生开阔视野，感受高雅质朴的艺术氛围。一位学生在离开自然博物馆前，在留言本上写下了这样的观后感："通过这次游览，我从浩瀚的宇宙到酷热的地心，从各类猛兽到花草树林中，了解了这个世界。"

2. 提升了学生学习合作能力。在博物馆中，学生以团队的形式带着问题参观，找资料、寻答案，培养获取收集信息、解读利用以及团队合作的能力。很多学生意识到学习的方法有很多种，学习的地点也不一定只有课堂。只要开动脑筋，学习的资源可以无限丰富。

3. 培养了学生丰富的情感。博物馆在培养学生的人文素养、情感、价值观等方面具有常规教学不可比拟的优势。"在体验中生长，在感悟中超越"，潜移默化地影响着孩子们的人生观和价值观，不仅是知识的收获，更有情感的升华。

附：

探索博物馆 学海任遨游
——上海市北蔡中学博物馆课程暑假活动记录表

我们小队名称：

我们小队领袖：

我们小队成员：

我们探究的博物馆：

文明小约定：

1. 珍惜财物爱展品；2. 低声细语步履轻；3. 谦谦有礼仪容美；

4. 提问有序善倾听；5. 保持距离别拥挤；6. 环境卫生多留心；

7. 食物饮料厅外用；8. 遵从引导礼先行。

探究任务菜单：

1. 发现一个最神奇最感兴趣的地方，记录下探究的过程并完成报告。

2. 自定其他探究任务，记录下探究的过程并完成报告。

我们的探究报告

活动照片（粘贴处）

上海市北蔡中学

教学改进

成果集

初中语文教学中指导学生
背诵方法的实践研究

文剑峰

一、问题的提出

良好的教学总是有益于学生学习品质的提升。

学生的知识储备是学生知识构成的重要组成部分。课文背诵在语文学习中是一种掌握知识、积累知识的重要途径，是学生学会运用知识的一个必要储备。因此，在语文教学中关于背诵教学都有明确的目标与任务。在《上海市中小学语文课程标准》中明确了这样的课程目标：六至九年级的学生"能背诵一定的文言短文（片断）、古典诗词，四年的背诵总量为 1.5 万—3 万字"。另外，在六至九年级的课程内容与要求上又规定"每学期的背诵量，不少于文言课文总量的 30%"。这些要背诵的量确实不少，能否让每个学生完成是教师应该思考的。

就一门语文学科，要完成这么多的背诵量，如果教师在教学中只是进行简单的任务推动，而没有把教师的"教"与学生的"背"有效地结合起来，缺乏教师对学生背诵的有效指导或引导学生对背诵方法进行有益探索的话，那么，学生对教师的教学效率以及自己的学习意义等方面都会产生质疑，正是出于这样的担忧，实施"初中语文教学中指导学生背诵方法的实践研究"具有以下三个方面的意义：首先，它是教师探索有效课堂，提高课堂教学效能的需要；其次，它是以研究学生记忆规律为基点，帮助学生掌握良好的学习方法的需要；最后，它还是提升学生学习品质，减轻学生学业负担的需要。

二、问题现状分析与教学策略的形成

1. 教师的"教"与学生的"背"缺乏有机的结合

从以往我校的教学现象来看，语文教学中，教师的"教"课文与学生的"背"课文往往是脱节的，学生的"背"是教师"教"后的一项一定要完成的学习任务。问题是总会有背诵困难的学生，教师常会把问题归结为学生态度的不认真，结果，学生学习热情也因此受到了打击。教师这种只要结果而忽视了对学生背诵过程辅导的做法，常会让学生感到"受伤"，最后把背诵看成是一种负担，一种苦恼。鉴于这样的问题现状，可以形成这样的教学策略：教师的教与学生的背应该结合在一个完整的教学过程中，即学生的背诵任务的完成应该贯穿在教师的整个教学过程之中，而学生在学完所要背诵的课文后，能否背出课文是对教师教学效果的一种检验。

2. **对学生背诵学情的臆断，让师生陷入了共同的痛苦**

学生的背诵问题不能一概地归结为学生的学习态度与记忆能力问题，事实上相当一部分学生对背不出课文也是有苦恼的。教师如果仅仅判断为学生的学习态度不好而采用"紧盯""硬逼"的方法，这样做尽管也能起到一些短期效果，但这需要教师与学生牺牲大量的时间与精力，并且效果也往往不尽人意，结果常常是教师与学生在对立中陷入一种恶性循环：完成每次背诵，时间拖得很长，时间拖长了，有些学生便成了长期的背诵"困难户"，教师也化了大量的精力，快成了抓背诵的"专业户"。其实，与其如此，不如先分析一下学生的背诵存在哪些问题，当对学生的问题有比较清晰的了解后，那么，离解决问题的方法就更近了一步。

3. **背诵教学的失当，倒了学生背诵的"胃口"**

大部分教师在辅导学生背诵的时候是反对死记硬背的，确实死记硬背作为机械记忆，对学生掌握、运用知识没有多大的帮助。但是教师为了达到学生背出来的效果，会用反复抄写等方法来促成学生对课文的背诵，结果是抄还在，背依旧，学生宁愿抄，不愿背。本来反对学生机械背诵的，教学却用了更机械的方法。对学习不够自觉的学生，"死盯硬逼"的方法可以暂时取得些作用，但长期对学生的学习驱动来说，却让他们感到了学习的可怕与厌恶，因此，教师在背诵教学中一定要帮助学生寻找到一些适合他们的背诵方法，提升他们跨越学习问题的能力。

4. **没有关注语文背诵篇目本身的特点对学生背诵所起到的作用**

教师对于阅读教学是不会丝毫怠慢的，从重点词句的理解到段篇分析，从段意的概括到中心的把握，从过度语句作用到文章的谋篇布局……哪一样不精讲细讲，却唯独没有把这些与课文的背诵联系到一起。其实，只要对这些内容稍加点拨，就能有助于学生的背诵，反过来学生这种基于理解的背诵又能加深他们对课文的理解。

三、教学中指导学生背诵的实践方法

（一）基于学生学情的方法：寻找学生的背诵问题，制定相应的教学方法策略

学生是学习的主体，因此教学要从学生的学情出发制定相应的教学策略。帮助学生解决学习问题，首先要帮学生找到问题的所在。同样，指导学生的有效背诵的背诵方法是应该建立在学生的学情基础上的。如果教师在教学上没有考虑到学生的实际需求，而一股脑地把所谓的好的背诵方法教授给学生，那么，学生未必一定会用你教的方法。或许他会认为自己的方法也没有什么不好。事实上，我在实施教学中指导学生背诵方法的初期效果并不明显，主要原因是我先入为主，并没有从学生的学情出发。甚至有学生认为我的方法是多此一举，因为他们已习惯于已有的方法。

在这种情况下，学生的背诵问题仍然存在，每次遇到背诵他们依然苦恼。因此，教学中指导学生背诵的首要方法是教师在教学指导之初要善于发现与分析学生背诵课文中存在的问题，并制定相应的教学策略。在教学中我发现学生的背诵问题主要表现为：因背诵课文的难度而让学生产生畏难心理；因背诵的受挫经历而产生抵触情绪；因机械背诵习惯而产生的低效率学习；因人的惰性产生逃避行为等等，针对这些问题，我在教学上采用了相应的教学策略：

1. 助学生分解背诵难度

此种方法并不是简单地把一篇课文分成若干段落让学生逐段背诵。这种方法并不会改善学生的学习效率，而且还很可能助长学生背诵拖沓的习惯。教师真正意义上的帮助学生分解背诵难度是要帮助学生从整体上把握背诵课文的中心内容，结构布局等等，要让学生明白自己在背诵具体的，有思想、有情感、有层次条理的文字。因此，每一篇要求学生背诵的课文，背诵之前，教师一定要做好对学生的阅读指导，学生对背诵文本的阅读理解越深刻，他们背诵这篇课文的难度就越低。

2. 帮助学生设计背诵方案

学生的机械背诵习惯表现在他们没有方法，他们往往把背诵课文一字一句往下背，结果是前背后忘，翻来倒去，尽管有时背了出来，可过了一段时间又忘了。要解决学生的此种背诵问题，教师在教学中帮助学生设计好背诵的方案，即帮助学生设计背诵的路线图。设计这个路线图有点像苏东坡背书一样，开始每页用三个关键字作提醒，尔后用二字、一字作提醒。同样，学生在背诵篇幅较长的课文时也可设计一张提醒自己背诵的"线路图"。

3. 帮助学生寻找背诵的兴奋点

学生背诵上的受挫经历会导致学生学习的不自信，这也会加重他们在背诵上的惰性，于是在教学上教师要尽快让学生获得成功的体验来恢复他们的信心，激发他们的兴趣。这其中方法之一就是要帮助学生寻找到背诵的兴奋点。以教学范成大的《横塘》为例，我运用了寻找记忆兴趣点的方法：诗的第一句中出现的"南浦""绿一川"等词都是学生比较熟悉的，因为"南浦"让学生能想到"南浦大桥"，"绿一川"让学生想到了附近的地名"绿川"，指导学生背诵的时候，只要稍微点拨一下，学生就能牢牢记住。

当然，不同的学生可能有不同的记忆兴趣点，有些是学生阅读中发现的问题就是他们背诵的兴趣点，教师也要善于捕捉，善于引导。例如，课上有学生提出"细雨垂杨"怎么能"系"住"画船"呢？通过帮助学生的分析，他们知道了"系"住"画船"的是送别时的情深意长，而"细雨垂杨"正是代表这份情感的物象。当学生记住这些的时候，学生对诗句本身的记忆就更为深刻了。

（二）基于文本教材自身特点的方法：阅读理解的过程也是完成背诵的过程

每门学科的教学都要抓住自己学科的特点，实施语文学科的教学关键之一是教师对教材的研究，在对学生的背诵方法的教学指导上，结合背诵课文的自身特点来指导学生背诵不失为一种较为简便有效的方法。我在教学中是从以下几个方面入手的：

1. 理清文本的结构特点背课文

每篇文章都是有结构布局的，而且有些文章有非常清晰的结构脉络，如果把这些结构脉络帮助学生梳理出来，并依此作为引导学生背诵的"路标"，这会让学生背诵的思路清晰起来。例如《白洋潮》一文背诵教学中，我先让学生梳理出了潮水由远及近的空间变化顺序，即"立塘上—稍近—渐近—再近—潮到塘"，然后依此作为辅导学生背诵的"路标"，让学生根据课文描述潮水在不同阶段的景象，最后，让学生凭着"路标"试背课文，结果，课堂结束的时候，竟然有半数以上的同学能连贯地背诵课文了。

2. 抓住文本中的关键语句背课文

对于文本结构不明显的文章则可以用辅导学生抓住文本中的关键语句来进行背诵，这里所说的关键语句是指那些对文章的中心内容起到统领作用的语句，然后围绕这些语句发散开来，能帮助学生背诵的时候起到以点带面的作用，例如《曹刿论战》第一段是围绕"何以战"这个问题开始论战。我让学生来围绕曹刿与鲁庄公这个问题梳解了他们之间三问三答，并让他们把三问三答进行比较，分析曹刿的论战思想。结果在课后，许多学生发现，自己已经能背诵这段课文了。

3. 融入作者的思想情感背课文

对于一些包含思想感情的文章，教师可以通过引导学生走进作者的内心世界或者作品蕴涵的意境之中来激发学生的背诵热情。例如在辅导学生背诵柳宗元的《小石潭记》的时候，我的教学是由柳宗元人生经历讲起的：柳宗元少年得志，却仕途不顺，常年遭贬，可以想象其内心的郁闷感伤，《小石潭记》就是其被贬永州时的作品。那么，作者是怎样钟情于永州的山水呢？文章前面写"心乐之"，后面又写"悄怆幽邃"，一乐一忧似难相容，该如何理解？通过对问题的讨论，学生对柳宗元内心的认识也清晰起来：乐是忧的另一种形式。柳宗元参与改革，失败被贬，心中愤懑难平，因而凄苦是他感情的主调，而寄情山水正是为了摆脱这种抑郁的心情；但这种欢乐毕竟是暂时的，一经凄清环境的触发，忧伤悲凉的心情又会流露出来。这一刻，我告诉学生：你就是柳宗元，带着他的心情，踩着他的步履，用着他的眼光来游历小石潭……当学生的思想情感沉浸在柳宗元的思想情感中的时候，学生口中呼之欲出的就是他的美文了。

4. 把握文体特点背宋词

语文教学中，每篇课文都存在着一定的文体特点，利用这些特点也可以作为辅导学生进行背诵的切入点，例如，在宋词的教学中，帮助学生把握宋词的特点，学生会在语言的美感中加深对文本的记忆。

（1）让学生描述优美的，富有意境的词句，加深学生的理解性记忆

《青玉案·元夕》的上阕描绘了一幅元宵节夜晚繁华、热闹的画面，教学中，我先让学生尽可能用自己的语言完整地描述出这幅场景，然后通过学生间的交流，整理出对这幅元宵节夜晚场景的文字描述：高挂在树梢的花灯，有如东风吹过，在一夜之间，千树花开；绚烂的烟火，如漫天的星雨。那华美的彩车驶过，留下一路的清香；在婉转的箫声里，在皎洁的月光下，欢乐延续了整个夜晚。最后，让学生根据这些文字描述记诵词句，大部分学生在几分钟内就完成了背诵。

（2）让学生体会对仗语句的精妙之处，激发他们的背诵兴趣

对仗是古诗词中常见的修辞手法，两个句子因句式一致而显匠心。对仗句因前后相关，句子间往往存在着相互提示的关系，所以，背诵此类语句显然要容易得多。在《破阵子·为陈同甫赋壮词以寄》一词的教学中，我先让学生找出词中的两组具体描写"沙场秋点兵"的对偶句——"八百里分麾下炙，五十弦翻塞外声""马作的卢飞快，弓如霹雳弦惊"。然后让他们比较两组对偶句在对仗工整度上的差别，并得出了前句为严对，后句为宽对的结论。最后让学生体会对偶句对表现作品思想情感的作用，即这里的两组对偶句运用渲染出了词人激战沙场的英雄豪迈之气。从教学的反馈情况来看，当他们明白了对仗句的特点与作用后，他们普遍认为背诵此类诗文是件比较容易的事情。

（3）让学生把握宋词的结构特点，提高学生记忆的容量

辛弃疾的《丑奴儿·书博山道中壁》的结构特点非常明显，上阕抒写的少年的人生经历，下阕抒写的是"而今"人生感受，而且上下阕句式基本相同并形成对比。教学中只要让学生了解这些结构特点，并把这首词的上下阕转化成两个相关的记忆单元，可以迅速帮助学生背诵这首词。同样的道理，蒋捷的《虞美人·听雨》的背诵可以让学生根据这首词的结构特点，把它分成"少年歌楼听雨""壮年客舟听雨""暮年僧庐听雨"三个相互联系的记忆单元，使学生的记忆容量得以扩充的

同时，他们记忆的完整性也能够提高。

四、研究的成效与思考

（一）成效

1. 学生的学习自信心得以提高

通过语文教学中指导学生背诵方法的近一年的实践研究，我所任教班级的每位学生都能及时完成背诵任务，有近三分之二的学生能在我完成要求背诵课文的讲读教学的同时完成对课文的背诵。更重要的是学生树立起了这样的学习信心：只要通过自身的努力以及掌握良好的学习方法，是能够克服学习上碰到的困难的。特别是那些曾经在背诵上问题较多的学生，当他们在收获成功的体验后，不仅会引发他们学习的良好兴趣，而且也能转化为他们内部学习的动机。

2. 教师的教学效能得以提升

教师的教学效能首先体现在课堂教学的效率上，学生在课堂上高效率的学，首先取决于教师的教是否能帮助他们跨越学习上的困难。一位在教学上有方法的老师，他的课应该是对学生有吸引力的，更是能帮学生解决学习问题的。当学生们不再为背诵感到痛苦的时候，他们对教师以及他的教学的信任感，促成了和谐、有效的教与学的氛围，从而较大地提升了整个教学的效能。因此，与学生探讨背诵方法只是一个契机，其目的是引导学生进入自主学习，提高学生学习的有效性。

（二）思考

1. 指导学生背诵方法不宜方法泛滥

从手头已掌握的各种教学资料来看，教学中对指导学生背诵方法的研究向来受到教学者的重视，也不乏许多有益的探索和积累的许多宝贵经验，有许多方法对我实施背诵教学确实提供了不少启发。问题是，背诵方法虽然对提高学习效率很有帮助，但动不动总计十多种的背诵方法，反而让学生在操作的时候无所适从，本来要简单化的事情反而复杂化了。可见背诵方法罗列过多，学生就无所适从。

2. 指导学生背诵方法不宜唯教师的方法

不同的学生，其学习能力也存在着不同，有些学生本身就有很好的背诵方法与经验，就不能要求他们一定要采用教师的方法，在操作上应鼓励他们用好自己的方法，学会借鉴他人的好方法，探索更有效的方法；对一些背诵基础相对较薄弱的学生，也不能急于求成，开始时甚至要为他们量身定做地设计一些适合他们的方法。

一堂课的"诞生"
——以考评课《盼》为例

张陆晨

"拿到文本，自己独立、反复阅读形成自己的思考是作为一名教师应有的基本素养"，这是我大学时遇到的非常优秀的一线老师送给我的"秘籍"。在新入职的这一年教学实践中，我也始终秉持着这种独立钻研的个人教学理念个性化备课。通过反复阅读，将自己的所思所想及时写在对应位置，理出本课的核心线索串联起一整节课。阅读、选择、润色、加工、锤炼，我们的课堂就像是在打造艺术品一样需要精雕细琢，更需要踏实打造。虽看上去过程"繁琐"，但一步一个脚印后静心端详"成品"，还是能让自己"得意"好一阵子。

一、确定课文

正式进入教师队伍后，我迎来了第一次课堂教学的磨练。作为一名新进教师，当年年底的考评课成绩是见习教师能否顺利结业的重要指标。十月初，导师就开始一次次催促我赶快确定课文。然而面对一本全新的部编版教材，极少的可以借鉴学习的教学设计，尚未清晰明确的新教材教法，那时的我真可谓"两眼一抹黑"。带着书回家，又带着书回学校，除了光洁的页面上褶皱多了些，那份我一直期待着迸发出的"玩意儿"却未闪现。那时的我确实更多关注的是这篇课文有什么亮点，我能怎么将课堂的各个环节有效串联起来。简言之，我只关注了"教"。

所谓"教学"，就是由两部分组成，教师的"教"和学生的"学"。纵观我的读书生涯，传统化的课堂无疑多为"一言堂"，老师们将自己的知识储备"倾囊而出"，但忽略了学生知识储备现状。这就容易造成输出和接受之间的差异性过大，一会影响学生吸收知识的效率，二会影响学生学习的兴趣。这种过往的学习经历也时刻鞭策着我一定要关注学生现有的知识储备，尽可能站在学生的角度阅读文本、品味语言，体察作者情感。基于这个"立场"，加上尽量用一个课时完成课堂教学的要求，我将选文确定为铁凝的《盼》。

二、细读文本

《盼》是部编版语文教材六年级上册第五单元的一篇讲读课文。通过阅读单元导语可以了解单元课文的主要内容，即都是围绕观察生活、感受生活的主题编选的。《盼》是著名作家铁凝早期的一篇短篇小说，有删减。小说着重反映的是儿童迫切穿新雨衣的心理以及近乎反常的言行，作者以孩子的视角，记述了"我"得到新雨衣后未下雨时盼下雨，下雨时盼外出，没法外出时盼雨停，到最终如愿在雨中穿上了新雨衣的故事。语文课要追求语文味，这是我一直遵循的原则。《盼》这篇课文就用细腻的语言描述了主人公心理微妙的变化，不仅直接的心理活动描写能够表现人物的心情，动作、语言、环境描写也能让我们感受到孩子充满童真童趣的心理活动。

1. 心理活动描写

（1）心想，你怎么不向窗外看一眼呢？

明确：此情节发生在终于下雨了，"我"有机会穿雨衣出去玩耍了。当时的"我"对妈妈没注意外面的天气有一丝埋怨，怪妈妈不给她外出穿雨衣的机会。

（2）望着望着又担心起来：要是今天雨都下完了，那明天还有雨可下吗？最好还是留到明天吧。

明确：此情节发生在傍晚下雨了，写出了"我"不能外出的失望、无奈和对第二天穿上雨衣的渴望。

（3）觉得好像雨点儿都特别爱往我的雨衣上落。

明确：此情节发生在小说最后，即下雨了，"我"穿着雨衣走在街上。正因为"我"喜欢雨衣，所以盼望着下雨。当"我"的心愿得以满足，"我"觉得雨点儿都"特别"爱往雨衣上落。

2. 动作描写

（1）我立刻就抖开雨衣往身上穿。

明确：传统雨衣：非透明、颜色老土单调、斗篷式的、行动不方便。写出"我"收到新雨衣后的兴奋，对它爱不释手，迫不及待地想上身穿。新式雨衣的袖筒设计使童年时候的"我"活动自如，可以尽情玩耍。

（2）我一边想，一边在屋里走来走去，戴上雨帽，又抖抖袖子，把雨衣弄得窸窸窣窣响。

明确："一边……一边……"写出了"我"陶醉在收获雨衣的喜悦中。"抖抖袖子，弄得窸窸窣窣响"写出了"我"收获新雨衣后的神气。后文能够看出我完全沉浸在收获新雨衣的喜悦中。

（3）我兴奋地仰起头，甩打着书包就大步跑进了楼门。

明确："仰起头""甩打着""大步""跑进"写出终于下雨，"我"有机会穿上新雨衣出门炫耀的得意心理。"跑"字强调了"我"的急切心理。

3. 语言描写

（1）"可是……还差半小时呀。"

明确：此情节发生在下雨后，当我急切地回到家想穿雨衣出门时，妈妈不让我出门，而是命令"我"去听英语讲座。"可是"和省略号将"我"当时预感愿望即将落空的失望。

（2）"我今天特别特别不累。妈妈，我给你买酱油去吧，啊？"

明确：此情节发生在下雨后，妈妈不让我出门，"我"想找借口出门。语言的细节处理十分巧妙，"特别特别不累"显然很奇怪，将小孩子说谎时的不自然、心虚表现得淋漓尽致。最后的语气词"啊"和问号更能表现出谎言随时编造不下去的心虚。此处语言描写极其符合孩子的天性。

（3）"妈妈，下呢，还在下呢！"

明确：此情节发生在第二天早晨雨还在下，"我"准备穿雨衣上学的时候。作者把童真无邪的孩子编借口时的稚嫩可爱模样描绘得惟妙惟肖。省略了"下雨"的"雨"，更能凸显出"我"在上学路上终于盼到下雨，能够名正言顺地穿上漂亮雨衣的激动心情，以至于有些语无伦次了。此外，"下呢"一词反复出现，强调了"我"得知外面还在下雨，终于能穿新雨衣出门的欣喜之情。后面的感叹号更是再次强调"我"的欢悦。

4. 环境描写

（1）路边的小杨树忽然沙啦啦地喧闹起来，就像在嘻嘻地笑。

（2）吃过晚饭，雨还在不停地下着，嗒嗒嗒地打着玻璃窗，好像是敲着鼓点逗引我出去。

（3）路灯照着路旁的小杨树，小杨树上像挂满了珍珠玛瑙。

明确：这三句分别是雨前、雨中、雨后的环境描写。"一切景语皆情语"，三处雨景的描写，衬托出"我"不同的心情，从兴奋到担心，从失望到惊喜，都写出了"我"的渴望，对雨的"盼"。正是因为"我"对雨衣、雨天喜爱，所以一切象征着下雨的环境、气候变化让我觉得愉快。也正是因为我的心愿即将得到满足，所以我觉得树上的水珠像是"珍珠玛瑙"。作者喻体选择的讲究可见一斑，他认为雨滴和奇珍异宝一样珍贵。也正是出于"我"对世界的热爱，所以我眼中的雨后世界是如此绚烂。

三、确定目标

基于对文本的品读和对单元目标的把握后，我将教学目标确立为：1. 理清写作思路，体会作者是如何围绕"盼"这一中心组织材料、展开叙述的；2. 把握文章主要内容，通过品味重点语句，感受童真童趣和对生活的无限热爱；3. 迁移运用，初步掌握用语言、动作、环境描写等将心理活动写具体的方法。将教学重难点确立为：通过品读表现人物心理活动的重点语句，感受作者的童真童趣和对生活的热爱。

四、撰写教案

盼什么？为什么盼？怎么盼？显然，前两个问题在我们通读课文后就有了明确的答案：妈妈送给"我"一件与众不同的雨衣，盼下雨。通过梳理核心事件，能够明确作者是通过记叙以下几个情节来写《盼》的，即屋里穿雨衣、晴天盼下雨、雨天盼出门、出不了门盼雨停、穿雨衣上学。

细读课文后，基于单元目标和课时目标，我将教学环节分成四大部分：一、导入性点拨——课文导入；二、研究性点拨——整体感知；三、鉴赏性点拨——文本细读；四、巩固性点拨——作业布置。

选择抒情性的导入方式引发学生对美好事物的盼望。整体感知部分点拨学生思考：1. 作者是通过哪几件事来写"盼"的呢？2. 五件事例之间有什么联系？明确他们紧扣"盼"层层推进的。这两个问题的设计意图与单元目标"注意体会文章选取适当的材料或事例表现中心的写法"所匹配。3. 感受人物一波三折的心理活动变化，提示学生可以在日常写作中尝试模仿。

文本细读是语文课追求语文味的一大重点，语文课就得有语文味。学生通过自由圈画、朗读、品味人物心理变化的语句，明确作者选取了多个事例，多种描写方法将人物丰富的心理活动写丰富、写具体。由开始的盼而不得到最后的如愿以偿。通过记叙童年时代的童真童趣，表达了作者对生活的无限热爱。期间，我重视朗读教学，以指名读、齐读、分组读、范读等多种方式，指导学生对一些重点词语进行特殊处理，有效地提升了朗诵表现能力。通过朗诵，帮助学生更全面、细致地把握主人公复杂微妙的心理变化过程。

教材中的课文只是我们教学的"素材"。作为青年教师，我们要善于合理利用教材切实提高学生的综合素养。为了达成第三点教学目标：迁移运用，初步掌握用语言、动作、环境描写等将心理活动写具体的方法。我设想当堂让学生完成一篇以

"盼"为题的片段小作文，请一位同学分享自己的作品，其余同学给出修改建议。

最后，请学生结合板书明确一节课的学习收获，如：写作时尽可能更细致地呈现人物心理的变化，也可以用多种描写方法将心理活动写具体，如：心理活动、动作、语言、环境描写。

五、反复磨课

在完成了详案后，我开始了第一次借班试讲。反应较迟缓、沉闷是我上完课的最大感受。说实话，我着实受挫不少。事后我尝试着分析了原因：1.课文篇幅较长，预习工作没有落实到位；2.抒情式导入不适合本篇课文，没有激起学生的学习兴趣，没有进入情境；3.课堂容量大，剩余用来当堂片段写作的时间过于仓促，有任务的布置，没有时间反馈，此环节的设计不具有有效性。

为此，我制定了具体的改进措施：1.将抒情式导入改成了情境式导入，即请学生回忆自己是否有过"盼"的经历？简单说说"盼"的是什么，怎么盼的？2.在布置预习任务时，要求学生熟读课文，并且提前圈画出表示人物心理活动的语句，用批注的形式把自己阅读文章时的所思所感记录在书本上，体会人物的心理变化过程。3.请全班同学预习时撰写一篇以"盼"为题的作文，我挑选出一篇，课上要求学生试用课上所学到的将心理活动写具体的方法，修改作文，将人物的内心感受写生动、写丰富。

为了更熟悉文本、熟悉环节、熟悉课堂，班级的学生一去专用教室上课，我就"溜到"班级开始试讲。好几次都看到班主任的头探出来，"他们不是去专用教室上课了吗？我还以为他们换课了呢"，我只是朝着班主任笑了笑。在很多次无生试讲，5次借班磨课后，每一次的试讲都带给我不同的感受。小问题的暴露、教学机智的逐步生成、教学灵感的迸发，我总是习惯第一时间记录下种种感受。各个环节逐步被优化，我的上课激情也被调动起来，品味到人物的心理时有时竟忍不住"手舞足蹈"起来，也许这就是前辈们总是强调的"享受课堂"吧。

六、考评实战

最后的考评形式在考评前一周改变了，由完整的40分钟有生上课变成了15分钟无生试讲。不管形式怎么变，只要做足了"功课"，那么没什么差别。考评分为文科组和理科组，聘请了市区的学科专家。能在"大咖"面前表现自己，听起来真的挺让人激动的呢。刚进考场，一张熟悉的面庞出现了，可是尴尬的是我竟一时"短路"，没能想起来他姓什么。正式开始前，评委们"端详"着我的教学设计，竟先研究起了我的名字，这开场前的热身让我轻松起来。

当我讲到最后的例文修改环节时，有的评委举起手机，摆出拍照的姿势。计时的评委敲响茶杯，正好我的最后一个字音落下，时间掌控得刚刚好。没有意外、没有超常。除了板书有些急促，欠缺美观，其他环节我发挥出了自己应有的水平，没有遗憾。那位我后来才突然记起他名字的齐浦扬老师表扬了我的作业设计，具有一定新颖性。并让我带着自己的理解，演绎了片段朗读。他的一记点头，我到现在都没"揣摩"出是否有深意。

七、后续反思

考评结束的当周周五，我坐在鹏飞路三楼会议室参加阶段练习的质量分析会，建平西校的见习主管老师发来了考评成绩：第一，二十多位见习教师中的第一。我相信有很多见习老师都能体会这种历经种种困难，背后默默努力，终得肯定的感受。我不觉得这一路有"苦"的滋味，我也只是所有努力奋进的年轻教师中的其中之一。我只是觉得自己真的很幸福、很幸运。从一开始的一头雾水、毫无思路，焦虑到又是做梦都梦到在上课，到后来的"柳暗花明"。一路上幸得数位良师益友，给予指点，给我肯定。感恩世上一切美好。我自知还有很多不足。任重而道远，黄厚江老师的"语文课堂寻真——从原点走向共生"是我的追求，我也将继续带着我的一腔热血，奋力前行。

浅谈小说单元教学策略

徐婷婷

【摘　要】《教育大辞典》提出"教学单元是教材和教学活动的基本单位"。初中语文单元教学实施强调聚焦单元目标，创设有效的学习经历，由课内向课外延伸，由教师引导到学生自主读写的转变。教师可以通过一两篇课文的教读，带动单元中其他课文的自读，以点带面，起到举一反三的作用。自读课文可以巩固教读课的所学，通过这样的学习方式，可以发挥学生的主动性。结合必要的作业训练，可以培养学生掌握读写的方法，从而形成语文能力，提升语文学科的核心素养。

【关键词】　单元教学　小说教学

在语文课程的教学与评价中，单元教学起到了承上启下的枢纽作用，它是分解、传递和落实课程目标的关键一环，是统整单元内所有课时目标、各个教学环节的主要手段，是教学内容"结构化"组织的抓手。单元教学设计被视为培养语文学科核心素养、推动课堂教学转型的重要手段。

在以往的教学中，我对于单元教学的意识比较薄弱，常将单元内的篇目割裂、孤立，课文与课文之间较少建立关联，没有充分发挥单元教学整体大于局部累加的效益。为改变这样的现状，设想通过设计小说单元的教学目标来尝试系统化的单元教学。

统编教材九年级下册第二单元是小说单元，包括了《孔乙己》《变色龙》《溜索》《蒲柳人家》四篇课文。这一单元的课文篇幅都较长，如果只是简单地逐篇阅读、讲读，学生的学习效率不一定理想。因此我想通过单元整合的方式来开展四篇文章的教学。同时单元教学内部所有要素，如作业、学习资源、评价等须有机地结合，共同发挥作用。这一单元的教学目标初步设定为感受不同小说的语言表现力，探究小说作品中作者传递的思想及其社会意义。

小说往往通过塑造人物形象来表现社会生活。小说中人物的表现通常能折射出世态人情和时代风貌。这一单元的小说在学习过程中，要在梳理情节、分析人物形象的基础上，对作品的内容、主题有自己的看法，理解小说的社会意义。我将四篇小说的语言表现力、人物塑造、社会意义三个方面作为切入点，比较异同，欣赏小说的语言，了解小说多样化的风格。

为调动学生的积极性，课堂的形式不拘于听讲、问答。鉴于四篇小说语言表现力强，情节生动，因此作为小说单元专题的第一课时，学习内容为《孔乙己》《变色龙》的比较阅读：在布置学生预习好课文的前提下，我截取了《孔乙己》中第4—7段以及《变色龙》中第21—29段两个精彩片段，请两组学生分别进行表演，时长3—5分钟。表演的过程既帮助学生快速回顾了课文内容，也能从演员的表演中初步窥见这两篇课文的语言风格和人物形象。

在这一课时中，学生的主要任务是感受、分析人物形象——尤其是群像。两篇小说中的"围观人群"都极富特色：他们不关心孔乙己和赫留金的遭遇，为了围观取乐不惜添油加醋、歪曲事实。如《孔乙己》第四段中"他们又故意高声嚷道"以及反复出现的"店内外充满了快活的空气"和《变色龙》的结尾处"那群人就对着赫留金哈哈大笑"。这两组群像对他人的遭遇没有悲悯之心，而是麻木的、以此为乐的。两位作者在塑造这些形象的时候有着异曲同工之处：通过对人物细致的描写，展现了这一个个面目可憎、不分是非的"围观群众"。在教学过程中，这两篇文章作为精讲的篇目，提示学生要学会比较不同作品中的共通之处，能够迁移到以后遇到的小说中。

除了写作技法上的相同，我认为两人的写作目的也是相似的。这两组麻木不仁的人群其实都是时代的产物：那些同样被压迫、生活窘迫的底层百姓，看到他人的落魄遭遇成了他们压抑的生活中唯一的乐趣。这是扭曲的。但在这个时代中似乎又成了一件再正常不过的事。因此由人物群像分析可以引申到小说的社会意义——这也是小说的重要价值。两位作者其实都在借他们笔下荒唐的故事，把时代的悲剧展现给读者看。这是这两篇文章在主旨上的共性。通过对两篇文章中群像的分析，学生不难得出这样的结论。因此也可以推论，小说与其他文体不同，其价值不仅在于语言如何、结构如何，思想性是阅读小说时需要着重关注的部分。我认为，这是这一单元教学第一课时的价值所在。

通过这一课时中故事情节的梳理、人物形象的概括、背后原因的探究，可以帮助学生巩固和内化阅读批判现实主义小说的一般方法，从情节、人物、环境入手，读懂小说反映的社会现实及作者的情感倾向和价值追求，这是这一单元教学的核心目标。

第二课时我结合《孔乙己》和《溜索》两篇课文讲解小说的语言风格及表现力。

我节选了《孔乙己》的第 11 段和《溜索》的第 2—4 段进行比较。鲁迅的文字以白描见长，如第 11 段对孔乙己的描写，用"黑而且瘦""很颓唐地仰面答道""低声说道"等词语，将落魄的、失了傲气的孔乙己的形象塑造得活灵活现，他的颓丧就在这样朴素的语言间展现出来。而《溜索》则完全不同——"铃铛们又慌慌响起来，马帮如极稠的粥，慢慢流向那个山口""腿子抖起来，如牛一般，不敢再往前动半步"。阿城的语言极其生动，比喻、夸张等各种修辞、写作手法的使用，使得读者跟着文中马帮的汉子们一起揪紧了心。两篇文章的语言风格大相径庭，可效果却相似，都能让读者感受到文中人物的情绪。因此也给了学生一些思考，合理地运用修辞和写作手法，能让文章增色不少，但也不必囿于手法、技巧，平实的文字也一样能让读者产生共鸣，达到相同的效果。通过这两种截然不同的文字风格也让学生感受到小说的多样性。这一课时也与第一课时相呼应，我认为在写作时，最重要的因素应当是文章中传递的思想，辞藻的华丽可以是锦上添花但不该作为文章之根本。

初中语文作业的主要功能有练习、反馈、沟通。教师可以通过作业训练学生的听说读写能力；也能通过作业发现学生学习中存在的问题，检验教学效果，调整和完善教学内容和方式，有助于学生反思学习中存在的问题，寻找改进的方法和策略。除此之外，利用形式多样的作业还能激发学生的学习兴趣和学习积极性。因此，作为单元教学的最后的一环节，作业发挥着举足轻重的作用。

考虑到学生已有的知识经验和认知水平，这一单元的作业是自学《蒲柳人家》和鲁迅的《药》，根据我们前两课的学习路径，请学生自主学习：从小说的语言、人物形象、社会意义等方面来比较两篇小说以及我们这一单元其他小说的异同。对于能力更好的学生可以采用《孔乙己》课后"积累拓展"部分的建议，即以《鲁迅笔下的看客形象》为题，写一篇小论文。两类作业兼顾了不同能力的学生。单元作业的设计目的是巩固学生所学知识，掌握学科技能，进而形成学科思想方法。因此，除了教材上的自读课文《蒲柳人家》之外，我还选择了鲁迅的《药》作为课外延伸，加强、巩固学生迁移的能力。这一单元的教学目标是希望学生能够将课堂有限时间内所学的阅读方法，迁移到其他小说的阅读中。

这一单元的教学也给了我自己许多启发。在教学过程中如果将一篇篇课文割裂开，单独教授，其实不利于学生思维逻辑的培养。文科的学习同样需要清晰的逻辑，需要学生动脑思考。将一个单元的材料，进行比较或整合，在学习课文的同时也教会了学生阅读和思考的方法。初中语文单元教学既要立足于教师的"教"，也要立足于学生的"学"；既要关注单篇课文的个性，也要关注单元内课文的共性；既要发现单元在整个教材体系的独特价值，也要注意单元之间的关联。教学是师生共同参与的活动，教师需要给学生提供学习的路径，提供学习的资源，发挥教材的作用、发挥学生学习的主动性，鼓励学生探究、思考，这样的教学才能真正发挥教材的作用并培养出乐学善思的学生。

《学生自主选题、自主探究》课程
实施的研究报告

范　丽

一、课程实施目的

通过课题实施，培养学生语文学习的能力。如：发现问题、发现自己感兴趣的学习内容，以及自己解决问题、自主学习的能力，能自主选择、阅读，拓展语文知识面，自由写作，能清晰地表达观点和情感等，从而提升阅读能力、写作能力和语言表达能力，为终身学习打下良好的基础。

通过实践探索、研究、反思、改进，教师提高科研能力和教学水平。

二、课程实施过程

（一）发现问题，聚焦课题

1. 学会发现问题

语文因其学科特点——在考试中，不容易考好，挺容易及格，所以学生对其总是不太重视，很少学生对语文感兴趣，并深入研究，发现问题的，这已成为众多学生学习语文的常态。事实上，语文学习中是会出现很多问题的，比如在初次接触宋词的时候，学生就曾有过疑问：怎么唐朝的诗歌到宋朝就变成词了呢？读到《卖油翁》，介绍欧阳修，谈到"唐宋八大家"时，学生也曾疑问"唐宋八大家"到底怎么回事？学到《木兰诗》时，也曾怀疑历史上是否真有花木兰这个女子……但是这些问题往往在同学的心中一闪而过，因为老师的解答、知识的普及，就这么"放过"了，不留一丝痕迹。

课程实施的第一步就是帮助学生抓住"问题"。

首先，通过问卷调查，让学生回顾自己曾有过的"问题"；其次，教学生准备一本"问题"小本子，随时记录自己在语文学习中的感兴趣的问题。

2. 学会梳理问题，找到课题研究方向

在准备了一阶段之后，学生手中已经累积了较多的"问题"，但是比较杂乱，很难进行深入研究。基于初中学生的知识能力、学业压力、时间分配，指导老师以

"小处入手，深入挖掘"为原则，指导学生梳理自己的问题，找到较小的切入口，确立自己的研究方向。如：有学生对历史上的慈禧太后感兴趣，但不知从何入手研究人物，后经过老师点拨，确定从慈禧身上的谜团入手，来了解这个历史上颇有争议的女子；再如：关于花木兰的疑问，学生最终思考后，决定去研究花木兰传说的各种版本。

（二）发布课题，小组探究

这一阶段，在确立课题的基础上，学生自由组合成探究小组。

每个同学把自己确定的研究课题，展示在 PPT 上，并做简单介绍，全班同学根据自己的实际情况、喜好，自由组合成探究小组。探究小组的组成主要是以下几种状况：

1. 合并同类项

这种小组的组成，可能有几个略有差别又有交叉的课题，比如，宋词起源研究、从辛弃疾看宋词"豪放派"、宋词"壮志难酬"词研究，研究这几个跟宋词有关联的课题的同学组成了一个探究小组，他们一起查找资料、一起探讨，还可以取长补短、资源共享。

2. 好朋友在一起

这种小组的组成，大家都是学习生活中的好朋友，有共同的兴趣爱好，在交流课题时，发现对某一人的课题更有兴趣，其他人暂时搁置自己的课题，共同参与到一个课题中，一起研究。

3. "扶贫"型学习小组

这种小组的组成，主要是帮助那些能力不够的同学。一般是学习能力比较强的同学，自己确定了课题，作为组长，带领几个能力较弱的同学一起研究，组长分派任务，组员执行任务，达到合作共赢的目的。

（三）师生研讨，撰写论文

这是一个较为漫长而艰苦的阶段。

1. 师生共同研讨，最终确定课题

探究小组正式成立之后，教师和学生最后对课题研究方向和题目进行确认。

2. 师生共同研讨探究方法，解答学生疑问

我们学生对于这样的问题研究还是比较陌生的，他们解决问题的方法主要靠"百度"，蜻蜓点水般的只知皮毛。因此，需要老师教授一些查找资料的方法。比如：研究宋词的同学，就教他们到图书馆文学类图书去寻找有关书籍，还可以去查找有关期刊论文，同时指出查找期刊论文不是用来"借鉴"、抄袭的，而是为了了

解前人的研究成果，前人的观点，如果真有需要借鉴，一定指明出处。

3. 学生收集、梳理资料，形成观点，列出论文纲要

这阶段，学生的主要任务是收集有价值的资料——以文档、摘抄、简报等的形式，但最终的资料梳理统一录入电脑，以文档形式，便于后期撰写论文时使用。

文档资料整理完毕后，开始着手论文构思，观点确立，列出纲要，小组内探讨、修改。

4. 学生撰写课题论文

这是最后的阶段。

根据前期准备，在论文纲要的基础上，写出最后的论文。

三、研究成效

（一）学生方面

1. 学生语文学习的兴趣增强

通过语文学习兴趣的调查和自主选题的确定以及自己的研究、写作，不仅加深了对语文知识的了解，而且更重要的是大大激发了学生研究的兴趣。在小组合作研究中，他们彼此探讨，互相争论，碰撞出了智慧的火花，之后他们更主动地去寻找相关资料，佐证自己的想法。

2. 学生选择学习内容更加自主化

对学生来说，自主选择学习内容是自主学习能力的主要体现，对语文学习来说，内容的选择尤为重要。作为初一学生，他们有了一定的语文知识的积累，很多同学不满足于老师课堂的教学内容，他们想知道的更多。过去，这种想法常常被忽视。有了"自主选题、自主探究"的课程，学生的学习更主动，更自主，他们会捕捉自己的想法，变为研究课题，去深入钻研，获取更广泛、更深刻的知识。例如在教学《沉船之前》这篇课文时，探讨关于"老船长的选择所表现出的人性美"时，学生们突然对"海难"、对"船长"以及"船长职责"产生了兴趣，所以他们很自然就去查找了有关资料，班级里展开了"大讨论"，相信假以时日，又能出一篇"小论文"了。

3. 学生更加敢于表达自己的观点

"学生自主选题、自主探究"课程注重以学生为本，培养学生的学习方法和策略，关注学生的表达。初一学生基本具备了选择适合自己学习方法的能力，能表达个人观点。在自主探究、写作的过程中，小组成员的意见不一致，某些思想观念的碰撞，极大地锻炼了学生语言组织能力、逻辑思维能力和当众表达自己观点的能力。

4. 学生自主阅读的内容更加广泛，语文学习收获大，进步快

过去，学生的课外阅读书目的选择不外乎是老师、家长"强制推荐"，或者就是些校园小说、网络小说、恐怖小说等。如今，在"自主选题、自主探究"课程的引导下，学生会自己寻找书籍，阅读的内容更为广泛，人物传记、古典小说、哲学理论、诗词曲赋、历史、地理……语文学习进步很快，在初二第二学期的语文期中考试中，"综合运用"借用"诗词大会"的形式，考查了学生的诗词积累、文化素养，初二（6）班只有4个同学失分，这跟这个班级实施"自主选题、自主探究"课程以来，学生的课外阅读广泛、深入有很大的关联。

（二）教师方面

1. 提升了教师的专业素养

语文教师承担着基础学科教学的重任，学识修养、人文素养是语文教师职业的支柱。在指导学生选题、探究过程中，就是对教师素养的考验，必须在已具有的专业知识的基础上再拓展、再延伸，提高对学生出现的问题的解决能力。在指导过程中，提升了教学水平和专业素养。

2. 提升了教师的科研能力

从制定课题计划到实施、实践研究过程，从点滴想法到设计方案，从设想到实施到不断调整、修正，整个过程，提高了教师的科研素养。

"出淤泥而不染，濯清涟而不妖"的人生姿态

葛筱宁

【摘　要】　结合周敦颐的生平事迹，可窥见"出淤泥而不染，濯清涟而不妖"是作者的一种人生姿态：无论身处逆境（"淤泥"），还是顺境（"濯清涟"），都像君子一样，不被污浊的世风所沾染，保持质朴本色，不孤高狷傲。其内在核心在于：儒家的"直"，即保持内心的坚定、通达与正直。

【关键词】　周敦颐；《爱莲说》；君子

周敦颐《爱莲说》的"出淤泥而不染，濯清涟而不妖"脍炙人口，其意为"（莲）从污泥里生长出来，却不沾染污秽；（莲）经过清水的洗涤，而不显得妖艳。"一方面呈现莲花不随世俗、洁身自好、天然质朴的特性；另一方面，作者以莲比拟君子，为自己找到了一种人生姿态。

一、三种人生观的兼容并蓄

《中国古代名句小词典》对两句的解读是："不管身处污浊，还是享受着优越的条件，都能保持高洁的操守。"① 可见，"出淤泥而不染，濯清涟而不妖"并举，是作者向世人昭示着自己的人生理念：无论身处逆境（"淤泥"），还是顺境（"濯清涟"），都应当像君子一样，既"不染"也"不妖"。"不染"即不被污浊的世风所沾染，"不妖"即（显达时）保持质朴本色，不孤高狷傲。

"菊"和"牡丹"也各自象征了一种人生。作者认为前者归于隐逸，后者追慕富贵。但无论如何，我们并没有从《爱莲说》觉察出周敦颐独尊莲花而排斥菊、牡丹的情愫。

因为作者开篇就指明"水陆草木之花，可爱者甚蕃"，水上、陆上草木的花，值得喜爱的有很多。即各花入各眼，各美其美。

"予谓菊，花之隐逸者也"，其实也是作者认为俗世中某些人的一种生命姿态。世风日下，可以选择逃避隐居，做一个独善其身的"陶渊明"无可厚非。周敦颐一

---

① 胡奇光等.中国古代名句小词典.上海辞书出版社，2004年7月第1版，第26页.

生也是"襟怀飘洒，有高趣，常以仙翁隐者自许。"① 我们亦能从他本人的一些诗句，如"是处尘埃皆可息，时清终未忍辞官""争名逐利千绳缚，度水登山万事休""为恋林居作退谋""肯为爵禄重，白发犹羁縻""闲方为达士，忙只是劳生"中看出，周敦颐对退隐也有渴望的一面。

对于富贵，首先儒家并未持反对厌弃的态度。"子曰：'富与贵，是人之所欲也；不以其道得之，不处也。'"②"子曰：'富而可求也，虽执鞭之士，吾亦为之。如不可求，从吾所好。'"③"子曰：'不义而富且贵，于我如浮云。'"④ 周敦颐承继孔孟儒学，他在《通书·颜子》中也认同"夫富贵人所爱也"。

其次，我们从《爱莲说》中"自李唐来，世人甚爱牡丹"一句可知，这些"世人"应该不完全都是追富求贵之徒，不完全都是作者嘲讽的对象。比如唐代刘禹锡曾写过"唯有牡丹真国色，花开时节动京城"，白居易有"绝代只西子，众芳惟牡丹"，罗隐也有"若教解语应倾国，任是无情亦动人"，与作者同时代的欧阳修亦有"天下真花独牡丹"。"牡丹，花之富贵者也"，事实上指向了另外一条人生之路。追慕富贵没有错，见利忘义、利欲熏心才为人所不齿。

二、"出淤泥而不染，濯清涟而不妖"的君子风范

周敦颐作为一个儒家，又援佛、道入儒，开创了理学。他与隐逸者最大的不同在于他是"以出世之精神，做入世之事业"。这既是道学、佛学讲求的境界，更是一种人生姿态。莲花在佛教中代表了一种觉悟，一种升华：不是跳出红尘远离俗世，反而属意芸芸众生。

据《宋史·周敦颐传》记载："有囚法不当死，转运使王逵欲深治之。逵，酷悍吏也，众莫敢争，敦颐独与之辨，不听，乃委手版归，将弃官去，曰：'如此尚可仕乎！杀人以媚人，吾不为也。'逵悟，囚得免。"由此可见，周敦颐与陶渊明的辞官有很大的不同，前者为了民生，高尚的理想与大觉大悟置换为温暖的人间情怀，散发出朴素的民本主义理想。后者更多在于人格精神上的自尊，不肯为五斗米折腰。

积极入世难免会碰壁。若世道沉沦，那么儒者的内心会因受到折磨而痛苦，甚至弃官归隐以保全人格上的清誉。"天下有道则见，无道则隐。"⑤"君子哉蘧伯玉！

① 周敦颐.周敦颐集.中华书局，1990 年 5 月第 1 版，第 87 页.
② 杨伯峻.论语译注.中华书局，1980 年 12 月第 2 版，第 36 页.
③ 杨伯峻.论语译注.中华书局，1980 年 12 月第 2 版，第 69 页.
④ 杨伯峻.论语译注.中华书局，1980 年 12 月第 2 版，第 71 页.
⑤ 杨伯峻.论语译注.中华书局，1980 年 12 月第 2 版，第 82 页.

邦有道，则仕；邦无道，则可卷而怀之。"① 这是孔孟时代的君子精神。而当儒学到了宋代，就面临着一个新的环境，需要有一种新阐释，即"新儒学"，周敦颐最后成为这种"新儒学"的开山鼻祖，他以自身的实际行动重新诠释了"君子"的内涵：即使人世混浊，也要积极面对，同时洁身自爱，"出淤泥而不染"；即使因褒扬而显达，也要质朴无华，不孤高狷傲。

周敦颐"博学力行，遇事刚果，有古人风，众口交称之"②、他治政"精密严恕，务尽道理，民至今思之。"③ 对于社会的黑暗势力，周敦颐"屠奸剪弊，如快刀健斧，落手无留。"④ 其管辖地区"治绩尤著"⑤，"富家大姓、黠吏恶少，惴惴焉不独以得罪于令为忧，而又以污秽善政为耻。"⑥ 翻检史料，周敦颐勇于面对现实、敢于担当，且政绩显著，以至得到了当时与包拯齐名的"铁面御史"赵忭和著名政治家、学者吕公著的大力赞赏与推荐。

同时，周敦颐为官清廉，洁身自好。据《周敦颐年谱》载："先生素贫，初入京师，鬻其产以行。"虽然为官三十余载，但他不慕钱财，淡泊名利，从自述"芋蔬可卒岁，绢布是衣食，饱暖大富贵，康宁无价金，吾乐盖易足，廉名朝暮箴"，足以窥见其操守和旨趣。《濂溪先生墓志铭》亦称：周敦颐在南昌做官时，患了一场大病，同僚潘兴嗣去看望他，见他家中所有的衣物，只能装满一个破筐，连一百文钱都拿不出来。著名政治家、学者吕公著便以身家性命作担保，在举荐他的奏表中说，如果周敦颐收赃纳贿，"臣甘当同罪"⑦。由此可知，周敦颐在碌碌红尘中可谓"出淤泥而不染"。

熙宁初年，周敦颐因勤于政事、官声颇显而擢升广南东路转运判官和提点刑狱。虽然得到了朝廷的重用与士大夫们的褒扬，但他既没有大张旗鼓地夸饰朝廷的恩宠，也没有清高自傲地脱离百姓群众，仍是朴实无华，"濯清涟而不妖"，"以洗冤泽物为己任，行部（意为巡视）不惮劳苦"⑧，即使是在充满瘴气或遥远险峻、人迹罕至的地方，他也一样兢兢业业地仔细视察，唯恐出现冤假错案。后来受到瘴气的毒害，病倒了。

可见，"出淤泥而不染，濯清涟而不妖"二句表明无论外在环境如何，都要始终保持自身固有的本然状态。如果一个人面对有利或不利的环境，都不会受到外界

---

① 杨伯峻.论语译注.中华书局，1980 年 12 月第 2 版，第 163 页.
② 周敦颐.周敦颐集.中华书局，1990 年 5 月第 1 版，第 84 页.
③ 周敦颐.周敦颐集.中华书局，1990 年 5 月第 1 版，第 84 页.
④ 周敦颐.周敦颐集.中华书局，1990 年 5 月第 1 版，第 86 页.
⑤ 脱脱.宋史.中华书局，1977 年 11 月第 1 版，第 12711 页.
⑥ 脱脱.宋史.中华书局，1977 年 11 月第 1 版，第 12711 页.
⑦ 度正.周敦颐年谱［J］.九江师专学报，1995，（2）：67.
⑧ 脱脱.宋史.中华书局，1977 年 11 月第 1 版，第 12711 页.

的干扰，仍能坚守自己的底线，那么这种人往往值得信任。周敦颐就是这一类人。所以（他）"徙知南昌，南昌人皆曰：'是能辨分宁狱者，吾属得所诉矣。'"①（周敦颐曾调任南昌知县，南昌人都说："这是能弄清分宁县那件疑案的人，我们有机会申诉了。"）

三、"出淤泥而不染，濯清涟而不妖"的内在核心

"子曰：'直哉史鱼！邦有道，如矢；邦无道，如矢。君子哉蘧伯玉！邦有道，则仕；邦无道，则可卷而怀之。'"②

如果说，孔子认为蘧伯玉是春秋时期的君子，那么周敦颐则应该会把史鱼视为当时北宋时期的君子。因为史鱼无论何时何地，都做到了一个字"直"。周敦颐在《爱莲说》中形容莲的外形是"中通外直，不蔓不枝"，揭示莲的生命姿态是"出淤泥而不染，濯清涟而不妖"，它们其实都暗含了一个共同的内在核心："直"，即保持内心的坚定、通达与正直。曾有一次，周敦颐的顶头上司赵忭轻信了一些流言蜚语，一度对他态度十分严厉，周敦颐却"处之超然"③，"以直报怨"④"直道而行"⑤。其心直意诚，可见一斑。最终等误会澄清，赵忭握着他的手道歉："我差点儿失去你这样的人才，今后算是了解你了。"同时代的黄庭坚赞赏其"人品甚高，胸怀洒落，如光风霁月。"⑥

《宋史·道学传》这样评价道："孔子没，曾子独得其传，传之子思，以及孟子，孟子没而无传。两汉而下，儒者之论大道，察焉而弗精，语焉而弗详，异端邪说起而乘之，几至大坏，千有余载。至宋中叶，周敦颐出于舂陵，乃得圣贤不传之学……"

由此可知，在中国文化史上，孔子是"圣人"，孟子为"亚圣"，周敦颐"为往圣继绝学"，他跨越了汉唐的千年时空，直接承接了孔孟，成为第三位"圣人"。他融合了儒、佛、道，开创了"宋明理学"，在中国文化史上起到了承前启后的作用，发扬并丰富了儒家"君子"的内涵。王安石、苏轼都深受其影响。《爱莲说》的"爱莲"即宣告了作者周敦颐的人生价值取向，其中"出淤泥而不染，濯清涟而不妖"这一千古名句能让今天的我们欣赏到周敦颐在当时的一种人生姿态，从而领略有宋一代的知识分子应当抱有怎样的气质、怎样的精神，以应对现实的宠辱和人生

---

① 脱脱.宋史.中华书局，1977 年 11 月第 1 版，第 12711 页.
② 杨伯峻.论语译注.中华书局，1980 年 12 月第 2 版，第 163 页.
③ 脱脱.宋史.中华书局，1977 年 11 月第 1 版，第 12711 页.
④ 杨伯峻.论语译注.中华书局，1980 年 12 月第 2 版，第 156 页.
⑤ 杨伯峻.论语译注.中华书局，1980 年 12 月第 2 版，第 167 页.
⑥ 脱脱.宋史.中华书局，1977 年 11 月第 1 版，第 12711 页.

的起落。

参考文献：

［1］张京华.重考察以求真—以《爱莲说》的研读为例［J］.湖南城市学院学报，2013（07）.

［2］张益琪."濯清涟而不妖"的生命姿态［J］.语文教学通讯，2018（01）.

［3］徐仪明.周敦颐人生态度的儒学意蕴［J］.吉林师范大学学报,2011（01）.

关注数学学科"工具性"
——中考新政背景下北蔡中学数学学科优化教学的几个思考

钱 杰

一、问题背景

2018年3月上海市教委发布了《上海市进一步推进高中阶段学校考试招生制度改革实施意见》(以下称《实施意见》)。

《实施意见》中提到"此次中考改革以坚持公平性、提高科学性为价值导向。力求促进学生全面发展,注重能力导向,提高学生实际问题解决能力和实践创新素养;加强综合实践活动课程的落实,关注初中学生社会考察、探究学习、职业体验等综合实践活动的情况记录,引导学生把课程学习内容与真实生活情境相结合,提高自身综合素质。"

虽然数学学科在众多科目中相对变化较小,但需要关注的是中考新政中数学科目必然地往学生综合素质以及学生解决实际问题的能力倾斜。作为一门基础学科,数学与物理、化学、生物、地理等多学科相关,是解决实际问题的必要工具。因此,对于开展中考新政下的数学教学研究有着迫切需求。

二、问题研究

从生源来看,我校的招生为对应学区内的所有适龄学生。由于未经筛选,因此学生之间差异较大。这就要求我们在设计数学学科的应对措施时,既要考虑学优生能够有所发展,也要保证大部分学生能够对基础知识牢固掌握;再从我们教师来看,数学教研组共计23人,其中40岁以下的中青年教师共4人,高级教师共2人。从师资配备上来考虑,应当尽量发挥中青年教师富有工作热情的特点。

根据《实施意见》中提出的要求,我校结合自身优势,关注数学学科"工具性"特点,设计了两个方面的工作来迎接中考新政的挑战,一是校本拓展课程,二是课后实践。其中,校本拓展课程主要面向学有余力的学生,重点关注数学的应用,让他们能够在学习之余开拓眼界;课后实践则面向全体学生,主要以课本中涉及的探究课程和阅读课程为学习内容，重点关注数学知识的基本使用。

（一）校本拓展课程

校本拓展课程主要依托每周五我校面向全体学生的拓展课来进行。我校开设过《几何画板》《趣味数学》《生活中的数学》《金融与理财》等多门与数学相关的拓展课。

《几何画板》课程主要涉及的数学内容有：基本几何图形、图形运动、基本几何定理、三维制图等（课程教学目标如图1）。该课程主要通过平面图形的绘制巩固、拓展学生对几何定理的掌握；通过对三维图形的绘制，拓展学生立体形象思维的能力。这些目标恰符合《2021年上海市初中数学课程终结性指南中评价标准》的第四条，空间观念"4.1 能进行几何图形的基本运动和变化，4.2 能够从复杂图形中区分基本图形，并能分析其中的基本元素及其关系，4.3 能由基本图形的性质推导出复杂图形的性质。"

上海市北蔡中学拓展课、研究课、社团教学计划

学年 第 学期

开课老师：＿＿＿＿ 课程名称：＿＿几何画板＿＿ 学生人数：＿＿21＿＿

教学目标：＿＿＿＿学会几何画板 5.04 绿化版软件的打开、保存；掌握几何画板 5.04 绿化版软件中常用工具的使用方法；能够利用几何画板 5.04 绿化版软件绘制简单平面图形；能够利用几何画板 5.04 绿化版软件绘制平面几何图形的运动；能够利用几何画板 5.04 绿化版软件绘制简单的三维图形。＿＿＿＿

图 1

我校开设的拓展课程《趣味数学》主要涉及代数方程、概率统计等数学知识。课程以探究活动的形式开展，主要以数学魔术、概率实验、归纳分析等活动为载体进行（课时安排详见图2）。旨在通过课程能够将学生代数、统计方面的数学知识进行一定的延拓和挖掘。帮助学生拓展一些基本的数学模型，并通过运用，解决一些简单的实际问题；进一步培养学生掌握观察、操作、比较、类比、归纳的方法；鼓励学生进一步使用已有的知识经验解决新情境中的数学问题。

教学计划：

周次	教学内容
3	课程介绍
4	概率实验－－投硬币实验
7	概率实验－－相遇问题
8	魔术相关－－读心术及其变形
9	魔术相关－－神奇的21109及其变形
10	魔术相关－－读取生日
11	魔术相关－－网易公开课观摩
12	魔术相关－－魔术汇演
13	归纳分析－－图形归纳
14	归纳分析－－文字归纳
16	归纳分析－－数据归纳
17	归纳分析－－综合练习
18	归纳分析－－数学的故事观摩
19	考核

图 2

教学计划

周次	教学内容		
3	第1课：让数学帮你理财	第2课：有用的数学	趣味题（1）
4	第3课：购物中的数学	第4课：生活中的数学	趣味题（2）
5	第5课：数与形	第6课：鸡兔同笼	趣味题（3）
8	第7课：节约用水	第8课：巧填符号	趣味题（4）
9	第9课：周期问题	第10课：用余数解决问题	趣味题（5）
10	第11课：巧算分数加减法	第12课：龟背上的学问	趣味题（6）
11	第13课数图形的学问	第14课算24点	趣味题（7）
12	第15课：找规律－数独	第16课：打电话	趣味题（8）
13	第17课找次品	第18课确定起跑线	趣味题（9）
14	第19课植树问题的应用	第20课巧用数学看现实	趣味题（10）
16	第21课神奇的莫比乌斯圈	第22课商品调价数学问题	趣味题（11）
17	第23课利用圆设计图案	第24课世界数学难题欣赏－哥德巴赫猜想	
18	考核：评定成绩		

图 3

《生活中的数学》拓展课中，我们的教学目标是：1.让学生带着数学的眼光走进生活，激励学生们认真研究生活，并在研究过程中积累知识，拓展视野，形成务实的探索精神。2.通过提供信息资源，创设情境，进行课堂教学及课后活动，引导学生认识数学与生活的关系，数学与科技的关系。3.掌握探究问题的方法，学会素材收集整理，学会原理分析，提高处理信息的能力和解决问题的能力，以及交流与合作能力。4.积极营造探究学习的氛围，培养学习兴趣。（教学计划如图3）

《金融数学》是浦东新区的区本课程（如图4），主要涉及理财观、银行、证券、保险、税收等知识内容。内容贴近生活，同时与数学计算密切相关。我校数学组教师对该门课程也做了较多有益尝试，在各个年级的拓展课中适时推进课程教学，使学生能够通过数学更清楚地认识、理解金融问题，树立良好的金融价值观。

图 4

上海市北蔡中学 2015 年《金融与理财》区本课程实施计划

（一）试点基本情况：

我校在 2011 年 7 月经历老校新建，是第二批《金融与理财》试点学校，2011，2012，2013，2014 连续四年综合学生学习情况、知识技能、身心发展水平等各方面因素，将课程以数理类拓展型课程排入初一年级，初二年级、预备年级课表，每周一次 10 个教学班，面向近 400 名学生进行金融课程的试点教学，每周以数理类拓展型课程开课，每周一课时，结合社团开展相关活动，每年订阅《金融与理财》（上）（下）教程一套，学生人手一本。

（二）2015 年我校《金融与理财》区本课程计划：

（1）2015 年继续排入预备年级课表，每周一节 10 个教学班。采用新版《金融与理财》（上）（下）教程学生人手一套。继续安排数学教师万根秀老师根据区《金融与理财》课程实施计划进行教学。

（2）主要做法和体会：

一、明确教学目标（初中阶段目标）：

了解人生不同阶段 需要相应的财务计划；学会制作家庭财务状况表；知道银行，证券公司，保险公司等金融机构的来源、作用、基本业务；认识和 善用信用卡；基本知道股票交易的概念，价值分析，交易原则和环节；了解基金的概念，起源与发展，种类和交易的特点；知道储蓄，股票和基金投资的差别；初步了解资产配置的具体步骤；知道有效地运用保险来保护自己的财产，具有一定风险意识；懂得依法纳税的责任心，学会制定现实，合理的理财规划。

着重帮助学生掌握关于金融与理财的基础知识和基本技能，发展合作交流能力和健康个性，具有基本价值判断的能力，学会调试自己的道德行为。

图 5

这些拓展课给学生提供了一个使用数学知识的平台。同时数学知识的使用也极大地加深、巩固了数学学科知识在学生整个知识储备中的学科地位，使得学生们能够更为积极地投入到新的数学知识的学习中去。

（二）课后综合实践

初中阶段六年级至九年级，课本涉及的课后探究活动共 24 个、阅读与拓展材料共 26 个。这 50 个阅读材料和探究拓展活动很大程度上已经能够满足我校绝大部分学生的需求。因此，合理利用课本拓展材料和探究活动对于我校教师而言是一个具有较高操作价值的选项。

当然在这些活动中，我们并不全是照搬照抄，不少活动中都融入了数学组教师自己的想法。

从形式上来说，结合学生在各阶段的年龄和认知特点，通常在六年级我们以阅读体会、数学小报为载体（如图 6、图 7）；七年级主要以数学活动、数学实验的方式开展；八年级主要以数学报告为主。

图 6　　　　　　　　　　　　　图 7

从内容上来说，课本中提供的素材很好，但我们也根据实际情况做了调整。譬如课本中的探究活动直到初三锐角三角比章节才设计了"测量活动"。但是作为工具学科，我组教师认为"测量活动"可以提早在七年级甚至六年级就可以开始。从测量一些常见物品的长度、重量、面积、体积等物理量开始，将"测量活动"贯穿整个初中数学学习。这样就能更好地使数学知识服务于其他诸如地理、科学、物理等学科。再如九年级涉及的统计图表的活动，其实完全可以在六年级进行铺垫。六年级在学习了百分比和圆形相关知识的同时，六年级的信息技术课也在教授各类统计图表的绘制使用。因此我们借用课本"用百分比看水的世界"的活动进行操作，开展百分比和统计图表的学习。还如八年级在学习了平行四边形之后，学生完全可以去论一论关于平行四边形判定的一些方法。因此我们给学生提供了思考和发表看法的平台，鼓励他们写一写与数学相关的文章（如图8）。

图 8

从能力上来说，通过这些课后的实践活动，我们想要收获的是学生独立思考的能力，锲而不舍的意志，科学规范的表达。因此我们从课后的实践活动中选择了一些主题，如：测量、概率、统计、平行线折线所截问题等作为数学实验的内容，要求学生们进行实验并完成数学实验报告（图9）。

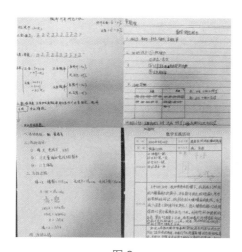

图 9

三、问题小结

前一段时间，一直在提 PBL，项目化学习。在教育领域一直享有全球声望的芬兰也一直在推行"场景教学"。这种"做中学"的思想对于我们想要培养学生应用能力的想法是有一定的借鉴意义的。当然，我们不是只关注"应用"，而是在关注基础的时候不忘记"应用"，时刻想着"应用"。

随着中考新政的落地，虽然从知识层面对数学的改动并不大，但是我们不难发现，作为工具学科的数学，它的作用影响遍布科学、理化、地理等各个学科。因此，我们数学教师在思考如何将知识教授给学生的同时，更应该关注学生对数学知识的理解、应用；更应该关注学生在使用这些知识解决问题时遇到的困难；更应该关注数学的跨学科学习，关注数学在其他学科中的使用。

正是由于我们数学学科的"工具性"，我们应当好好的磨一磨数学这个"工具"，让学生能够好好用一用这个"工具"，最终达到"学以致用""学而乐用"的目的。

《几何画板》探究课程在实践中的三个分享

钱　杰

"几何画板"探究课程能够顺利开展，得益于北蔡中学校领导的支持，也离不开专家陆爱民老师的细心指导和帮助。借着北中对"面向生活构建普通初中微观课程结构探索"的东风，我有幸参与并主要负责了"几何画板"探究课程的实践。在实践的过程中，有收获，当然也有遗憾。这里我就"几何画板"探究课程在实践中的几个想法和反思作如下的分享。

一、选择"几何画板"开展探究课的原因

《国务院关于基础课程改革与发展的决定》和《基础教育课程改革纲要（试行）》确立了"实行国家、地方和学校三级课程管理"的模式。开发、开展校本课程是教育民主在课程中的体现，也是学校提升办学质量的基本手段。根据学校实际情况开展适合学校发展、符合学生兴趣的校本课程是有实际意义的。

《初中数学课程标准》提到"开发并向学生提供丰富的学习资源，把现代信息技术作为学生学习数学和解决问题的有力工具，有效地改进教与学的方式，使学生乐意并有可能投入到现实的、探索性的数学活动中去。"

在选择开展探究课程的方向时，我们最初选择了 auto cad 软件在生活中的应用教学，但在实际的操作过程中遇到了如下问题。1. 硬件安装出现问题，学校机房无法全面安装 auto cad 制图软件；2.六、七年级学生对 auto cad 制图软件的理解尚未达到相应水平。

综合考虑了上述因素，听取了相关老师的建议，我们决定将 auto cad 软件更改为"几何画板"软件进行替代教学。

几何画板的特点：几何画板（The Geometer's Sketchpad）是一个通用的数学、物理教学环境，提供丰富而方便的创造功能，使用户可以随心所欲地编写出自己需要的教学课件。软件提供充分的手段帮助用户实现其教学思想，只需要熟悉软件的简单的使用技巧即可自行设计和编写应用范例，范例所体现的并不是编者的计算机软件技术水平，而是教学思想和教学水平，可以说"几何画板"是最出色的教学软件之一。

几何画板的可操作性强。它界面友好，易操作。适合六、七初一年级学生探

究；绿色版几何画板便于安装，方便教学。

另外几何画板软件在教学中运用广泛，与初中数学有着紧密联系，譬如三视图的学习、空间立体的形象思维、比例尺、相似形、全等形、图形的运动等都在制图过程中有所体现。开设探究课程能帮助学生理解基础的几何原理，培养学生几何素养；增强学生对数学学习的兴趣。同时，利用几何画板的作图功能，它能够很好地帮助、促进学生观察生活、从生活中进行创作。

二、课程设计的初衷

本课程的授课对象为六年级全体学生，自愿报名。考虑到六年级新生刚刚进入到初中阶段的学习，可塑性强、求知欲旺盛、学习压力相对较轻，同时也具备了学习本课程的基本能力，因此将他们作为本课程的授课对象。

在授课内容的选择上，我们主要选择了最为贴近生活的3D制图。通过学生在生活中的发现，绘制学生生活中常见物品，一方面能够激发学生的学习兴趣、另一方面也能够将几何画板最为基本的一些作图方法教授给学生。

作为一门探究课，我们的教学形式在相对自由的前提下，也有着一定的科学性。本课程主要通过任务的形式让学生进行学习。在完成任务的过程中，主要包括如下五个步骤：搜集资料、分析资料、操作、修改和展示。这样的步骤也符合一般的探究过程，为培养学生形成一定的探究能力提供了一个可靠的参考。

本课程的课程评价门槛不高，主要是考虑到本课程很重要的一个目标是培养学生的主观能动性，让刚刚踏进初中校园的六年级新生能够喜欢初中生活，从初中生活中看到一些现象、了解一些知识、掌握一些技能。

三、课程开展的反思

在学校领导的支持和学校各部门的配合帮助下，这门由数学老师承担的"电脑课"终于顺利地在六年级学生中开展。

在两个学期共30课时的课程教学中，基本完成了课程设计时提出的五大课程目标：1.掌握几何画板软件的安装、卸载；2.掌握几何画板软件中基本工具的使用；3.知道三视图；4.掌握简单的三视图画法；5.掌握通过几何画板三维工具绘制简单三维图形的方法。通过对学生的考核发现，学生对课程目标中的1、2、3、5相对掌握得好一些。至课程结束时学生大都能够熟练地完成软件的安装、工具箱乱码的修复；能够熟练使用工具栏中最基本的线段、多边形、工具箱中的基本工具以及菜单栏内的简单命令；能够通过三视图对物体有大致的印象；能够熟练地在几何画板中建立三维坐标系绘制简单的立体图形。

在课程的形式上，要求学生通过搜集资料、分析资料、操作、修改和展示五个步骤来完成相应任务。充分让学生体验了数学实验、数学研究的一种过程，让学生体验了探究问题的一般方法。

当然在课程的开发中或多或少的还有一些不足之处，譬如在课时安排上，两学期一共30课时的安排略显仓促，这也导致了部分学生对于几何画板软件的操作仅仅局限在基本工具的使用上，无法一窥几何画板真正的奥妙所在，这是颇为遗憾的。再如，对于六年级的学生而言，数学课程中关于几何的要求侧重于实验几何，这一方面给我们的几何画板提供了极好的施展空间，另一方面由于高年级才涉及到的论证几何中的逻辑推理，以及几何中一些基本定理尚未提及，导致了这门课程在六年级开展时深入的程度有限。

在课程开发与实践的过程中，有遗憾、有不足，但幸而通过任课教师和上课学生的努力，最后能够为这门探究课程画上一个圆满的句号。同时在课程的学习过程中，学生们普遍认为，他们在几何画板探究课的学习中学到了课本外的知识、发现了生活中的美、体验了探究的快乐！而这正是我们开发这门探究课程的目标所在！

浅析完全平方公式中的三道习题

钱 杰

【摘　要】 本文主要通过对完全平方公式中的三道习题进行分析求解，研究了与完全平方公式相关的三个题型的一般解法，并从中传递了包括"分类讨论""划归转化""整体构造"在内的三种数学思想。

【关键词】 完全平方公式；分类讨论；划归转化；整体构造

一、问题背景

完全平方公式分为"两数和"的完全平方公式：$(a+b)^2=a^2+2ab+b^2$，以及"两数差"的完全平方公式：$(a-b)^2=a^2-2ab+b^2$。"完全平方公式"是初中数学中的一个重要公式，在整个中学数学中有着广泛的应用。它可以看成是"整式乘法"的一种小结，也可以看成是"因式分解"的基础，还可以作为"不等式证明"中求证代数式为非负数的一个重要依据。在初中数学公式这个巨大的舞台上，完全平方公式虽不是最耀眼的一个，但绝对是最重要的公式之一。

二、问题研究

对于完全平方公式的研究不仅要关注学生对公式的基本使用，还要关注学生对公式变形的应用。本文主要就涉及完全平方公式的三道常见习题谈一谈解题体会。借这三道习题一窥初中数学的三种思想"分类讨论的思想""划归转化的思想"以及"整体构造的思想"。

（一）分类讨论的思想——分类讨论要严谨

习题一：已知二次三项式 $9x^2+6x+M$ 是一个完全平方展开式，求 M 的值。

解析：无论是"两数和"的完全平方公式还是"两数差"的完全平方公式，展开均有三项，这里且记为"首平方""两倍首末""末平方"。本题中，由条件可知，"首平方"$=9x^2$，"两倍首末"$=6x$。而 $9x^2=(3x)^2=(-3x)^2$，因此本题需要分情况进行讨论。如果 $9x^2=(3x)^2$，那么两倍的首末 $6x$ 就应该写为 $6x=2\cdot 3x\cdot 1$，从而判断出"末"应该是 1，由此得出 M 即末平方等于 1；同理，如果 $9x^2=(-3x)^2$，那么两倍的首末 $6x$ 就应该写为 $6x=2\cdot(-3x)\cdot(-1)$，从而判断出"末"应该是 -1，由此得出 M 即末平方仍等于 1。综上所述，M 的值等于 1。

作为一道解答题，可以这样书写：

解：I：当 $9x^2=(3x)^2$ 时，由 $9x^2+6x+M=(3x)^2+2\cdot3x\cdot1+M$

可知 $9x^2+6x+M=(3x+1)^2$

∴ $M=1^2=1$

II：当 $9x^2=(-3x)^2$ 时，由 $9x^2+6x+M=(-3x)^2+2\cdot(-3x)\cdot(-1)+M$

可知 $9x^2+6x+M=(-3x-1)^2$

∴ $M=(-1)^2=1$

综上所述 $M=1$

虽然两种情况最后的结论都得到 1，但请同学们务必把两种讨论的情况都考虑周全，这是学习数学时必备的严谨的科学态度，也是帮助我们在碰到其它变式时能够全身而退的重要保障。

变式一：已知 $9x^2+6x+M=(Ax+B)^2$，求 $A+B+M$。

如果此题盲目地把 $9x^2$ 看成是 $(3x)^2$，那么容易得到 $A=3$，$B=1$，$M=1$，由此得到 $A+B+M=5$。这样就忽略了 $A=-3$，$B=-1$，$M=1$，$A+B+M=-3$ 这种情况！

变式二：已知二次三项式 $9x^2+Kx+1$ 是一个完全平方展开式，求 K 的值。

解析：在这个变式中，"首平方""末平方"均为已知条件，求的是"两倍首末"。当 $9x^2=(3x)^2$，$1=1^2$ 时，即 $9x^2+Kx+1=(3x+1)^2$ 时，显然 $K=6$。同理，当 $9x^2=(-3x)^2$，$1=1^2$；$9x^2=(3x)^2$，$1=(-1)^2$；$9x^2=(-3x)^2$，$1=(-1)^2$ 时，K 分别等于 -6，-6，6。综合四种情况来考虑，K 有两个结论，等于 6 或者 -6。

小结：通过"首平方""末平方"来判断"首""末"时，一定要注意讨论，虽然有时会略显麻烦，但这是数学严密的思维逻辑中不可缺少的一环，不能省略！这道习题中分情况研究问题的思想方法就是数学中经常提到的"分类讨论的思想方法"，要求讨论时通过合理地分类，不遗漏、不重复，完整地研究一个问题。

（二）划归转化的思想——基本公式要熟练

习题二：已知 $a>b$，$a^2+b^2=5$，$ab=-2$，求 $a-b$。

解析：分析已知条件发现，题干中给出的是一个二元二次方程组，如果直接正面去求解 a，b 就显得有些唐突了。从形式上观察条件和求解，发现 a^2+b^2、ab、$a-b$ 三个元素恰是"两数差"的完全平方公式 $(a-b)^2=a^2-2ab+b^2$ 中的三个要素，故将已知条件中的数据代入便可得到 $(a-b)^2=5-2\times(-2)=9$，∴ $a-b=3$。

这道习题的变式有很多，在 a^2+b^2、ab、$a-b$、$a+b$ 四个元素中任选两个都可以作为已知条件，其余两个都可以作为求解目标。

变式一：已知 $a>b$，$a^2+b^2=5$，$a+b=1$，求 $a-b$。

解析：正面求解 a、b 的值，显然不合时宜。回顾完全平方相关公式，发现 $(a+b)^2+(a-b)^2=2(a^2+b^2)$ 囊括了题目中的所有三个元素。因此考虑使用这个公式处理此题。

在解这个类型的题目时，同学们遇到的问题主要有两个：1. 何从下手（选哪个公式）；2. 如何计算。

从四个元素中任选两个作为条件，剩余两个元素中任选一个作为求解目标，共有 12 种情况。针对这 12 种情况我们如何用一个"套路"来解决问题是值得研究的。如下解决方案供参考。

1. 熟记四公式，选定三步走

与完全平方相关的公式主要有如下四个：

① $(a+b)^2=a^2+2ab+b^2$；② $(a-b)^2=a^2-2ab+b^2$；

③ $(a+b)^2-(a-b)^2=4ab$；④ $(a+b)^2+(a-b)^2=2(a^2+b^2)$

通过已知条件和所求目标筛选公式。以习题二为例，已知条件中出现 $a^2+b^2=5$，因此可以排除使用公式③，根据第二个条件 $ab=-2$，在剩余的①、②、④三个公式里筛掉公式④，最后通过所求目标 $a-b$ 可以最终选定使用公式②。

2. 代入公式需仔细，求解方程寻答案

选定好公式后，将相应的数据代入公式。以习题二为例，将 $a^2+b^2=5$，$ab=-2$ 代入公式②得 $(a-b)^2=9$，此时就得到一个方程。解方程的内容不做赘述，这里特别提醒一点，如果最后求的是 $a+b$，$a-b$ 时需要注意符号！

小结：题目条件给出的其实是一个二元二次方程组，正面求解起来极为不便。在观察了与"完全平方"相关的四个公式之后，将问题转化为简单的"一元一次方程"是解题的关键。在实际解题过程中要求同学们熟记 4 个完全平方相关公式，整体代入后求解"一元一次方程"。

（三）整体构造的思想——平方非负常记心

习题三：求证：$a^2+b^2-4a+6b+13$ 是一个非负数。

解析：初中阶段非负数其实有四个，一个叫做"绝对值"，一个叫做"负负得正（正正得正）"，一个叫做"平方根（偶次方根）"，最后一个就是这道题目的主角，"平方（偶次方）"。在求证一个代数式的值为非负数，甚至是正数时，往往通过构造完全平方来达到目的。

以习题三为例，较为规范的解答题解法参考：

解：原式 $=a^2-4a+4+b^2+6b+9$

$$= (a-2)^2 + (b+3)^2$$

$\because (a-2)^2 \geq 0$, $(b+3)^2 \geq 0$

$\therefore a^2+b^2-4a+6b+13 \geq 0$，即 $a^2+b^2-4a+6b+13$ 为非负数

此题的变式主要有两类，一是以不等式为背景的变式，二是以方程为背景的变式。下面各举一例。

变式一（以不等式为背景）：

求 $a^2+b^2-4a+6b+20$ 的最小值，并计算当 $a^2+b^2-4a+6b+20$ 求得最小值时，$a+b$ 的值。

较为规范的解答题解法参考：

解：原式 $=a^2-4a+4+b^2+6b+9+7$

$\qquad = (a-2)^2 + (b+3)^2 + 7 \geq 7$，

此时 $a=2$，$b=-3$，$\therefore a+b=-1$。

变式二（以方程为背景）：

已知 $a^2+b^2-4a+6b+13=0$，求 $2a+b$ 的值。

较为规范的解答题解法参考：

解：由题知 $(a-2)^2 + (b+3)^2 = 0$

$\therefore a=2$，$b=-3$，

$\therefore 2a+b=1$。

小结：构造完全平方来说明代数式的非负性是解决这类题目的"惯用伎俩"，同学们需要通过观察代数式充分考虑代数式中整体的形式、整体与局部的联系，借助配方合理地构造出"完全平方型"的非负数，从而找到问题解决的突破口。

三、结语

完全平方公式是初中数学不得不重点"关照"的一个公式。以上三个习题，是教学过程中经常碰到，在课堂上反复讲评的。同学们掌握的情况参差不齐。教师在讲授概念、习题的过程中一方面需要注重双基，关注学生对基础知识和基本技能的理解掌握，另一方面也要关注学生在数学思想方面的学习和发展。

关于"以线上教学经验优化线下
教学模式"随想

——以 7Bunit 1 Reading：Shanghai—an interesting city 为例

朱晨旭

目前，国内的疫情形势大体上已经趋于稳定，乍一回想起来，之前持续了长达两个月的"空中课堂"教学好像已经开始慢慢从我们的记忆中淡化。毕竟，不论是对学生还是教师，课堂教学才是从古到今的主流教学模式。《俄罗斯报》3 月 2 日的报道中称，"中国正在进行一项世界上规模最大的教育实验，这一景象史无前例。"学校教育从一间教室，一位教师，一班学生，一本教材，一节节 40 分钟课堂的传统模式瞬间跳跃至"未来教育"的形态：跨越距离的数字化学习模式。在牛津教材 7Bunit 7 中，有这样一句句子：Perhaps people will be able to learn from computers at home in the future. 因为教材编写的时间也比较久远了，对于之前的学生来说是对未来的畅想，但现在已经成为现实。

又是新学期伊始，虽然我们仍旧回归了课堂教学，但是回想起两个月前从手忙脚乱调试软件到对"直播课"颇有心得，现代科学技术的先进性其实为我们提供了新的可能。因此，在本篇课堂教学随笔中，我希望以 7Bunit 1 Reading：Shanghai—an interesting city 为例，以阅读课型为基调，通过对比线上教学与课堂教学两种模式对于教学活动的影响，反思线上教学的一些优势与缺陷，以此来优化课堂。

本单元围绕的主题是写旅游指南。先以介绍上海的旅游景点为抓手，从这个景点的位置、如何到达、可以看到什么等，从而就呈现出了一个内容充实的指南手册。从课时角度来说，本单元四个课时循序渐进地引导学生从提出旅行建议（tour suggestions）开始，以此为基础，再帮助学生通过阅读 Shanghai—an interesting city 来了解旅行指南（tour guide）这样一个特殊文本有哪些组成部分，最后与学生共同整合输出属于他们自己的旅游指南。学生未必对上海所有的景点都有所了解，本单元中呈现的上海景点较多，相信学生会产生极大的兴趣，同时能对上海景点有更多更深的了解。

本堂课作为一堂阅读课，教师希望训练学生通过阅读插图、小标题以及上下文来猜测生词和短语的含义的能力；通过阅读旅游手册，发现其特有的文本特征，明确手册包含标题、简介等要素；帮助学生通过教师的导读和自读了解手册景点（包含地理位置、交通、活动等）内容。

以上是本课时的主要学习内容、目标以及重难点等，不论是线上学习还是课堂教学，对于这些内容的把握都是课堂教学活动设计的基础，也是重中之重。但是，在将我当时自己在寒假期间提前备课的教案（预设在正常课堂中进行）与空中课堂中江羽老师的课程相对比，除了我自身把握教材的深度不够而设计的比较欠妥的活动外，仍然能发现一些区别。总的来说，一定程度上，线上学习对教师和学生都提出了更高的要求。

区别之一：线上教学提升了学生课堂主导地位

对于学生而言，他们的学习环境从在教师及同伴的共同监管与监督之下共同学习转变成了自主学习。换言之，线上课堂更是由学生自己主导的教学活动，一定意义上真正实现了"以学生为主体"的教学模式，因此对教师来说，如何重新设计教学活动来适应这样的学习节奏的变化尤为重要。

课程伊始，江老师就向学生们详细阐述本堂课的学习目标，这在学校课堂中很少出现，但是在空中课堂中，每堂课都有这么个环节，我认为这个步骤能帮助学生尽快了解课程内容，对接下来的学习心中有个底，缓解了频繁更换教师对学生带来的影响。即使回到传统课堂，我认为这也是值得借鉴与延续的。

对比两种不同的教学模式所衍生的教学活动，其实我个人觉得变化最大的是 post-reading 环节的设计。主要难点有两方面，首先是学生的学习效果两极分化比较大，线上学习将这个缺陷更加放大。我自己的班级学生英语基础不是非常扎实，只有少部分金字塔顶端的学生能够游刃有余地听懂老师的全英文指令，用英语来表达内心的想法。另一方面，一般来说，在课堂教学中，教师会将学生最后的输出任务设计成以小组为单位的活动，但是在一个人居家学习的情况下，教师没办法再设计小组活动。并且，失去了英语语言环境之后，学生如果羞于自己一个人唱独角戏地做对话，学习效果势必会打折扣。

当初，我在常规课堂中设计的活动是让学生在通过讨论来对整个 tour guide 的形式以及内容作 summary 之后，再让学生深度思考，运用类似"仿写"的方式以小组为单位设计出一份旅行指南。在线下课堂中，这样的教学活动是可行的，并且在互相交流沟通的过程中，学生能进一步增加开口说英语的机会，只是更需要教师不断地去推进课程进度并掌控全场的某一些时间节点。

在江老师的设计中，学生的最终任务也是设计出一份自己的旅行指南，但是他将这个输出过程主要拆分为两个部分，在前一个课时中，让学生在经过一系列教学活动后，加上自己的背景知识；在后一个课时中，让学生自主对这个框架进行补充与扩写，最终形成一篇有主题、有内容、有深度并体现学生思考过程的介绍 Shanghai 的文章。这样的任务驱动型学习活动（task-based learning activities）其实非常适合学生线上学习的节奏，因为在这个过程中，教师角色相对占据比较弱的地位，学生的主导地位有很大的提升。在这样的背景下，教师根据课程目标与重点来设置最终任务，激励、引导学生一步步带着任务来独立学习、探索和解决问题；同时合理分配教与学的时间，集中精力引导学生自主学习，组织教学比传授知识更重要。

区别之二：线上教学要调动学生积极思考

除此之外，线上教学中影响很大的一个变化就是原本非常简洁、方便的师生互动变成了一项略显奢侈的教学活动。为了克服这一困难，当时的"空中课堂"的教师以及我们任课老师都使出浑身解数，从提前预设学生回答并设计在 PPT 中，到用直播中的连麦与学生进行互动等。但是不论是由于课程前 20 分钟是提前录制的原因，还是后 20 分钟钉钉网课一定意义上限制了教师与学生随时随地进行面对面的即时交流互动，线上课程的大部分时间里，课堂的组织者和学生主体之间基本处于"半失联"状态，这也就催生了教师不得不经常使用"设问"的方式来推进课程。这就会出现一个弊端，学生开始惯性地等待老师来讲解，缺乏深刻思考的动力与时间，甚至养成等待老师报答案的习惯。

因此，线上课程中所提的问题，都是教师精挑细选过的，就以在 pre-reading 环节为例，江老师将文本内容进行结构上的简化之后，放手让学生自行找出旅行指南的组成要素；紧接着，他带领学生解读标题 Shanghai-an interesting city，启发学生用其他形容词来描述上海，不仅让学生感知到 interesting 一词在整篇文章中起到的引领作用，激活学生的词汇量，更是为之后学生自己设计旅游指南做铺垫。

这个提问让我感觉非常惊艳，一个好的驱动型问题能激发学生的思维共鸣，激发学生求知的兴趣，线上教学背景下更是苛刻。首先，问题要紧扣教学重点和难点，如果仅仅只是为了推动课程进度而问问题，就无法掌握课堂教学的主要任务，就算选择的问题很精彩，也不会达到教学效果。再次，提问要尽可能富有趣味性和吸引力，并且做到疑而不难，控制在学生经过一定的思考后能回答的程度，不让学生产生畏难和惰性心理，觉得有点难，就自动放弃。最后，要营造浓厚的学习和思考氛围，保持学生的学习兴趣，这在线上教学过程中，显得尤为重要。

线上教学持续的时间大概有两个月，这段时间，对于我个人的教学模式、习惯来说，也是不断打破、重建的过程。从成为一名师范生开始，到现在踏上教师岗位已经有两年的时间，"以学生为中心"这几个字眼一直不断地出现在各类工具书、刊物文章里。但在这两个月中，当我与学生之间真正变成了"触手不可及"的状态，他们成为了学习任务的主体，完成情况的好坏很大程度上由他们的主观意志决定，教师在屏幕的那头失去了"监管"作用，我突然领会了"以学生为中心"这六个字背后对教师提出的更高要求。英语作为一门外语，因为知识点琐碎的缘故，教学难度非常高，小到一个单词的词性转换，大到一个时态语态的掌握与使用，都需要学生花时间去习得。如果教师花太多时间在单纯的知识点上，那留给学生进行思考、讨论、辨析的时间就少了，这样的就事论事，很难让学生产生知识的迁移。因此，如何设计切合学生实际状况的驱动型问题，根据学习目标来设置学生感兴趣的情境，提高项目化学习在实际课堂中的运用，让自己的"教"更好地为学生的"学"服务，是我们需要花热情、时间、精力与头脑去探寻的。

加强英语阅读教学　注重阅读能力培养

孙俊杰

阅读理解是阅读者从书面语言中获取信息进行加工编码、获得知识意义的活动过程。人类知识的传递大量的是通过阅读理解活动来实现的。因而，阅读理解是学生学习知识、发展智力的基础和前提，同时也是人类信息传递的主要途径，特别是知识经济时代的脚步已响彻身畔的今天，通过阅读各种语言文字材料来掌握知识经验已成为人们普遍而基本的活动了。因此，怎样提高阅读质量，在尽可能短的时间内掌握尽可能多的知识就成为人们普遍关心的问题了。而当前在我们英语教学中，普遍存在着学生高分低能或低分低能的现象，即基础知识掌握不牢，实际运用能力较差，追究其原因，主要是片面强调课本教学，即把能力与知识等同起来，认为知识就是能力，摒弃发展能力，单纯追求知识，在教学中死抠教材，硬记单词，逐句翻译，背诵课文，使学生思想僵化，缺乏独立吸收和运用知识的能力。由于学习过程十分枯燥，学生失去了学习外语的热情和兴趣。其结果呢？教学质量不高，学生难以成长。如何帮助学生在掌握知识的基础上培养学生阅读能力，提高教学质量呢？

一、了解阅读的过程

做任何事，都应事先明白其意义及作用，在拿到阅读材料进行阅读之前，对其过程的理解是相当重要的。因此，阅读教学之前首先要让学生了解阅读的基础过程。阅读是读者对读物所进行的一种积极的思维过程，它至少可以分为三大层次：

一是字面理解层次。即仅仅理解文章的字面含义，如辨认和回想文章大意、细节、事情发生发展顺序、人物特征等。如给你一篇人物的简介，让你填写这个人物的性别、年龄、出生年月、体重、身高等。

二是推论理解层次。即根据文章的结构，从字里行间推测词义、文章大意、细节、事件发生顺序、人物特征等。这一层次的阅读即我们现在的"T" or "F"练习。

三是评价理解层次。凭借自己的阅读经验及语言能力，评估信息的确切性、事件发生的可能性，这种理解层次往往以练习中的回答问题形式出现，读者须具有一定的阅读功底。

作为学生，要了解三种不同要求的阅读，只有这样，才能在拿到阅读材料之后有计划、有目的地进行阅读。

二、掌握基本的阅读方式

　　阅读方式直接影响着阅读的速度和质量。对于大多数学习者，并不一定掌握了解适当的阅读方式。通过调查发现，部分学生对阅读持一种无所谓的态度，既不讲究方式，也无视于速度，故等到文章结束，对于内容也说不出个所以然。另外的一个普遍现象是不同性质的阅读内容，阅读者所持的态度也不一样。如果是接近生活中熟悉的事物，往往兴趣较高，反之则不然。而这些态度都不应是学生所具有的。因此，在教师的指导下，使学生明确学习重点、目的，运用正确的阅读方式，改善他们的阅读能力是相当重要的。在现阶段的教学过程中教师传授学生采用的阅读方式主要有以下几种，它们各有优点。但无论哪一种阅读方式，只要学生能根据一定的阅读目的选择正确的阅读方式，必然会对其阅读能力有一定的辅助、提高作用。

常见阅读方式一览

方式＼特点	精　读	速　读	朗　读	默　读
概　念	为了系统、深入掌握阅读材料所具备的知识、内容，从字、词、句入手。	一目十行式的阅读跳跃式	借助于手势、表情和声调，表现人物性格式某种背景。	全身心投入，不考虑发音的重复阅读活动
技　巧	抓关键词；找准中心句；把握重点段落。	1. 意群扫描式阅读；2. 浏览；3. 跳读。	1. 理解分析性朗读；2. 欣赏性朗读；3. 分角色朗读。	1. 全神贯注；2. 积极思维；3. 减少回跳。
作　用	加深对文章内容及实质的理解，形成知识系统的基础。	有利于学生在较短时间内获得较多信息	加强语感，强化情感体验，但速度较慢。	发展阅读者的内部语言，强化理解，提高阅读速度。

三、从多角度着手进行阅读的训练

（一）预习

　　预习是培养学生阅读方法的重要途径。在教育过程中，教师通过指导预习的方法，让学生借助工具如字典，提高阅读能力，培养学生的阅读兴趣。那么如何指导学生预习呢？一要根据学生水平的高低设计不同层次的预习问题。二要要求学生在速读后能用自己的话把课文描述一遍，这样不仅有助于学生课前了解教学内容，把握重点难点，而且能使他们发现问题。学生预习新授课，有利于课上精讲多练，增加语言实践机会，提高阅读教学课题效率，提高学生的阅读能力。要想提高预习的有效性，作为教师应该注意以下几个问题：

1. 预习要结合新旧知识，使新旧知识贯通，注意引导学生总结、归纳和对比。

2. 预习应着眼于自学能力的培养，不断对学生提出新的要求，对学生的预习要求不能一成不变，每一课要随着教学的进展和学生水平，不断提出新的目标和要求，培养和发展他们自学英语的能力。

3. 备课过程中要精心设计预习思考题，预习思考题不宜过多但应具有启发性，注意可行性，略带趣味性，以此培养学生的兴趣。

4. 预习思考题，应针对文章设计三级提问，它们分别是：

（1）一级问题本身包含课文中的细节性信息，只要求回答 Yes 或 No、True 或 False。

（2）二级问题本身不包含文章中的细节性信息，学生可直接从课文中引用信息回答问题，这类问题可借助特殊疑问词提问。

（3）三级问题最后提出单凭文章本身无法作出答案的问题，解决的途径是借助于学生本身所具备的信息知识，即丰富的背景知识来回答。

三级提问一环扣一环，难度由浅入深，潜移默化，逐步提高学生的阅读能力。

（二）扩大词汇量，提高阅读能力

1. 利用词缀来猜测词义，如"im-、dis-、un-、-ist"等。在最近的一次模拟考试中出现了一题：The word "enlarge" means _____ . A. make big　B. large　C. larger　D. largest 很多学生只知道"large"为"大"，而不知"en-"作为前缀的含义。所以，了解构词法不仅有助于学生理解文章，还多了一种学习的方法。

2. 利用上下文的语义联系来推测词义，如同位语关系、反义关系、因果关系等。初中阶段，学生所掌握的语法较齐全，对定语从句也有了一定的了解，一篇阅读理解往往不只是单句，更多的是复合句，例如，He is a boy who was born in 1974. He died 50 years later. 然后文章要求你说出他死于哪一年，在这里，就需要从上下文推测。

3. 用归纳法，把同一类词归纳在一起。

（三）扩大阅读量

传统的英语教学给学生罗列了许许多多的语法规则，让学生死记硬背，由于语言是约定俗成的，有些语言现象连教师本人也不易说清，其结果往往是大打折扣。比如，"His bag is in his desk." 中为何偏要加个"is"，在"They was used to do their homework in the evening." 中学生往往漏掉 "their"。但通过大量的阅读，学生潜意识地加深了对习惯性用法的印象，逐步形成了一种自然的能力。这种潜意识的印象完全不同于机械的操练，因为后者只是一种暂时的记忆，前者则是一种潜移默化的过程，因而学生最终形成的是一种自然的能力，而阅读训练能使学生获得这种自然的能力。

（四）丰富学生的背景知识

丰富的背景知识是学生有效阅读、深刻理解的基础。没有足够的背景知识，就不可能达到对阅读材料正确的理解，因为知识之间是相联系的，缺乏相应的知识经验，对相应的阅读内容就难以理解。背景知识题材多样，包括天文地理、风土人情、政治历史、人物传略、科学技术等。

（五）掌握各种阅读技能

一是要求学生对句子知识的掌握和对课文的理解。句子知识的掌握牵涉到一个语法的问题，需学生了解句子的主谓宾、主从句、主被动关系。而课文的理解是在学生对句子的理解基础上培养起来的，学生在词汇、语法、句子、课文等方面的知识越多，在阅读中理解的效果就越好。

二是教师在平时的教学中应充分重视阅读理解技能的训练，包括认识字词、划分段落、概括中心思想、分析评价文章的思想内容、运用字典、根据不同的目的选择并熟练地运用适当的阅读方式、边思考边笔记等，逐渐积累丰富的背景知识，然后利用自己原有的知识，提高阅读理解能力。

四、培养学生良好的阅读习惯

在阅读活动中，由于学生自身的一些问题或原因，养成了一些不良的阅读习惯，而一旦养成了不良的阅读习惯，就容易降低阅读效果，自然也会影响到学生的阅读能力。

阅读方法	缺　点
出声阅读	发音速度低于视觉速度，降低阅读速度，在时间定量的前提下，会减少阅读量。
指　读	即用手一个字一个词或一句话一句话地指着阅读。（1）降低阅读速度。（2）干扰注意力，导致分心。
只阅读不思考	只动口不动脑，读过后不留印象，前面的文章没有任何概念，无法联系上下文。

以上这些阅读的不良习惯，都是学生不应出现的，阅读的方式有许多种，教师应针对学生的不良习惯、阅读的不同目的，为学生提供合适的方式，以培养学生良好的阅读方式，使学生获得信息量并提高阅读速度，提高阅读能力。

前苏联教育家苏霍姆林斯基说："学生的智力兴趣越浓厚、越多样化，学习就越为学生所珍重，学校应当猛烈地燃起学生智力生活的永不熄灭之火，吸引他们参加引人入胜的兴趣盎然的益智活动，使他们获得智力的不断发展。"在教学活动中积极主动地落实素质教育是每一个教师的职责，现代社会需要的是新型的全方位发展的人才，需要学生在德、智、体、美、劳等方面全面发展。对于英语学科而言，单纯的识字辨字而不能把几个或几十个单词变成一个整体去具体体会，那是好几年前的任务了，学生的认识能力必须要有一个大幅度的提高，所以在平时的英语教学实践中，切实地教会学生连词成句，体会段落大意，联系实际是一个迫切需要，英语课堂教育不仅需要学生的大力配合，对教师的自身要求也很高，只有这样，才能从根本上提高学生对阅读的认识，真正提高学生的阅读能力，从而提高学生各方面的素质。

关注学生　聚焦资源
—— 英语听说课程的实践研究

孙俊杰

在学校的区级课题《关注学生，聚焦资源，优化普通初中微观课程结构的实践研究》引领下，我们英语教研组开设了"中考新政下的英语听说课程"，在学校领导的全力支持下，通过课题组老师的通力协作，在"听说能力培养"研究与实践方面做了一些有益尝试和探索，取得了一定的成果。

一、课程实施的成果与经验

（一）形成一套培养学生听说兴趣的方法

1. 建立学生每节课前展示演讲制度

给学生提供听、说的机会。课前要求值日生用英语向教师和同学做2—3分钟的汇报，汇报的内容可以由学生自己选择。汇报制度的建立为每个同学提供了一个"说"的机会，客观上形成竞赛气氛，谁都希望展示得流利漂亮。因此事先学生们都会认真准备。同时，展示时同学们都是听众，每个同学每次都可以得到"听"的训练，这样说、听就有机地结合起来。

2. 开辟第二课堂

创办英语角。每月开展一次英语角活动，时间长短不定，或是独立进行，或是在教师的带领下进行。鼓励学生用英语和老师进行交流，在英语角里同学们无拘无束地表演自编的课本剧，或对所学课文互相问答，或进行会话、演讲等。最后展示成果，老师对学生的表现给予鼓励。

实地运用，培养学生的交际能力。学生如何才能得到实地运用英语的机会呢？在教学中采取"走出去，请进来"的办法。利用团队活动的机会带学生到附近操场、图书馆等地方进行现场教学，让学生模拟老师或公共服务人员进行对话，从而使学生在实际演练中学到知识。

有计划地开展各种形式的活动。为了使同学们能在听、说、读、写四个方面得到全面发展。经常开展像听说竞赛、英语日记朗读竞赛、英语歌曲演唱比赛等多种形式的活动。这样，不但提高了学生学习英语的积极性，而且增强了学生的学习兴趣。

（二）形成一套提高学生听说能力的策略

1. 指导策略

激发学生正确的学习动机。众所周知，学生的学习动机会影响学生的学习态度、学习兴趣、学习成绩等。因此，为了调动学生积极参与英语课题教学，教师应当充分地激发学生正确的学习动机，努力调动学生学习积极性，培养他们学习英语的兴趣。学生学习积极性得到提高，学习英语兴趣浓厚，英语课堂上的学生听说能力弱的现象也会随之消失。教师应帮助学生认识到，积极参与课题讨论对提高其英语水平甚至今后的工作都会有很大帮助。如果学生能正确地对待它，定会从中受益。

对问题学生进行课下指导。调查显示，部分学生由于小学时英语基础薄弱，兴趣丧失，所以从步入初中开始就认为自己不喜欢英语、也学不会英语。而事实并非如此，小学注重的是学生的语音，接触的英语词汇并不算太多。初中英语从学习字母和简单的日常对话开始，即使没有任何基础，只要从步入初中开始就努力学习英语，也能如鱼得水，逐步对英语感兴趣。因此对不爱学英语的学生进行有益指导，使他们明白学英语的乐趣和重要性显得尤为重要。

2. 评价策略

教学评价是对教学目标实践程度作出的价值判断，它是一种教学方法，一种教学手段。课堂教学评价活动，总体上呈现两大特征。一是量少，教师和学生不重视教学评价的作用。二是质不高，许多课堂教学评价仅限于简单的陈述性和知识的再现。具体情形是课堂里只有教师在认真地演"独角戏"，教师关心的是自己的教学方案是否按计划完成，对学生的参与情况、学习过程和学习效果重视不够。对学生的评价主要是通过提问和回答的方式进行的，而大部分问题是质量不高、没有多少实际意义的机械问题。传统教学评价的弊端在于没有正确认识课堂教学评价的作用，把教学评价本身当作目的终结。因此，在新课程改革的前提下，为了提高中学生英语课堂听说能力，应重视和加强课堂教学评价的诊断、导向、激动、教学等功能，树立新的课堂教学评价观，把课堂教学的重心从教师完成教学任务转移到正视学生的基础，促进学生的发展。

小组评价法——培养协作精神。"小组评价法"是以小组为主的评价方法。在英语课堂教学中常采用分组教学策略，即把学生分成若干个小组，以小组为单位开展学习活动。"小组评价法"以培养学生的团队精神，让学生学会合作，学会关心，学会以集体的力量去竞争为目的。这样的评价方式对于形成学生的集体观念和伙伴合作学习的习惯是很有效的。首先要有目的地组织小组活动。在分组教学中，老师在布置学习任务的时候就向学生明确提出小组活动的目标。譬如让学生分组讨论，用所学的句子组成一段对话，组长负责组织学生讨论和分配每个学生的角色，并进行学习，然后全班进行评价交流。其次，根据预定目标对各小组的情况进行评价。这样的评价可以由教师指出，也可以是学生个体或组与组之间相互讨论后作出的。最后，让学生运用评价结果加深对知识的理解和掌握，发展相应的能力。如教师可根据各小组的回答，把每一组创编最好的地方组合起来进行练习，使小组中的每个成员都享受到成功的喜悦。

鼓励评价法——树立学习信心。"鼓励评价法"是日常教学活动中常用的一种评价方法，是激发学生的内在潜能的重要手段，也是形成学生持续性、发展性能力的重要途径。教师要善于对学生进行赞扬和鼓励。教师的鼓励对不自信的学生更有推动作用。在教学中可以用语言和体态进行鼓励性评价。言出自心，教师只要真心真意尊重每一个学生，就会创造出各种生动的、赞赏性或鼓励性的语言。这些话就像"兴奋剂"使学生精神振奋，学习信心高涨；也像一股暖流，让他们感受到教师的温情，满足他们的成就感，使课堂气氛更热烈。

参与评价法——突出学生主体。学生在教学中的主体地位不仅表现在课堂教学中，还应在评价过程中体现。"参与评价法"的内涵就是在英语教学中把学生自评、互评纳入评价的范畴。评价是调整学生整体性的有效机制，学生的学习只有通过自己的努力才能习得。在课堂教学中开展形成性评价，可以使学生有意识、有兴趣、有责任的参与活动。通过教学评价，激起了学生的主体参与性，使学生在课堂中体验成功的喜悦，获得进取的力量，分享合作的喜悦，发现生命的灿烂。

（三）让学生在听说过程中快乐学英语

在读中升华情感，获得知识，体验成就感。布置创新型作业，采用画图加句子填空练习，让学生喜欢完成作业，而不是把完成作业当成一项任务。

二、课程实施的启发与反思

（一）听说是有声表达，容易激发学生的兴趣

在有声的语言环境中学习语言，能更好地引起学生兴趣，调动学生的积极性。从听听说说、读读认认、唱唱玩玩中培养学生的兴趣和能力，为今后打下良好的基础。适当的听说材料的运用能刺激他们的感官，产生良好的兴趣和情绪，顺应了学生的心理及生理特点，充分调动积极性，达到教学的最佳效果。

（二）兴趣是最好的老师，推动了学生能力的提升

兴趣能够让人更多地接触该领域的内容。学生为了能够在听说活动中表现得更好，会更多地了解听力材料的背景知识，花更多时间模仿说话活动的相关材料。兴趣能够让人积极主动地寻找答案。

兴趣往往能够让人提出很多问题，同时驱动人去及时地寻找问题的答案或解决方法，推动实际问题的解决。人都有不懂的东西。很多都放过去了，以后就忽略。兴趣能够让人有热情去了解问题的答案，优化解决问题的方法。这样，模糊点越少，就越有信心，也具有比其他人更容易解决问题的优势。

（三）以听带说，促进学生提高英语水平

人们掌握语言的过程，能理解的总是比能表达的要多。换句话说，人们所能听懂的，永远比能说的要多；所以，教学生学习英语的时候，要做到"以听带说"，在"说"这一输出活动前先进行充分的"听"这一输入活动。应尽可能地让他们多听英语，在听的基础上多说，但不必一开始就要求他们说得非常正确。

（四）加强"听说读写"环节的联系

教师应该充分利用听力环节，在提高听力技巧的同时，提高学生的说、写能力。激发学生听的兴趣和积极性。一是在进行听力训练时，要先听一些有层次和梯度且简单、有趣的材料。如：简单对话、浅易的具有故事性、趣味性的小文章。这样的材料学生能听懂，有收获，具有成就感，慢慢地学生对听力就有了兴趣。二是听说教学活动的形式要新颖多样。比如，我们有位老师就通过电影片段的形式进行教学，由于活动形式新颖，同学们参与热情很高，效果很好。

基于核心素养的初中英语阅读
教学活动设计初探
——以牛津英语上海版 8BU6 阅读教学为例

沈丹颖

教师在进行初中英语教学时，应该全面培养学生的听、说、读、写的语言综合技能。阅读是学生获取信息的一种重要手段，是初中语言技能的重要组成部分。《上海市中小学英语课程标准》对初中学生的阅读技能提出了明确的分级要求，规定了学生需要掌握英语朗读技巧、理解各类文体文章的内容并从中获取信息、理解和归纳语篇主旨大意、掌握基本的阅读策略，如：略读、寻读、概括、猜词、推断等。笔者以牛津英语上海版 8BU6 Reading: France is calling 阅读教学为例，从自身的教学实践出发，进行反思，重新设计教学活动以提高学生的阅读学习效率，提升英语阅读教学的有效性。

一、相关分析

1. 教材分析

本文选自牛津英语八年级第二学期 Module 3 Unit 6，本单元的主题是 Travel 旅行，本文是一篇以旅游为主题的说明文，也是学生比较感兴趣的话题。本课课型为阅读课，标题是《France is calling》，介绍了法国概况和一些著名城市、景点，能够帮助学生了解法国，体验法国的风土人情。

2. 学生情况

本班有 30 名学生，部分学生有较好的学习习惯，乐于参与课堂教学活动。但也有部分学生英语基础较差，对学习英语没有信心。且随着学生年龄的增长，很多学生顾忌到课堂回答的正确率，主动举手回答问题的学生数有所减少。同时，本班学生的阅读能力有待加强。教师需要帮助学生理解文本信息并进行内化，使学生能用文本信息简要介绍法国。

3. 教学目标

本节课旨在培养学生的阅读能力，具体包含了通过阅读掌握课文中的生词并理解课文的基本内容、根据问题寻找特定信息、根据信息进行推理判断、归纳主旨大意和根据文章进行复述和介绍等。

二、课堂初步实践

在第一次进行教学设计时，考虑到本文篇幅较长、涉及的词汇量较多，如一些关于法国旅游胜地的词汇（the Eiffel Tower，the Arc de Triomphe，EuroDisney，the Loire Valley etc.）；一些在语音、语义和语法上学生较难掌握的词汇（abroad，tourist destinations，world-famous landmarks，attractions，enable，agricultural region，vineyards，excellent，scenic areas，influence，provide，leader，further，throughout etc.）笔者试图先将本文中的生词通过图片或例句一一呈现，帮助学生扫清词汇障碍，结果花了大半节课教授生词。后半节课主要是通过概括文章大意、问答和填空等活动，引导学生理解文本内容。

一节课下来，学生仅仅对文中的一些词汇有了初步的印象，却没有时间对文本进行整体性的阅读和理解。并且由于前半节课的词汇教学对学生来说稍显枯燥，学生的学习兴趣并不浓厚，有些基础较差的学生甚至产生了畏难情绪，因此后面的文章理解部分，学生课堂参与率不高。总之，本节阅读课的学习效果一般，未达到期望。

三、课堂反思

起初笔者在设计本课时，之所以把词汇教学放在课文前教授，而且是具体地教授，是因为本课生词较多，是为了帮助学生扫清词汇障碍，使得学生更容易地理解文本，为之后的阅读策略学习打下基础。

但实际情况是：学生由于在一开始识记和学习较多的生词，花费了较多时间和精力，没有机会整体阅读文本，对文本的理解也不够透彻，甚至减弱了学习兴趣。所取得的教学效果与目标背道而驰。这种阅读教学设计，注重词汇和语法，而忽视了学生对文本的理解及思考，是不可取的。

苏霍姆林斯基在《给我们的建议》中说："有经验的教师在备课的时候，总是要周密地考虑，他所讲授的知识在学生的头脑里得到怎样的理解。"教师在制定教学目标前，要仔细分析学生的学情。初中学生有强烈的自我意识，喜欢自我表现，他们渴望成功，但是缺乏自控力和意志力。同时，他们喜欢运用形象思维，但逻辑思维能力还未成熟。在以上的教学实践中，效果不佳的主要原因是笔者未能抓住学生的心理特点，在词汇教学的策略上欠妥当，未能引导学生站在整体的角度浏览和理解课文。

经过反思后，笔者决定重新设计教学活动，引导学生快速浏览课文，快速检阅出文本中关于法国介绍的不同板块，如：旅游景点、特色食品、艺术和历史等，在扫读并进行分类的过程中增加学生的阅读兴趣和成就感，得到整体印象后再进一步细读。通过"整体——局部——整体"的阅读过程，帮助学生理解和巩固文本，同时操练阅读技能，如：根据上下文猜测词义和理解难句，对于学生来说，比之前在课前一股脑地学习所有词汇更有效果，也更易理解。

四、课堂改进

1. 重视课前预习，打造高效课堂

本文是一篇介绍法国的文章，涉及的生词多，尤其专有名词多，且有些是由法语演变而来，学生读起来有困难。此外，学生对法国的背景知识也不够了解，这些都可能为文章的理解带来阻碍。吸取了上次课上一一讲解生词耗费太多时间的失败教训，这次我在课前布置了两项作业，一是学生预习并朗读生词，二是学生查询一些关于法国著名景点的信息，扫除语言障碍和背景知识障碍，为阅读课的教学做铺垫。

2. 介绍法国文化，激活背景知识

学生的阅读过程就是把语言材料上的信息与自身已有知识相联系的过程。因此，学生对课文的话题内容及所涉及的文化背景的熟悉程度，直接影响学生对文本的理解程度。

本篇阅读的主题是法国的风土人情，如旅游景点、特色食品、艺术和历史等。在讲授新课前，教师需要介绍法国文化，激活背景知识。

为了激活学生关于法国的背景知识，我采用两种方法，一是通过头脑风暴（brainstorming）的方式直接激活学生已有的知识，二是通过播放视频引导学生之间相互交流与互动，从而帮助学生完善关于法国的背景知识。

首先，我提出问题：France is a beautiful country. What does it make you think of? 引导学生进行头脑风暴，学生兴致盎然，由于之前布置过预习作业，学生可以说出一些相关词汇，但大多数停留在旅游景点上。为了进一步引发学生思考，激活并拓展学生的文化知识，我播放了一段涉及法国的景点、文化、饮食各方面的视频，创设浓郁的法国气息，并引导学生进行小组讨论，学生纷纷举手补充，课堂气氛很活跃。

3. 培养阅读技巧，丰富课堂活动

阅读教学的活动设计要遵循学生的认知水平，从易到难，引导学生理解文本内容。要求学会通过阅读策略分析文章，体现层次性和思维性。

本文篇幅较长，但结构比较清晰，因此首先我引导学生运用略读策略，抓住文

章大意，理清课文主线。通过略读，学生很容易找到关键词句，再将以上词组分类概括，把文章分为：旅游景点、特色食品、艺术和历史三大类。然后，从以上三方面分别引导学生再进行扫读，找到特定信息并完成练习。

在略读的基础上进行扫读，旨在让学生理解略读和扫读的不同。略读是粗略地浏览全文，找到关键词和大意即可；而扫读需要找到特定文本，不需要读完全文。另外，在扫读时，通过指导学生找到特定信息，加深学生对于文本的理解和分析，同时锻炼学生的概括能力。为了推动学生的深层阅读，我还设计了配对、回答问题、填空、改错等练习，为学生准备丰富的任务和活动，让学生根据文中信息，认真思考后进行推理、总结和概括，最终引导学生理解作者的写作意图，学会欣赏法国的风土人情，培养学生的跨文化交际意识。

在开展读中活动时，教师应培养学生的阅读技巧，循序渐进地指导学生加强对文本的理解。初中学生应该具备的阅读技能有略读、扫读、理解大意、预测下文、猜测词义、推理判断、区分事实和观点等。教师应根据不同文章，指导学生掌握相应阅读技能，提升英语阅读能力。

4. 巩固课文理解，设计读后活动

阅读教学的读后阶段，是教师检验阅读教学成果、巩固学生对文本理解的重要阶段。教师要帮助学生整合新旧知识，并培养学生的思维与表达能力。

根据我班学生的情况，为了鼓励学生参与课堂、积极发言，读后活动我主要采取了复述课文的形式。在这个活动中，学生借助文本信息，从不同角度介绍法国。运用以读促说的方法引导学生理解文本，对文本内容产生兴趣，从而巩固文本内容。同时，学生由一名阅读者转化为介绍者，锻炼了口语表达能力和语言组织能力。

5. 布置有效作业，重视指导评价

合理的作业布置可以帮助学生进一步加深课文的理解、复习巩固，引发学生的发散性思维和深层次思考，同时也能检验课堂效率和教学成果。

在本课时的作业中，我鼓励学生用一段话描述对法国的印象，以及是否有意向去法国旅游，锻炼学生的概括总结和评价能力。通过写作的方式，在完成作业的过程中进一步熟悉文章内容，加深对文本的理解。学生完成作业后，采用教师批改与点评、学生分享与讨论的方式，鼓励学生互相学习，共同进步。

五、教学反思

在本课时的阅读教学中，笔者从课堂实践中提取经验，通过反思和改进，以学生为主体，以《课程标准》为指导，设计不同的阅读教学活动，培养学生的阅读能

力及综合能力。

　　总之，在进行阅读设计前，教师要明确目标要求，熟悉教材并全面把握文本，同时分析学生特点，确定目标策略，进行有效设计，提高学生英语综合能力。同时，教师要关注情感价值，激发学生自主阅读的兴趣，建立学习英语的信心，培养学生的思维能力，提升核心素养。

浅谈初中英语课程中人文素养的建构

龚 丽

【摘 要】义务教育阶段的英语课程具有工具性和人文性双重性质。在这样的学习过程中，教师不仅要关注学生语言知识能力的提高，也要关注学生人文素养的养成。本文阐述了义务教育阶段英语课程的人文性的含义。以《英语（牛津上海版）》中 Nobody wins（Ⅰ）与 Nobody wins（Ⅱ）两篇教材的教学实践为例，讨论初中英语教材中的人文素养体现。探讨如何在初中英语课程中对学生进行人文素养的培养。

【关键词】初中英语；人文素养；人文性

一、引言

《义务教育英语课程标准（2011 年版）》（教育部，2012）指出，义务教育阶段的英语课程具有工具性和人文性双重性质。就工具性而言，英语课程承担培养学生基本英语素养的任务，即学生通过英语课程掌握基本的英语语言知识，发展基本的英语听说读写技能，形成用英语与他人交流的能力，为今后继续学习英语和用英语学习其他相关科学文化知识奠定基础。就人文性而言，英语课程承担着提高学生综合人文素养的任务，即学生通过英语课程能够开阔视野，丰富生活经历，发展跨文化意识，促进创新思维，形成良好品格和正确价值观，为终身学习奠定基础。

随着时代的发展，当下的英语教育应做到人文性与工具性并重，使学生在英语学习过程中既能够发展综合语言运用能力，又能够学会如何学习，养成良好的意志品质和合作意识，学习如何处理人与人、人与社会、人与自然的基本关系，形成创新意识，发展科学精神，从而全面提高综合素质。

但在日常教学中，不少教师往往忽视以人的全面发展为中心的理念，忽视了对学生人文精神的培养，只把课程当成开展语言知识学习和语言技能培养的过程，这样的教学只体现英语课程学习的工具性，忽略了其人文素养的培养。

英语教材是英语课程资源的核心部分，是实现各种教学目标的重要材料和手段。在探索如何在初中英语课程中对学生进行人文素养的培养这一过程中，不难发现教材内容在编选上实则充满了人文性。笔者认为，在开展初中英语教学实践时，需要教师充分了解教材，发现教材中隐形人文素养的体现，并且在英语教学中合理运用教材，使学生得到语言能力与人文素养的共同培养。

二、建构学生人文素养的阅读教学实践

外语教育的本质是人文教育，重视心智训练和情感陶冶的价值。外语技能是专业的基本功，其最终目的是通过外语理解它所承载的文学、历史、社会、政治、文化和精神（金利民，2010）。笔者所任教的学校现使用的是上海教育出版社出版的《英语（牛津上海版）》，该教材内容的编选上充分体现了思想性原则、科学性原则、趣味性原则以及灵活性原则。

《英语（牛津上海版）》八年级上册第二模块的主题是"科幻小说"。随着模块的推进，学习内容从学生个人生活的描写，到对数字与百科全书的科普，再到科幻小说的阅读，对于英语学习的工具性与人文性的聚焦范围也在不断放大。而笔者将举例的这两篇教材，正好组成了一个完整的科幻故事，讲述了 Captain King 和他的队员在宇宙中迷路后降落到一个未被探索过的星球上，被怪兽 Gork 抓住，最后通过智慧成功逃脱的全过程。该故事最终以开放式结局结尾，也给学生们留有了很大的想象空间。

笔者拟通过标题解读、人物性格分析、绘制时间轴和分析作者写作意图等语言任务。在对科幻小说文体教材的解构、建构任务活动中，探究依托教材中的阅读文本，建构学生人文素养的有效路径。

（一）通过思考标题含义，激发学生阅读兴趣

该模块标题的设置上有一定的趣味性，并且作为贯穿全文的重要线索，学生们只在通读完全文后，才能真正理解 Nobody wins 的含义。在导读部分，我将教材中的插图展示在幻灯片中，让学生们猜测小说中哪一方会成为最后的胜者，鼓励学生在独立思考后和小组成员分享观点。

学生从标题解读入手，两次解读文本，初步了解 nobody 真实身份的同时，也初步揭示了科幻题材的标题选取上所蕴含的人文元素，引领学生探究本篇教材内在的人文素质，为学生建构自身的人文素养提供了感性的素材。

（二）绘制时间轴，预测故事发展

两篇教材具有关联性，从第一篇 Caught by Gork 到第二篇 Escaping from Gork 完整描述了宇航员们是如何成功跳脱的过程。在引导学生们对标题进行思考之后，我在黑板上绘制了故事发展时间轴（见图 1）。通过在幻灯片中展现宇航员们逃脱所用到的工具，让学生们猜测宇航员们究竟是如何从被抓住到成功逃离。

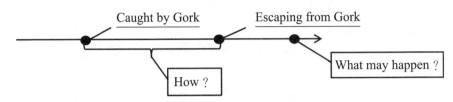

图 1　Nobody wins 故事发展时间轴

该时间轴的设计为末端开放形式，与教材文本内容相符。寓意宇航员们与 Gork 的故事并没有戛然而止，也激励学生们更积极地去思考故事的发展。

（三）通过细读文章，剖析小说人物性格

语言学习中人文素养的培养往往是以内隐式的形态存在的，依托于以其为核心的任务型活动而外显。在科幻小说为题材的教材中，对人物性格进行分析是常见的一种课堂学习任务。而这两篇教材中，人物的性格皆隐藏在对于人物的语言刻画、动作描写中。于是笔者设计了表格（见表 1），让学生们通过文中人物对话，行为的描写，分析人物性格。

相对于其他人物而言，主角人物的性格分析更为容易。但文章中任何一个角色对文本内容的充实与故事的推进起着至关重要的作用。于是我引导学生对于文章中出现的次要角色进行分析，鼓励他们大胆发表观点。让我出乎意料的是，在大多数同学用 "violent" "irritable" 等词汇总结 Gork 的性格时，也有少数学生认为 Gork 在抓住宇航员们后，还不忘通过大吸铁石夺走他们的武器，从中可以看出他谨慎的一面。有同学认为 Gork 在眼睛受伤后，还能冷静地想出让袋鼠一个个出房间并且排查的方法，从中也可以看出他聪明的一面。

表 1　Nobody wins 中各角色人物性格

characters	personality
King	clever，brave
Peters	stupid，timid
Lam	calm
Gork	violent，irritable，*cautious
*Kangaroos	polite，obedient

这些语言任务活动能引领学生在细读文本中提取文章中不同角色所涉及的信息，强化学生对该文本以及角色的感性认知。也让学生对小说题材的阅读文本有了一定的理解，进一步品读行文结构的编排和布局。

三、对建构学生人文素养的阅读教学实践的思考

"授人以鱼，不如授之以渔。"首先，笔者认为在中学生的人文素养建构过程中，不能仅靠教师单向灌输。这一过程需要学生们的切身体验、思考感悟而形成。而教师在这一过程中，应扮演引领者的角色。一定程度的引领能加速学生人文素养的形成。义务教育阶段的英语课程应面向全体学生，考虑到教材文本中的人文元素可能以显性或隐性形态存在，而不同学生的感知能力也有所差异，因此在学生依托教材文本建构人文素养的实践中，教师对学生加以引领就显得非常必要。阅读文本中人文元素是蕴藉在文本中的隐形组成部分。本案例中的人文性体现在标题、故事发展、人物性格等之中。在本案例中，笔者从标题解读和人物性格分析等方法引领学生感知文本中人文元素的体现。在阅读文本的过程中，学生得以感知英语学习中的人文元素。在人文素养的建构过程中，离不开学生自己的切身感悟。

其次，综合语言运用能力是语言的工具性和人文性的集中体现，因此在教学中要以任务活动做人文素养建构的载体。教师可以利用文本开展多种形式的阅读语言任务，使文本中的隐形的人文元素得以外显，并被学生感知，从而形成人文意识。该案例中，笔者根据教材内容设计了相关的任务活动，引领学生主动积极地参与其中。基于人文性建构的阅读任务的过程也是人文意识形成的重要过程。

最后，在实际教学中要避免生硬培养人文素养的倾向。在许多现实教学的案例中，教师往往在课堂要结束时生硬地提出一个含有人文性的思考问题，将学生的思维框死，或是配以几句相关的谚语，让学生识记。这样的语言任务与文本学习活动缺乏连贯性与相关性，不能有效培养学生的人文素养，建构起学生的人文素养知识与意识。

四、结语

为了使初中英语课程工具性与人文性并重，教师们不但要改变对课堂教学原有的认识和观念，还应提高自身的人文精神、教学能力和课堂魅力。英语教师自身对人文素养要充分了解，了解教学中涉及到的中外文化背景知识，理解语言与文化的关系，中外文化的异同。同时，教育者需要在教学过程中发挥主观能动性，引导学生成为学习的主体，在教材使用和教学活动中探索语言能力培养与人文素养培养的结合点。

总之，在初中英语课程教学实践时，笔者认为，我们是在向学生分享一种文化，我们应关注学生的内在需求。帮助学生培育人文素养并且拥有情感和思想。通

过观察当前的社会大环境，我们不难发现，只有教师关注学生的人文素养养成，帮助学生搭建好内在建设，学生才能发展成适应社会发展需求的新型人才，才能在社会发展中发挥出自己的个人价值。

参考文献：

中华人民共和国教育部 .2012. 义务教育英语课程标准（2011 年版）［S］. 北京：北京师范大学出版社 .

金利民 .2010. 注重人文内涵的英语专业课程体系改革［J］. 外语教学与研究，（3）：18—25，82.

初中物理串联电路实验教学的实践研究

顾丽琴

实验在物理的知识体系形成过程中起了举足轻重的作用，而实验教学也是国家课程方案和课程标准规定的重要教学部分，是提高学生综合素质的重要途径。二期课改之后，物理教学中对物理实验的重视程度已经有了很大的提高，但由于受到考试模式的导向影响，大部分教师与学生还是以纸笔实验代替操作实验。新一轮的课堂教学改革对实验教学的要求有了新的变化，不仅强调了对学生的小组合作交流能力的培养，还需要学生具备一定的独立操作能力，这些学习要求以及评价方式的改变，促使教师在今后教学中要将实验教学提到一个新高度。

笔者本学年担任九年级的物理教学，如何将实验教学贯穿在日常教学中，以提前适应新的教学要求，是笔者在本学年一直思考的问题。串联电路是初中物理电学中的重要模块，它综合性强，是培养学生科学素养的重要内容。而电路概念比较抽象，实验教学可以有效降低学生的理解难度，因此本文主要围绕串联电路单元的教学，阐述笔者在教学过程中一些思考与收获。

一、实验课前的准备

实验课的最终目的是指向于学生的学习与发展的，对学生的学情分析是教学设计起点的重要依据。初中的很多物理知识与生活密切相关，学生对很多的知识点并不陌生，这些对学习起到一定的积极作用，但也会有一些负面影响，对知识点的熟悉导致一些学生轻视学习的意义，忽视知识形成过程，这也是很多实验课效果不好的一个很重要因素。

笔者在自己所教班级中做了一个调查，认为实验对自己知识掌握有帮助的占比80%，但实验前有明确的实验目的、实验方案的学生人数占比仅为16%。这个现象提醒我们，大部分学生知道实验的重要性，但是有清晰的实验目的、会自己设计实验的学生人数非常少，这其中一部分原因是学生没有预习和思考的习惯，更多的学生则是因为熟悉而忽视预习和思考，因此帮助他们实验前思考，明确实验中的观察内容是实验课前的关键环节。

比如，在《认识串联电路》的实验中，学生认为串联电路连接比较简单，实验现象也比较单一。如果没有必要的课前预习提醒，你会发现学生连接好电路后，就是不断地闭合、断开开关，他们无法更进一步地了解串联电路。根据经验，学生对串联电路的理解还是会有一些误区的，比如他们认为电路中的两盏灯发光会有先后顺序，经过两盏灯的电流大小会有不同，两个灯泡串联时互相影响等，所以在这节课的预习任务中，可以设置这样几个预习题：

1. 将两个灯泡按串联的方式连接好，闭合开关，两盏灯是否会先后发光？
2. 将其中一个灯泡旋下来，观察另一盏灯的发光情况；思考串联电路的特点。
3. 观察两盏灯的亮暗程度，猜想通过它们的电流是否会不同？
4. 两盏灯串联时两端的电压会不会相等？
5. 思考如何测量串联电路中通过各个灯泡的电流，以及灯泡两端的电压？

因为这是一个单元的设计，所以设计问题时需要将整个单元涉及到的问题做一个有机的整合，比如上面的第 3、第 4 的预习题，是为了下一节课的探究串联电路特点作准备，将知识点的难度有计划地分解，增加各节课的效率。

得益于年初的网课，笔者发现了一个网上的模拟实验室，可以将模拟实验录制成小视频。在预习阶段，将实验过程的小视频发给学生预习，可以有效地增加上课的实验效率。

二、实验中的有效指导

实施实验教学教师比较容易出现两个问题，一是实验前太过冗长的讲解，实验原理、实验步骤，实验现象，甚至还有演示过程，面面俱到，将学生探索的欲望一点点浇灭；二是学生在实验中的参与度太少，学生实验由于器材、实验时间等因素的影响，更多的是采用小组合作的形式进行的，这其中一部分学生，在小组合作中处于游离状态，据笔者观察自己所教的班级，这部分学生的比例不低于 50%。学生的积极性参与是他们从中获得知识的保证，也是实验课教学必须重视的一个环节。如何激发学生发自内心的参与欲望，是教师在实施实验教学的过程中不能忽视的。教师必须随时关注进程，引导学生积极主动去充分理解、体验课程内容，以保证学生的自主构建不沦为迷茫的任意发展，笔者认为制定可操作性的实验手册是一种有效的引导方式。

比如《探究串联电路中电流电压特点》实验中，实验任务分三个，探究串联电路中电流的特点、电压的特点以及电阻的特点，任务比较多，笔者曾经尝试过边讲边做，也曾尝试将实验任务一起布置，效果都不很好。后想到用实验手册的方式，将三个实验的详细步骤、任务，以及预习小视频发布给学生。考虑到一部分学生的参与度问题，随即将学生按照学习能力组成不同的小组，将班级中需要给予关注帮助的能力一般的学生，以及学习能力较弱的学生组成学习小组，课堂中能完成前两个实验就算这节课的任务基本达成，而教师整节课的指导和关注主要是在这部分学生的实验过程中，指点、收集一些典型操作，为之后的实验课收集素材。班级中一部分能力强的则分成两个小组，既有竞争又有互助，激励他们在完成前两个实验任务后，主动探索第三个实验任务，即探究串联电路的电阻特点，这个知识点比较难，但教师的顾及面有限，笔者还是在实验手册上做了文章，针对很多学生不理解串联电路总电阻引入的意义，以及如何寻找总电阻与各个电阻之间的关系，笔者在手册上设置了一些问题，引导学生进行思考、讨论、理解实验意义，进而再进行实验和交流，这样可以有效地指导学生在教师缺席的情况下仍然能够按照既定的步骤实施实验，完成实验课的授课任务。

三、实验的延续

物理实验的目的是要帮助学生理解并掌握物理规律，进而利用规律进行应用。但知识形成是一个循序渐进的过程，从模糊的概念到内化进学生的知识网络，不可能一两节课能解决的，所以实验的过程教师要有意识、有计划地延续，这样才能获得实验课的效能最大化。

比如《串联电路的动态分析》这一节课，当电路中的一个用电器变为滑动变阻器时，电路中各个物理量会随着滑动变阻器的变化而变化，这是本单元的重点，也是学好串联电路的关键，后续的串联电路计算，以及"伏安法测电阻"或"测定小灯泡电功率"实验也是基于这一个知识点，因此帮助学生弄清楚电路中物理量的变化是这节课的重点和难点。在新授课时，在实验手册中设计了很多有关变化的问题，提醒学生关心各个物理量的变化规律，在实验结束之后，大概有20%的学生记住了各个物理量的变化，这部分学生在后续的多个题型中能够灵活地应用这些知识点。在这节课后再通过几节课的巩固，约有75%的学生记住了这个知识点，但是笔者发现经过巩固后掌握的这部分学生，对这些知识点仅仅停留在识记的层面上，常见的题型还可以应付，一旦出现变化，就没有方向了。针对这部分学生的问题，笔者在完成这一单元教学之后，再做了一次这个实验，并对之前的实验手册进行了调整，提醒学生除了记录观察现象，还要思考这些现象都是因谁而起，找到电路变化的罪魁祸首；并改变一些条件，观察滑动变阻器是不是一定都可以从最大值变化到最小值？受限条件有哪些？这几个问题的引导，可以引起学生的思考，从而找到电路中各个物理量变化的原因——滑动变阻器的阻值，找到根源，进而建立正确的解题思路。做过这个实验之后，发现班级中超过50%的学生在之后的串联电路习题中，能比较熟练地应用串联电路动态知识。

四、实验中错误操作的收集

在学习过程中，对于知识和现象的记忆总是先于理解的，在教学过程中发现，学生不会做的题，很多情况下是因为知识点或现象没有记住，要用时无法将知识点联系起来，更不用说举一反三了。在对学生的错题进行分析的时候发现，物理实验题错误率一直是几个题型中错误率最高的，究其原因，还是实验课的效率不高，有些现象视而不见，有些现象当作笑话，在脑海中没有留下更深的印记所致。

鉴于此，笔者想着如果将学生的错误操作记录下来，在课堂中再现，可以增加对实验操作的记忆。比如在电路实验中最常出现的电表正负接线柱连接的问题，或者开关没有断开就连接电路的问题，这些都是考试的常出现的问题，以往都是通过刷题，让学生知道不能这样操作，而笔者在本次实验教学中，注重了学生实验过程的收集，特别是这些错误的实验操作，现身说法的给学生们演示，实验现象明显，视觉冲击力强，效果比刷题好了许多。

而在"伏安法测电阻"和"测定小灯泡电功率"实验中，电压表的位置是一直以来的考点，首先必须让学生明确，为什么电压表必须并联在"待测电阻"或"小灯泡"两端？在正确操作的情况下，我们能观察到什么现象？如果电压表的位置不对，又会出现什么样的情况？在实验操作时，遇到了这样的情况，及时收集下来，将会是学生在后续复习或习题时很有用的教学素材，而且还可以锻炼部分基础好的学生从现象到推理的能力。总之，将错误利用好，也是电学教学过程中比较重要的一个内容。

五、对实验教学的思考

本学年笔者主要在实验课堂教学方面进行了思考和设计，并形成了一些文字资料和视频资料，由于今年的中考还是延续了以往的形式，实验操作考还没有进入中考计分系统，所以很多思考还是在酝酿之中，比如今后的实验考试题型，实验操作复习等等问题，还需要进一步的思考。

在中考复习阶段，笔者发现班级中一部分学习困难的学生对实验题的把握比较差，经过对实验课的复盘，发现后进生在学习过程中一直是处于比较被动的境地，基础差、反应慢，这些劣势在合作学习的实验课上表现得尤为明显，看着其他同学热烈地讨论，他们在其中几乎找不到任何存在感。如何帮助这部分学生在实验课中也能有所收获，是以前想着解决，却一直无解的课题。突发奇想，授课时制作的小视频，其实不仅可以帮助学生预习；在实验时，可以让这些学习能力弱的学生，反复观看，熟悉实验过程，即使不知所以然，也可以依葫芦画瓢，而在复习阶段，视频依然能够被用于这部分学生的实验复习环节，视觉可视化一定比文字叙述效果好，可以有效提升复习效率。

教学不仅要关注教学的效果，学生知识形成过程的体验也是一个需要教师关注的方面。而实验教学是一种很好的体验式教学方式，学生在实验中学会的思考习惯，养成的主动寻找解决方法的能力，将学习所得变为解决问题的手段，都是当前提出的学生综合素养培养的内容，实验课是培养学生的综合能力的一个很好的平台，我们应该利用好。

参考文献：

1. 吴青峰 .《浅谈初中物理实验教学有效性的提升》.《教海探航》第 1164 期，39—40.

2. 邢红军等 .《物理实验操作测试与纸笔测试的比较研究》.《中学物理》（哈尔滨）2019.12，2—4.

3. 任晔 .《初中物理电学单元教学设计中的内容统整与边界把握》.《物理教学探讨》（重庆）2019.9，28—30，36.

4. 安桂清 .《课例研究》. 华东师范大学出版社，2018，111—122.

中考新政策下的物理实验教学

康 伟

物理实验是研究物理学的重要方法和手段，加强初中物理实验教学，不仅可以提高物理教学效果，还可以提高学生的实验素养，有助于培养初中学生的创造性学习能力和动手操作能力。只要教师做实施素质教育的有心人，对实验合理地加以应用，就会收到良好的教学效果。

经过对上海市初中物理学生实验进行梳理，分类如下。

一、初中物理实验学习水平界定

学习水平	含义	典型事例
初步学会（A）	根据实验目的，按照具体的实验步骤，正确使用给定的器材，完成实验任务。	会按照给出的实验过程，完成观察、测量的实验任务，能描述实验结果。
学会（B）	根据实验目的，参照简要的实验步骤，合理选择实验器材，独立完成实验任务，正确处理实验数据。	会参照简要的实验步骤，组装实验器材，独立完成观察、测量等实验任务，并能分析处理数据，得出实验结论。
设计（C）	根据学习的需要，确定实验目的，设计实验方案，选择或制作简易的实验器材，独立完成实验任务，根据实验结果分析误差原因。	1. 能根据学习需要确定实验目的，或能根据实验目的设计实验方案。 2. 会选择或制作简易实验器材。 3. 会分析数据得出实验结果，并能找出影响实验的因素。

说明： 实验结束的最终结果叫实验结果；根据实验现象和结果推导、总结出来的规律叫实验结论。

二、初中物理学生实验汇总

序号	实验名称	实验类型	学习水平
1	探究平面镜成像的特点	探究型实验	B
2	探究凸透镜成像的规律	探究型实验	B
3	用弹簧测力计测力	测量型实验	B

（续表）

序号	实验名称	实验类型	学习水平
4	用 DIS 探究二力平衡的条件（此实验一般用弹簧测力计做）	探究型实验	B
5	探究杠杆平衡的条件	探究型实验	B
6	探究物质质量和体积的关系	探究型实验	B
7	测定物质的密度	测量型实验	C
8	探究液体内部的压强与哪些因素有关	探究型实验	B
9	验证阿基米德原理	验证型实验	B
10	用电流表测电流 用电压表测电压	测量型实验	B
11	探究导体中电流与它两端电压的关系	探究型实验	C
12	用滑动变阻器改变电路中的电流	验证型实验	B
13	用电流表、电压表测电阻	测量型实验	C
14	测定小灯泡的电功率	测量型实验	C

三、实验的类型与要求

1. 测量型实验

初中阶段测量型学生实验共 5 个。这 5 个实验又可以分为两类，第一类是以训练仪器为主要目的的实验，如弹簧测力计，电压表和电流表等；第二类是以测量某一物理量为主的实验，如密度测量，电阻测量，小灯泡电功率的测量等。

第一类测量型实验它的主要目的是训练学生对实验仪器的使用，通过学生实验，使学生能够熟练地正确使用仪器进行测量，这是所有实验的基础。因此测量型实验的主要目的是如何正确使用仪器进行测量。第一类测量型实验的关注点：观察仪器的主要结构，确定量程与最小分度值，仪器的使用方法（具体操作），仪器的读数方法，数据的记录方法，减小误差的方法，等等。初中阶段主要的仪器有：刻度尺，秒表，天平，量筒（量杯），弹簧测力计，液体内部压强计，温度计，电压表，电流表等。其中重点在弹簧测力计，电压表，电流表等。

第二类测量型实验它的主要目的是训练学生应用已有实验仪器，根据物理量的定义，测量物理量的大小，从而提高学生的实验素养。初中阶段 3 个测量物理量的实验是物质密度的测量，导体电阻的测量，小灯泡电功率的测量。通过这 3 个实验，一方面对密度等物理量有一个比较深入的理解，另一个方面让学生知道怎样通过实验来进行测量，以提高学生的实验素养。

以测量物理量为主的学生实验，其主要关注点在实验原理，所需实验器材，主要的实验步骤，设计实验数据记录表格，正确应用仪器测量数据（实验操作），实验数据的处理，实验结果，减小实验误差的分析等。操作时要注意实验器材的选择、实验器材的组装和调试、正确的实验步骤、实验仪器的正确使用（包括读数）、数据的测量处理，以及处理结果的呈现。

测量型实验在安排分组时，在实验仪器数量允许的情况下，尽量安排 2 人一组（有的可以一人一组）的实验，以突出测量型实验的要求，即每人都有练习使用仪器的机会，以达到熟练使用的程度。

2. 探究型实验

初中阶段探究型实验共有 7 个，可见探究教学在初中物理教学中的重要地位。从初中物理教学实际情况看，探究型实验一般不安排单独的学生实验，而是在形成物理规律或物理概念的过程中进行学生实验。因此，探究型实验与测量型实验有着较大的区别，探究型实验主要为形成物理知识服务，为形成物理知识打下坚实的实验基础，体现物理学科是一门以实验为基础的学科。

探究型实验要围绕物理规律或概念形成而展开。根据探究教学的六个过程要素，要突出问题的提出，根据问题作出猜想（提出假设），根据猜想（假设）制定实验方案，通过实验搜集证据，对实验证据进行归纳总结得出结论（回答猜想或假设），对实验结论进行表达交流，当然还要对实验过程进行反思改进，培养学生的质疑精神。

探究型实验要关注的重点是：根据实验方案选择实验器材，根据要求组装和调节实验器材，根据要求进行实验操作，实验仪器的操作过程及规范程度（包括读数），实验数据的记录等。

探究型实验在分组时，每组的人数可以多些，以体现合作学习的思想。

3. 验证型实验

验证型实验是物理实验中重要的一类实验。在物理学的发展历程中，很多实验属于验证型实验，如证明相对论正确性的实验。验证型实验的一个主要特征是以物理理论为依据（实验原理），通过实验来证明理论的正确性，实验的可重复性。初中物理教材安排两个验证型实验，一个是验证阿基米德原理，一个是通过滑动变阻器的移动，来验证欧姆定律及串并联电路，分析电路动态变化情况的正确性。

验证型实验的重点是：依据实验原理，选择实验器材，确定实验步骤，设计实验表格，进行实验操作，记录实验数据，进行数据处理，得出实验结论，分析减小实验误差的方法。

验证型实验操作的考察点是：实验器材的选择，实验操作的规范及过程，数据的测量，数据的处理等。

四、几点思考

虽然在中考中物理实验的分值只有 10 分，但教师不能只为了实验操作考试而进行实验。在平常的教学中，应当重视实验，它既可以作为学科知识的引入，也可以作为理论知识的证明。在实验中让学生参与到物理的学科探讨中，增加学生的参与度，提高他们的体验感，让学生们从枯燥的物理学习中跳脱出来，真正体会和感受物理学科的魅力。依据义务教育课程标准确定初中学业水平考试内容，新中考将会提高命题质量，减少单纯记忆、机械训练性质的内容，增强与学生实际生活、社会的联系，在全面考查学生基础知识和基本技能的前提下，注重考查学生综合运用所学知识分析问题和解决问题的能力。

但在现阶段，学生们对知识的获取方式，几乎都是通过教师的传授，在这样的教育方式下，孩子们往往会丧失发现问题、探索问题的能力，这是非常可怕的事情。我们不但要告诉孩子们"凸透镜对光有会聚作用"，还要让他们自己动手去证明这样的现象。这是一个活生生的现象，而不是一句枯燥的、必须熟记的定理。

我在近几年的物理实验教学中，发现认真做好学生分组实验是激发学生学习物理兴趣的较好手段，是大面积提高初中物理教学质量重要一环。但是，在学生物理分组实验中，常出现两种情况：一是学生多，仪器少，实验中常出现"男同学抢着做，女同学怕动手；成绩好的积极做，成绩差的旁边坐"的倾向；二是由于初中学生实验能力差，学生对实验的注意力常常集中在操作上，教师忙于协助学生排除故障，师生完全处于被动状态，以致无法达到获取知识、培养能力的目的。

1. 教师和学生要端正在实验中的态度

教师必须是一个坚定的唯物论者，要具有严谨的科学态度。在学生分组实验中，要以得出的数据来验证或推导出定律、公式，绝对不允许涂改实验数据，应协助学生找出错误的原因，重新做实验，直到得出正确的结论为止。如在做阿基米德原理的实验中，如果操作不当，当溢水杯子水还未溢出就把物体浸没在水中，或者浸在水中的物体碰到容器壁或容器底都有可能导致数据存在很大的差异，这样就不能为了使 $F_浮 = G_排$ 而凑数据。只有这样，才可使学生逐渐形成辩证唯物主义世界观和严谨的科学态度。

2. 要培养学生的实验操作能力

学生的实验操作能力的高低对他们今后的工作和学习有着重要的影响。教学基本要求把培养学生的实验操作能力作为素质教育重要的一个方面。物理实验本身就是一个操作过程。学生分组实验，每个人都有操作机会，每个实验尽量让学生去操作。在实验的基础上，通过各种现象详细分析、比较、抽象、概括、演绎和推理判断弄清因果关系，寻找规律得出结论，从而培养学生的思维能力和操作能力。条件允许，可将演示实验改为学生实验；课外小实验更是学生操作的天地，如在学习量筒、弹簧测力计等知识后，可布置小实验自制，学生的积极性一定会很高，效果一定会更好。总之，应尽量多给学生亲自动手动脑的机会，这对提高学生的操作能力是很有帮助的。

3. 要培养学生理论联系实际的能力

学习最根本的途径是学习者自己的活动，把这一原则应用于教学过程，就应该放手让学生动手、动脑探索万物，通过活动逐步形成、发展和丰富自己的认知结构。物理实验教学作为一种基本活动形式，应当努力通过动手做的实践活动，突出实验教学的实践性。

一要开拓实验的范围。演示实验在物理实验中占有"绝对多数"的比例。我们有必要想方设法将演示实验扩展到学生自己动手实验，可以把演示实验通过改进、改组和改造等方法适合于学生自己去实验。

二要开展课外科技活动。将主要在课上实验的时间向课外延伸。由于课外活动的时间比较充裕，形式上可灵活多样，并照顾到学生的兴趣、爱好等特点，有针对性地通过实验操作加强学生动手能力的培养。

总之，在物理实验教学中，教师应力戒包办代替，要尽量让学生通过思考自己实验、分析、交流、得出正确的结论。让学生在不断探索知识、获取知识和运用知识的过程中学习思维方法，有效地提高其分析和解决物理问题的能力。

巧用情境　从生活中寻找素材

孙丽斌

作为一个初出茅庐的新教师，上好每一节课是不懈的追求，在短短几年的教学经历中，我发现课真的不是那么容易上的。

记得第一次带教九年级一个班级的化学时，心里是非常地激动和紧张，既跃跃欲试又担心自己经验不足让学生得不到好成绩。于是，在每一节课上，我都事无巨细地将知识点贯穿整节课，学生一直埋头于记笔记以及听课。原以为这样的课堂应该是非常高效的，但是现实却是打破了这个"原以为"。在第一次月考中，学生们的成绩远不如我想象中的那样，高分的孩子有，低分的孩子也不少，试卷中那些反复强调的记忆性内容错误率不高，但是衍生出去的灵活性题目往往失分率很高，说明他们对于知识点只是记住了，而不是会用了。为了找出这个原因，课后我找了几个学生了解情况。

"这次考试的内容你觉得难度怎么样？"我问。

"老师，我觉得不是特别难，就是觉得化学都是背诵记忆的内容，"学生腼腆地说。

"识记的内容是有的，这些都是学习化学的工具呀。上课的时候理解再记忆会不会更好呢？"我追问道。

"可是老师，上课的时候一直在记笔记，而且我觉得化学并不是很有趣，学习就是为了考试嘛！"学生直白地说。

短暂的谈话让我不禁陷入沉思：化学不是很有趣，大多是记忆背诵的内容？是我的教学方法出现了差错，从而让学生引发了这样的错觉吗？于是，我向我的导师化老师求教。

化老师在了解了情况之后给了我一个词"适当留白"。留白作为绘画中的一种手段是给予观赏者一种想象的空间，你也要给你的学生接受信息、转化信息、思考信息的时间，要让学生可以在你的课堂上"呼吸"。化老师一针见血地指出了我的问题：你的课堂太满了，失去了弹性，就失去了活力。对此，我仔细修改了我的教案。对照着教学基本要求，逐条删改教学内容。将重点内容划出，识记内容缩小篇幅，再次尝试了一个月。

修改教案过后，我发现课堂增加了活力，学生有了回答的时间，有了思考的机会。虽然教学进度缓慢了一点，但是学生的灵活度有了提升。在一些延伸题目中看到了学生的思维逐步体现。但是，由于一开始的印象使然，怎么能让学生能觉得课堂有趣并且愿意去学习呢？

在一次公开课上，我找到了值得尝试的一种方法：情境教学。

课堂的主题是"水的净化"，在课的一开始，我做了一件让很多人吃惊的事：我往水中滴加了一滴红墨水，加入了一些泥沙，清水瞬间变成了一杯"浑浊的血水"，这个举动一下子吸引了学生的注意力。

我问："同学们，我们可以用什么方法把这杯水变回澄清呢？"学生的学习兴趣在课的一开始就被激起，我明显地看到了学生眼前一亮，跃跃欲试的表情，课堂的氛围明显活跃很多。在这节课中，教师在一开始就给了学生一个情境：污染。学生亲眼见到了清水是如何变成浊水的，在如此生动的场景下激发了参与学习的欲望：我怎么能够将浊水变回清水呢？带着迫切想要解决问题的心态，在过滤、蒸发、蒸馏的学习过程中，学生的参与热情非常高，思维活跃，互动踊跃。通过实验操作和理论学习，最后达到了使液体变回澄清的目的，也达到了教师的教学目标，同时也水到渠成地让学生体会到，污染水源是非常容易的一件事，但是要想变回澄清需要很多的步骤，很大的精力，让学生自然而然地感受到保护水源从我做起的思想内涵。这是非常充实的一节课，这节公开课让我受益匪浅，一个小小的情境设置，带动了班级整体的学习。

记得曾经听过导师的一节公开课《寻找身边的酸碱指示剂》，这是一节探究课，该课程共分为四个阶段，第一阶段是了解什么是酸碱指示剂，酸碱指示剂的由来，常见的指示剂有哪些，利用 pH 试纸测定身边的一些溶液的酸碱性。第二阶段是设计怎样提取植物汁液，如何验证能不能做酸碱指示剂。第三个阶段，主要任务是根据前期的设计，进行实验操作，根据现象判断是否能代替实验室中的酸碱指示剂。第四阶段是根据实验过程和现象撰写完整的实验报告。这节课的主要教学目的是为了让学生认识到指示剂的选择条件，但是不局限于实验室的酚酞和石蕊，反而是利用火龙果、红玫瑰、紫甘蓝等常见的水果和花卉，通过已习得的研磨、过滤的实验方式制得溶液。让学生在亲手制得酸碱指示剂并使用后，发现指示剂除了要简单易得外还需要现象明显且至少有一种不同的变色情况。不同于寻常的教法，以波义耳发现石蕊指示剂的经历入手，让学生探索着模仿着可以从生活中找到化学试剂，认识到化学源于生活服务于生活的理念，学习化学变得更加积极主动，趣味盎然。既锻炼了学生的实验操作能力，同时也让学生产生了对化学的热爱。

导师的公开课值得我好好学习，我自己的公开课也值得好好推敲和打磨。无论是情境的设置还是生活素材的使用，都恰到好处且推动了学生的学习兴趣，提升了学习效果。于是我又做了一次小小的尝试。在八年级的"生活中的化学"拓展课中，在讲解物理变化和化学变化时，不同于九年级的概念性理解和简单罗列，我选用了现在非常受欢迎的短视频《李子柒——文房四宝》中的一些片段。

在课的一开始，让学生想象自己是一位古人，你认识文房四宝吗？如何制造出文房四宝呢？这个问题让学生觉得非常"搞笑"。接着，我首先播放了第一个片段：《墨的制作》。

学生的兴趣一下子提了起来：原来墨是这样被制作出来的！他们展开了热烈的讨论。接着，我截取了几张"中药磨粉和打磨"的图片，问："这两个变化反应前后什么改变了？什么没有改变？有没有新物质生成？"学生借由已有的常识，得出两个变化都只是物质的外观发生了变化，并没有新物质生成，由此得到了第一个概念：物理变化。

紧接着，设想在几种中药物质通过这一系列的操作最终变成了墨，这又是什么样的变化呢？得到第二个概念：化学变化。借由墨的制作让学生能理解物理变化和化学变化，同时在造纸、制笔、凿砚的视频中，让学生寻找物理和化学变化，学生看得目不转睛。

这节课学生的反应很积极，气氛也很活跃。这节课不局限于知识简单的阐述，而是通过笔墨纸砚的制作视频这个情境的利用让学生有了更大的好奇心，愿意主动学习，弘扬了传统文化。

但是在这个过程中也发现了几个问题：

首先就是资源的利用篇幅和方法。短视频带给了学生新鲜感，紧跟时代潮流，但是与内容的契合度需要好好把握和考量。这次的两个变化虽然在视频中有所体现但是不够明显，需要再着重强调一下。

其次是学生的关注度转移。本节课虽然气氛活跃，知识点掌握尚可，但也是因为内容简单，可以明显地看出学生的关注点在于视频本身，与我的预期有偏差。所以生活实例的运用要再次斟酌一下。

当然，这次尝试也让我感受到了情境教学的优势，学生兴趣浓厚的确有利于教学的展开，同时也避免了大量的枯燥记忆，化学在生活中处处体现，我想只要仔细寻找一定可以找到合适的素材用于教学，比如食品添加剂在酸碱盐章节中可以试着运用。在九年级的教学过程中，以情景化的教学，富有生活气息的素材使用，会有利地推动化学的学习，也可以让学生逐步改变化学只是背诵的陈旧想法，感受到化学的与时俱进。在这一方面，教师的运用技巧还需要多听多学多提高。观察生活，善于发现和思考，这是我可以努力的一个方向。

情景教学以其直观性、趣味性、生动性，激发了学生的参与和学习欲望。我在以后的教学中要继续发扬。

优化实验教学　提高化学课堂教学效益

陈正芳

化学实验教学是要通过实验验证化学理论，在掌握化学知识的同时激发学生学习化学的兴趣，培养学生解决问题的能力，提升学生的自主探究与创新能力。上海中考改革把实验操作考试列入中考总分，为此，初中化学教师更要重视实验教学，通过实验教学来加深学生对化学知识的认识与理解，提高化学课堂的教学效益。

一、初中化学实验教学中存在的一些问题

（一）化学实验准备不充分，实验效率不高

由于初中化学学习时间只有 9 个月，时间非常有限，教师要抓紧每分每秒，保证课堂实验的最优化。但在实际教学中，老师们为了与中考抢时间，很多化学教师没有做好实验前充分的准备工作，甚至忽视了课堂教学环节的实验设计，更没有明确每个实验的重点以及实验中的难点。虽然老师们都在课堂上演示了实验，但是这样往往直接影响到实验教学的顺利进行，导致无法充分发挥实验作用，取得良好的教学效果。

（二）实验器材单一，实验教学手段固化

大多数学校是根据课程标准的要求来配备相关实验器材的，但是这些实验器材往往比较陈旧单一，只能满足最基本的实验操作的要求，新课程、新课标要求的实验器材没有增设，这些简单的实验器材让实验教学仅停留在课本上，从而缩小了实验操作的范围。除此之外，部分化学教师的教学方法过于滞后，这就导致化学课堂只是固化的演示实验，因此学生不能清楚地认识到化学现象，从而降低了学生学习化学的效率，甚至还影响到学生的思维能力。

（三）以教师演示实验为主，忽视了学生的参与度

在化学实验课堂上，教师演示实验占据核心地位，学生分组实验太少，学生参与到实验操作的机会非常少，这种教学模式严重忽视了学生的主动性，不利于提高学生的自主探究能力。当前在新中考的背景下，教师要认识到传统化学实验教学模式的弊端。

（四）实验操作失误，缺乏严谨的实验态度

教师准备得是否充分，会直接影响到化学实验课堂的效果。有部分化学教师没有做好准备工作，他们缺乏严谨、周密的实验态度，没有认识到实验在化学教学中的作用。因此课堂中主要表现为：在课堂演示实验的过程中，出现不规范的操作，从而影响到化学实验的现象与最终的结论。老师错误的演示会影响到学生的实践操作。这样既不利于学生养成严谨、周密的实验态度，又无法准确地总结实验现象、实验结论，这就增加了学生的理解难度。

二、优化实验教学，提高化学课堂教学效益的措施

（一）分组实验，发挥学生的主动性

传统实验教学方式，让化学实验的教学价值大打折扣，讲授式教学方法让实验课堂变得枯燥无味，同时学生处于被动的学习地位，这样的实验教学并不能取得明显的教学效益。为此，教师要按照新课际要求，多进行学生分组实验，让学生对化学实验产生浓厚兴趣。

我们以"设计实验证明生石灰能与水发生化学变化"这一教学内容的讲解为例。在明确实验目的后，教师要先对学生进行分组，然后让每一个小组设计实验方案，分析方案，互相合作展开实验。在实验过程中，小组成员要有明确的分工，例如取实验仪器、进行实验操作、记录实验现象，最后全组同学一起进行实验评价与反思。这样让每个学生参与到教学活动中，从而提高学生学习的效率。

（二）借助辅助工具，提高实验演示效率

为了让学生更准确地理解实验过程，在学生开始实验之前教师要做好实验演示。完美的实验演示能够提高学生的实践操作能力，将学生参与实验的热情激发出来。在实验演示的过程中，教师要引导学生借助化学思维来分析实验现象，然而有些实验会耗费较长的时间，这就不利于学生看到实验中存在的问题，针对这种情况，教师要将信息技术引入到实验课堂中，通过播放相关视频来让学生清楚地看到实验的全过程，看到实验现象与实验结果。

例如"用红磷燃烧实验探究空气中氧气成分的测定"这一教学内容中，教师可以借助压强计、温度传感器来帮助学生观察实验过程。让学生把握实验细节，分析实验细节，避免学生在实验中"知其然而不知其所以然"。在实验中学生能通过显示屏清楚地发现压强先变大然后随着氧气的消耗逐渐变小，也能从屏幕中观察到燃烧放热，然后慢慢恢复至室温的温度变化，真真切切地感受到实验现象揭示的化学知识。可见，在初中化学教学中，教师要巧用信息技术，提高实验演示

的效果。

（三）优化实验教学组织方式，培养学生的创新思维

在对实验教学组织方式进行优化的时候，化学教师首要任务就是完善实验方案。其中实验方案中包括了以下几个方面的内容：更新实验器材、设计化学实验步骤、预测实验过程中可能出现的问题、确定解决这些问题的方法等。当完善了实验教学组织之后，学生能够顺利地按照自己的设想进行实验，这不仅增强了学生的兴趣，还培养了学生的创新思维。化学实验过程中，教师要做到以下几点：①给学生留出一定的思维发散空间，鼓励学生自主探究；②给学生留下实践操作的机会；③确定问题，引导学生自主探究问题。

例如"探究物质的溶解性因素"这一教学内容中，教师首先要让学生提出可能的假设，如影响物质的溶解因素有：溶质种类、溶剂种类、温度。在设计溶质种类不同物质溶解性不同的实验中，在教师的指导下，通过学生讨论，确定方案。并选择实验仪器与药品让学生进行实验，通过实验现象分析得到在相同条件下溶质种类不同导致物质的溶解能力不同。整个实验过程中，教师不断鼓励学生思考、讨论，帮助学生"控制变量法"实验模板，为后续设计溶剂种类、温度对物质溶解性因素影响实验打下基础。

（四）引导学生进行实验总结，构建化学知识框架

在实验过程中，学生的实践操作能力得到了提高。然而在具体实验操作过程中，学生也难免会遇到各种各样的实际问题。为此，教师要引导学生利用科学分析法来解决相关的问题。实验结束之后，教师要引导学生总结实验结果，培养学生分析、概括能力。在总结、归纳知识的过程中，学生会慢慢形成完整的化学知识框架，这就便于学生更轻松地学习化学知识。

在关于二氧化碳性质的"证明二氧化碳与水反应"这一教学内容中，教师演示了这样一个实验：在一个塑料瓶中充满二氧化碳气体，将水倒入盖紧盖子，振荡塑料瓶，发现塑料瓶变瘪了。通过这个实验学生亲身感受到二氧化碳与水发生了反应。如何说明二氧化碳与水发生了化学变化呢？学生设计了三个实验：实验一，水不能使紫色石蕊变色；实验二，二氧化碳不能使紫色石蕊变色；实验三，二氧化碳与水相互作用的生成物能使石蕊变红色。这三个对比实验，说明二氧化碳与水生成了碳酸，是化学变化。教师要让学生分别总结每个实验设计的目的，在总结的时候通过现象得到结论。因此在初中化学实验中，教师不能忽略实验总结这一环节，充分发挥实验总结的作用，帮助学生构建完整的知识框架。

总之，初中化学教师要优化实验教学，不断创新教学方法，将校内资源与校

外资源结合起来，以此来丰富化学课堂的实验形式。在实验教学中教师要让每位学生都参与到其中，培养学生的观察能力，提高学生的自学能力和实践动手能力。

浅谈初中科学实验教学中学生实验设计素养的培养

何桂黎

初中科学牛津版教材几乎每一节课都涉及到实验，包括演示、学生实验。其中，实验设计能力是科学实验能力的重要方面，也是初中科学实验中最困难复杂的一个环节，具有较强的综合性。科学作为实验性很强的学科，学生不做实验，就不可能真正学好科学课。这就需要教师在课堂实验教学中正确指导学生进行实验设计，培养实验设计的素养。而实验设计的复杂性和困难性要求教师以探究环节的实践为抓手，逐渐到整个流程的设计，再到结果的表达和应用，从而培养学生的科学素养。

一、初中学生科学实验设计的素养及现状

（一）初中学生科学实验设计素养包括

1. 科学的基础知识和基本技能
2. 科学探究的体验、能力和方法
3. 科学的情感、态度和价值观

（二）目前学生存在的具体问题

1. 大部分学生忙于考试科目的学习，包括背诵、做题等仅用脑子和笔就能完成的科目，对动手的科目，缺少用心。经常是相当多的学生到实验室后走走过场，对课外或课堂内进行实验设计等需耗时较多的项目，学生就更没有多大兴趣。

2. 实验室不足，无法满足学生实验需要，学生缺少机会和平台。

两个因素互相作用，导致学生动手实践的能力和实验设计素养更加薄弱。教师需要尽力搭建好探究实验平台，培养学生的实验设计素养。

培养内容一览表

项目 / 内容	I 级要求	II 级要求
意　识	实验设计的思维	能在实践中发现问题、提出问题、找到解决问题的方法
知　识	基础知识	实验目的、实验原理、实验步骤、实验现象
能　力	迁移及其创新思维	用已经学过的技能方法去思考解决新的实验设计问题，提出可行性设计方案
行　为	良好的科学行为的养成	查找资料、筛选有效信息、进行实验设计并讨论交流修改

二、教学培养策略

（一）针对性

教师根据不同实验及同一个实验不同的环节进行指导和培养。

观察并提出问题。指导学生观察课本中的实验，能提出有关的问题。学生的问题往往五花八门，需要教师引导到适合学校的条件、学生的年龄、能力、课堂时间、社会条件等问题才能转化为可以进一步的假设环节。如植物表皮的细胞观察实验，学生的问题有细胞的形状、结构、功能各是什么。教师需要引导学生，在目前条件下，可以从植物细胞的结构这个问题入手进行实验设计，即植物细胞的结构到底有哪些结构（预备年级只需要知道显微镜低倍镜下的结构）。

假设环节的指导。问题提出并确定后，需要假设。指导学生根据确定的问题进行假设。如确定了问题：植物细胞有哪些结构？需要指导学生做出假设：植物细胞有细胞壁或无细胞壁等。再如，马德堡半球实验，提出问题：大气压存在吗？做出的相应假设是大气压存在或不存在。

实验设计的指导。这个环节是最困难的，需要较多的基础支撑及能力。在假设环节完成后，指导学生针对假设进行实验设计。其中包括实验目的、实验材料、实验步骤、结果表达。

1.实验目的的确定。设计实验必须要知道实验目的。实验目的是根据假设确定的。不知道实验目的就无法进行实验。如做出的假设是植物细胞有细胞壁等结构，那么确定的实验目的就是探究植物细胞的结构。再如，提出来假设：唾液中含有消化淀粉的物质，那么，实验目的就可以确定为探究唾液对淀粉的消化。

2.实验材料的选择。在确定实验目的的基础上选择材料。如探究唾液对淀粉的消化作用这一实验，需要选择的材料包括新鲜的唾液、淀粉、蒸馏水、试管、温度计、酒精灯或恒温箱等。探究植物细胞的结构，包括植物细胞表皮固定装片和临时装片的制作（取新鲜的植物表皮）、显微镜、载玻片、盖玻片、滴瓶、清水、吸水纸等。大气压存在的实验包括气压计或马德堡半球等。

3.实验步骤的确定。这是学生的软肋，需要教师仔细、耐心、富有经验。对一些需要设置对照组的实验，既要考虑实验组也要考虑对照组。如探究唾液对淀粉的消化作用这一实验需要设计两组实验，实验组及对照组。其中涉及到控制单一变量问题，教师需要指导学生首先分清哪些量是变量，哪些量是不变量，再根据对照要求寻找相关仪器和材料。然后第一步做什么，第二步做什么，以此类推。整个过程中需要观察那些指标，指标如何确定。在此基础上，用什么方法表达结果。如文字、列表、绘图（折线、饼图、直方图、曲线图、正比例、反比例图像、细胞形态、细胞结构、细胞分裂、细胞分化、细胞生长、细胞繁殖等）或用阴性和阳性或用符号"＋""－"等表示方法。具体选择何种方法主要依据具体的实验及学生的习惯和需求。这类实验涉及到的教材中的实验还如热在固体、液体、气体中的传递、水的蒸发、燃烧的条件、种子萌发需要水、种子萌发时能量的变化、食物燃烧时放出的能量、绿色植物在光下制造淀粉、光合作用需要二氧化碳和叶绿素，光合作用产生氧气、"二手烟"的危害、影响溶解快慢的因素、酸对金属的腐蚀、重力与质量的关系、金属及塑料特性的研究等。

4.结论和应用

如何得出结论，是学生感觉有难度的。大部分学生根据实验结果和记录能得出结论的关键词，但表达不准确。例如探究酸雨对小幼苗的影响这一实验，学生有相当大一部分得出的结论是：稀硫酸和稀硝酸会使小苗死亡。这就需要老师指导学生认识实验中的稀硫酸和稀硝酸组代表的是什么，是不是都表现死亡。经过讨论辨析，搞清楚，这里的稀硫酸和稀硝酸模拟的是酸雨。本实验研究的是"酸雨"对幼苗生长的影响，结论要从研究问题出发。得到的结论应是："酸雨"对幼苗生长有明显的影响，甚至使有的幼苗死亡。然后引导学生思考，这个结论对我们的生活生产有什么启示？学生能认识到必须减少酸雨的产生或预防酸雨。这样就可以从实验结果想到应用问题，从而产生创新思维。

（二）趣味性和任务的驱动

兴趣是学生进行实验设计的动力。在实验设计中，学生对一些身边的事物研究很感兴趣，实验设计起来就喜欢并有动力。如学习植物细胞结构的探究实验时，学生总是问：校园里的"某某"植物的细胞与我们观察到的洋葱表皮细胞一样吗？教师由此指导学生根据已有的技术设计观察"某某"植物的实验，学生欣然进行。

任务驱动是学生进行实验设计可持续性的保障。科学的许多实验都不是一节课能完成的，实验设计过程中需要考虑到较长时间的观察、记录等。例如酸雨对小苗的生长的影响实验设计需要两周的时间，如果没有兴趣，一周之后，学生就弃之不管了，而事实上学生想要知道结果如何，与他们的预计是否一致，一般需要考虑坚持到最后。

（三）设计前的知识铺垫

任何一个实验的设计都需要较多的知识铺垫。

1. 理论知识

从小学到中学，学生已经在理论上有了较多的知识积累，但需要回顾和灵活应用。如土壤成分实验的设计需要的基础知识有物质常有固态、液态、气态；常见的三态物质都有哪些特点和代表；水的存在形式和性质；有机物的概念和分类；氧气的存在和性质等。这就需要教师指导时给予温故知新及弥补。

2. 技能方面

这方面往往是学生最薄弱的。学生现有的技能多为零星、杂乱的。例如土壤成分的设计，需要知道常见仪器的使用规范和方法：集气瓶、氯化钴试纸、坩埚及坩埚钳、温度计、注射器等。因为这些仪器的操作学生不熟悉或根本不知道，这就需要教师给予有效指导。

（四）多元体验

每个实验设计都需要学生知识能力和情感的综合基础。不同的实验设计需要不同的知识背景。例如《电流随电压变化》的实验设计需要电流、电压、简单电路图的组成等知识。设计的目的、原理、器材、步骤、结果、出现的问题及解决方法。能力包括连接简单的电路图、电流表和电压表的连接、选档、读数等。情感包括小组分工、合作。谁负责记录，记录什么，如何记录，谁做代表发言，如何表达等。每个实验的设计都需要多元化的指导，学生则因此得到多元化的培养。

三、主要成效

1. 从六年级入校时学生对实验设计的不熟悉到明确实验设计的环节，可以自行设计。经过六年级到七年级，两年的21个科学教学实验设计的实践指导，班级中大部分学生在六年级时都知道实验设计的主要环节，能够清晰地书面表达出来。在每次七年级的区级统考和市级学业水平考试中，这部分题目的错误率较六年级区级统考要低约80%以上。

2. 学生从不会实验设计到能够进行设计。以我校的七年级三百多名学生的实际情况为例。六年级让学生设计观察细胞结构的实验，学生几乎都不会，但七年级时，大部分学生都能设计出这一实验。

3.学生提高了科学素养。从以上的具体实践可以看出，通过一个又一个科学实验设计，学生在意识、知识、能力、行为方面都有了明显的提升。

4.教师自身的教学素养得到提高。指导教师在给学生的多个实验设计指导过程中，发现学生的问题，找到解决的办法，进行细致有序的综合指导，不仅使自己在实验设计方面的能力大大提高，也使自己能不断适应一届又一届学生的需要和科学大概念下的教学，对自身的科学教学及其他素养的提高大有帮助。

四、反思

综上所述，对学生实验设计的指导，特别是初中科学，主要对象是六年级和七年级的学生，这个年龄段的学生生活经验、理解能力、思维逻辑能力相对高中、大学的学生较弱。为了能充分发挥学生的实验主体作用，避免老师在实验中步步牵着学生的"鼻子"走或让学生跟着老师一步一步做，指导好学生进行实验设计是解决问题的关键。对学生实验设计的薄弱环节，需要教师从探究学习的主要步骤入手，根据具体实验，进行环节细节指导，从而突破实验设计的难点，真正有效提高初中学生的科学实验设计素养，从而提高学生的科学素养。

参考文献：

［1］上海市中小学幼儿园课程改革委员会.上海市初中科学课程标准解读.上海：教育出版社.2006.

［2］上海市教育委员会教学研究室.科学学科教学基本要求.上海：教育出版社.2015—11.

初中科学拓展性课程开发实践与思考

——以"无土栽培生菜"拓展课程为例

王 婧

【摘　要】在全面深化课程改革的形势下，《初中科学》拓展型课程的开发是科学课程改革的主要方向。拓展性课程开发可以提高学生综合实践能力、合作能力和创新能力，是全面提高学生科学素养、探究素养的重要途径。本文以"无土栽培生菜"拓展课的案例来探讨初中科学拓展性课程开发、实践等问题，以期培养学生的科学探究素养。

【关键词】初中科学；拓展型课程；科学探究素养

一、课程设计

　　《初中科学》是一门旨在全面提高学生科学核心素养的课程。在新课程理念中的核心素养体系中，明确了学生应具备适应终身发展和社会发展需要的必备品格和关键能力，突出强调了个人修养、社会关爱和家国情怀。明确了自主发展、合作参与创新实践、提高探究科学知识的能力是提高学生科学素养的基本途径。亲身经历以探究为主的学习活动是学生学习科学的主要途径。初中生有着宝贵的好奇心和强烈的求知欲，探究是满足学生求知欲的重要手段，通过探究活动学生可以从中获得巨大的满足感，兴奋感和自信心，并焕发出内在的生命活力。对此，教师应抓住学生的这些特点，开设拓展型课程。

　　科学拓展课程可利用课外的时间和空间来完成整体学习，打破学习时间和空间上的限制，在基础型课程的基础上体现知识扩展和综合能力的发展，培养学生的终生学习能力。"无土栽培生菜"课程在2019春季、秋季两个学期开课，课程设计如下：

　　课程的开发始终贯彻以学生发展为本的指导思想，首先了解学生需要，把一部分课程的选择权交给了学生，学生真正拥有了主体地位，体现《基础教育课程改革》的指导思想，给予学生发挥动手实践的机会，并通过适当的引导，帮助学生认识常见的蔬菜，学会简单的无土栽培蔬菜的方法，了解浅显的现代农业技术。采用多样化的课程拓展学生的视野，激发学生的学习兴趣、潜能和创造能力，丰富学生的校园生活，为学生发展个性、成长成才，搭建平台。

　　课程目标：①在校园阳光屋内尝试无土种植一些常见的蔬菜，了解这些蔬菜的名称、作用和价值；懂得无土栽培的简单方法；②学习独立思考、自主探究，对学习中遇到的问题要勇于提出自己的见解；③能积极参与小组活动，学会与他人和睦相处、共享劳动的成果；④通过参与种植活动，感受劳动的艰辛，养成热爱劳动，主动劳动的好习惯。

课程设计思路：根据学生的特点和兴趣，提供无土栽培设备及工具，以"个人研究"和"小组合作"的形式，给每个学生种植蔬菜的机会，帮助学生认识常见的蔬菜，学会简单的无土栽培蔬菜的方法，了解浅显的现代农业技术，使学生在实践活动中感受劳动的快乐，培养生存的能力。

课程框架：

课　时	课时内容
第 1—2 课时	无土栽培技术（理论部分）
第 3—12 课时	基质栽培生菜
第 12—16 课时	水培生菜
第 17—18 课时	实验报告书填写、义卖

教学方法与手段：实验探究法、观察法、讨论归纳法。

作业与评价设计：实验报告书，优、良、合格、不合格四个等级。

课程主要特色：本课程的活动地点在阳光屋，有进行栽培的基础设备。前期采购了生菜种子，营养液及基质等，课程开设成本较低，课程实施可行性高。在课堂上以学生小组为单位，采用了实验探究法、观察法、讨论归纳法等多种教学手段，激发学生的学习兴趣。利用无土栽培生菜，让学生进行探究活动，并且完成探究报告。期间，重视学生小组的合作意识，分工明确，提倡自己设计探究活动的具体方案，组员都参与其中，得出结论并完成探究报告，提高学生的收集、鉴别和利用课内外的图文资料及其他信息的能力。

二、课程实践

根据选课结果来看，选择报名"无土栽培生菜"课程的六年级学生较多，上课过程中大多数学生的兴趣和积极性较高，学生觉得较为新奇且易于接受，对动手操作部分有浓厚的兴趣，能够较好地按照要求完成老师布置的任务，课堂总体效果良好。开展的实践活动如下：

1. 设置开放的课堂模式

科学拓展型课程的设计以学生核心科学核心素养的培养为目标，摆脱了教材的诸多限制，具有更强的开放性，因此需要设计更为开放的课堂模式来适应拓展课程的要求。开放的课堂需要学生有更强的自主性，教师要设置更为合理的时机，增强学生参与的积极性。开放的课堂就需要学生有更多自由交流的时间，教师就应该减少讲课的时间，把时间留给学生，帮助学生相互学习和交流。"无土栽培生菜"课程教学实施安排：前两节为理论部分，在教室集中授课，帮助学生掌握理论知识，课时占比少；实践操作部分，主要采取在阳光屋学生共同探究的动手实践方法，采用"演示操作+小组合作自主操作"相结合的方式。授课时间、空间和方式灵活多变，不局限于坐在教室集中授课。

2. 采取小组合作的学习方式

当前的科学教学有探究，必定有小组，殊不知学生一直缺乏科学的有计划的小组合作学习的培养，学生没有足够的小组合作能力，也没有比较适合的小组合作方式。仔细观察学生学习小组的讨论，就会发现，合作过多次的小组中存在一个或者两个核心人物，其他学生往往是听从核心人物的按排去完成一些任务，但是为什么需要这么做，好多学生根本就不清楚。因此，在本课程中，每小组设置组长，安排小组成员任务分工：1号负责是实验报告的撰写，2号、3号、4号作为实验操作员负责浇水测量等活动，5号作为记录员，专门负责记录数据分析，之后再进行表达交流。

3. 注重学生进行自主实验

科学探究过程中，自主实验是学生掌握科学思维方法及培养科学态度和价值取向的重要方式。在自主实验中，学生渐渐了解和掌握科学探究的过程、科学思维方法，科学素养会得到相应的提高。在"无土栽培生菜"整个课程的实施过程中，以学生探究为中心，自主实践为载体，通过自主实践，达到了培养科学探究的精神和增强科学素养的目的。

4. 评价方法多样化

整个课程的后两个课时，学生小组合作填写实验报告书。考查学生计算两种生菜的发芽率、掌握直尺等测量工具使用方法及测量生菜株高、叶片数的方法，最后进行基质栽培生菜实验报告书的完善，课程的评价注重知识技能和素质的综合评价，评价方法多样化，并在评价的过程中进行爱国主义教育，举行义卖活动，将义卖的资金交由上海市北蔡中学基金会。

整个课程中所存在的问题：无土栽培生菜课程拓展性课程与初中科学理论课程的衔接问题。无土栽培生菜课程前半部分是无土栽培的基础理论，课程后半部分则是有机生菜的生产实操，跟初中科学理论部分衔接不多，对初中科学学业水平考试并无太大帮助作用。

改进措施：可联系科学教材中《酸雨》内容，进行拓展性实验，研究酸性溶液对生菜种子发芽率的影响，或者对生菜幼苗生长状况的影响。

三、课程反思

1. 初中科学拓展型课程的开发对提高学生科学探究素养起很大的作用，但各个学校在开发拓展型课程这条路上发生了不少困难。例如：对于工作繁重的教师来讲，拓展型课程增加了不少工作量。要想更好地开展拓展型课程，学校需要引进或培养一批能长期承担拓展性课程开发与实践的教师，需要开发相关系统的教材。

2. 科学探究的基本过程是提出问题、形成假设、制定计划、收集证据、处理信息、表达交流。在科学拓展课中，要坚持把学生作为课堂的主体，引导学生进行科学实践操作。提高学生科学探究思维和探究能力，离不开对学科的学习兴趣和自主学习动力，合理有序的教学实践能够发挥学生的学习主动性和学习热情，充分发挥学生的主体地位。

3. 自主实验是培养学生科学探究能力的基础，教学过程中教师要做到理论与实践有机结合。通过实验，全方位提高学生的理解能力和实践操作能力，教师应该引导学生对科学实验做到科学分析，在实验过程中要注重实验的科学性和有效性，尽量结合和运用课本知识。

4. 在初中科学拓展课教学过程中，培养学生科学探究意识和科学探究能力，需要教师不断积极进取，增强自身的教学实力。学校也应该积极开展科学拓展课教师队伍的培训，与时俱进，使教师不断提升和更新教育理念，改进教学方法。为了帮助学生遨游科学知识海洋，必须让学生在课堂之外，投入更多时间去探究更多的科学知识。

5. 科学知识源于实际生活，实际生活蕴含科学知识，科学知识与实际生活之间彼此联系密不可分，巧妙利用科学知识解决实际生活中的相关问题是学生学习科学的主要目的之一。"纸上得来终觉浅，绝知此事要躬行"，学生要想在实际生活中灵活运用所学到的科学知识，需要从实践中不断积累丰富的经验。

参考文献：

吴巧玲，干学展.基于"欣赏性评价"的拓展课程评价体系的建构与实施.宁波教育学院学报.2020年（03）：70—72.

金春辉.基于创客教育理念的初中科学拓展性课程设计与实践研究.杭州师范大学.2019年（12）.

钟惠龄，邢娴，潘梦瑶，吴晓.基于拓展性课程的小学生科学素养的培养.科教文汇（上旬刊）.2020年（08）：152—153，170.

何敏，彭剑峰.细化和拓展教材内容培养学生地理核心素养——以"影响人口迁移的人文因素"为例.科技风.2020年（23）：72—73.

劳动技术学科中项目学习（PPBL）的课堂教学实践

赵方红

上海市二期课改提出的劳动技术课程定位为："在基础教育阶段，劳动技术课程是中小学生在教育者的引导下，通过独立活动或者与他人合作，在设计、制作、使用与维修等一系列劳动体验和实际探究的技术活动过程中学习技术知识，掌握技术操作，增强技术意识，提高劳动技术素养的一门基础课程。"同时提出劳动技术学科具有"实践性、综合性、创造性"三大特征。在这个时代背景下，传统教学存在着若干不足：一是教学偏理论、书本知识陈旧；二是与实践结合不紧密导致的学生动手操作能力弱。为此，劳技教学改革势在必行。

2020 年 2 月，我参与了浦东新区劳技组的"十三五"实践性课程，课题为《劳动技术学科运用问题链落实项目学习（PPBL）的教学实践研究》。本次课程拟解决的问题有三点：（1）现在的学生眼界宽，但眼高手低，有很多很好的想法但实现不了，不能一步步推进落实自己的好想法，好想法的物化能力弱，思维能力的持续性和深入性不足。这些现象反映出学生与现实世界的融入感和连接不强；（2）基于社会、家庭和上级领导的要求和压力，教师在教学中，仍以知识的习得或者技能的学习为重点，偏于注重教学中的双基落实，没有更多的能力思考教育的价值以及学生学习和生活的关系，使得学生和现实和生活脱离联系；（3）劳动技术学科教师比较注重学生作品的完成度，容易忽视学生在学习过程中呈现的问题和内在学习加工过程，使得在劳技学科中真正落实"以学生为本"的教育教学理念变得困难。

PPBL（Problem & Project-Based Learning）是"项目化学习"和"问题导向的学习"的统称，其目标是通过与现实相结合的实践方式，使学生更有体验性也更有效率地掌握多学科知识，并在此过程中培养学生的实践应用能力，以及社会情感技能。我们根据劳动技术学科的特点，决定仍然依托项目学习的方式进行教学研究和推进，同时我们希望用问题链的方式提升学生项目学习中教师指导的深度，以及学生技术思维的持续性和成果物化率。

在课题领衔人胡少舜老师的带领下，我们组内成员对 PPBL 模式进行了深入的学习和集体研讨，接着组内分工，通过开设区域公开实践课把 PPBL 的教学模式应用到课堂教学中，并邀请专家现场听课评课指导，不断改进自己的教学案例，形成活动收获与思考。期间我承接的课题是《初中阶段布艺项目劳技学科中运用问题链落实项目学习（PPBL）中核心素养培养的案例设计与教学实践案例收集》，为了将PPBL真正落实到课堂教学过程中，我精心设计了两节案例课，虽然过程很辛苦，但我的确感觉到受益良多。

1. 课题的选择

项目设计创设的情境或需求是学生可能遭遇的"真实世界"的问题，在抗疫防疫非常时期，各种防护物资均库存告急，对于需要日常防护的我们，口罩更是防护中的最紧缺用品。而且，口罩使用4小时后必须更换，如果被污染或者潮湿了那必须即刻更换。有商家设计了"一次性口罩垫"给了我一些启发，结合口罩原材料获取容易、缝制技法简单的特点，我决定把课题定为《多一层防护——插片式口罩的设计与制作》，并分两个课时完成。第一课时为插片式口罩的设计，第二课时为插片式口罩的制作。因为课题紧密结合了现实，和平时的生活密切相关，学生的积极性一下子被调动起来了，不需要老师的调动，每个同学都兴趣盎然，为接下来的学习过程打下了良好的基础

2. 教学目标的设定

项目化学习（Project-Based Learning），是一种以学生为中心设计执行项目的教学和学习方法，从而促进学生的学习效果。

作为六年级的学生，对于"设计表达"绘制裁剪图是有一定难度的。为此，我把第一堂课《多一层防护——插片式口罩的设计》的教学目标设定为：① 了解口罩的分类、特性、材料、结构、使用注意事项等。② 初步学会插片式口罩裁剪图的绘制。

优秀学生在第一环节，便能独立设计、绘制裁剪图，再通过第二环节交流分析，发现自己设计考虑不周或存在的问题，加以改进，完善自己的设计；一般学生，会根据老师介绍的实例进行两个环节的改变与再设计；学习有困难的学生，可以模仿老师的设计，按照老师设计的裁剪图，按部就班绘制好，完成学习的基本要求，也能体会到成功的喜悦。

第二堂课为《多一层防护——插片式口罩的制作》。在这之前，学生已经掌握了基本针法的操作，并会制作简单作品，但是对于复杂的需要组装的作品没有接触过，对布艺缝制的一般流程没有概念。

我把教学目标设定为：①知道缝制的一般流程；②会通过流程选择合适的缝针和线色；③能依据设计的作品制定缝制流程。

在课堂教学中，从探究缝制一般流程的任务出发，引导学生通过讨论分析，理解缝制概念。虽然学生理解能力有一定差异，但结合第一课时的设计图纸，他们各尽其力、各展所长，整堂课较好地兼顾了所有学生，激发了全体学生对相关知识技

能进行实践的热情。

3. 课堂教学中问题链的设计

PPBL 的教学要求以问题需求为学习的起点，学生的一切学习内容以问题为主轴来架构。同时问题需要不断持续深入地进行，设计一系列的问题链来推动学生深入思考，每个问题提出来后，都需要组织学生们讨论，讨论后再继续在分组或个人的层面继续学习，最终在现实层面物化为作品或产品。

我是这样把问题链贯彻在课堂教学中的：

第一堂课《多一层防护——插片式口罩的设计》：

课前铺垫：通过各种途径，有目的地收集有关口罩的文字、图片、视频等资料，了解口罩的分类、特性、材料、外形、加工工具、加工技能、加工流程、使用注意事项等。

问题 1：选择什么材料和工具？

学生活动：填写学习单"表格 1"和"表格 2"。

说明：由于准备充分，所以本环节学生均能顺利完成，同时表格的记录便于学生在后续学习中有所参照。

问题 2：构思设计一款口罩，一般要考虑哪些内容？

学生活动：思考、回答。

说明：难度比问题 1 有所提升，学生开始就近小组讨论，组内成员对组员发言可以实时补充，学生参与度很高。

接下来是学生绘制裁剪图，问题 3：

【大小】提问：与脸的大小有关（使用对象），怎样获得具体的尺寸？

【结构】提问：口罩有哪些部分组成？几层？

学生活动：回答、尝试。

问题 4：【插片的处理】提问、画图示范：插片位于哪一层？插口和插片的材料、外形、大小、制作等？（提示：插片是用来替换的，希望把危险挡在外面，所以把插片的位置设计在外面）

学生活动：回答、看图、思考。

说明：设计的问题环环相扣，符合学生的认知过程，老师通过提问、展示图片、画图等不同的方法，结合样品进行示范，罗列插片式口罩构思方案时应考虑的各个方面，引发学生思考，引导学生归纳整理，从而获得自己的设计思路。

问题 5：

【耳挂的处理】出示图片、样品分析：材料？几根？多长？怎么制作？

【毛边的处理】列举三种不同的缝制方法。

学生活动：读图、识图、思考、回答。

说明：为下一节课缝制作铺垫。

第二堂课《多一层防护——插片式口罩的制作》：

观看 PPT，回顾上节课内容引出课题：插片式口罩的缝制。

问题 1：缝制的流程是什么？

（1）设计作品的缝制顺序（先附件，后主件）。

（2）确定每一顺序的缝合方法（合适针法）。

（3）选择合适的针与线。

学生活动：思考、回答、交流、学习

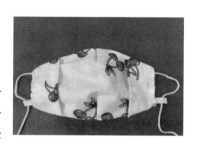

说明：问题有难度，由学生小组讨论、老师引导，按部就班完成。

问题 2：通过 PPT 出示口罩样款，探讨图样的缝制的流程是怎样的？

学生活动：小组讨论。

说明：引导学生得出结论：缝制流程的多样性。

问题 3：对口罩的鼻梁处如何处理？

学生活动：思考、回答。

说明：这个环节是对学习的巩固与延续。

以上是我对 PPBL 在课堂教学中的应用的三个方面的实践。PPBL 博大精深，由于时间短促、自身水平有限，今后还需不断上下求索。作为一种以学生为中心设计执行项目的教学和学习方法，PPBL 对推进目前劳技学科的教学改进是一种有效的尝试，我个人通过的一些教学实践，已经深刻感觉到它在课堂教学中起到的作用，比如学生的表达比以前流利了，思维的深度和广度都拓展了。同时自主探究、交流互助发展能力和协作技巧也得到了提升。对教师而言，我感觉自己在课堂上的讲述少了，可课前的准备工作却大大增加了。不破不立，这也是在这个时代背景下，我们教师必须实现的蜕变。

谈如何在历史课堂教学中
落实课文内容主旨

甄素艳

在当下的历史课堂教学中，教师都很注重对课文内容主旨的把握。所谓课文内容主旨，即课文的写作意图是什么？课文写作的中心是什么？课文写作的核心观点是什么？教师如能正确把握课文内容主旨，就可以整体把握历史教学内容之间的关联；就可以体现"一堂课一个中心"的教学思想；就可以准确把握"源于教材，高于教材"的课程开发观念等。那么如何在教学中使课文主旨落实到位呢？本文拟从教学的导入、过渡和小结三个环节来对如何真正落实课文内容主旨的把握进行一些探讨。

一、从课文导入引出课文内容主旨

历史教师在课文导入时常常会用历史小故事、设问一些问题等方法来导入课文，旨在提高学生学习的兴趣。从把握课文主旨意识角度出发，讲什么故事，提什么问题，都需要好好斟酌一下，看看它们是否为课文主旨服务了。如上海版《历史》七年级（上）《帝国的分裂和民族融合》一课的导入。

案例一：
教师播放林俊杰的歌曲《曹操》渲染气氛。
师：大家知道这首歌的歌名吗？歌中唱的主角是谁？
生1：歌名是林俊杰的《曹操》。（脱口而出）
生2：主角是曹操。
师：你们印象中的曹操是怎样一个人？你又是从什么途径了解的？
生1：曹操是一代枭雄。小时候我爷爷告诉我的。
生2：曹操是政治家、军事家、文学家。我们语文课文里有曹操的诗。
生3：曹操是个奸臣。戏曲里的曹操都是以白脸出现的。
生4：曹操很会是使计谋。我是看《三国演义》了解的。
师：呵呵，看来你们眼中的曹操都不一样嘛。你们获取信息的途径有文学作品的，有影视作品的，有听说的等等。（教师进行归纳）那么今天我们来看看历史教科书中的曹操是怎样一个人？

此案例的导入从吸引学生提高学习兴趣而言，效果很好。一曲《曹操》就把学生的兴趣调动起来了，教师的导入也注重了史学方法的渗透。但这样的导入与本课的主旨关联度如何？是否匹配呢？本课的主旨是三国两晋南北朝——中国历史上的一个大分裂时期。这期间，国家是分裂的，但中华各民族经济文化的融合超过了历史上的任何一个时期。正是这种融合促使了中华民族重新走向统一，创造了灿烂的中华文明。因此，针对本课的两个目："三国鼎立"和"孝文帝改革"，三国鼎立的分裂局面应该作为后者孝文帝改革民族融合的背景来讲，讲课的重点应是后者。因此，将课文用曹操来导入似有本末倒置之嫌。

案例二：
出示中国历史线索图。

师：从历史线索图中你获得了什么历史信息？三国两晋南北朝时期的历史格局呈现出怎样的时代特征？（引导学生看出大分裂的时代特征）

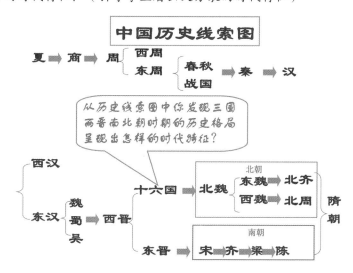

师：根据这张历史线索图你们看看帝国大分裂后最终的趋势是什么？（统一）

师：从东汉末年帝国大分裂到隋的建立帝国又走向统一，期间发生了些什么事？又是什么原因促成了帝国重新走向统一的呢？

教师从引导学生认识魏晋南北朝时期大分裂的时代特征着手，把这一时期置身于五千年的历史长河中，让学生了解把握历史发展的脉络。有了这么一个铺垫后，

分裂与融合的关系。

因此，课文的导入不能仅从激发学生的兴趣着手，更需要围绕课文内容的主旨来引出讲课话题。

二、从课文目与目的过渡中揭示各目之间的逻辑关系来落实课文内容主旨

每篇历史课文中一般至少有两个目。在处理目的转变过程中教师一般会做承上启下的过渡处理。

如上海版《历史》七年级（上）《商周文化的瑰宝》一课的甲骨文和青铜器两个目的过渡。如果教师说："同学们，刚才我们介绍了甲骨文，接下来我们再来看看商周文化的另一个瑰宝——青铜器。"这当然也是一种过渡，但这种过渡仅起到转换话题的承上启下作用，而没有体现对课文内容主旨的落实。

再如人教版八年级《社会》《汉唐盛世之丝绸之路与大运河》一课，丝绸之路与大运河两个目之间的过渡："汉代开通的这条丝绸之路是中国第一条走出国门的贸易之路，对外经济交流之路。隋炀帝时期开凿的大运河，则是中国第一条加强南北经济文化交流的大动脉。"此番过渡既兼顾了承上启下，又揭示两者的共性。即本课的课文主旨汉朝开辟的丝绸之路和隋代开通的大运河都是在国家统一、经济强盛的背景下出现的，而这两条对内、对外的陆上、水上通道的开辟，又促进了汉、隋唐经济的发展，都是经济文化的交流之路。

因此教师在授课的过渡环节中也需围绕课文主旨来设计。要讲清楚目与目之间的过渡，就需要充分考虑教材编写者的意图，思考一下为何把这两个目放在一篇课文里？想明白了这个问题也就想明白了目与目之间的逻辑关系。这种将目与目之间的逻辑关系予以充分揭示的过渡方式，就是对课文内容主旨的精确把握。

三、在讲课的收尾时点明课文内容主旨

课堂的收尾是落实课文内容主旨需要特别注意的地方，一般要点明本课的中心。在教学实践中需要注意避免两种现象。一是前面的授课铺垫不够，收尾突然亮出课文主旨，显得有些突兀。二是讲课内容与主旨严重脱离，只是生搬硬套几句话，有时这几句话还特别高深来作为小结。我认为出现这两种现象的教师其实都明白教授课文的内容主旨，只是在落实上出现问题。

比如人教版七年级《社会》的《礼乐文明的确立》一课的收尾。教师出示了这样一段话：

西周"分封诸侯、守土拓疆"，"宗法血亲、国祚长久"，"礼乐兴邦、承先启

后"——封邦建国。

美妙的黄土地，孕育了强盛的周民族；西周礼乐制度的确立，为中华文明的长期延续打下了根基。

此案例中教师讲完就宣布下课，没有留有足够的时间让学生来思考，教师来回顾讲课内容。那么教师即使小结得再好也不能达到升华的效果。这种现象在教学中很常见。

有时点明课文内容主旨也可以通过展示图片来揭示。如上海版《历史》八年级《第三次科技革命》，教师在收尾时展示了三组照片。请学生观察思考：你认为科技改变了人们什么？

在学生回答的基础上教师再出示四句话：科技改变了生活、科技改变了社会、科技改变了观念、科技改变了历史。从而点明本课的主旨。

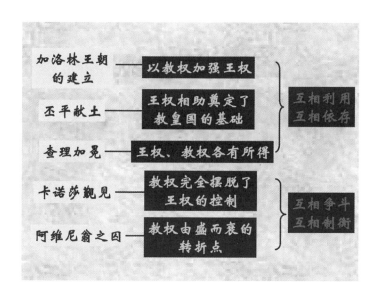

此外在讲课收尾时也可以通过板书的梳理来落实课文主旨。如上海版高中《历史》第1分册《教权与王权》一课的收尾案例。教师出示了本课的板书。揭示本课讲述的五个故事分别说明了什么，从而揭示出本课的主旨是教权与王权是互相利用、互相依存的，同时两者又是相互斗争、相互制衡的。

因此，课文收尾点明课文主旨的方式不仅仅有画龙点睛的讲授、还可以通过图片、板书的梳理来呈现。

综上所述，光有对课文内容主旨的正确把握还远远不够，怎样在教学各个环节中有效落实，是值得我们教师共同探讨的。

聚焦新教材　关注生活　贴近学生

方　颖

【摘　要】新时代在统编教材《道德与法治》全面推进背景下，如何在教学实践中真正抓住学生心理、潜移默化中落实立德树人的根本任务显得日益重要。根据教育部《义务教育思想品德课程标准（2011版）》课程性质规定，这是一门以初中学生生活为基础的课程，具有实践性、综合性。因此道德与法治学科源于生活，离不开生活。在教学实践中教师要理论联系实际，坚持"以学生为本"，从生活实际出发，深入浅出培养学生关注社会、学会运用学科知识解决社会实际问题的素养。我从教材、教学设计、作业设计、学生活动社会实践开展等环节论述，探索聚焦新教材、关注生活、贴近学生实际的有效途径。

【关键词】教学实践；关注生活；以学生为本

随着统编教材《道德与法治》的全面推进，如何在教学实践中真正抓住学生心理、潜移默化中落实立德树人的根本任务日益重要。教育部《义务教育思想品德课程标准（2011版）》课程性质规定，思想品德课程是一门以初中学生生活为基础，以引导和促进初中学生思想品德发展为根本目的的综合性课程。其中课程的特性明确规定："实践性是从学生实际出发并将初中学生逐渐扩展的生活作为课程建设与实施的基础，注意与社会实践的联系。综合性是与初中学生的家庭生活、学校生活和社会生活紧密联系"（《义务教育思想品德课程标准》2012年，北京师范大学出版社出版）。可见，道德与法治学科源于生活，离不开生活。

如何结合学生生活实际，利用好中考新政、新教材的契机，提高学生理解、应用、分析、综合等一系列思维能力，这是值得我们教师深入思考的问题。在教学实践中，我不断探索有效途径，聚焦新教材、关注生活、贴近学生。我主要从以下几点着手。

一、学习研究新教材，从生活中备课

道德与法治教材中六年级至九年级内容是从学校出发，个人、家庭、社会、法治、国家层层递进，根据学生的认知过程螺旋上升的体系。面对新的挑战，教师首先要学习研究新教材，提高自身专业素养，正确使用教科书，充分发挥教科书的育人作用。通过新教材培训，全面了解新教材的内容、继续研读学科《课程标准》《教学基本要求》《单元教学指南》。在 2020 年抗击新型冠状病毒的背景下，我们适应新形势新变化，通过各种在线平台，学习空中课堂名师讲课继续加强教材、教学研讨工作，提高特殊时期学科教学效率。初中道德与法治学科教学指导意见（试行稿）中指出："统编初中道德与法治学科凸显对教材主旨把握的要求。教师要以课程标准为指导，在认真钻研教材的基础上，准确分析教材所要表达的基本观点，梳理教材内容主旨的推演过程"。在此基础上，教师要明确核心知识，理解教材，形成完整的知识架构，提高自己对教材的全面认识。唯有深入、方能浅出；唯有浅出，才能有效。这就需要教师具有把教材知识化繁为简的能力，备课时贴近学生实际生活去寻找他们兴趣点，理论联系实际，引导学生真正理解知识并转化能力。

二、关注学生实际、教学设计面向生活

1. 分析学情，了解学生。初中学生尤其是高年级已经具备一定的知识储量，对于社会现象和国情也有了初步了解。然而，不同地区、不同家庭、不同学校的学生基于自己的生活经验形成的知识、思维能力起点不尽相同。有时，我们教师基于自己的教学经验所列举的教学事例，也会出现学生并不了解和兴趣不高的问题。因此教师需全面了解自己学生的认知情况，方能明确相关教学任务。统编教材《道德与法治》每一课最前面都会设置"运用你的经验"内容，这也能帮助教师了解学情、促进学习目标完成。同时从学生生活实际出发，走近他们的关注点，激发学习兴趣才能真正达到教学效果。比如：九年级第二学期《多彩的职业》，通过课前调查问卷可以发现学生有职业的概念但规划意识不足，对于社会职业的变化及其原因了解不够。我选择教学事例时发现学生喜欢关注新兴职业，于是我从最火的直播行业导入教学，激发学生兴趣，结合今年疫情特殊情况，深入分析理解职业与社会需要的关系。

2. 关注时政、了解国情。古人云："家事、国事、天下事，事事关心"。中共中央宣传部办公厅、教育部办公厅于 2012 年 2 月联合发布《关于进一步加强中小学时事教育的意见》的文件也明确提出："充分认识加强中小学时事教育的重要性和紧迫性，开展以当前国内外形势、党和国家的重大方针政策及社会热点问题为主要内容的时事教育，是未成年人思想道德建设的重要组成部分，是中小学德育工作的重要方面，是推进素质教育的重要内容，必须适应时代发展的要求予以加强，必须遵循中小学生的成长规律和教育规律不断创新。"2020 新冠疫情席卷而来，上海市教委制定了"停课不停学"的相关举措，空中课堂名师讲课就运用了大量的时政素

材，梳理了教材知识，同时提高了学生理论分析时事的能力。时事教育既有助于学生了解国情、增强公民意识、培养世界眼光，又有利于丰富教学素材、走近社会生活。通过平时教学实践，我发现不少学生喜欢关注时事热点，每节课的新闻发布环节总有学生抢着要准备新闻内容，甚至个别学生做好的课件质量远超我的预期。随后学习阶段，我要求学生在一周的时事新闻中选择 1 个时政内容，并能用所学的相关知识进行点评，拓展思维深度。我认为时政正是教学合适的切入点，以兴趣为支点、引导学生不仅仅掌握时政信息的数量更要深度思考其背后的各种综合因素，从而使学生明确时事内容间的相互关联，增强理解、分析和处理问题的能力，实现思维能力的提升。

3. 联系生活，创设教学情境。利用学生熟悉的情境，结合多媒体技术，让学生有话可说、有兴趣参与、积极思考讨论，促使学生最大限度真正喜欢上道德与法治课程。比如思想品德九年级第一学期《建设资源节约型、环境友好型社会》就可以结合社会热点垃圾分类的内容，小区垃圾分类情况每位学生都是感同身受的，在此情境中学生有话可说，从中进一步思考政府为什么制定这个法律，我们该如何做？运用情境教学，增强学生的代入感，从感性出发逐渐上升到理性思考，从多角度分析问题、解决问题，提高学生判断、分析、运用和综合的思维能力。

4. 注重理论联系实际，增强学生解题能力

中考新政下最引人注目的莫过于分数的改革，道德与法治学科将要占比 60 分。这次新政大幅度提升了道德与法治的重要性，也无形中给我们学科教师莫大压力。近年来，初中思想品德考试积极探索各种题型的改革，越来越注重学生综合素质和能力的考核。考题往往会结合学生生活实际和重大时政内容。比如说垃圾分类，在 2019 思想品德毕业统考中就有涉及相关内容。这就需要教师在日常教学中理论要结合实际，道法课的学习不是让学生记住某一个孤立的概念或原理，而是要学生从事实出发，通过一定的思维方法了解社会，增强解决实际问题的能力。

5. 走向社会，落实价值导向。初中道德与法治学科教学指导意见（试行稿）明确指出："教师要在明确的目标导向下引导学生获得关注社会、探究和服务社会的体验，在发现问题、分析问题、解决问题过程中学习搜集、处理、运用信息的方法，提高媒介素养，学会面对复杂的社会生活和多样的价值观念，作出正确的价值判断和行为选择。"例如，在《凝聚法治共识》课前调查中，67% 的学生认为自己对法律有一定了解，10% 的学生认为非常了解，但是在可曾发生违纪行为时有 31% 偶然发生、5% 经常有。可见有的学生并不是知识的缺乏，而是知行合一存在难度。我们的学科任务需落实价值观的培养，"高铁霸坐男"即使拥有博士学历仍存在道德品格缺陷。因此，我们教学需结合学生生活实际，真正走进学生心里，教学生做一个对社会有用的人。

三、学科作业设计生活化、多元化

作业是课堂学习的延伸，学生学习效果的及时反馈。教师作业布置也要考虑符合学生的生活实际，使学生通过作业利用理论去接触社会、感悟生活，提高认识。作业设计需"少而精"，学生精力有限、大量枯燥机械的作业只会让他们消极对待表面应付。在作业规范化的基础上，我认为作业设计应"精炼、精彩、精干"，作业量适度，同时设计得有趣味性能调动学生的积极性，能理论结合实际有实践性。比如努力增强保护环境意识，我布置作业以小组为单位调查自己小区垃圾分类的情况，谈谈环保情况。学生可以把照片、图片、新闻材料带到课堂与大家交流，学生们不仅增强了对自己生活环境的了解，而且通过亲身实践理解了垃圾分类对于我国的环境、资源问题的重大意义。还有学生会在课堂分享小区有的居民偷懒不分类等各种不好情况，进一步理解我国为什么会存在环境问题、资源问题，甚至可以和第六单元里的民族素质相互联系。

根据不同年级的认知情况，道德与法治作业的形式除了练习册外还可以多元化、多样化。比如，我们教师设计过小报、专题演讲、时政新闻发布等各种形式的作业，这些都受到学生的喜爱，同时也培养学生团队合作能力、资料收集、阅读、表达、分析等能力。

四、学科活动多样化，开展有序社会实践

丰富多彩的课外学科活动是课堂教学知识的有力补充，也是我们政治优秀教研组重要特色。我们学校多年来已经开展了形式多样、内容丰富的学科活动。从学生的成长发展需要出发，针对学科内容有序开展学科社会实践活动，与社会大课堂有机结合起来，加强对学生进行相应的学法指导，帮助学生掌握探究社会和参与社会的基本方法。每年的各种竞赛活动，我们学科都积极组织学生参加法制竞赛、时政竞赛、中学生小论文竞赛，学生取得了不错的竞赛成绩。举办的一些专题性较强的微型讲座，从传统节日到法律知识，也拓展了学生的知识面。另外，六年级还开设拓展课，学生可以依据自己爱好进行选择。根据市教委下发的《道德与法治学科日常考核指导意见》，其中规定本学科有实践能力考察的项目要求。2020年是特殊的一年，我们学校制定了学生学习指导方案和不同年级的社会实践表，要求学生以本次新冠肺炎疫情为观察点，尝试参与疫情社会观察，完成一份社会实践观察记录。这样不仅仅完成了学科实践能力的考核要求，更使学生有意识地去了解疫情，关心国家。

教育蕴藏于生活点滴，随风潜入夜、润物细无声。在统编教材背景下，我们要继续坚持"以学生为本"，从生活实际出发，培养学生关注社会、学会运用学科知识解决社会实际问题的能力素养。

《道德与法治社会实践》课程的实施成效

方　颖

《道德与法治社会实践》课程实施以来，按照课程方案的设计，我们组内教师作了有益的探索，取得了较为丰硕的成果。

一、课程目标基本达成

通过六、七年级和八、九年级两个层面的实施，基本达到课程目标。学生能够关注时政新闻，掌握国内外重大新闻，关注全球发展。我们鼓励学生积极参与学科社会实践活动，指导学生积极参与学科社会实践活动，提升学科素养，掌握各类活动的要求，并开展各类辅导，如：时政大赛、民防知识竞赛、宪法知识竞赛、中学生政治小论文竞赛等。以一个社会热点为观察点，完成一份社会实践观察记录表。每次社会实践观察作业将作为一份实践活动成果要予以记录，为中考实践能力考察提供依据。

二、培养了学生的时政素养

2020年新冠疫情席卷而来，上海市教委制定了"停课不停学"的相关举措，空中课堂名师讲课就运用了大量的时政素材，梳理了教材的知识同时提高了学生分析时事的能力。时事教育既有助于学生了解国情、增强公民意识、培养世界眼光，又有利于丰富教学素材、走近社会生活。我校的社会实践课程以微型讲座的形式培养学生关注时事的习惯、提高时政知识储备和时事素养。通过老师简要介绍热点的国内、外重大新闻，引导学生了解重大时事动态。并布置回家任务，如请每位学生每天抽出 20 分钟收听或收看新闻并加以记录，课堂时政演讲以 ppt 形式展示最后作为考核依据。各班级学生在学校的网络硬盘中班级里的道德与法治文件夹中上传准备的新闻内容。学生可以个人或两人合作完成时政作业，有学生针对一个内容进行某一时政专题演讲；也有多个时政新闻进行论述。通过这样的形式培养学生合作能力、资料收集、阅读、表达、分析等能力的发展。同时学会结合时政材料，联系教材学会构建知识逻辑体系，进行分析、归纳，理解、解决问题拓展思维深度。样例展示（如图显示）：

三、高质量完成社会实践考察作业

初中道德与法治学科教学指导意见（试行稿）明确指出："教师要在明确的目标导向下引导学生获得关注社会、探究和服务社会的体验，在发现问题、分析问题、解决问题过程中学习搜集、处理、运用信息的方法，提高媒介素养，学会面对复杂的社会生活和多样的价值观念，作出正确的价值判断和行为选择。"教师布置社会实践观察记录作业，解释如何进行社会现象观察并通过自己不同调查方法探究社会热点背后的原因，提炼自身的感悟。尤其对于高年级学生提出更高要求：同一命题下对社会热点现象进行观察并通过自己不同调查方法探究社会热点，学会透过现象发现本质。最后，学生上交社会实践观察作业作为一份实践活动成果要予以记录，为中考实践能力考察提供依据，并挑选优秀调查表予以展示。这次疫情期间，以新冠肺炎疫情为观察点社会实践观察记录更使学生有意识地去了解疫情，关心国家时政。通过学生的上交作业情况我发现不少亮点：有学生根据教师设计的表格项目条理清晰梳理出上海政府、家庭个人的抗疫举措；有学生查阅了大量的有关新闻和案例；也有学生能结合之前时政观察结合自身实际情况分析问题，提出了自己的感悟和思考……这样不仅仅完成了道德与法治学科实践能力的考核要求，更引导学生不仅仅掌握时政信息的数量，更要深度思考其背后的各种综合因素，从而提高学生对时事内容间的相互关联、理解掌握、分析处理的能力，达到学习上的迁移，真正实现思维能力的提升。挑选部分优秀社会实践表作业予以展示（如图展示）

社会实践观察

新冠病毒疫情社会实践观察任务

综述新冠肺炎疫情（时间、地点、感染人数、受疫情影响行业情况）	截止到3月19日我国现有确诊新型冠状病毒病例数8170例，现有疑似新型冠状病毒病例119例、现有重症新型冠状病毒病例2622例，累计确诊新型冠状病毒肺炎81215例，累计治愈新型冠状病毒肺炎69803例、累计死亡新冠状病毒肺炎3242例。在这次疫情期间，主要受到影响的行业为餐饮企业，相比2019年春节，疫情期间，78%的餐饮企业营收损失达100%以上；9%的企业营收损失达九成以上；7%的营收损失在七成到九成之间；营收损失在七成以下的仅为5%。
上海在行动（举例上海政府的抗疫举措；举例感动你的人和事、社区变化和志愿者工作等）	为支持企事业单位和学校复工复产复学，满足社会需求，本市单位或个人可按照自愿自费原则，以下机构预约开展新冠病毒核酸检测。市卫生健康委将对相关检测机构加强监督和指导。 新冠肺炎疫情发生以来，钟南山这个名字再次被刷屏整个网络，他就是非常时期说"把重病人都送到我这里来"的人，这次，84岁的钟南山院士再次挂帅茶征、殚心劳力，他是告诉所有人千万不要去此武汉而自己却第一时间冲去前线的，在除夕奔守武汉肺炎第一线，他的发言和提醒，困难围前微笑面对，淡定从容、说起疫情和人民、红红的眼圈还噙住泪花，这一刻，我想这是钟南山老人对中华民族的深沉的大爱和民族大难的同情。 在社区中平时的许多老人都自愿的当志愿者，他们戴着口罩，在社区出入口坚守着，劝诫出的人群测温，确认是否是社区居民，十分辛苦、

我的感悟，我的思考（发现平凡中的闪光点，致敬"逆行者"结合教材理论谈谈你的感悟或者选择疫情中个人或政府行为涉及的法律问题，思考分析）	新冠肺炎疫情发生以来，来自全国各地的白衣天使们勇敢"逆行"，连续奋战，有医务人员不幸被病毒感染，有的甚至献出了生命，体现了医者仁心的崇高精神。医务人员是最美的"逆行"英雄，他们是拯救生命的天使，也是生活中的人妻人母、人夫人父。处在疫情防控一线，与疫魔短兵相接，他们冒着极高的被传染风险、承受巨大的心理压力，承担着越负荷的工作任务，终南山院士、李兰娟院士不屑辛苦，奔赴抗击病毒的第一线。 这次疫情让我看到了严阵以待的国家，强大的综合国力，不畏艰难的群体英雄和深深的爱国热情，看到了十四亿人的团结和坚强，能够生活在中国这样的国家，是这段时间每天庆幸无数遍的事情，此刻我们庆幸，也自豪，我所站的地方正是中国，中国-全世界独一无二。

四、学生学科活动达到多样化

市教委下发了《道德与法治学科日常考核指导意见》，其中规定本学科有实践能力考察的项目规定。各类学生竞赛活动（如：时政大赛、民防知识竞赛、宪法知识竞赛、中学生政治小论文等）可以记录到学生综合素质评价。随着学生综合素质评价的落实，竞赛的参与显得日益重要，所以在课程中明确竞赛的重要性、鼓励学生积极参与，提高自身综合素质。同时，学生丰富多彩的课外学科活动也是课堂教学知识的有力补充，也是我们优秀政治教研组重要特色。我们学校多年来已经开展了各种各样、内容丰富的学科活动。从学生的成长发展需要出发，针对学科内容有序开展学科社会实践活动，与社会大课堂有机结合起来，并加强对学生进行相应的学法指导，帮助学生掌握探究社会和参与社会的基本方法。每年的各种竞赛活动，我们学科都积极组织学生参加，如法制竞赛、时政竞赛、中学生小论文竞赛等。在教师辅导下，学生不仅了解国情，也取得了不错的竞赛成绩。还参加一些专题性较强的微型讲座，从传统节日到法律拓展各方面，拓展了学生的知识面。另外，预备年级还开设拓展课，学生可以依据自己爱好，进一步增强自己专业知识。在原有优良传统基础上今年经过课程的整合，更加系统和科学地呈现出来。随着社会实践课程的开展，竞赛获奖成果丰硕：如上海市时政竞赛有两位同学获得市三等奖、两位学生获得中学生政治小论文浦东新区三等奖。

ngYing (E:) > 论文 > 初中学段北蔡学校

名称	修改日期	类型	大小
1最美人间烟火	2020-09-25 10:52	Microsoft Word 文档	20 KB
2疫情反思下生态环境保护	2020-09-28 8:45	Microsoft Word 文档	20 KB
3浅论线上学习之利弊	2020-09-28 8:46	Microsoft Word 文档	18 KB
4绿水青山就是金山银山	2020-09-28 9:31	Microsoft Word 文档	21 KB
5从古风音乐谈谈传统文化	2020-09-28 8:57	Microsoft Word 文档	19 KB
北蔡中学生政治小论文附件	2020-09-28 10:06	Microsoft Word 文档	16 KB

< 浦东新区2020年中学生小论文...

上海市北蔡中学

编辑　　查找　　导长图　　导PDF

中国电信　　　　　　　　　　下午2:51

✕　　　学友读书俱乐部 >　　...

文来中学	孙新瑞
蒙山中学	陈钱
洋泾-菊园实验学校	姜雨萌
洋泾-菊园实验学校	李思涵
新泾中学	张杨嘉凝
松江区第七中学	陈昱
北蔡中学	王柯瀚
莘城学校	蒋昱瑶
中国中学	冀浩川
上海市世界外国语中学	何睿宁
松江九峰实验学校	郝佳妮
文来中学	居易
青浦区豫才中学	丁元杰
曹杨二中附属江桥实验中学	刘嘉滢
进才中学北校	张潇语
进才中学北校	袁钰钦
进才中学北校	丁嘉璇
建平中学西校	王智明
金杨中学	孙晨曦
华东师大二附中附属初中	吴沁颐
进才实验中学	王立栋

疫情期间如何进行音乐课堂教学

卢 宁

疫情期间音乐课堂教学应该如何进行，是有一些苦恼的。口琴进课堂不可行，不在专用教室上课没有类似钢琴这样固定音高的乐器支撑，又要带着口罩上课，歌唱效果也不好，于是，欣赏优秀名家名作变成了疫情期间较好的选择。

上什么内容比较好呢？我想到在空中课堂教学期间，有一位老师用了两课时的时间介绍印象派钢琴家德彪西的作品。实际上，印象派只是西方有记载的音乐发展史中很短暂的一个时期，在印象派之前和印象派之后历史上出现了许许多多音乐流派和音乐家，那我是不是可以按照时间节点梳理出其中的杰出代表和音乐代表作品来和大家一起欣赏呢？估算了一下上课时间，这学期还剩下四个课时可以进行校内教学。正好我可以从巴洛克时期到古典主义时期，再到浪漫主义时期和近现代时期，正好四个时期。

其实，音乐和思想意识、生活状态、审美情趣等是息息相关的，我们现在欣赏到的大古典主义时期的视觉和听觉作品都是当时最流行，老百姓最熟悉的。所不同的是，我们通过音乐作品欣赏到的是那个时代最优秀、最具有代表性的情感表达，能用很短的时间感受到当时的音乐思想和听觉审美状态。

第一个时期是巴洛克时期（极盛时期在十八世纪），这个时期作品音乐作品以复调为主。我给学生介绍了这个时期的音乐家巴赫和亨德尔。对于中国的听众来说，这个时期我们最熟悉的音乐家就是巴赫，特别是学钢琴的小朋友，如果能坚持学琴一年以上的都接触过巴赫给小朋友写的《初级钢琴曲集》，并且会发现巴赫的钢琴作品特点是左右手像是两个人在对话，并且是这两个人都很能说的那种，这就是复调的简单理解，是判断那个时代作品的典型特征之一。我给学生欣赏的是巴赫的《D小调托卡塔与赋格》，这个作品是为管风琴而创作，当时现代钢琴并没有被发明出来，主要键盘乐器是羽管钢琴，也叫大键琴，巴赫的大多数作品都是为羽管钢琴创作，音域不宽、音量不大。还有就是管风琴，我为学生寻找的《D小调托卡塔与赋格》版本是管风琴演奏的版本，视频中可以很直观地看到音符的走向，旋律线的形状特别清楚，学生对这个作品的旋律是有印象的，可能是这个作品的旋律经常作为背景音乐出现在电影、电视甚至是游戏中。所以，当旋律主题响起的时候，学生们脸上纷纷出现"原来是它呀"这样的表情，并且也为自己终于知道这段旋律的出处和作曲家而感到高兴，在欣赏作品的过程中，视频的主题旋律线形成的图形颜色和二声部、三声部、四声部模仿主题旋律线形成的形状图形用四种颜色区分开来，学生在视觉的帮助下理解了什么是赋格。对复调音乐也就不会停留在字面的了解了。

然而，我们学校学习键盘类乐器的学生并不多，如果只是欣赏键盘类的作品，大多数孩子会觉得太"高冷"了，于是，我给学生欣赏亨德尔的作品《哈利路亚》，"哈利路"是赞美的意思，"亚"是耶和华的意思，这个作品就是赞美上帝的意思，是宗教歌曲。因为是歌唱作品，学生们对声音的判断还是比较有信心的，加上这个作品时间也不长，学生们耐心听完，通过两遍的听辨，可以很清楚地用听觉判断出四个声部在有变化地重复一个主题，但又不会让人感觉到是在啰嗦的重复，这大概就是大师的力量，明明是反复在讲一个简单的事情，大家还听得津津有味，一脸虔诚。同时，对学生来说，学习到用纯听觉判断复调作品的一点能力，他们对于自己能或多或少拥有判断这个时期音乐作品的特征还是很高兴的。巴洛克时期音乐还有一个特点，这个时期的大多数著名音乐作品都和宗教有关，透过音乐作品我们还能感受到当时人们的精神状态，这也侧面说明了音乐的力量，很明白地表达精神状态，听众虽然听不到实实在在指向性的语言，却能实实在在地感到精神状态，行为还会受到影响，真的很神奇。

第二个时期是古典主义时期（十八世纪中期到十九世纪初期），对于我们普通听众来说，离我们时代遥远的音乐作品都可以归为古典作品，但是，从西方音乐发展角度来说，古典主义时期是指 1750—1820 年这个时期。这个时期的作曲家我给学生介绍了三位：海顿、莫扎特、贝多芬。这个时期涌现的优秀音乐作品已经不是为宗教服务了，而是为贵族服务。一方面，当时的欧洲瘟疫横行，人们发现信仰上帝也无法拯救生命，另一方面，科学的发展不断地改变人们对既有认知的看法，个人的小心思或多或少的被调动起来，比较官方的说法是"个人意识被唤醒"。随着各种乐器的功能完善和各种思想的表达复杂化，海顿敏感地捕捉到了听众的需求，开创了"弦乐四重奏""交响乐"的演奏形式，极大地拓宽了音乐的表现力，上这一课的时候，我总是不忘向学生强调海顿的为人，他出身寒微，经历坎坷，最后却成长为一个很温暖的人，关爱儿童、关心他人，对有才华的人大力提携，人称"海顿爸爸"，能力很强、人品又好，莫扎特和贝多芬都曾经是海顿的学生，可以说后世好几代音乐家都受到海顿的影响，真了不起。

这一课时我给学生介绍的音乐作品主要是海顿的《告别》作品片段、莫扎特的《土耳其进行曲》、贝多芬的《命运》第一乐章。这三个作品主题都很鲜明，主调音乐的特征很明显了，特别是到了贝多芬时期的作品，和巴洛克时期的作品比起来，很明显是不一样的精神状态，有很强烈的精神引导力量，就算是几百年以后，我们这个时代的人，哪怕是对古典音乐不感兴趣的人，听了《命运》作品主题后，也会燃起斗志，加入对抗不公平命运的队伍。我在备这一课的时候，正好看到上海音乐学院公众号发布的视频中有一个作品是大学生用"云课堂"的形式排练这个作品，大家都在家里，通过网络演奏，我赶紧用新学到的录屏的形式把这个视频录下来，上课的时候分享给学生，学生看了很感动，也很感慨，为什么哥哥姐姐们的网络这么通畅，一点都不卡？虽然这个问题我无法回答，但也引起了我的思考。所以，随着时代的发展，教学相长是时时刻刻的事情了。

第三课时是浪漫时期的音乐作品，我主要介绍了门德尔松、肖邦、李斯特和柴可夫斯基，这个时候的作品充分表达个人的感受。

第四课时是近现代时期的音乐作品，我主要介绍了格什温、普罗科菲耶夫和拉威尔。这个时期音乐作品开始受到异域音乐文化特别是非洲音乐文化的影响，变得斑斓多姿。

通过教学实践，我认为按照时间顺序介绍近四百年来西方杰出的音乐家和他们的代表作品，这样的形式学生还是非常能接受的，有一定音乐学习基础的孩子自然能从作品的写作方法的变化中去分析比较不同，从复调到主调，从虔诚的赞美上帝到歌唱个人、描绘自然、对宇宙的想象等等。没有基础但是爱好欣赏音乐的孩子也会乐于接受并沉醉于优美的旋律中。比较意外的就是个别以往上音乐课纪律难管的孩子也加入到认真听课的队伍中，有的孩子在欣赏音乐的时候会佩服作曲家的想象力，有的孩子会羡慕演奏家高超的技巧，还有的孩子则会联想到相关的人物或事件，比如说，有的孩子会问达芬奇是这四个时期中哪个时期的画家呢？爱因斯坦小提琴大概是什么水平呢？路易十四是不是真的多才多艺？真是天马行空的想象……我想，这也说明一节能让学生接受的音乐课的前提应该是作品本身优秀，学生听了以后能产生情感的共鸣，进而才愿意欣赏分析作品，愿意了解作曲家。

受疫情影响，线下课开始之前的两个多月我们都在上网课，其实，对于习惯了近二十年线下课的我来说，开始还是反应不及的，但正好是这些不适应让我在找网课资料的时候学习了一些不算很新的新技能，比如说"录屏"，比如说快速寻找并下载转发视频资料，虽然不能得心应手，还是蛮开心的，会有一种"今天又有意外的收获"的心情。当然，在线上课还是有一丝不安全感，有时会怀疑在上课及回答问题的不是学生本人，还是在线下上课更安心。

初中体育武术教学中以武育德的实践研究

卫骏超

武术曾称为"国术"，是一项以攻防动作为主要内容，以套路和格斗为运动形式，注重内外兼修的中国传统体育项目，通过套路演练和对抗格斗，达到强健体魄，防身自卫的目的，是学校体育教学的主要内容之一。目前，武术运动随着我国体育事业的蓬勃发展和全民健身运动的大力推广，已被大众所喜爱和接受。然而，大多数武术只重视技术的提高而忽视了武德的教育，不利于武术的发展。为了使武术能向良性的方向发展，我们应该在初中武术教学与训练中加强武德教育。

武德即练武、用武的道德标准。武德随着武术的发展日益趋同于传统的道德观念。传统武德，是指长期以来在习武群落中形成的，对习武者的行为规范要求。它协调着习武者之间的人际关系，影响着习武者的各类活动。传统武德在不同的历史时期、不同的习武群落中有着不同的具体内容，但其主体精神具有相对的稳定性和延续性。冯锦华认为传统武德教育，本质表现为"仁、义、礼、信、智、孝、忠"。随着社会的发展，我国传统的优秀武德精神在得到发扬的同时，新时期的社会主义的武德出现，那就是培养德智体美劳全面发展的人才，培养良好的身体素质，文武双全，立德树人，为社会做出最大的贡献。这对初中的学生更为重要。

武术初中教材由基本练习、少年连环拳、少年初级长拳组成。武术作为初中体育中的一项特色教学内容，既有传授武技的教学任务，又有养成思想品德的教育任务。它以兴趣爱好为前提，推动学生合作交往；以亲身体验为手段，鼓励学生创新实践；以民主参与为特点，培养学生自强意识。这种强调潜能开发，注重创新精神，增强动手能力，具有广泛交流和展示机会，体现了个性化与社会化相结合的现代教育特点，适应青少年全面发展的需要。所以，在初中体育教学中开展武术教学显得尤为重要。本文就初中体育教学中如何实现以武育德进行研究。

一、初中体育武术教学中以武育德的主要内容

武术在长期的发展中，继承和发扬了中华民族重礼仪、讲道德的优秀传统。"习武以德为先"，武术练习历来十分重视武德教育，尚武崇德的精神可以培养青少年尊师重道、讲礼守信、宽以待人、严于律己等高尚的道德情操。在练习的过程中，要追求技艺的提高，就要培养学生坚韧不拔、吃苦耐劳、坚持不懈的精神。这

也是一种修心养性的重要手段，有益于人的全面发展，对促进社会主义精神文明建设有很大帮助。

首先，在初中体育武术教学中渗透民族精神教育内容。每个习武者有自己的理想，有崇高的追求，这是习武者的坚强精神支柱。习武者的崇高理想，应该是振兴中华，弘扬民族文化，把武术推向世界，造福于世界人民，为祖国、为人民争光。纵观武术的发展史，无论是在军旅还是在民间，都涌现出不少武林豪杰，他们为了国家和民族的生存与兴旺，不惜牺牲自己的高尚品质，教育和激励着后代习武者。武术教学中所特有的人文内涵深深地影响着学生的品德修养。

采用传统民族文化方面的教育，宣传英雄和典型事例，可以激发学生弘扬传统文化、振奋民族精神和热爱社会主义祖国的情操，如南宋抗金民族英雄岳飞，幼年时，母亲在其背上刺字"精忠报国"，使他铭刻在心，学文习武，文武兼备。金兵进犯中原，他率兵抗金，收复中原，报效祖国和人民。民国期间，津门大侠霍元甲不甘忍受侵略者欺凌和狂妄，挺身而出，飞上擂台，使那些帝国主义列强的拳师，不敢在中国的武坛上耀武扬威，从而大振中华的国威。现代的李小龙、成龙、李连杰等中华武术代表人物，蜚声影坛，使中国功夫震惊了世界。

其次，在初中体育武术教学中渗透思想品德教育内容。武术教学有一个显著特点，就是能最鲜明地反映学生的真实思想和品质，能最生动地开展各项教育活动。武术教学是一个双边的教学过程，通过身体练习，身械练习，以及竞赛的每一个过程，每一个动作都会自然流露出学生的真实个性特点、思想感情和心理品质。有表现出勇敢和懦弱，果断和犹疑，协调和僵硬，遵守规则和投机取巧，顽强拼搏和怕苦怕累等。学生的这些表现，有利于教师准确生动地开展有针对性的教育活动，如讲一些影视巨星吃苦耐劳，以及对事业执着追求的优良品质，值得当代青少年学习和敬仰。

武术教学中，根据武术固有的武德内容，在传授武术知识和技能技巧的同时，进行有目的、有计划、有针对性地教育学生，加强法制学习，增强法制观念，从思想上提高奉公守法的自觉性，并且能够依法办事，在任何情况下都要自觉维护法律的威严和自身的合法权益。习武者要切记任何时候不得自恃武力，违法乱纪，逞强好斗，妄自出手，要树立习武者的良好形象。

同时，还要发展学生个性，培养勇敢、顽强、朝气蓬勃、自尊自强的进取向上精神，以及吃苦耐劳，忍受挫折的良好心理品质。这一育人任务，必须贯穿在每一次武术教学活动中。在备课时，要有明确的体现，长期不间断地进行德育熏陶，学生就会表现出立身风度和容端体正的尚武本色和习武者特有的精、气、神，大大提升学生德育素质。

第三，在初中体育武术教学中渗透人文素养教育内容。武德修养是中华武术文化中的一个重要内容。在武术教学过程中，通过学习武术套路，形成正确的武德修养，对学生正确的德育教育也起着重要的引导作用和影响。武德中的修养主要是指个体的行为，其根本乐趣在于改变自己，以适应和维护社会秩序。在中国传统文化中，"身"是被认为不道德的欲望之体，"性"则是道德性的"本我"。因而，"身"需要"修"，"性"需要"养"，修身养性的实质就是以"道德我"克服"欲望我"，通过自我反省体察，使身心达到完美的境界。

古人云："修炼之为教"。在武术教学中，武德和武技可以相互促进，武德可以促进武技提高，武技修炼过程也可以反过来提高武德境界。如太极拳，既可以强身健体，攻防格斗，也可以修身养性，陶冶情操。习武的目的不仅仅是强身健体、防身自卫，更重要的是修身养性，以德润身。中国传统武术历来讲究"内外兼修"。所谓"外"是指对技艺的修炼；"内"指品行、德行的修炼。我们提倡的武德，要摒弃那些体现封建等级和宗法观念的糟粕，继承发展传统武德中的精华，把武德教育贯穿于武术教学教育活动中去，提倡传统武德中爱国、正义、有礼、重信等思想，努力培养学生尊师重道、武德端正、虚心谦让、以礼待人的生活作风，并让他们学会精益求精的品格和锲而不舍的求道精神；树立远大的理想，为国争光、发扬相互团结、爱国爱民、遵纪守法、见义勇为的高尚品格。教育学生把个人的习武行为与社会责任、义务联系起来，树立新型的社会主义道德观，做一个"武德高尚、武风正派、武礼谦和、武技精湛"新时代武术人才。

可见，武术所蕴含的深刻的民族精神和爱国主义精神，无疑是激励学生自强不息、奋发向上的巨大动力。武术教学，不仅增强了学生的体质，而且还借助武术项目内外兼修的运动特点，向学生宣扬了民族正义感和重义守信、助强扶弱、恭廉修行的民族气质，从而不断增强学生的民族自豪感。

二、初中体育武术教学中以武育德的方法与途径

1. 精心设计，在初中体育武术教学内容上安排"武德"教育

"习武先习礼，习武先修德"。在学习武术之前，对学生进行一些武术品德规范及武术礼仪的介绍是很有必要的。武术的真正魅力不是它精湛的技艺，而是它蕴含着丰富的民族文化内涵和修身养性、塑造人格的功能。依据新课标的理念，促进身心和谐发展，发挥学生主体作用，让他们明白"学武先学德"的重要性，改善学习方法，加强学习交流。

在学习武术之前对学生进行思想上的引导，让学生充分意识到武德的重要性，真正了解武德的内涵和规范，才能使学生对武术学习有个正确的定位，并对武术产生兴趣，意识到学习武术的目的并非只是会三拳两脚而已，而是在学习武术套路，

掌握武术技能的同时，不断地塑造崇高的人格，锻炼自己的意志，肩负起把中华武术这一民族文化遗产发扬光大的历史使命。例如开设一堂有关武德方面的讲座，给学生介绍武术的基本知识和武术发展史上感人事迹，宋襄公死守"持德者昌，持力者亡"的教条、黄飞鸿伸张正义、岳飞精忠报国等。

"崇武尚德"是所有习武者必须遵循的准则。所以武德的教育要贯穿于武技教授之中。通过武术基本功和套路的练习培养学生刻苦顽强、永不自满的品质。在散打教学中要鼓励双方，勇字当头，敢字当先，锻炼学生勇敢无畏的精神。通过让学生相互"喂手"的练习培养学生团结互助的精神，引导学生养成讲礼守信的良好习惯。

此外，要把武术礼仪纳入"武德"教育。武礼是一种特定的礼仪姿势，如"抱拳礼"左手为掌在外，右手握拳在内，在胸前合抱。"抱拳礼"是武术界的礼节，左掌四指并拢伸直表示德、智、体、美、劳五育俱全，象征高尚情操，大拇指屈曲内扣表示不自大，不骄傲。右手握拳表示勇武顽强；左掌掩右拳表示勇不滋事，武不犯禁；左掌右拳拢屈，两臂屈圆，表示五湖四海，天下武林是一家，谦虚团结，以武会友。左掌为文，右拳为武，表示文武兼学，恭候师友、前辈指教。通过教师的讲解示范，让学生了解礼节在武术中无处不在。上课时，师生都行"抱拳礼"。老师问学生答，都行"抱拳礼"。学会施抱拳礼很简单，但当中所包含的武德，尊师重道、恭敬谦虚，不与人争，要付诸行动，体现在实际教学中。通过成套的行为规范，以及一些特定的造型等外在动作的形成而加以培养。武术礼仪训练，可以起到潜移默化的培养教育作用。为此，在武术教学中应注重加强武礼的传授和规范，不仅要求学生掌握其方法，明确其涵义，还要善于利用师生问候、递接器械以及辅导、练习、考核等渠道，使学生养成应用武礼的良好习惯，做到动则功夫到家，静则修养有素，行则彬彬有礼。

2. 言传身教，通过教师的武术动作示范进行"武德"教育

传统武德是实践型的，这种实践主要通过习武生涯而展现出来，武德演化到我们今天的武术教学中来，仍然有很重要的地位。

由于历史条件和社会环境不同，今天的武术教学对择徒拜师的标准有所放宽，但是教师仍然要求有良好的道德修养，在习武过程中，对学生的品质教育仍然有着义不容辞的责任。教师的言行举止、为人处世的方式都无形中影响着学生，所以教师要严格要求自己的一言一行，为学生做一个武德典范。决不能言而无信、举止不雅、傲慢不羁。例如：笔者在教少年连环拳时，动作示范开始和结束都先给学生行"抱拳礼"；炎炎夏日，让学生站在树荫下，自己却站在太阳下；秋风高爽时，让学生站在草坪上，自己站在跑道上。这无形中就教育学生要先人后己、相互谦让。久而久之，学生便学会了为老师和同学行方便，不会计较个人得失。

3. 潜移默化，在初中体育武术教学过程中渗透"武德"教育

武术的学艺和练功，不仅要有吃苦耐劳的精神，还需要常年不懈、坚持以恒；不仅能培养坚韧不拔，勇往直前的意志品质，也是一种修身养性的良好手段。武术在长期的延绵中，一向重礼仪、讲道德。"未曾学艺先学礼，未曾习武先习德"，培养武德是武术的传统，武德教育作为培养共产主义精神道德的一个组成部分，通过练武习德可以培养尊师重道，讲礼守信，见义勇为，不凌弱逞强等良好的心理素质和高尚的道德情操。

中学生年龄小，个性尚不稳定，但已能清楚地明辨是非。通过武术运动对其进行武德教育，可为其以后形成高尚的人格打下坚实的基础。渗透武德教育就是在"以学生为本"、充分尊重学生身心发展的前提下，把武德本身的目标与武术教材所容的德育因素，自然有机地结合起来，使武德内容在潜移默化的武术教学过程中，内化为学生个体的思想品德，发挥好体育课健身育人功能。

武术博大精深，武术悠久的历史和浓郁的民族文化内涵，又为实施德育提供了丰富材料，要不失时机地把武德渗透在武术教学中。例如：在练习长拳时要求舒展大方，挺胸塌腰，眼神到位，可借机教育学生要挺起胸膛、堂堂正正做人，光明磊落、全神贯注地做事。在学习太极拳时要求上身中正，重心平稳，可借机教育学生为人要正直，脚踏实地。注意教学过程中的点滴，尤其是要抓住学生的闪光点及时进行表扬，挖掘学生难能可贵的思想品质。又如：仔细观察学生在练习中表现出来的谦让、团结友爱、吃苦耐劳、乐于助人等品质，并进行鼓励和表扬。同时，对教学过程中有背武德规范的行为要及时指出，抓住机会进行教育。

4. 循序渐进，针对初中学生心理发展特点进行"武德"教育

武德内容所涉及的范围很广，要在体育课堂中做到面面俱到上不可能的。由于中学生的知识面不是很广，对武德的一些方面的领悟能力不强，存在一定的个体差异。所以在对学生进行武德教育时，要充分了解学生，根据初中学生的心理发展的共同特点，进行有针对性的武德教育。

例如：学习太极拳时，有部分学生认为太极拳是爷爷奶奶的专利，老土得要命。体育课在学生心中是为了娱乐，为了达标而设立的，而太极拳看似与这两者毫无关系，是很费时间和精力的玩艺。针对学生追求流行、漠视传统的心理，笔者特意在学习太极拳之前，利用半节课时间给学生读一些同龄人学习太极拳的体会，讲述武术大师脍炙人口的太极人生，力求从思想上引导学生揭开太极拳神秘的面纱，教育学生不能盲从流行，要学会思考判断，消除对传统的偏见。

中学生自信好强，做事有一定的主见，追求个性，但同时也缺乏团结协作、大公无私、谦虚谨慎、不屈不挠的精神。针对学生的性格特征，可以在武术教学过程中增加合作练习，多设立一些带有教育意义的情境教学。又如：教学太极拳学习

时，让学生进行双人推手练习，让他们体会太极的松柔，同时也体会合作练习的快乐。在基本功练习单调吃力，学生容易产生厌烦的情绪，这时可以进行情景暗示，用"拳打卧牛之地"和"三步锥拳"等武林佳话来激励学生。

5. 榜样指引，利用媒体和偶像进行"武德"教育

依托武术名人、英雄等榜样人物，及偶像的示范力量和激励作用，使初中学生主动地，自觉地贴近自己崇拜的榜样、偶像，从而全面提高学生的政治思想、道德和心理品质。随着现代信息技术的发展，网络、电视已经成了学生生活中不可缺少的一部分，学生接触武术大多是通过电视和武侠小说等渠道。《少林寺》《卧虎藏龙》《太极宗师》《天龙八部》《影》《花木兰》等影视片都给学生留下了深刻的印象。真正了解武术的人都知道：武术并不像武侠片中所描述的那样神通广大，但是，武者的高尚武德是大致相同的。不少同学很崇拜李小龙、李连杰、成龙等武术明星，被他们出神入化的功夫和他们塑造的英雄形象所折服。根据学生崇拜偶像的心理，我们可以充分利用媒体和偶像的影响，对学生进行武德教育。教师讲述一些李小龙、李连杰、成龙等人主演的一些功夫片，引导他们对一些人的所作所为做出评价，引起他们强烈的正义感，共同得出"武德"的重要性。如：老师和学生一起分析讨论《英雄》人物的性格特征，从中可以发现，英雄让人佩服的不是他的盖世神功，而是他所表现出来的崇高武德和顾全大局、视死如归的武者气概。

笔者在武术教学中注意武术人文精神的宣传，帮助学生确立学习的楷模，建立崇拜的偶像，为他们不断输送精神养料，激发其学习热情和动力，如南宋抗金民族英雄岳飞，幼年时，母亲在其背上刺字"精忠报国"，使他铭刻在心，学文习武，文武兼备。金兵进犯中原，他率军抗金，金兵闻风丧胆，后遭奸臣所害。他写下的气壮山河、激励人心的《满江红》，成为千古名篇。进而教育学生，学习武术的目的不仅是为了强身健体，而且要通过练习武术锻炼意志，培养良好的道德风范。有内涵有修养的习武人才能学无止境。通过媒体可以让学生多接触一些武术知识和信息，引导学生关注武林赛事。这样，学生逐步地了解武术，并逐渐地喜爱武术。

总之，在初中体育武术教学中，合理运用和渗透武术道德到德育中是当今素质教育的具体表现。党的十九大报告指出，要"培养担当民族复兴大任的时代新人"。这一重要论断，深刻回答了"培养什么人、如何培养人"的根本问题，对初中教育教学来说，同样提出了新的任务新的要求。初中体育武术教学中以武育德的实践，真正地践行了"培养担当民族复兴大任的时代新人"的目标任务，进一步提高了政治站位和历史使命感；切实地推动了社会主义核心价值观进教材、进课堂、进学生头脑；积极践行社会主义核心价值观。我们党历来重视培养什么样人的问题，始终把培养一代新人作为重要任务。广大武术教师应发挥主观能动性，充分运用好中华武术这一宝贵的德育素材，让体育武术成为初中学生喜爱的运动项目。然而，武德

教育不是一朝一夕的事情。它涉及的范围很广，只有抓住学生的心理特点，从教学的实际情况出发，把武德教育有效地渗透到教学实践中，立育人之德，树有德之人，才能充分发挥出初中体育武术健身育人的功能，才能让初中体育武术教学焕发出新的生命活力。初中体育武术的德育功能已经被越来越多的人认可，如何把武德教育落实到教学过程中，还需要进一步地实践和探索。

参考文献：

［1］徐阿根.体育教学技能［M］.上海：上海教育出版社，2012.

［2］徐阿根，沈建华.上海市中学体育与健身课程标准解读［M］.上海：少年儿童出版社，2006.

［3］李鹰.体育教学方略［M］.上海：上海教育出版社，2012.

［4］李鹰.体育教学探索［M］.上海：上海教育出版社，2014.

［5］周登嵩.学校体育学［M］.北京：人民体育出版社，2012.

［6］徐阿根.体育与健身教学参考资料［M］.上海：上海教育出版社，2016.

［7］季浏.国际体育与健康课程标准［M］.上海：华东师范大学，2018.

［8］翟玉生，高增栓.论武德的重要作用和修养方法［J］.河北：体育学院学报，2013.

［9］黄文扬.刍议中国传统武德的涵义及市场经济下的武德建设［M］.福建：体育科技，2012.

［10］冯锦华.论加强武德教育的重要性［M］.沧桑 2008.

［11］张婧，赛自华.中小学武术教学与培育和弘扬民族精神［J］.搏击：武术科学，2005.

［12］闫亚坤.论武德教育在武术教学中的意义［J］.广东经济，2017.

基于中考新政下中学体育教材内容
标准化体系的构建研究

卫骏超

【摘　要】体育教材内容是实施体育教学的基本素材，这些素材的确定是对教学框架的规范。要将这种规范延伸到具体的教学操作层面，还必须对教材内容进行科学的教学设计，从而构建体育教材内容标准化的体系。本文通过查阅文献、实地研究、问卷分析等研究方法，对现阶段中学体育教材内容标准化体系的构建进行初步探讨，提出构建中学体育教材内容标准化体系必须坚持四个基本原则，并从单元教学设计和课的设计与课时计划（教案）两大部分进行详细的探讨。

【关键词】中学；体育教材内容；标准化；再探

一、前言

在长期的教学实践和观课中经常可见，同一名教师执教的公开课或展示课的教学质量明显高于其日常普通的体育课，这显然与该教师的业务水平无关，关键是教师对教材内容的理解与教学实施策略处于不同的水平所致。教师们针对同一项教材内容的可操作性和实效性的评价具有很大差异，其实这种差异与教材内容本身毫不相干，主要原因还是教师对教材的理解和驾驭能力方面存在差异。工作实践中许多体育教师一直强烈地期望能够获得各项教材内容的正确解读、获得实施各项教材内容的有效策略，这就十分需要教材内容的研究向操作层面延伸，细化到教学的组织形式与练习方式，为体育教师构建一个可操作的高水平平台体系，在这个体系上为广大体育教师正确地解读每项体育教材的内容，并为他们提供可供参考的有效的教学手段与合理练习方式，从而使他们在一个比较高的认知平台体系上设计适合他们教学环境的教学策略。

为了稳定与提高体育教学的教学质量，不妨借鉴标准化的概念，对构建中学体育教材内容标准化体系做再一次的探讨，当前，在中考新政下，基于"核心素养"的课程改革需要，在上海市"小学体育兴趣化、初中体育多样化、高中体育专项化"（简称"三化"）课程改革逐步推进的背景下，为深化体育教材内容的研究、为提高中学体育教师驾驭体育教材的能力、为稳定与提高中学体育教学的质量抛砖引玉。

二、构建体育教材内容标准化体系的基本原则

在学校体育发展的不同阶段，这一体育教材内容体系通常以传统的体育教师教学参考书的体例出现，随着社会的发展和时代的变迁，以往各种体例的体育教师教学参考书显然已经不能适应当前学校体育发展的需要，确实需要根据当前的社会发展形态和学校体育发展的要求来重新设计一个切合实际需要的体育教材内容解读与操作策略提示的标准化体系。只有在"健康第一"指导思想的正确引领下，科学地遵循规律与特点，对各项教材内容进行正确解读，才能设计出符合学校体育发展的施教策略。

（一）坚决贯彻"健康第一"的指导思想

早在 1999 年的《中共中央国务院关于深化教育改革全面推进素质教育的决定》中就指出："健康体魄是青少年为祖国和人民服务的基本前提，是中华民族旺盛生命力的体现。学校教育要树立健康第一的指导思想，切实加强体育工作。"十八届三中全会通过的《中共中央关于全面深化改革若干重大问题的决定》中也明确提出"强化体育课和课外锻炼，促进青少年身心健康、体魄强健"。这些不仅充分体现了党和国家对青少年的关怀，同时也肯定了学校体育在教育中的重要地位以及学校体育对青少年的体质健康的特殊作用。另外，据有关研究报道，目前我国青少年的体质健康水平与邻国日本、韩国及其他发达国家相比，整体上还存在不少差距。

关心学生的体质健康，促进学生健康水平的提高是当前学校体育教育的重中之重，每一个体育教师必须将学校体育教育提高到关乎到学生的体质健康，关乎到学生的未来，关乎到国家与民族未来的高度看待本职工作。要认清当前的社会发展形态和学校体育发展的要求，首先应深刻理解当前学校体育教育"健康第一"的指导思想是构建中学体育教材内容标准化体系的最基本原则。

（二）遵循体育学科发展规律，关注体育项目各自特点

体育学科在漫长的发展道路上积淀了丰富的理论知识与实践经验，其中经典的部分内容凝聚成为学科发展的自身规律。如：适应社会发展需要规律，人体身心发展规律，体育知识认知规律，成长差异和个别差异规律，体育教学的实践性规律，内因决定规律，人体机能适应性变化规律，运动技能形成规律，运动负荷变化与控制规律。

在遵循体育学科自身规律的基础上，在体育项目学习时，还必须关注各项群的

特点，并根据不同项目的特点组织体育教学，就可获得事半功倍的效果。如体能类项群具有体能发展有限的原则，而技能类项群具有技能与体能同步发展的特征；个人项目注重个人技能的掌握与发挥；集体类项群则重视集体配合和战术的应用。不同的项目对学生的影响也具有不同的特点，如个人项目的练习对学生的自身感知能力和自我判断能力效果较为明显；而集体项目的练习除此之外还对集体的配合能力和对环境的关注与适应能力具有更明显的效果。

（三）符合中学生身心发展特点，关注个体成长差异

中学生正处在身心迅速发展时期，在他们发育成长的不同时期，有着不同的体能发展敏感期。以往体育教学主要目的是完成当时社会背景下国家任务和学科任务，较少考虑学生身心发展需要。当前则突出强调学生的学习主体地位。因此，在解读体育教材内容和设计施教策略时首先要考虑的就是要符合中学生身心发展特点，关注个体成长差异。既要考虑到大多数学生在不同时期的身体发育状况，又要重视同一时期部分学生的个体差异，因人施教。在不同水平阶段，学生生理和心理的特点决定了他们对体育活动有不同的需求。

（四）因势利导，因地制宜，与实际教学资源配置相适应

教学资源是为教学的有效开展提供的素材等各种可被利用的条件，通常包括教材、案例、影视、图片、课件等，也包括教师资源、教具、基础设施、教育政策等内容。从广义上来讲，教学资源可以指在教学过程中被教学者利用的一切要素，包括支撑教学的、为教学服务的人、财、物、信息等。体育教材内容的有效实施离不开学校教学资源的支撑，为此，平台构建也必须充分考虑到各级学校体育教育的教学资源配置情况。

在制定体育教材内容施教策略时，要结合学生、师资、场地器材、管理基础等实际教学资源情况，如学生学力基础如何，体育教师执教能力如何，场地器材是否配备，管理基础是否规范，校方领导层是否支持，甚至家长的理解和支持程度等。秉承尊重、好用、创新的态度，坚持教材内容与教学环境最大程度相适应，才能确保和提升教材内容的可操作性和实效性，取得预期效果。

三、构建中学体育教材内容标准化体系的结构与要点

中学体育教材中选编的各项内容经过了众多专家的反复酝酿与讨论，已经做了许多优化整合的工作，在考虑教材内容的健身性、科学性、兴趣性、简易性、区域性、安全性、趣味性等的同时，还兼顾到需要性、创新性、连续性、基础性、灵活

性、均衡性、时代性、人文性、生活性、系统性、多样性等。然而，选编体育教材内容只是对其教学操作的框架进行了标准化的设计，具体的教学实施，还必须在此基础上进行操作层面的教学设计，通俗的说法就是"备课"。因此，构建体育教材内容标准化体系的结构与内容，实质就是探讨如何规范操作层面上教学设计的结构与内容。

教学设计的任务主要是解决3个方面的问题：即"学练什么""怎么学练"和"为什么要这样学练"。改变基于教师经验和基于教材内容设定教学目标的做法，根据学科课程标准规定的内容和要求，结合教材内容和学生实际，制定单元教学目标及课时教学目标。学科课程目标细化与分解的一般路径为："解析课程标准，细化学年要求"→"分析教材学情，制定单元教学"→"明晰内容主题，设计教学目标"。同时，"基于课标"关注教学内容，即学科课程标准中规定的基本内容I（必学内容）。而体育教材内容的教学设计中通常分为2个层次：各类教材的单元教学设计和课的设计与课时计划（教案）。

（一）教材的单元教学设计

各类教材的单元教学设计与流程的结构通常有六部分：主题名称、指导思想、教材教法分析（教材分析、学情分析、教法分析、单元教学问题链设计）、单元教学流程、单元教学评价和单元教学资源。

1. 主题名称

设计单元主题时应当体现设计者对单元的设计主题思想。

2. 指导思想

反映设计者的教育教学思想，表达出本课所体现的基本观念是什么？教学过程的教与学法策略运用有何特色与特点？反映出课的设计意图与目的。通过教学实践总结和学科理论归纳，指导思想一般考虑以下几点：通过体育的手段有效地促进学生健康水平的提高；准确把握体育学科的教学规律有效实施体育课；根据学生年龄、性别、基础的不同，有层次地进行体育教学；注重教学内容与要求的系统性和衔接性，形成一个完整的体系。

3. 教材分析

包括动作技术原理、主要知识点、健身价值、落实"两纲"关注点等，具体教材是什么，知识点、技术关键，引出教学重点。教材是教学目标得以实现的载体，完整的教学设计必须包含教材分析。教材内容分析一般从这几个方面细化：知识点的分析；运动技能的分析，确定重点与难点；促进学生健康水平的功能分析。

在具体设计时，目标的提出必须要有确实的依据和操作的可行性，最为重要的是必须从教材内容实际出发，客观地分析其蕴含的健康促进功能。

4.学情分析

学生的年龄、心理、已有的认知水平和能力、学习需要等引出教学难点。相同的教材面对不同的学生，在完成同一教学目标时，所需的课时和所采用的组织形式与教法手段是不尽相同的，要有效地实现预期的教学目标，关键问题是要围绕教学目标，根据学生特点采取有针对性的单元教学设计，从而使学生沿着正确的路径，采取有效的方法，通过有效的实践，习得相关的知识与技能，并通过预期的学习过程促进学生健康水平的提高。

5.教法分析

本单元一共包含几个课时，每个课时的学习内容和要求。单元设计的核心是课次安排与每次课的组织教法设计，通常考虑的几个方面：注意单元教材前后及课次间的关联性，并加以有机衔接；教学进度的快慢要符合大部分学生的学习基础，教学内容的安排要追求少而精，切忌多而杂（教学的多元化应体现在教法手段的多样性）；组织形式的安排和教法手段的设计要紧扣教学目标的具体条项，逐一对应、样样有招，保证单元教学目标落在实处。

在具体设计时，宜采用备课小组的形式进行，以利于聚集集体智慧，把握教学重点，攻克教学难点，设计出详细而又周密的单元教学计划，并提高计划的可操作性，保证教学目标的有效实现。

6.单元教学问题链设计

在基于学科核心素养培育的基础上，重点关注教材内容的知识与技能、体能发展和育人价值，这是单元关键问题思考、设计和落实的主要指向研读《课程标准》与单元规划、分析教材与学情、选择教法。设计单元教学的一系列问题链（主要通过课时或课次的递进来体现，注重问题间的衔接、相扣、关联等），从而找到适切的教学途径，解决单元的关键问题，完成单元教学任务，达成单元教学目标。需要指出的是，"问题链"不仅能够解决单元内课时或课次划分的问题，也为确定课时教学目标、设计学生活动等提供了重要依据。

7.单元教学流程

单元教学流程是表格部分，它包含：①标题／……学校体育与健身"××"单元教学流程，②年级、学期，③单元学习目标（身体、知识技能、心理、社会），④课次（合计课次数），⑤执教（教师姓名），⑥单元教学重点，⑦单元细化到每一课次：（1、2、3……）a.课次序（如4-（2）），b.教学内容，c.学习目标，d.重点、难点，e.活动与评价（包含教与学的主要方法、手段、评价），f.安全保障，g.评价内容与方法（内容与标准描述、主要方法）。

8.单元教学评价

单元终结性评价和单元过程性评价

9. 单元教学资源

教师可以运用辅助教具、自制教具、多媒体教育资源和完整的场地设计等资源。

（二）课的设计与课时计划（教案）

课的设计是在单元教学设计的基础上进一步细化与规范课时的教学内容、组织形式与教法手段等，结构与内容通常包括以下几个部分：

1. 主题名称

体现本课的亮点或设计主题

2. 指导思想

反映设计者的教学思想，课改理念与教学行为的联系等

3. 相关分析

包含主题、学生、教师分析和教学重点、难点。分析学生对学练内容的态度与可接受状况，对学生之间的差异作出具体的分析；分析课时教学内容特点，确定需要传授的相关体育知识和保健知识；分析课时教学内容的重点与难点；分析课时教学内容促进学生健康的各种元素，包括身体健康和情意表现；分析课时教学内容与课外活动的关联度和互动性等；分析课时教学内容与前后课次教学内容的关联性等。

4. 学习目标

学习目标包含身体、知识技能、心理、社会等四个方面，可以重点阐述。尤其是 2001 年教育部颁发的《基础教育课程改革纲要》提出了"以学生发展为本"的教学指导思想，确立了"知识与技能、能力（过程）与方法、情感、态度与价值观"三维结构的培养目标，以及由《体育与健身课程标准》依据《纲要》的新课程三个支柱培养目标提出的体育学科"身体发展、知识技能、心理发展和社会适应"四个维度的总目标，教学目标是教学的预期结果，在教材分析和学情诊断的基础上制订教学目标还应考虑学校具体的教学条件，包括场地器材配置情况、教师业务等情况，从而使预期的教学标准或要求符合实际，使教学目标的实现具有可能性。

上述教学目标其实分为两个层次，一方面是体育学科的教学任务：知识传授与技能教学；另一方面是促进学生的健康。要促进学生的健康必须通过有效的知识传授与技能教学；而知识传授与技能教学的最终目的是为了促进学生的健康，为此，制定教学目标时要有一个整体性的把握，将二者的关联性分析透，各项指标的提出必须要有确实的依据和操作的可行性。

5. 主要教学环节

主要教学环节包含本课的亮点、特色，主要教学内容的关键操作。组织教法是实现教学目标的途径，方法和手段。教学目标的实现必须要有针对性的组织教法。

如体育知识点的传授应该创设或利用什么样的情景、教师怎样去引导学生思考或讨论，技能练习时采取何种分组方式或队形、各项练习的数量与组数、练习过程的具体要求、评价与激励的手段与方法、不同水平的学生如何合理地区别对待等一系列因素都需要有的放矢地进行设计。

在具体的教学环境下，没有约定俗成的套路，也没有一成不变的方法，更多的是需要教师的智慧与创造，常规的设计思路有：针对各项教学目标结合教学内容逐项设计；练习过程要采取合理有效的队形与分组；每项练习都应提出较明确的要求，并兼顾学生之间的差异；每一练习都要明确的练习数量与组数，做好运动量的合理控制；注意练习情景的创设与利用，形成良好的练习氛围；选择确当的评价与激励方法；关注课内练习与课外练习的互动；考虑场地器材的合理使用与安全性；发挥教师的引导和指导功能；发挥学生骨干的带头作用，关心学生中的弱势群体。

6. 问题预计

根据实际需要设计课中学生可能遇到的普遍问题，并预设这个问题相对应的解决方法。

7. 教师简介

教师资格，教学经历，人生格言，市、区教育教学荣誉等。

8. 课时计划（教案）

课时计划一般包含 18 要素，通常以表格的形式呈现。①标题 /……学校体育与健身课时计划（校名需全称），②学生 / 年级、班级、人数与组班形式　如：六（1）班 /40 人 / 男合或自然，③周次、课次，④日期（上课时间），⑤执教（教师姓名），⑥内容主题（按课标表述，如：类别：名称；"游戏"不出现），⑦学习目标（包含身体、知识技能、心理、社会四方面），⑧重点、难点（分开表述），⑨课序 /一、二、三……⑩时间（指每一课序的用时），⑪教学内容（与课序对应一至多节目录，如：1、①△等），⑫教与学的活动（用符号代替：◎教法、◇学法、☆环节要求，？提问、※过程性评价等），⑬运动负荷 /（次数、时间、强度），⑭组织与队形（含教师站位；☆要求等），⑮安全保障（学生身体状况预评估，场地器材安全、保护与帮助和安全提示等描述），⑯场地器材（名称、数量和规格等），⑰预计练习密度和强度 /（全课、内容主题），⑱课后小结

四、结论与建议

（一）结论

1. 中学体育教材内容是实施中学体育教学的基本素材，这些素材的确定是对教学框架的规范。要将这种规范延伸到具体的教学操作层面，还必须对教材内容进行

科学的教学设计，从而构建中学体育教材内容标准化的体系。

2. 构建体育教材内容标准化体系必须坚持四个基本原则：坚决贯彻"健康第一"的指导思想；遵循体育学科发展规律，关注体育项目各自特点；符合中学生身心发展特点，关注个体成长差异；因势利导，因地制宜，与实际教学资源配置相适应。

3. 中学体育教材内容标准化体系的结构主要包括单元教学设计和课的设计与教时计划（教案）两部分。

4. 各类教材的单元教学设计是对这一类教材施教过程的规范，有六部分：主题名称、指导思想、教材教法分析（教材分析、学情分析、教法分析、单元教学问题链设计）、单元教学流程、单元教学评价和单元教学资源。

5. 课的设计是在单元教学设计的基础上对该单元每一课次的教学过程作进一步的细化与规范，由主题名称、指导思想、相关分析、学习目标、主要教学环节、问题预设、教师简介和课时计划（教案）八个部分组成。

（二）建议

本文仅仅是对中学体育教材内容标准化体系的构建进行了进一步的探讨，文中的分析与举例只能提供参考。为了完成这项艰巨的工作，建议职能部门尽快组织专家，深入相关学校，集思广益，分工合作，完成这项具有时代意义的体育教育的实事工程。

参考文献：

［1］国家学生体质健康标准［M］.北京：人民教育出版社，2014.

［2］徐燕平.飞燕平和［M］.上海：上海教育出版社，2013.

［3］徐阿根.体育教学技能［M］.上海：上海教育出版社，2012.

［4］中华人民共和国教育部.义务教育体育与健康课程标准（2011版）［M］.北京：北京师范大学出版社，2012.

［5］杨建国，王海宏.新编中学体育教材教法［M］.北京：北京体育大学出版社，2011.

［6］刘传进.小学体育与健康教材教法［M］.北京：高等教育出版社，2010.

［7］余纯璐.上海市中学体育教材建设与发展［J］.体育科研，2009（5）.

［8］张庆新，毛振明.近现代我国体育教材内容的嬗变与展望［J］.北京教育学院学报，2016（2）.

［9］徐阿根，沈建华.上海市中学体育与健身课程标准解读［M］.上海：少年儿童出版社，2006.

［10］周登嵩.学校体育学［M］.北京：人民体育出版社，2012.

［11］徐阿根.体育与健身教学参考资料［M］.上海：上海教育出版社，2016.

［12］张微，王晓春.新时期《学校体育学》教材内容体系构建［J］.北京：全国体育科学大会，2004.

［13］季浏.国际体育与健康课程标准［M］.上海：华东师范大学，2018.

［14］上海市教委教研室编.中小学体育与健身单元教学设计指南［M］.上海：上海教育出版社，2018.

浅谈初中美术教学评价

李妍春

初中美术的教学评价对于学生素质的发展，促进美术教学水平的提高具有重要意义。本文在分析初中美术教学评价现状的基础上，结合本人的实践，主要从评价标准、评价手段、评价形式和评定体系四个方面提出了初中美术教学评价的实施建议。

在教学中对学生进行全面的、完善的、重过程、重创新的评价，是初中美术教学中至关重要的一个环节。这也符合《新课程标准》"为学生全面发展而评价"的理念。近年来，随着素质教育的不断深入和美术新课程改革的推进，我们在美术教学目标的制定、课型的设计、现代技术与美术课教学的整合等方面取得了一定的成果。但对美术教学评价的研究与实践却相对滞后。长期以来形成的习惯性的评价模式，缺乏科学的认识态度和正确的观念方法。评价过程中，有的教师只注重知识与技能的教学与训练，忽略了学生的心理年龄特点，扼杀了学生的创造力、想象力，阻碍了学生潜能的发挥和审美素质的提高，无法激起学生学习美术的兴趣，甚至，有时会因评价不当而挫伤学生学习的积极性，使学生散失对美术学习的兴趣和信心。

在义务教育阶段的美术教育中，评价主要是为了促进学生的发展。评价标准要体现多维性和多级性，适应不同个性和能力的学生的美术学习状况，帮助学生了解自己的学习能力和水平，鼓励每个学生根据自己的特点提高学习美术的兴趣和能力。根据现代教育和素质教育的特点，结合新课程改革理念和美术学科的自身特点，我改变传统的美术课堂评价方式，不以作业的优劣作为评价标准，重视学生在学习过程中的主动参与，积极思考、积极探究；以教师评与学生自评相结合的方式，考察学生在课堂上的表现，同时也充分体现了对学生创作成果的尊重。

以下是我在教学实践中采用的教学评价方法：

一、根据学生的年龄和心理特征，确立评价标准

初中美术的教学评价必须从学生的成长需要出发，不脱离学生的年龄和心理特征，不脱离学生实际学习水平与生活经验，不从艺术性考虑，更不能用成人的标准来度量学生作品。在学生参与评价时，教师要与其达成共识。评价标准应侧重于创

造性与个性：如内容是否有情趣，是否显示出对周围事物的留意与好奇，是否有一定的想象和个性成分。评价标准因人而异，不管是谁，不管作品的质量如何，只要参与学习就能得到肯定与表扬。允许学生反复尝试，作业讲评后修改，教师对其作业应给予新的评价，让学生获得成功的喜悦。

二、采用多种评价手段，激发学生学习的兴趣

心理学家盖慈说："没有什么东西更能增加人满足的感觉；也没有什么东西比成功更能鼓起进一步求成功的努力。"实践证明，得分低、评价差的学生容易失去对美术学习的兴趣，学习主动性也差。所以，美术课除了通过开展游戏倾向的活动增强课堂趣味外，还要发挥好评价的促进作用，及时在评价过程中树立学生的自信心，调动学生对美术学习的积极性。当然，使用这种激励性的评价方法也要根据不同年级的学生而有所不同。对七、八年级的学生主要采用激励赞扬为主的方法，因为根据他们的年龄特点，他们容易赞同老师的做法。而对九年级的学生，则应该慎用激励性的评价，应倾向于采用实事求是的方法，该批评的就要批评，不要采用模棱两可的评语，因为他们已基本具备辨别优劣、判断是非的能力。如果评价不良，不但不能发挥作用，反而会使他们产生逆反心理，影响评价功能的发挥。同时，评价学生在活动中的表现，目标要小，起点要低。对学生的感情态度、创造性思维、合作精神等行为出现时要及时予以反馈。评价的方法也应根据不同的评价内容而定，可用量化评价和质性评价相结合。不能量化的部分，可采用描述性评价、课堂激励性评价等多种方式。如：学生作业的评价，就可以打分、写评语或根据作业反映的突出优势盖章（如智慧星、技术星、创意星等章），也可按班级或年级举行小型的展览；或建立成长记录袋；或让学生制作作品集等来反映学生多方面的优势。在美术成绩的评定中，作业也不应是唯一的依据，可以用试卷、作业加其他资料结合在一起进行评定。无论采用哪种形式，评价一定要有明确的目标，客观和恰当的评价结论。要通过评价培养学生能客观地认识自己的习惯，提高他们的反省能力。从而促进他们的学习。同时也应注意，每种评价方法都有自己的特点和优势，也相应存在不足，所以，教师要提高运用各种方法的能力，扬其长、避其短，保证各种评价方法的科学性、实用性，使评价尽可能地客观公正。

三、采用多种评价形式，促进全面发展

在以往教学中，教师是评价者，教师对学生的评价往往以教师自己的审美观为评判标准，评价结果中教师的偏爱起决定作用。新的美术评价，提倡以学生为

中心。教师和学生共同参与，充分发挥学生的自主性。教师在活动评价中只起组织、引导、促进学生学习的作用。如：学生自评可根据自己的画讲讲构思及画中图例，以上述标准衡量自己，让学生学会自省促进发展。师生共评，教师选择技法、形象感、创意各有千秋的作业，让学生先评价对方的作品，将个人的审美与认知表现出来，教师在一旁因势利导：你认为他画得好吗？你认为他有没有创意……学生互评，能促进相互之间的交流，使评价双方关注到了对方的优点与长处，加强了自我反思。师生共评，有助于学生自主意识的构建，审美能力的提高。这种多主题评价，能够从不同的角度为学生提供有关自己学习发展状况的信息，使学生清楚地认识到自己的优势和不足，并通过比较、反思、调整自己的学习行为，评价结论也较为科学、宽松、现实。

四、构建期末成绩的综合性评定体系

《九年义务教育全日制美术教学大纲》明确说明：学校美术教学目的是"通过美术教学，向学生传授浅显的美术基础知识和简单的造型技巧，培养学生健康的审美情趣、良好的意志品质；培养学生的观察力、形象记忆力、想象力与创造力"。《美术新课程标准》把美术评价分成"造型表现""设计应用""欣赏评述""综合探索"四个学习领域加以描述。由此可见，在期末美术成绩的评定中，假如教师单凭主观印象或一次绘画考试而确定学生的成绩，显然是不合理的。因此，教学中应改进学生期末美术成绩的评定方法，建立综合性的评价方式。

根据《大纲》和《新课准》的要求，我们应从学生的实际出发，构建以平时成绩为主，期末测试为辅的评价方法，按基础知识（20%）、欣赏评述（20%）、平时作业（40%）、学习态度（10%）、课堂纪律（10%）、的累计分综合评价整体美术素质。

基础知识和欣赏评述可以用试卷测试的方式，在期末对学生进行评价。如美术的种类、色彩知识、书法常识、基本技法和作品赏析等，可以作为考察的内容。基础知识的难度应适当降低，使学生能保持浓厚的兴趣，对枯燥的、必须掌握的基础知识没有畏惧心理，以利下一步学习。欣赏能力的考察以提高学生欣赏优秀作品的能力为目标。

平时作业、学习态度和课堂纪律根据学生在日常学习的表现进行综合评价，可用量化评价和质性评价相结合。如平时作业的评价可计算出每次作业的分值，再根据学生每次作业的等级给出分数，最后得出总分。学习态度和课堂纪律以质性评价为主，教师可根据学生在日常学习中的表现，结合学生的自评给予客观的评价。

在大力推进素质教育的今天，科学的教育评价是全面贯彻教育方针的重要保证，是深化教育改革，大面积提高教育质量的有效手段。初中美术教育的评价，对促进学生素质的发展起着重要的导向作用，我们只有在实践中通过不断研究和探索，才能形成科学化的发展性评价体系，才能适应新的课程改革要求，确保素质教育的全面推进。因此，美术教师要更新观念，美术评价要以学生的发展为本，关注学生在学习过程中的客观行为，尊重学生的个性张扬，对学生进行全方位、综合性的评价，探索一种评价内容全面、评价方法多样、评价主体多元的教育评价模式。

家 访 手 记

郭 芳

从学生时代起，我对家访这个词便不陌生。那个时候没有微信、QQ 等聊天软件，人与人的交流并不像现在如此便捷，于是家访便成为了老师与家长之间交流的最好方式。那时候我也很期待老师来家访，因为我很想知道我在学校有哪些做得不足，而我在老师眼中又是什么样子的。

但不知什么时候开始，我们总能在小视频又或是电视剧中，看见类似某些学生一捣乱，老师就威胁说今晚去你家家访的情节。正是由于这种过分片面的渲染，家访在大众眼中就变成了一件很可怕的事情。似乎只要老师上门家访，就是为了告状。也正因如此，许多家长情绪波动较大，对孩子进行严厉的批评和惩罚，不仅使得沟通没有效果，而且老师与学生也走上了对立面。久而久之，渐渐形成了"学生害怕告状，家长拒绝受访，教师不愿家访"的局面。

但真正的家访并非一味地告状，给学生"穿小鞋"，而是为了家长跟老师更好地沟通信息，交换意见，共商教育对策，实现家校联动，帮助学生更好地成长。家长是学校的教育伙伴，通过家访，老师可以客观全面地了解学生的家庭环境、家长的教养方式、学生的特征性格以及个人的成长史，从而有的放矢地进行教育。

作为中途接班的我来说，暑假期间，我也去对学生们进行了家访。按照《上海市中小学（中职校）教师家访指导手册》以及我个人的一些想法，在家访前，根据学生们的普遍性和每个学生的特殊性，制定了一份有针对性的、能将家访效率最大化的准备提纲，然后与家长提前商定时间，上门家访。

如果说之前对于家访的印象停留在我年少时的经历和其他老师的描述中，那么经历了本次家访之后，作为一名新班主任，我对家访又有了全新的、更加立体和全面的认识。家访真的是一门大学问，无论是家访前的准备，家访中的交流方式还是家访完成后的整理分析，都很需要用心。在这次家访过程中，我真真切切地体会到了不同家庭对于家访的态度的差别之大。同样的沟通方式在不同的家庭可能并不适用。家访后的整理分析更是重中之重，本次家访，学生问题的 top 3 分别是：玩手机、追星和注意力不集中，这与当下的社会大环境基本相同。另外，整理分析，更有利于发现孩子的优点和不足，更有针对性地、有的放矢地进行教育。

举个例子，我班的小 W 同学，可能在家访前，我只能通过成绩、纪律等表面因素了解她，从而得知她数学较差，但却不能知道其后的原因是追星。无独有偶，我班的小 L 同学，如果不是这次家访，我对他的印象可能仅仅停留在学习较差的层面，而不会发现他画的画是多么的美妙。还有小 Y 同学，在此之前，我觉得他非常害羞，不善言辞，但是可能这只是因为他没有自己的主见，受班级一些后进生影响较大。凡事都有 A 面和 B 面，在学校，我们可能只能看见 A 面，但家访之后，才能看到这个孩子的全部，然后去了解他们，走近他们。

这次家访之后，我也思考了许多，有一些自己的想法和见解。

一、树立家校联动的教育理念，防止家访走入误区

家访是老师、家长和学生加深彼此了解的好时机，目的在于交流信息，而不是为了将老师和学生变成一种对立的状态。因此，在家访时，最好当着学生的面，不避讳学生，诚恳客观的分析其优缺点，令家长坦然面对，同时也令学生信服。这样，可以消除学生对老师的猜疑，增强其对老师的信任，为教育成功打下牢固的基石。

家访的时间也很重要，不要等到问题恶化了，才去找家长商量补救措施，而是应该提前觉察到问题的存在，提前与家长交流，与家长配合教育。因此，教师必须做到未雨绸缪，防微杜渐，发现不良苗头及时跟进，主动与家长协商解决，防患于未然。也因此，我建议学校进一步健全完善家访制度，包括初访、特访、定期家访、跟踪访问等等，加强家校交流，争取把学生的问题扼杀在萌芽之中。

家访时还要注意家访对象的身份。家访时，教育对象有双重身份，既是学校的学生，又是家长的孩子，绝大多数家长对孩子的成长极为关注，也对其成长过程中表现出的问题极为忧虑。因此家访时，应与家长平等的协商，针对学生的问题一起耐心研讨，从而提出建设性意见。而不是一副高高在上的样子，将所有孩子的问题，都归咎于家长不合适的家庭教育。如果像这样家访，那么效率之低，效果之差，可想而知。

家访的内容也要找好切入点。家访的重要内容是通报并研究学生的学习情况，从而使得学生更好地学习。但对于成绩差的学生来讲，若以分数作为家长的切入点，则容易使家长感到失望，学生也会对自己没有信心，往往会自暴自弃，最后导致厌学，造成不好的结果。还会使教师在学生家长处留下冷酷无情的印象，会使学生以及家长觉得没有希望，教育效果也必然不会好到哪里去。因此对于成绩较差的同学，我们应该找好切入点，例如从这个同学的其他才能，如优秀的组织能力、良好的责任心等等方面切入，使家长更易于接受。

对于成绩较差的学生家访时，我们应该着重了解学生在家的学习态度，完成作业的情况，学习上有无外界干扰等等，与家长建立督学机制，引导学生排除各种主

观方面的困难，促成其养成良好的学习习惯，切不可用冷冰冰的分数和态度，打击学生的信心。与学生最好以朋友的身份相处，做一个有温度的、没有距离感的老师。

另外，家访必须明确目的，是为了解决学生身上存在的某些问题，为了更好地教育学生，找到促进其进步的良方。而不是借家访之名，行牟利之实。如果家长与老师之间形成一种利益关系，也就亵渎了师生之间纯洁的感情，有悖于教师的职业道德。而且容易降低自己在家长与学生心中的威信。家访的动机一定要纯粹端正，恪守职业道德。

二、践行家校联动的理念，使家访取得实际效果

古人云："以铜为镜，可以正衣冠；以人为镜，可以明得失。"家访不仅是帮助孩子更好成长，也能让教师更清楚自己工作当中的得失，从而更好地落实接下来的工作。家访活动以家庭为支撑，以学生为中心，以发展为目的，学校和家庭紧密配合，促进学生全面发展。

为取得实效，家访还要注意以下几点：

首先是重要性，上面已经阐述的比较清楚，也就不再赘述了。注意在家访时说话的技巧，以表扬为主，批评为辅，多报喜，巧报忧，找到合适的切入点。还有便是计划性，老师最好在学期初就制定好详尽的家访计划，并针对学生的不同情况分层分类制定针对性强的措施与对策，不同学生的家访内容也应不同。

对于学习困难的学生应该重在指导学生改进学习方法，提高心理素质，鼓励其建立自信。而对于纪律较差的学生进行家访时，则应重在培养其情感意志，兴趣，性格等心理素质，完善他的道德人格。对优秀学生和学生干部进行家访时，要帮助他们对于自己进行恰当而清晰的定位，注意自己其他方面的完善，不要只工作而耽误了学习。而对于在某些方面取得了明显进步的学生应该采取家访报喜、委以重任等方式，帮助他们及时总结经验，明确下一步努力的方向。总之，对各类学生指导要目的明确，措施得当，方法灵活。

最后还要注意家访工作的延续性。每次在家访完成后，都要有意识地了解学生家访后的表现，进行认真总结和反思，如果达到了目的，则要思考本次家访的优势所在，如果没有达到目的，则要思考还有哪些不足，待到下次进行改正。精心设计家访后的延续教育，以便适当调整教育态度和教育策略。家校共同努力促进学生进步，是家访工作最理想的效果。

以上便是经过本次家访后得出的思考。为了更好开展教育工作，就应该重视家校联动，真正使家庭教育与学校教育相结合，老师家长共同努力，促进学生全面健康发展。

运用心理　触动心理
——初二年级心理课堂改进实践

孙绍哲

一、背景

卡耐基曾说："一个人的成功只有 15% 出自于他的专业技术，85% 则要靠他的人际关系和他的处事能力。"人际关系作为初中阶段的热门话题常常出现在心理课堂，良好的人际关系不仅有助于我们身心的健康发展，还是我们愉快学习、幸福生活的重要保障。由于疫情的关系，长时间的居家隔离让学生与同伴之间少了接触，多了陌生，开学后难免激发矛盾。因此我将如何构建良好的人际关系作为秋季开学后第一节心理课的主题。通过讲授、游戏和讨论、自我暴露等方法让学生们在老师的讲授中了解人际关系的心理学知识，在游戏中深入体验信任和沟通的重要作用，同时通过分享和讨论感受对本课进行总结，在内省的同时帮助自己找到合适、有效的人际交往技巧，构建和谐的人际关系。

二、初步实践

导入：播放关于友情的 MV，让学生们感受歌词的意义，体验歌唱友情带来的积极情绪，引出本节课的主题。然后让同学们拿出一张纸，写出一位平时交流较少同学的名字。

活动一：请一名同学 A 邀请之前写下名字的同学 B 做"你倒我接"的信任游戏。游戏要求为 A 同学立正站好笔直向后倒，B 同学在身后用双手接住他，一共进行五次。游戏结束之后询问 A 往后倒时的感受，以及第一次倒和最后一次倒有什么不一样的感受，请同学们总结 A 同学心理变化的原因，了解信任在人际交往中的基石作用。

播放《撞车》电影片段 3 分钟，引导学生回顾影片内容，回答两人的关系是如何一步步恶化的，矛盾出现在哪，为什么没能解决等等。总结沟通在人际交往中的纽带作用，以及在沟通时注意非语言和语言沟通的应用场合。

教师讲述亲身经历（朋友运用肢体语言给我帮助的一件事），同时让同学分享一件记忆深刻的受别人帮助的事，区分非语言、语言沟通的差别。

进一步说明在运用语言沟通时，我们不太用到的赞美会给人际交往带来哪些好处。

活动二：找一名男生 C，另选几位同学依次读出黑板上赞美他的语句。询问 C 同学和赞美他人的同学们体验到的情绪如何。总结：赞美他人和被赞美都会给人带来积极的情绪体验，有助于人际关系的良好发展。

讲授人际关系中心理偏差效应的内容并举例说明。如：晕轮效应，刻板印象、首因效应、近因效应等。让学生们讨论并举例偏差效应有哪些利处，学会运用偏差效应为自己在人际交往中加分。

最后师生共同总结本节内容，同时我寄语学生们，希望大家通过今天的活动体验，能够在以后的生活中珍惜已有的好朋友，交到新的朋友，最重要的是让自己成为他人可靠的朋友！

三、改进实践

改进导入：改良版的 3 分钟孤独实验。实验过程为：选一名志愿者，用眼罩、耳塞、袖套、手套以及固定绳，让被试者保持一个姿势，被固定在位子上。假装告诉被试者老师等会会继续讲课。实际上，计时开始后，悄悄提示其余学生不能发出声音干扰。（计时开始后其余同学拿出纸，写一位交流较少的学生名字和一件记忆深刻，受过别人帮助的事。）计时三分钟结束后提问被试者：戴上道具后的感受以及感觉变化的情况。学生回答说他刚开始感到很新鲜，过了一会不舒服就很想动一动，特别是听不到声音不知道老师和同学都在干什么，觉得有点慌。通过这个三分钟改良版的孤独实验，让学生体验到与外界隔绝时的不适，比之前放映歌唱友谊的视频更能触动学生对于交往的渴望，调动孩子们接下来学习如何掌握交往技巧的好奇心和积极性。

改动活动一：再做一次两人角色互换。

5 个赞美句子中设置两个较夸张的句子，如：你真是个可爱的女孩子。都读完后询问 A 同学被夸的感觉？回答：很开心，但是有的地方有点怪。继续询问：哪几句怪？回答：女孩子那句。询问 5 个夸人的同学，在夸奖别人时的情绪体验。并且最后一句话要求全班齐声夸赞，集体感受赞美带来的积极情绪。总结：赞美会给人带来积极体验，但是内容要符合实际。

四、反思

作为一名新入职的心理教师，如何把一个常见的主题上得有趣又有深度是我一直思考的问题。八年级是学生思维和自我意识飞速发展的阶段，一味地灌输理论知识只会让他们觉得枯燥。常规的游戏又往往得不到积极回应，课后采访中有些学生觉得活动内容毫无悬念，有些学生不愿当众分享内心想法，还有学生感到游戏很幼稚等等，这些都是课堂活动参与度不高，学生学习兴趣不浓厚的原因。这就需要我们在教学实践中发挥教育机智，及时反思课堂中哪个环节没有引起共鸣，哪个问题没有总结到位，哪个游戏会让学生觉得尴尬等等。这种反思不仅仅是表层的知识重组，也是教师把自己设定为课堂中的各个角色，去构想、设计和实践。

1. 要注重以趣促教

心理课堂与其他课堂的不同之处在于教师不仅要教知识，还要让学生在活动中体验和学习。一节课只有短短的 40 分钟，如果导入环节不能引起学生对于话题的好奇和兴趣，那么接下来的课堂就需要很长的一段时间去调动学生的积极性。人际交往作为一个老生常谈的话题，以往常以表达友情的歌曲作为导入内容，曲子和歌词虽然能够从正面唤醒学生们对友情的共鸣，但是这样的话，一来本节主题暴露得太直接，失去了悬念；二来仅仅是在积极认知的基础上进行重复，学生没有太深刻的体验。因此我将孤独实验改良成人际剥夺实验，运用这种具有强烈对比的心理感受让学生在短短的三分钟内体验一次真正的"人际剥夺"，并通过对真实实验的讲解让学生深刻地体会到人际交往的重要性，从而激发学生继续学习的兴趣。

2. 要注重以问引教

当我发现学生并不知道要怎么回答或者迟迟说不出答案关键词的时候，我开始反思：为什么学生不会回答问题？比如我想了解学生做完"人际剥夺"实验后的感受，如果问他：你感觉如何？学生回答：还行。继续问他：有没有什么变化？学生具体也回答不出什么，有的学生只是摇摇头回答没有，有的学生会说出很黑、不舒服，很少有学生能完整说出自己前后的感觉变化。课后我认真反思了自己的提问方式，发现问题出在我的提问方式。学生们并非心理学专业出身，加之感觉本身就是很难察觉和表述的，在这么短的时间里让他们捕捉并报告自我感受，就需要循序渐进的提问，引导他们回想并描述自己的感受变化。比如将问题改成："戴上实验工具和摘下实验工具相比，哪种感觉更舒服？带上工具后，刚开始和随着时间越来越长这种不舒服的程度有变化吗，什么时候最不舒服？"通过描述具体时间和细节，把问题还原成场景，学生才会明白老师在问什么，答案也就水到渠成。

3. 要注重以己及教

在课堂上为了节省时间，我常常着重关注活动的时间和纪律，因此在设计游戏和提问的时候往往只考虑需要回答问题的学生，忽略了作为游戏辅助位学生的感受。比如在"我倒你接"的游戏环节，为 A 同学设定了很多问题，一步步引导他回答，但游戏设置上却没有给 B 同学感受的机会，因此对于 B 同学来说在这个游戏中并没有体验到信任。改进后的方案是让两人角色互换再进行一次游戏，这样原本负责接人的 B 同学不再处于轻松安全的地位，来到新角色不仅能感受到往后倒时的紧张感，也能理解和珍惜 A 同学愿意倒下去是对他给予了越来越多的信任。

一点点改进就能让参与者更好地体验这个游戏，促使两名学生换位思考，感受在整个过程中对对方信任感的增加。以往我们总说教师要站在学生的角度考虑问题，我想，作为心理教师不仅要在站在学生的角度设计活动，编排内容，还要站在学生的角度让他们通过游戏去理解其他同学，让学生们做游戏时身在其中，分享时心在其中，了解对方为我们付出了什么，才会让我们在人际交往中更多地为对方付出，我想这样才是我们进行心理活动的初衷。

4. 要注重以情优教

以往在学生分享感受之后，我常用："很好，不错，感谢这位同学的分享"之类的语言去回应，经过反思和听取其他老教师的课后我发现，初中生的自我意识与小学生相比有很大差别。由于他们对于自我的关注以及渴求别人理解的愿望会比低年级学生更加强烈，因此这种笼统的、简单的回应可能会让学生产生"老师并没有认真听我讲"或是"老师可能并没有理解我，只是习惯性的回复"等想法。因此在课堂中我逐渐改变了回应学生的方式，采用重复、解释、强调等方法，比如重复学生答案中重点的词语，对他的感觉和情绪加以解释等等，让学生意识到他的感受是被老师重视并理解的，这样才会加深师生之间的理解，提高学生注意听讲和回答问题的积极性，有助于课堂氛围形成良性循环。

五、展望

经过不断地反思和改进，我对心理课堂的活动设计及实践有了新的感悟，在心理课堂的教学活动中，我们要时刻以学生心理健康发展为本，以教师为主导、学生为主体的理念设计教学活动，在选择主题时要考虑到是否贴合学生身心发展规律，活动内容是否符合学生需要，游戏设施能否激发学生兴趣，同时运用多种教学方法和心理规律激发学生学习兴趣，让初中生的心理课堂能够产生源源不断的活力、动力、生命力。

作为一名新教师，想要把课上活、上好、上得张弛有度，还需要长久的磨练。

我想，能够怀揣着梦想走上心理教育岗位是一件神圣而幸福的事情，作为新教师更要坚守住这份理念，不忘初心。在前进的过程中一定会遇到各种挑战，这时要静下心停下脚步想一想，是什么让我选择走上心理教师的讲台，我想答案也许就是一颗普普通通助人的心，一份简简单单付出的情。

跋

与创始于 1937 年的北蔡中学历史相比，我确实很"年轻"：从 2017 年 3 月接到调令，走进北蔡中学，接过学校发展的"接力棒"正式担任校长至今，也不过四年的时间。

在这之前，我在浦东新区教育局第四教育署、基教处工作期间，由于工作需要，与北蔡中学有过不少的"交集"，与不少老师也结下了情缘。我知道，原来是完全中学的北蔡中学，在 2011 年才实现初、高中分离——初中部正式独立办学，迄今也不过十年。若从这个意义上讲，今天北蔡中学也还年轻。

然而，就在这短短十年不到的时间里，在前任校长和全校教职员工的努力下，北蔡中学抓住"课程""课堂"这两个制约学校发展的核心要素，紧扣"面向生活""基于学情""学校课程结构"等关键词，以"为每一位学生提供适合的优质教育"为出发点和归宿，进行了持续不断的探索和实践，全面提升了学校教育教学品质，积累了丰富的经验，成绩斐然。可以这样说：北蔡中学的老师、学生都"在这里，与最好的自己相遇"；学校在北蔡地区居民中的声望也日益提升。

近年来，从中央到地方，出台了一系列有关"面向 2035"教育改革的文件，吹响了奔向"第二个一百年"征途教育改革的冲锋号。

在这个时刻，担任北蔡中学的校长，我深深感到责任重大、使命光荣。

在思考如何履行责任、完成使命的过程中，我想做的第一件事，就是对十年来我们走过的路，进行梳理、反思和提炼。于是就有了这本《在这里，与最好的自己相遇》，如本书的副标题所述，我想做的，就是通过总结"一所普通初中的课程建设之路"，回答"我们在哪里"，"我们又准备走向哪里"的问题。

在书中，有我对学校课程建设的思考，有教师们围绕"课程建设""课堂改进"展开探索的足迹，也有在这个过程中凝结的阶段性成果。从中，我们可以看到：从伴随"创建新优质学校"需要的"初步尝试"，到以"开发面向生活的微观课程结构"为主旨的"初步架构"，再到基于"至善"理念、融入学情需求的"至善课程"的初步成型。一步接着一步，扎扎实实，稳步推进，才有今天成果。在这个过程中，我们梳理了"初中学校推进课程建设"的四条经验："以'学情分析'与'社会需要'为基础的方向把控"；"以'面向生活'与'减负增效'为导向的国家课程有效实施"；"以'丰富经历'与'满足需要'为指引的校本课程建设"；"以'能者为师'与'规范有效'为支撑的课程开发与实施"。尽管这些，看起来还显得有些稚嫩，有提升的空间，但这确确实实是我们的体会和收获。

借此机会，奉献给各位同仁，求教于各位专家，为北蔡中学后十年的发展，提供一个平台和基础。

在此，我首先要感谢我的前任赵之浩校长，是他，为刚刚实现"初高中分离而独立办学"的北蔡中学，奠定了基础。

我也要感谢北蔡中学的教师们——不管是不是有文章收入本书，但正是你们的实践，为本书以及为北蔡中学的课程、教学留下了浓墨重彩的一笔。

我要特别要感谢赵才欣主任，在百忙中以《百年大变局背景下看学校课程建设》为题，为本书撰写"序"，使我们在一个更广阔的背景下，认识到我们这样一所普通初级中学，在课程建设和实施方面努力探索和实践的意义和价值，为未来十年的进一步实践，提供了全新的视野。

我要感谢我的校长基地刘玉华、金卫东两位导师的鼓励和帮助，感谢我的同伴们在本书编辑过程中的付出和努力。

最后，我还要感谢其他为本书出版做了贡献的人。

朱海兰

2021 年 2 月，农历庚子岁末